中国科协新一代信息技术系列丛书

# 区块链导论

Introduction to
Blockchain

柴洪峰　马小峰　主编
中国电子学会　组编

中国科学技术出版社
·北 京·

本书是中国科协新一代信息技术系列丛书之一。

本书内容分为基础篇、技术篇和应用篇三部分。基础篇主要介绍区块链的发展历程、基本概念和现实意义，阐述并分析了区块链的体系结构，介绍了比特币、以太坊和超级账本三个开源平台项目。技术篇主要介绍与区块链技术有密切关系的分布式计算和存储系统、密码学、共识机制、P2P网络和智能合约等知识。应用篇主要介绍区块链与社会治理、法律和金融领域的深度融合，剖析了12个不同领域的应用案例，分析了区块链面临的挑战和应用展望。

《区块链导论》主要面向信息类专业低年级本科生和非信息类专业高年级学生，帮助学生掌握区块链的基本知识，熟悉区块链技术在经济社会的价值和应用，培养在其本专业应用区块链的能力。本书基础篇用平实的语言描述了区块链的基本概念、现实意义、体系结构和典型平台；技术篇不做过深的理论和算法描述；应用篇从社会治理、法律、金融和案例剖析等方面介绍区块链对经济社会产生的积极作用。本书不失为党政领导干部学习区块链知识的良好选择，也适合区块链及相关领域的管理人员、科研人员和技术人员参考使用。

**图书在版编目（CIP）数据**

区块链导论 / 柴洪峰，马小峰主编；中国电子学会组编 . —北京：中国科学技术出版社，2020.7（2022.7 重印）

（中国科协新一代信息技术系列丛书）

ISBN 978-7-5046-8647-3

Ⅰ. ①区⋯ Ⅱ. ①柴⋯ ②马⋯ ③中⋯ Ⅲ. ①电子商务—支付方式—研究 Ⅳ. ① F713.361.3

中国版本图书馆 CIP 数据核字（2020）第 073625 号

| | |
|---|---|
| **责任编辑** | 李双北　韩　颖 |
| **装帧设计** | 中文天地 |
| **责任校对** | 吕传新 |
| **责任印制** | 李晓霖 |
| 出　　版 | 中国科学技术出版社 |
| 发　　行 | 中国科学技术出版社有限公司发行部 |
| 地　　址 | 北京市海淀区中关村南大街16号 |
| 邮　　编 | 100081 |
| 发行电话 | 010-62173865 |
| 传　　真 | 010-62173081 |
| 网　　址 | http://www.cspbooks.com.cn |
| 开　　本 | 787mm×1092mm　1/16 |
| 字　　数 | 420千字 |
| 印　　张 | 20.75 |
| 版　　次 | 2020年7月第1版 |
| 印　　次 | 2022年7月第2次印刷 |
| 印　　刷 | 北京顶佳世纪印刷有限公司 |
| 书　　号 | ISBN 978-7-5046-8647-3 / F・892 |
| 定　　价 | 59.00元 |

（凡购买本社图书，如有缺页、倒页、脱页者，本社发行部负责调换）

# 《区块链导论》编写组

**顾　问**

邬贺铨　中国工程院院士
黄庆学　中国工程院院士

**主　编**

柴洪峰　中国工程院院士
马小峰　同济大学

**副主编**

朱　岩　北京科技大学
姚　前　中国证监会科技监管局

**参　编**

徐　恪　清华大学
杨保华　甲骨文股份有限公司
裴庆祺　西安电子科技大学
徐秋亮　山东大学
仲　盛　南京大学
黄建华　华东理工大学
乔聪军　德法智诚有限公司
孙贻滋　中国电子学会
曹　恒　上海边界智能科技有限公司
黄达明　南京大学

# 前言

我国正大力发展区块链的技术和应用，习近平总书记在中央政治局第十八次集体学习时强调，"要加快推动区块链技术和产业创新发展，积极推进区块链和经济社会融合发展"，发展区块链已上升为国家战略。

演化经济学和创新经济学对历次技术革命周期进行了刻画。根据相关研究，自1780年工业化以来共发生了五次技术革命，每次技术革命过程构成一次康德拉季耶夫波，大约延续了50年。根据熊彼特的商业周期理论，一次康德拉季耶夫波可以简单分为前后两个阶段。前一阶段是主导技术群和新兴产业爆发、成长阶段，后一阶段是成熟、扩散阶段。与科学革命过程相似，技术革命的过程是新的"技术—经济"范式创立和扩散传播的过程，是一种非线性过程。第五次技术革命即信息与通信技术革命始于20世纪90年代初，以50年左右为波长，2015年左右为中点，大约到2040年前后结束。据此，我们现在已经进入这轮革命的技术成熟、应用及扩散阶段。

区块链在这轮技术革命阶段将起到数据组织平台的作用，成为数据组织、机构协同的基础设施。2017年5月，工信部电子标准化研究院发布了《区块链参考架构》标准，对区块链技术做出了定义，区块链技术是一种在对等网络环境下，通过透明和可信规则构建不可伪造、不可篡改和可追溯的块链式数据结构，实现事务处理的模式创新，有效建立起参与主体间的信任关系，实现点对点的价值转移。

区块链作为本轮技术革命过程中的一项通用前沿技术，通过数据的有序记录，基于协同机制的机器传递信任，可以有效降低交易成本、提升群体协作能力。所谓通用前沿技术，就是能够解决行业内的通用性产品问题、解决行业在社会生态中面临的困境以及发现与挖掘行业经济生态中的核心优势的技术。区块链技术正是提供了人与人、机构与机构、机器与机器间的自组织协同的基础，其核心竞争力是协同后的自组织效应。

区块链属典型的跨领域、多学科交叉的新兴技术。区块链系统由数据层、网络层、共识层、合约层、应用层及激励机制组成，涉及复杂网络、分布式数据管理、高性能计算、密码算法、共识机制、智能合约等众多自然科学技术领域及经济学、管理学、社会学、法学等众多社会科学领域的集成创新。区块链由P2P组网结构、分布式链式账本结构、密码算法、共识算法和智能合约五个DNA组成，通过集成创新，实现了数据不可篡改、数据集体维护、多中心决策等功能，可以构建出公开、透明、可追溯、不可篡改的价值信任传递链，从而为金融服务、产业升级、社会治理等方面的创新提供了可能。

区块链不仅是技术上的重大集成创新，更是一种思维模式的创新，有望成为数字社会重要的基础设施。比特币创新了货币形式，以太坊改变了合约形态，超级账本提供了新的商业合作模式。区块链可以使数据变成一种由市场动态配置、各方协同合作、价值合理体现的新资源，引发产业生态的优化重构。数据和资产权利不再失控，价值自由流通成为可能，没有中心化管理，能达成一致共识和行动；无需中介机构背书，基于协同机制的机器传递信任。

区块链技术在集成后呈现出了整体性突破。区块链技术基于共识记账，实现了协同计算，形成一种高层次的协同涌现效应，将对现有各行各业产生深远的影响。展望未来，区块链将引发产业链重构，将会改变现在的产业构建方式。商业活动的参与方可构建自主业务网络，产业链的自主性加强。同时通过区块链可以实现真正扁平化、透明化、网络化的社会治理。

为落实国家战略，加速新一代信息技术人才培养，满足数字经济发展的人才需求，为实现经济高质量发展提供人才支撑，中国科协策划并组织编写以人工智能、云计算、大数据、区块链、第五代移动通信技术和工业互联网等为代表的新一代信息技术系列丛书。

《区块链导论》主要面向信息类低年级本科生和非信息类高年级学生，帮助学生掌握区块链的基本知识，熟悉区块链技术在经济社会的价值和应用，培养在其本专业应用区块链的能力。本书基础部分用平实的语言描述了区块链的基本概念、现实意义、体系结构和典型平台；技术部分不做过深的理论和算法描述；应用部分从社会治理、法律、金融和案例剖析等方面介绍区块链对经济社会产生的积极作用。不失为党政领导干部学习区块链知识的良好选择。本书也适合区块链及相关领域的管理人员、科研人员和技术人员参考使用。本书分为基础篇、技术篇和应用篇三部分，第一部分基础篇（第1~3章），一是介绍区块链的发展历程、基本概念和现实意义；二是阐述了区块链的5层体系结构（数据、网络、共识、合约、应用层）以及相关的激励机制，分析了结构之间的关系，技术篇也围绕该体系结构展开；三是通过介绍比特币、以太坊和超级账本三个具有里程碑意义的开源平台，进一步理解区块链的运行机理、演进进程和场景分类等内容。第二部分技术篇（第 4~8 章），主要介绍与区块链技术密切相关的五大技术体系，一是介绍分布式计算技术，并阐述了区块链与传统分布式系统的区别；二是介绍支撑区块链底层技术的密码学知识；三是介绍保证分布式账本数据一致性的共识机制；四是介绍去中心化的高效多播网络——P2P 网络；五是介绍代表区块链 2.0 的技术核心及未来应用发展方向的智能合约技术。第三部分应用篇（第 9~13 章），一是介绍区块链从多维度助力提升社会治理能力；二是总结当前我国促进区块链发展的法律政策，分析了智能合约对法律监管提出的挑战和思考；三是深入探讨了区块链在金融领域中的应用与监管；四是启发式地剖析了区块链在 12 个不同领域的应用案例，满足多学科教学需求；五是分析了区块链在效率、智能合约、隐私与监管和安全等方面面临的挑战，并对由此产生的新模式、新业态和新产业进行了展望。

本书注重知识结构的基础性、系统性与完整性，确保技术内容的通用性、普适性与先进性，遵循教育规律，加强能力培养，增强创新引导；同时，精选行业真实案例，开阔学生视野，启发创新思维。本书期望为跨学科研究者提供技术概述、方法论和学科视野，满足新一代信息技术人才要求。

建议整本书授课时间为 32~36 学时，其中基础篇建议 8 学时、技术篇建议 14~18 学时、应用篇建议 10 学时。根据不同专业的实际情况，教师可以根据学时选择 1~2 个相关行业应用进行重点讲解，满足教学要求。

本书的编写汇集了多位专家学者的智慧。本书主编柴洪峰院士对全书进行了总体设计和宏观指导。本书第 1 章由马小峰和孙贻滋编写，第 2 章由徐恪编写，第 3 章由杨保华编写，第 4 章由裴庆祺编写，第 5 章由徐秋亮编写，第 6 章由仲盛编写，第 7 章由黄建华编写，第 8 章由朱岩编写，第 9 章由马小峰编写，第 10 章由朱岩和乔聪军编写，第 11 章由姚前编写，第 12 章由马小峰编写，第 13 章由孙贻滋编写，曹恒参与了第 6 章和第 13 章编写，黄达明参与了第 6 章编写。全书由马小峰、朱岩、孙贻滋和杨保华统稿。整个写作团队克服新冠肺炎疫情困难，团结协作，体现了良好的奉新精神和工作热情。本书写作过程中得到了姚苏、陈华、丁闻、肖婕、杨厚皓、刘烈彤、汪铎、李绯、王桓、李冀宁、宁慧聪、冀楚楚、胡智威、刘佳璐等的大力支持和协助。

本书邀请了邬贺铨院士、黄庆学院士担任顾问专家，他们对本书的学术观点、技术方向以及内容组织都提供了极具价值的意见和建议。在此对专家表示深深的敬意和感谢。

中国科协领导多次协调，确保丛书编制和推广工作顺利进行。中国科协学会学术部对丛书的撰写、出版、推广全过程提供了大力支持和具体指导。中国科协信息科技学会联合体承担了丛书的前期调研、组织协调和推广宣传工作。

中国科学技术出版社的许慧副总编和李双北编辑、韩颖编辑的全力支持和悉心审校，让这本书的付梓成为可能，感谢她们的辛勤工作。同时感谢本书参考文献的作者和机构。

区块链技术还处于早期发展阶段，技术和产业应用尚未成熟，且与密码学、可靠性理论、分布式计算与存储、点对点网络、软件工程等多学科紧密结合。由于时间、精力、知识结构有限，书中难免存在错误和不妥之处，诚请广大读者批评指正，以便编写组对本书修改完善。

《区块链导论》主编柴洪峰、马小峰和编写组全体成员

2020 年 7 月

# 目 录

## 基础篇

前言

**第1章 绪 论** ......... **003**
    1.1 比特币的诞生 ......... 004
    1.2 基本概念 ......... 005
    1.3 主要特点 ......... 007
    1.4 区块链的演进 ......... 009
    1.5 主要技术类型及应用 ......... 010
    1.6 现实意义 ......... 012

**第2章 区块链的体系结构** ......... **015**
    2.1 区块链体系结构的基本组成 ......... 015
    2.2 数据层 ......... 017
    2.3 网络层 ......... 022
    2.4 共识层 ......... 027
    2.5 合约层 ......... 032
    2.6 应用层 ......... 035
    2.7 本章小结 ......... 039

**第3章 典型区块链平台** ......... **041**
    3.1 比特币 ......... 042

3.2 以太坊 ………………………………………………………… 048
3.3 超级账本 ……………………………………………………… 054
3.4 Fabric 项目基本架构和原理 ………………………………… 057
3.5 其他平台 ……………………………………………………… 058
3.6 本章小结 ……………………………………………………… 059

# 技术篇

## 第 4 章 区块链与传统分布式系统     **063**
4.1 分布式系统的概念与分类 …………………………………… 063
4.2 分布式计算 …………………………………………………… 068
4.3 分布式存储 …………………………………………………… 073
4.4 案例分析：分布式文件存储 IPFS 与区块链 Filecoin ……… 077
4.5 本章小结 ……………………………………………………… 079

## 第 5 章 密码技术     **081**
5.1 概述 …………………………………………………………… 081
5.2 对称密码与加密标准 ………………………………………… 083
5.3 非对称密码及典型算法 ……………………………………… 093
5.4 哈希函数与数字签名 ………………………………………… 098
5.5 国产密码 ……………………………………………………… 109
5.6 本章小结 ……………………………………………………… 110

## 第 6 章 共识算法     **112**
6.1 概述 …………………………………………………………… 112
6.2 基于工作量证明的共识算法 ………………………………… 119
6.3 基于权益证明的共识算法 …………………………………… 123
6.4 实用拜占庭容错共识算法 …………………………………… 127
6.5 私有链 Raft 共识算法 ………………………………………… 130
6.6 区块链共识算法的研究进展和趋势 ………………………… 133

6.7 本章小结 ... 136

## 第 7 章 P2P 网络  138
7.1 概述 ... 138
7.2 P2P 网络结构 ... 140
7.3 P2P 网络的协议 ... 143
7.4 P2P 网络技术在区块链中的应用 ... 152
7.5 本章小结 ... 158

## 第 8 章 智能合约  159
8.1 概述 ... 159
8.2 智能合约架构 ... 161
8.3 智能合约运作机理 ... 163
8.4 典型智能合约 ... 165
8.5 本章小结 ... 187

# 应用篇

## 第 9 章 区块链与社会治理  191
9.1 基本概念 ... 191
9.2 社会的构成 ... 192
9.3 数字技术是推动社会系统结构变化的方式和工具 ... 194
9.4 区块链赋能社会治理能力提升 ... 195
9.5 社会治理能力提升应用场景 ... 198
9.6 本章小结 ... 200

## 第 10 章 区块链与法律  202
10.1 我国与区块链有关的法律政策体系 ... 202
10.2 区块链应用的法律保障与风险 ... 204
10.3 区块链的法律监管与挑战 ... 210

10.4　基于区块链的智能合约的机遇与法律风险 ............213
10.5　区块链技术驱动下的司法创新 ............218
10.6　发展区块链的法律思考 ............220
10.7　本章小结 ............225

## 第 11 章　区块链与金融　226
11.1　央行数字货币 ............226
11.2　数字资产与数字金融 ............231
11.3　新型金融基础设施 ............236
11.4　国际支付体系 ............241
11.5　虚拟货币监管 ............245
11.6　自金融模式监管 ............249

## 第 12 章　区块链应用案例　252
12.1　区块链应用发展 ............252
12.2　区块链应用案例 ............254
12.3　本章小结 ............281

## 第 13 章　挑战和展望　282
13.1　效率问题 ............282
13.2　智能合约问题 ............286
13.3　隐私与监管 ............289
13.4　安全问题 ............293
13.5　应用展望 ............295

参考文献 ............305
术语汇总 ............313

# 基础篇

# 第1章 绪 论

20世纪80年代,互联网的诞生创造了全新的数字商业时代,科技颠覆性地降低了信息流动、交换和搜索的成本,催生出全新的组织模式和商业模式,互联网创新应用层出不穷。

过去几十年,作为信息基础设施,互联网通过高效的信息交换,为我们的生活、工作和商业活动都带来了极大便利。网络活动规模之大、应用之多,远超最初的设计想象。然而一些问题也随之出现,如数据泄露、网络诈骗、虚假和垃圾信息泛滥等,给互联网服务的使用者带来很大困扰。据统计,每年全球网络安全事件导致的损失高达数千亿美元。

目前,金融交易活动(包括支付、清算、结算)同样依赖互联网——金融通信网络是金融机构的重要业务保障,由于交易活动系统复杂、要求严苛,往往需要专门机构来进行运营,长期以来存在服务费用高、时间长、安全性不足和数据易泄露等问题。

随着依赖互联网的商业活动日益增多,克服信息互联网自身种种弊端的需求越来越迫切,区块链技术恰好满足了人们对数据可信、安全交换的需求。而基于区块链技术构建的可以传递价值的"价值互联网",也成为社会发展的必然。

2008年9月,美国次贷危机引发的全球金融危机波及多个国家和地区,导致大量大型金融机构倒闭,造成世界经济的重大损失。与此同时,一项看似不相关的数字货币发明,引起了世界范围的广泛关注。10月31日,化名为中本聪(Satoshi Nakamoto)的研究人员在Metzdowd密码学邮件列表中发表了白皮书《比特币:一种点对点的现金支付系统》,其中提出的基于密码学的"比特币"(Bitcoin),解决了长期困扰数字加密货币的三大难题:重复支付问题、中心化问题与发行量控制问题。文章中这样描述:"我们非常需要这样一种电子支付系统,它基于密码学原理而不是基于人与人之间的信用，使得任何达成一致的双方，能够直接进行支付，从而不需要第三方中介"（What is needed is an electronic payment system based on cryptographic proof instead of trust, allowing any two willing parties to transact directly with each other without the need for a trusted third party）。

## 1.1 比特币的诞生

### 1.1.1 技术起源

比特币是近 30 年技术创新和积累的结果。

1976 年，Whitfield Diffie 与 Martin Hellman 提出公开钥匙密码学的概念，两年后，Ron Rivest、Adi Shamir 和 Len Adleman 发明了非对称公钥加密技术（RSA），既可用于数据加密也可用于签名，奠定了现代密码学的基础。

1980 年，Ralph Merkle 在论文中提出了梅克尔树（Merkle Trees）数据结构，后来在区块链中得到广泛应用。

1982 年，大卫·乔姆（David Chaum）提出了首个尝试实现不可追踪的匿名数字货币 e-Cash，但仍依赖中心化机构（银行）的协助。同年，Leslie Lamport 等人提出拜占庭将军问题（Byzantine Generals Problem），探讨在分布式网络中解决可靠性和信任问题。

1985 年，Neal Koblitz 和 Victor Miller 首次提出椭圆曲线加密算法（Elliptic Curve Cryptography，ECC）在公钥密码学中的应用。

1997 年，Stuart Haber 和 Scott Stornetta 提出用时间戳的方法保证数字文件安全的协议。同年，英国密码学家 Adam Back 发明了 Hashcash，提出了工作量证明（PoW）概念，解决邮件系统攻击问题，PoW 共识机制最终为比特币所用，并成为核心组成要素。

1998 年，戴维（Wei Dai）提出了 B-money，这是首个不依赖中心化机构的匿名数字货币方案。B-money 引入工作量证明的思想来解决数字货币产生的问题，指出任何人都可以发行货币，只要可以给出某个复杂计算问题的答案，货币的发行量跟问题的难度成正比。并且，任何人（或部分参与者）都可以维护账本，通过对带签名的交易消息广播实现转账的确认。B-money 为比特币的诞生奠定了基础。B-money 解决了货币发行的问题，但是未能解决"双花"问题，也未能指出如何有效、安全地维护账本。同年，Nick Szabo 也提出了名为 Bit Gold 的非中心化数字货币设计。系统中引入了解决密码学难题（Challenge String）作为发行货币的条件。

1999 年，肖恩·范宁（Shawn Fanning）与肖恩·帕克（Shaun Parker）发明了点对点网络技术及 P2P 协议，为大规模去中心化系统提供了网络基础。

2005 年，Hal Finney 设计了工作量证明（PoW）的前身"可复用的工作量证明"（RPoW），他也是比特币系统中第一笔交易的收款人。

比特币之前的数字货币方案，要么依赖中心化的管理机构，要么更多偏重理论层面的设计或受制于当时的技术水平而未能实现，但却为比特币的诞生奠定了基础。

### 1.1.2 破茧成蝶

2008 年 10 月，中本聪提出比特币概念，使用分布式理论和点对点对（P2P）等网络技术，采用创新的区块链结构来维护账本，引入可靠性理论和经济博弈机制，并充分利用现代密码学成果，首次从实践意义上实现了去中心化（Decentralized）的开源数字货币系统。随后于 2008 年 11 月提出初版比特币系统。2009 年 1 月 3 日，比特币系统正式运行，中本聪成功地从创世块中挖出第一批 50 枚比特币，第一笔交易（转账）就发生在中本聪和 Hal Finney 之间，一套去中心化加密货币体系由此建立，并成为区块链技术发展历史上里程碑式的事件。2010 年佛罗里达州程序员拉斯洛·汉耶茨（Laszlo Hanyecz）使用 10000 个比特币购买了两个比萨饼，这是比特币的第一次实物交易，比特币开始在小众群体中流通。

比特币系统经过多年自动运行后，其底层支撑技术——区块链被抽象提取出来，开始进入了公众的视野，其应用价值被快速挖掘和释放。区块链核心技术主要包括：①区块+链结构；②分布式计算和存储技术；③现代密码学技术；④点对点对等网络；⑤共识算法；⑥智能合约。

由于其突破性的创新和巨大的应用潜力，区块链技术被认为是继个人计算机、互联网、社交网络、智能手机之后，人类的第五次计算革命。如果说互联网让人类进入了信息自由传递时代，区块链则将把我们带入价值自由交换时代。

## 1.2 基本概念

### 1.2.1 区块链的定义

按照国际标准化组织的定义，区块链是"采用密码学手段保障的、只可追加的、通过区块链式结构组织的分布式账本结构"（Distributed ledger with confirmed blocks organized in an append-only, sequential chain using cryptographic links）。

从技术而言，区块链利用链式数据结构来验证与存储数据、利用分布式节点共识算法来生成和添加数据、利用密码学的方式保证数据传输和访问安全、利用由自动化脚本代码组成的智能合约来编程和操作数据,是一种全新的分布式架构与计算范式。

广义而言,区块链通过密码学技术和可信规则,构建不可伪造、难以篡改和可追溯的块链式数据结构,能够可靠地记录、追溯交易历史。区块链核心价值在于:一是通过技术手段实现了多个参与方能在统一规则下自发实现高效协作;二是通过代码、协议、规则为分布式网络提供了信用基础。

### 1.2.2 区块链依赖的技术

区块链使得多个参与方能在分布式场景下交易和记录信息,也被称为分布式账本(Distributed Ledger)。网络成员之间互不依赖,独立进行交易和访问账本,账本数据一经共识则无法被篡改。账本数据的完备性、安全性和可信性等特点依赖于密码学、分布式数据存储、点对点传输、共识机制等技术。为便于理解,这里以比特币为例对相关概念进行简要描述。

哈希(Hash)函数:区块链中使用的哈希函数,也可以称为密码学哈希函数,它将任意长消息变换为固定长度,并满足一定的安全特性,利用这些安全特性可将消息锁定,使其不可篡改。可以把哈希函数简单理解为提取意数据的"指纹"(摘要),特别地,哈希函数将"区块"链接起来形成"区块链",它是构建区块链的一个关键工具。

梅克尔树(Merkle Trees):又称哈希树,是一种将数据利用哈希函数进行组织形成的树结构,可以对数据的真实性进行快速验证。比特币网络中用叶节点存储交易数据的哈希值,根节点代表整个交易的"指纹"(图1-1)。

"区块"和"链":"区块"表示一个数据块,相当于账本中的一页,每页由区块体和区块头两部分组成,区块体记录本区块的交易以及由此产生的梅克尔树(哈希树),区块头记录本区块的关键特征信息,比特币的区块头包含版本号、父区块头哈希值、默交易的克尔树根、难度目标、时间戳、随机数等内容。通过哈希函数计算"区块头"的内容,生成区块的"指纹"(可理解为基因)指向下个区块,把分散在网络世界的"页"按先后顺序"链"起来,就像给账本加上了"页码",从而形成完整的"账本"——区块链。这一账本由所有参与的节点共同维护和管理(图1-1)。

交易:一笔交易包括交易信息和数字签名信息。交易信息主要包含交易发起时间、付款账号地址和收款账号地址、交易金额等;数字签名是交易付款人用私钥对交易签名,证明转出的是自己的资产。

数字签名:数字签名基于非对称密码,保证消息来源的真实性,比如在一笔转

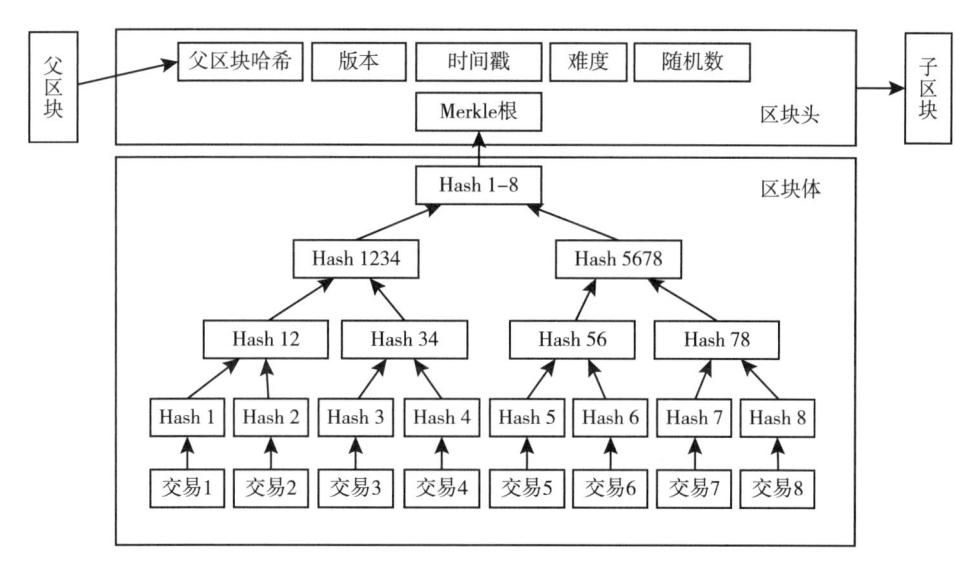

图 1-1　区块链的通用结构

账交易中，通过数字签名可以验证交易的完整性和可信性。

## 1.3　主要特点

区块链技术最显著的特点在于能够实现安全、可靠的分布式协同计算，主要特点可以总结为以下六点：去中心化、可追溯防篡改、隐私性、可信性、自治性和可靠性。

### 1.3.1　去中心化

区块链的去中心化指的是在区块链网络中不存在中心化节点，各节点高度自治，具有相等的权利和地位。传统中心化机构便于管理，可一旦发生故障就容易崩溃。去中心化系统由于其分布式运行的特性而具有高度容错和抗攻击的优点。区块链的去中心化特性，可以让交易双方在没有中介机构参与的情况下，完成双方互信转账，即对第三方机构的信任转化为对机器代码的信任。

### 1.3.2　可追溯防篡改

区块链的防篡改主要由两种机制来保障：第一是采用梅克尔树的形式来进行交易数据的记录，若梅克尔树中的某个数据发生改变，则对应的梅克尔树的根哈希值也会发生改变，由此判定该区块产生了错误；第二是在每个区块中都包括上一个区块的哈希值，使得区块之间形成链接关系，如果在某一区块中更改了一条数据，则需要将链上该区块之后所有区块的交易记录和哈希值都进行重构。区块链独特的分布式数据存储方式决定，如果要篡改一条数据，必须将大部分节点对应的数据都进行更改，否则单个节点上的数据修改是无效不被认可的，因此区块链具有很强的防篡改性。

区块链通过块链式结构进行数据存储，在每个区块中记录有前一个区块的哈希值，能够借此访问前一个区块，乃至整个区块链的起始块。通过这种方式，可以访问到区块链中的所有信息，做到对每一笔交易的追溯。

### 1.3.3 隐私性

现实社会中，每个人都有保护隐私的权利，尤其在当下互联网大数据导致的个人信息被贩卖、滥用等问题，使得人们更为看重个人隐私。商业交易中很多账户和交易信息更是商业机构的重要资产和商业机密。除了通过密码学的技术对区块链进行加密之外，联盟链具有网络准入与节点授权的功能，可以实现信息的读写授权，对私密信息的传输形成了有力的安全保障，在信息开放共享的环境下增强了信息传输对象的可控性。

### 1.3.4 可信性

区块链创造了一种新型的信任机制，不需要用户之间达成信任，即可以完成交易的确认。而区块链将信任机构变成了信任机器，区块链一经创立，交易逻辑、共识算法等规则就已经确定，一旦交易发起，中间的确认步骤由事先设定好的规则完成，经过确认上链的数据就能够保证其可信度。此外，由于区块链防篡改、可追溯、代码公开透明等特性，能够得到用户的充分信任。用户可以容易地加入或退出区块链网络，可以通过公开的接口查询区块链数据记录或者开发相关应用，其高度开放性增加了用户的信赖。

### 1.3.5 自治性

区块链的自治性指的是采用基于协商一致的规范和协议，使系统中的所有节点能够在去信任的环境下自由安全地交换、记录以及更新数据，不受人为干预影响。区块链上的多个参与方按照客户已商议好的算法和规则进行处理，并能对处理结果形成共识，以确保记录在区块链上的每一笔交易的准确性和真实性，这是实现以客户为中心的商业重构的重要一环。

### 1.3.6 可靠性

可靠性主要体现在数据的完整性和数据的安全性保障。数据的完整性是指通过

"区块+链"创新数据存储结构，将交易打包成区块，盖上时间戳，通过前一区块哈希值链接到前一区块的后面，前后顺序连接为一套完整的账本，且每个节点都存有一份相同的账本，保障了数据的完整性；数据的安全性主要通过哈希函数和非对称加密算法等实现。非对称加密算法使用私钥控制数据访问权限，哈希算法则把任意长度的输入变换成固定长度的由字母和数字组成的输出，具有不可逆性，实现不可篡改。

因此，区块链的技术具有去中心化、防篡改、可追溯、开放可信、自治可靠等特征，这些特性支撑了上层业务的可控、可靠和安全。

## 1.4 区块链的演进

经过 30 多年的相关技术创新和积累后，自比特币诞生，区块链技术的发展经历了如下两个阶段历程。

### 1.4.1 区块链 1.0 时代

2009 年 1 月比特币的正式上线标志着区块链进入 1.0 阶段。其最显著的作用就是为数字货币的产生、流通与交易提供了技术保障。

区块链技术支撑的数字货币是一种点对点价值传递技术，在无需借助可信第三方的网络空间内，实现了不可信参与者之间的可信价值传递，使得人们逐渐接受数字货币这一新事物，并尝试挖掘其背后的区块链技术在各种领域的应用。此外，工作量证明（PoW）是比特币的共识机制。但是，比特币使用的是非图灵完备的脚本语言（Script），难以利用比特币的底层进行除数字货币之外的开发应用。

### 1.4.2 区块链 2.0 时代

以太坊的问世意味着区块链进入 2.0 时代。区块链的技术架构在进一步地调整与改进，支持更加复杂的表达能力，逐渐涌现出了区块链技术平台并以 BaaS 方式提供服务，开始支持智能合约及去中心化应用（DApp）的开发，使得区块链系统演变成一个去中心的计算平台。在智能合约技术的支撑下，区块链的应用开始从单一货币领域延伸到包括股票、清算、私募股权等其他金融领域，从可编程货币进阶至可编程金融。区块链 2.0 和区块链 1.0 相比，最大的优点在于允许在其底层技术平台的基础上进行应用开发。区块链 2.0 时代主要有以下几个典型特征。

**1. 智能合约**

区块链 2.0 的典型特征是具有智能合约功能。1995 年，尼克·萨博（Nick

Szabo）提出了"智能合约"（Smart Contract）的概念，即"一个智能合约是一套以数字形式定义的承诺（Commitment），包括合约参与方可以在上面执行这些承诺的协议"。智能合约就是基于区块链的一种程序，负责处理参与方之间权利和义务的约定。当提前约定的条件得到满足时，便会自动触发执行合约内容，不需要中心化机构的干预。智能合约的特点在于强制执行性、防篡改性和可验证性。由于无需第三方中介机构介入，智能合约部署的成本远小于现实社会中法律或商业合同的签署成本。

#### 2. 去中心化应用

去中心化应用是指构建在智能合约之上不依赖中心化机构的应用程序。使用者调用应用，关联的智能合约执行指定的业务规则，从而使得区块链系统演变成一个去中心的应用引擎。去中心化应用在设计和开发时不仅要考虑区块链技术的特性，还要充分了解所支持智能合约的功能，比如以太坊区块链上支持 Solidity 或 Serpent 语言。

#### 3. 共识算法的多样性

区块链 2.0 中使用更多高性能、可扩展的共识算法，如权益证明（PoS）、授权权益证明（DPoS）、实用拜占庭容错算法（PBFT）等。这些算法在后续章节会详细介绍。

随着区块链理论和技术的不断研究与深入，基于区块链的应用也在逐渐成熟。面向复杂的企业应用场景，提供高性能、安全、可审计、多语言智能合约等服务的企业级区块链技术不断迭代发展。例如，目前基于跨链技术的应用，可以让多种区块链在同一个共识网络中相互调用，实现更大规模的可信交互。以智能合约、分布式应用为代表的区块链技术未来将广泛而深刻地改变人类的生产生活方式。

## 1.5 主要技术类型及应用

区块链系统可以大致分为公有链、私有链和联盟链三类。其中公有链又称为开放区块链或无许可区块链，比特币是第一种、也是影响力最大的公有链系统。私有链和联盟链则统称为有许可区块链。这三类应用在系统特性、组织构架、参与主体和交易机制等方面都有很大的差异性。

### 1.5.1 公有链

公有链是去中心化的区块链系统，比特币和以太坊是公有链的典型代表。最初，区块链就是以公有链的形式问世，其网络不属于任何个人或组织，开放度最高，无需授权或实名认证，任何人都可以访问，并且可以自由地加入或退出。链上的数据公开透明，参与者都有读、写和记账权限，即每一位用户都能够查看全网的交易内容、发起自己的交易并且参与系统中每一笔交易的督查和记账共识。

公有链系统性能较低。例如比特币网络每秒仅能处理 7 笔交易，不能满足高吞吐量业务场景的需求，应用受到了很大的限制。

### 1.5.2 联盟链

联盟链是由若干组织机构共识建立的许可链，联盟链的成员都可以参与交易、根据权限查询交易，但记账权（写权限）通常由参与群体内选定的部分高性能节点按共识和记账规则轮流完成。

公有链对许多商业场景而言并不适用。不同行业之间、同一行业不同企业之间，往往涉及很多的业务来往，但各个企业又需要保留自己的机密数据，因此无法将企业间的交易放在公有链上进行；同时，又需要对其进行一定的控制以满足业务需求，联盟链正是在这样的需求下诞生的。

联盟链本质上是一个多中心化的区块链系统，其开放程度介于公有链和私有链之间，因此，联盟链上的数据可以选择性地对外开放，并且可以提供有限制的 API 接口供操作，使得一些非核心用户也能够利用联盟链系统满足其需求。联盟链内使用同样的账本，提高了商业交易、结算、清算等业务效率，在保证数据隐私的前提下，满足交易信息与数据实时更新并共享到联盟中的所有用户，减少摩擦成本。

联盟链上的交易只需要少量节点达成共识即可，且节点间信任度比公有链要高。与公有链相比，其效率也有很大的提升。

### 1.5.3 私有链

私有链是在组织内部建立和使用的许可链，其读、写和记账权限严格按照组织内部的运行规则设定。

即便私有链是中心化的系统，但相比传统的中心化数据库，它依然具备完备性、可追溯、不可篡改、防止内部作恶等优势。因此许多大型金融企业会在内部数据库管理、审计中使用私有链技术。此外，在政府行业的一些政府预算的使用，或者政府的行业统计数据通常采用私有链的部署模式，同时在由政府登记、但公众有权力监督的场景中也会使用。

由于私有链是中心化的，所有的节点都在可控范围内，不需要分布式共识机制，能够一定程度上提高其效率。

## 1.6 现实意义

区块链为数字社会提供了基础保障。数字社会构建在虚拟的网络空间，人、机、物都可作为网络空间上的"连接点"而存在、交互、合作，数据持续地产生和流动。在这样的数字世界中，必定要有与其相适应的社会治理、经济运行、价值流通和诚信合作等规则。区块链的特点恰好支撑数字社会发展的内在需要。多方共识构建的自治规则，将对数字经济社会的发展产生深刻的影响。

### 1.6.1 创建数字社会新规则

**1. 创新支付方式**

区块链所生成的副产品之一就是数字货币，基于区块链独特的构造，数字货币可以支持点对点支付，支付对象是账户地址（由公钥生成，可理解为卡号），资产归私钥（可理解为卡的密码）控制。数字货币深刻改变了人类社会信用体系和交易方式。区块链有助于改进金融业的既有技术路线和基础设施，降低交易的时间成本和资金成本，提高行业协同合作效率，大幅提高金融行业竞争优势，与此同时传统中介组织的作用开始褪色。

更重要的是，数字货币可以编程，根据事先约定的条件转到相应的账户地址。物理世界有价值的资产，包括房子、健康数据和创意等，都可一一映射成数字资产，用私钥控制起来，实现唯一性确权，并可与数字货币结合在区块链网络上自由转移流动。数字货币的流动可追溯，为科技监管和社会治理拓展了空间。

**2. 法律、合约代码化**

计算法律正试图将现有的现实社会法律规则与虚拟网络空间内程序代码相结合，以法律规则约束代码运行，以智能合约代码表达法律规则。智能合约部署的成本远小于现实社会中法律合同或商业合同签订的成本。区块链电子存证和智能合约等是计算法律学的重要组成。基于智能合约以代码的形式构建数字社会的规则，将人、虚拟世界之间复杂的关系程序化、规则化，最终实现"Code is Law"。

**3. 构建诚信社会环境**

区块链的开放透明、不可篡改、时间有序、平等互联、信息永久保存、可追可查等特征，为解决人类社会的信任问题提供了有力支撑。无法篡改的记录将消除造假、抵赖等行为，构建信任基础。同时，区块链作为分布式共识与价值激励的技术，使得各类组织管理更加科学、透明。区块链内在的正向激励机制可引导人们规范自己的行为，让诚信变得更加自觉。

**4. 创新治理模式，提升治理水平**

区块链技术在公共管理、社会保障、数字法庭、社区管理等领域的广泛应用，大大提高了公众的参与度，降低了社会运营成本，有力提升了社会治理水平。同样区块链也将在统计调查、科学监管、政策制定和反腐败等领域为政府管理、国家治理提供技术手段，减少治理成本。区块链技术将有助人类社会进入全球智能治理与协作的新模式，社会治理逐步迈入可编程阶段。

## 1.6.2 激发经济新动能

**1. 优化资源配置**

随着区块链技术广泛应用于金融服务、供应链管理、智能制造等经济领域，其必将进一步优化各行业的业务流程、提升协同效率，降低交易运营成本和摩擦，培育新的创业机会，产生新的商业模式，进而为经济社会转型升级提供系统化支撑。区块链网络是规则主宰的网络，智能合约为人机物之间的高效安全协作提供了技术保障，能让参方之间获得相互信任，大大方便了分布式可信商业应用的开发；法定数字货币的应用，将真正实现信息流与价值流的融合，从而促进区块链的大规模商业应用。

**2. 充分发挥大数据价值**

去中心化的数字对象标识、分布式私有数据库的建设，加上同态密码、监管沙盒等技术的应用，使得数据与应用解耦，用户数据可控可管，打破数据垄断，从而支撑数据源之间按照使用和利益分配规则进行有效协作、可信共享，充分拓展大数据发展空间，释放大数据融合利用的价值。

**3. 保障资产权利，促进资产流通**

数据作为数字社会重要的生产要素，首先要解决数据权利问题，进而进行数据的定价、授权、交易、交换、利用等商业应用，构建起"谁的权益谁受益"的规则。通过区块链技术可实现用户数据的安全存储、受控访问、可信流通等管理，有效保障用户数据权利。进一步我们可以将房产、汽车、版权等各种资产数字化，通过区块链实现其在网络空间的确权、使用和流通。

## 1.6.3 为价值互联网提供技术支撑

价值交换是人类生产生活的核心活动之一。价值交换需要参与主体身份可信、资产权益清晰、交换过程安全可信。基于区块链技术可实现参与主体和数字资产的可信身份标识，并通过公开透明的规则，为"价值互联网"提供技术支撑。

有价值的资产在区块链网上可以实现只能传递、不能复制、不能多次花费等特性，且可有效支撑信息流和价值流的融合，有望成为价值网络的核心技术，实现从"信息传递"到"价值交换"互联网的转变。在价值互联网时代，价值的交换成本更低，流动性更充分，这将影响现有商业模式，为数字社会的发展奠定基础。

### 1.6.4 协调优化生产关系

未来，机器人将减轻人类的体力劳动，人工智能将减轻人类的脑力劳动，提供全新的生产力；物联网、大数据沟通人与物，通过数据价值挖掘，提供全新的生产资料；而区块链则将改变人和人、人和物之间的合作方式，协调优化生产关系。

总之，随着数字社会发展，数字经济与实体经济将进一步深度融合，物理空间将向数字空间快速演进，区块链将持续对社会的方方面面产生深远的影响。

### 习题

1. 比特币等于区块链吗？
2. 简述区块链的定义，谈谈你对区块链技术的理解。
3. 区块链有哪些特点？
4. 简述区块链的发展历史和阶段。
5. 简述区块链的分类和应用场景。
6. 区块链的产生和发展有何意义？

# 第2章 区块链的体系结构

本章主要介绍区块链的体系结构以及组成区块链各个部分的具体功能。首先，概括区块链结构的基本组成部分，并介绍区块链各个部分的基本功能以及各个部分之间的关系；其次，针对区块链体系结构的各个部分展开介绍，具体包括区块链的数据层、网络层、共识层、智能合约层、应用层五个层次；再次，在共识层、智能合约层及应用层三个部分的最后分别对区块链中的激励机制进行相关探讨；最后，对本章的内容进行总结。

本章最重要的内容是：①区块链体系结构的基本组成部分，以及各个部分之间的关联关系。②区块链技术去中心化、不可篡改等特点的来源。③区块链各个部分具体细节的初步介绍。这部分内容能够对学习后续各技术章节的内容起到指导作用。

## 2.1 区块链体系结构的基本组成

自2009年比特币的出现，区块链技术已经经历了十余年的发展。从最初的数字货币，到后来以太坊智能合约，拓展了区块链的应用范围，再到如今区块链应用于版权、供应链、云游戏各个领域，区块链的体系结构也在不断演进，呈现出多样化。尽管存在不同的区块链，但它们在体系结构上存在着诸多共性，可以大致概括为数据层、网络层、共识层、智能合约层、应用层以及激励机制六个部分（图2-1）。

数据层主要定义区块链的数据结构，借助密码学相关技术来确保数据安全。区块数据结构根据区块链的功能不同略有差异，但链式结构、梅克尔树作为比特币所采用的基本结构，一直被之后的区块链沿用。非对称加密、哈希函数等密码学技术

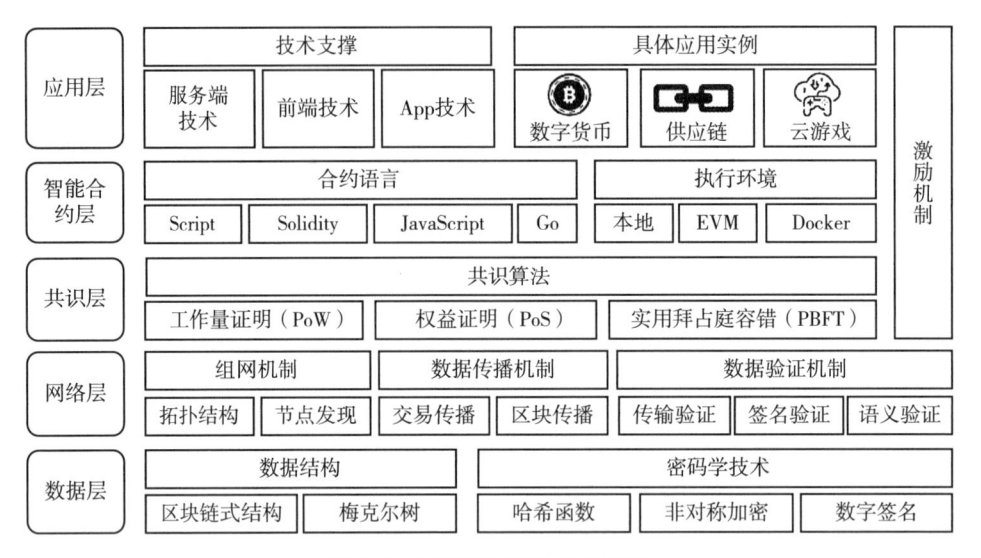

图 2-1 区块链系统的体系结构

也一直是区块链数据安全的根基。基于区块链的链式结构与密码学的安全性，使其具有可审计的特性。梅克尔树数据结构的加入也使得节点可以对区块中的单个交易正确性进行高效验证。

网络层定义区块链节点组网方式、信息传播方式以及信息的验证过程。每个节点都与多个邻居节点建立连接，当节点产生交易、区块等数据时会传播至邻居节点，邻居节点在收到消息后先对其进行验证，验证通过后则继续向邻居节点传播，直到数据扩散至全网所有节点。

每个节点都会根据收到的交易、区块等数据构建本地区块链，构成了去中心化的分布式系统，节点与节点之间互为冗余备份，可以有效解决单点故障问题。

共识层建立在网络层之上，主要定义了节点如何对区块链数据达成一致。当交易、区块等数据成功通过网络层到达全网所有节点后，节点通过共识算法对区块链一致性达成共识。不同区块链采用了不同共识算法，其中比较典型的有 PoW、PoS、Raft、PBFT 等。

在每轮共识过程中，共识算法会选举或竞争出一个领导节点，将收集的交易打包成区块并传给其他所有节点，每个节点会对区块中的哈希值、签名以及交易的有效性等进行验证，并将通过验证的区块添加到本地区块链。由于在共识过程中所有节点都对区块进行了验证，因此即使少部分节点恶意发布、篡改数据，也不会影响区块链的正确性和一致性。用户在访问区块链时，可以对多个节点同时访问，并根据少数服从多数原则选择合适的结果，因此在大多数节点遵守规则的情况下，区块链有着可信、不可篡改的特点。

智能合约层建立在共识层之上，主要定义了智能合约的编写语言和执行环境。智能合约的执行过程需要读取链上数据并将执行结果写入区块链。共识层确保了本地链上数据一致性，因此节点在执行同一智能合约时，对一致的本地链上数据进行读、写操作，进而确保智能合约执行过程中的状态一致性。智能合约的执行结果被记录到不可篡改的区块链中，其同样有着执行结果可信、不可篡改的特点。

早期比特币采用脚本语言编写数字货币交易相关逻辑，并在本地直接执行交易，可以认为是区块链智能合约的早期雏形；以太坊开发了图灵完备的智能合约语言 Solidity，放在以太坊虚拟机（EVM）中运行；超级账本中智能合约则被称为链码，部署在 Docker 容器中，并支持 Go、JavaScript 等各种语言。

应用层在智能合约层的基础上，通过服务端、前端、App 等开发技术对智能合约进行封装，设计用户界面，为用户提供包括数字货币、票据、资产证明、云游戏、区块链浏览器等分布式应用服务。

激励机制早期出现在比特币、以太坊等公有链中，用于激励矿工节点参与维护区块链。随着联盟链的出现，激励机制已经不再是必需。此外，激励机制与智能合约层、应用层相结合的研究开始出现。例如以智能合约的形式发布漏洞赏金来吸引用户参与漏洞检测；或者根据区块链记录的用户历史行为对其进行区别服务，从而激励用户保持良好的行为习惯。

正是上述六个部分共同作用于区块链中，区块链才能具备可审计、去中心化、可信等诸多特点，并逐步拓展到各行各业。下面深入介绍区块链体系结构中的各个部分。

## 2.2 数据层

数据层是区块链体系结构的最底层，实现数据存储和保障数据安全。数据存储主要指使用梅克尔树组织区块内数据，并将区块组成链式结构。数据安全主要是指利用非对称加密算法和哈希算法，保证区块链数据不可篡改。

### 2.2.1 数据的存储

存储是数据层的重要功能，存储结构是其中关键问题。虽然不同的区块链系统采用的结构并不完全相同，但数据存储在用梅克尔树组织的区块中、区块以链式结构关联是各个区块链的共同特征。得益于这些存储结构，区块链可以在大规模分布式部署情况下实现信息的不可篡改。

#### 1. 区块与链式结构

从宏观视角来看，区块链与经典的存储结构"链表"相似，同样是从头部开始一个接一个地延伸。不同之处在于，链表的单元保存了下一单元的地址，而区块链的区块则保存了前一区块的哈希值（图2-2）。以太坊的区块会保存父区块和叔区块的哈希值，更像是树形结构，近年还出现了基于有向无环图结构的区块链。但是，它们都在区块中保留前一区块哈希值，因此，可以认为链式结构是区块链的基本特点。通过在区块中保存前一区块的哈希值，区块链确保了可审计性。借助哈希函数的安全性，节点只要存有一个区块，即可对该区块之前的区块正确性进行验证，从而发现对区块链数据的篡改。

为了对区块链上层提供支撑，区块中还存在大量其他数据，因此区块在实践中又被分为区块头和区块体两个部分（图2-3）。

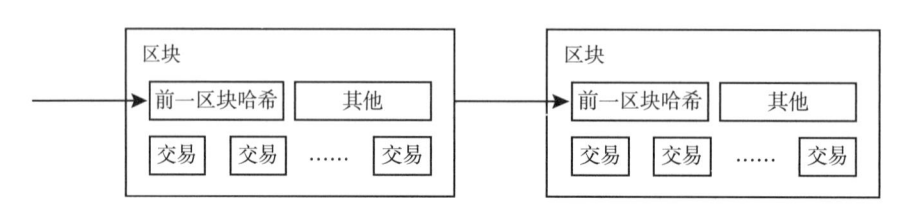

图2-2 区块链的链式结构

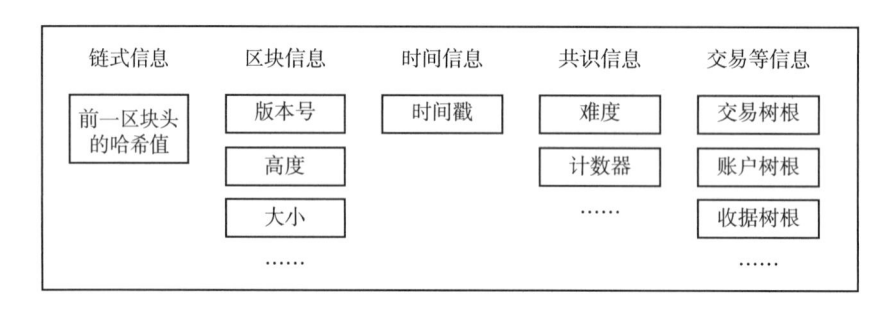

图2-3 区块头相关信息

在区块头中，通常记录以下五个方面的信息：
- 链式结构相关信息：主要是前一区块的哈希值，用于构成链式结构。将前一区块头的数据通过SHA256等哈希算法计算哈希值。当前区块头可通过该哈希值唯一识别出前一区块头。
- 区块本身相关信息：区块的版本号、高度信息、大小信息等。
- 时间相关信息：时间戳，记录区块产生的时间，用于验证系统的时序性。
- 共识算法相关信息：如算法的难度、计数器、选举资格等。
- 账户、交易相关信息：如全部交易组成的梅克尔树的树根值。

在区块体中，主要包含着具体的交易信息，交易结构根据智能合约层以及应用层所确定，区块链所承载的应用不同或智能合约实现方式的不同都会影响到交易的具体结构。

**2. 梅克尔树**

在比特币、以太坊等多个区块链系统中，都使用了梅克尔树作为组织区块内所有交易的数据结构。

梅克尔树是一种典型的二叉树结构，由一个根节点、一组中间节点和一组叶子节点组成。梅克尔树由 Merkle Ralf 在 1980 年最早提出，常用于文件系统和 P2P 系统中。

梅克尔树原理并不复杂，其最底层的叶子节点存储原始数据的哈希值，而非叶子节点（中间节点和根节点）则存储子节点内容合并后的哈希值（图 2-4）。可以发现，梅克尔树很容易推广到多叉树的情形，此时非叶子节点的内容为它所有子节点内容合并后的哈希值。

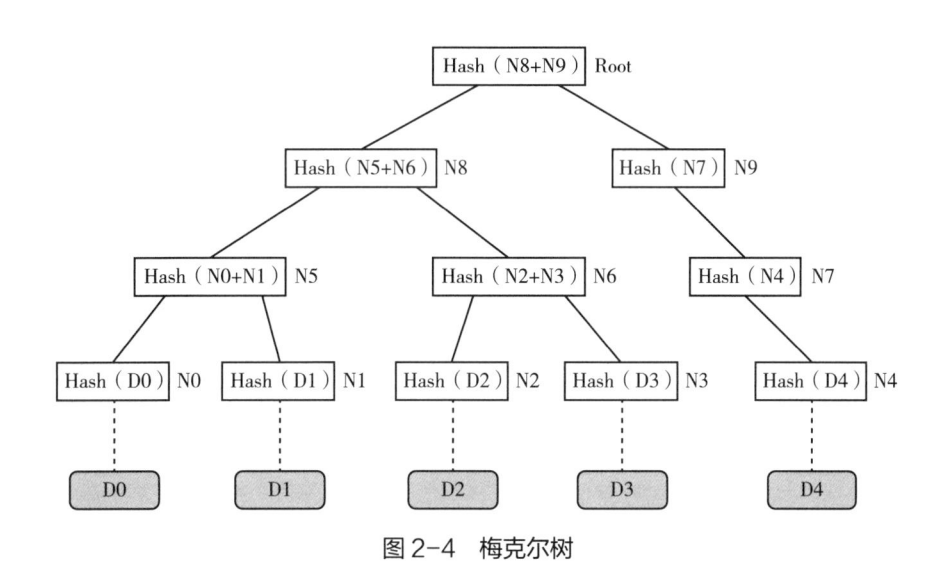

图 2-4 梅克尔树

梅克尔树逐层记录哈希值的特点，使它具有了一些特性，在区块链的数据层发挥了很大的作用，主要是以下两个。

（1）快速比较大量数据。根据梅克尔树的特点，若构成两棵梅克尔树的叶子节点数据不同，则其树根值必然不同。以图 2-4 为例，同样基于五个数据块 D0 至 D4 构造梅克尔树，如果 D1 中的数据有变化，其摘要 N1 必有变化，进而影响到 N5、N8 和 Root。若 D0 或其他数据块不同，也是类似的。

由此可得，若两棵梅克尔树的树根值相同，则构成它们的所有数据也完全相同，否则，必然不同。若对若干组数据排序后分别构建梅克尔树结构，每次两两比较梅克尔树的树根值即可判断两组数据是否一致。由于比较两个区块的所有交易数据是否相同在区块链中是十分常用的操作，并且整个数据预处理过程只需要进行一次，因此，使用梅克尔树可以带来巨大的性能优势。

（2）简易支付验证。实际上，存储所有交易信息的"全节点"（例如比特币区块链 2020 年 5 月需要 330GB 的存储空间）只是少部分，由于受资源限制，更多的"轻节点"并不会直接保存所有的交易信息，而只存储区块链头部信息以及和自己有关的交易信息。

不过，轻节点同样可以对某个区块内自己关心的交易进行验证。仍以图 2-4 为例，若轻节点向若干个全节点发送请求，表明希望验证交易数据 D1 的真实性，全节点只需向轻节点发送一列 $\log_2 N$ 个哈希值（N0、N6、N9）即可得到证明（这里的 N 表示交易的数量）。接收到 N0、N6、N9 后，轻节点首先计算 D1 的哈希值，得到 N1，继续计算 N0 与 N1 合并后的哈希值 N5，再计算 N5 与 N6 合并后的哈希值 N8，最后计算 N8 与 N9 合并后的哈希值 Root*，通过验证 Root* 与自身保存的区块头信息中的 Root 相等，轻节点也就验证了该交易的真实性。

上述的整个过程就是简化支付验证（Simplified Payment Verification，SPV）。SPV 充分利用了梅克尔树的特性，因此全节点发送的哈希值又被称为梅克尔证明（Merkle Proof）。SPV 为验证交易数据提供了极大的便利，节点只需保存所有区块头的信息就可以验证某个交易，而不需要同步区块链的全部数据。这使得轻量级钱包、移动端钱包相继出现并迅速得到广泛应用。

### 2.2.2 数据的安全

数据安全主要是指恶意用户无法仿冒其他用户发起交易，且用户在发起交易后无法抵赖。区块链系统中所有的状态转移都是通过交易实现的，交易是区块链系统的基本操作。这里的"交易"并不简单指将数字货币从一个地址转账到另一个地址，而是泛指对链上数据状态的变更。数据安全一般由非对称加密算法和哈希算法保证，下面分别进行介绍。

**1. 非对称加密算法**

非对称加密算法需要两个密钥：公开密钥（Public Key，简称公钥）和私有密钥（Private Key，简称私钥）。公钥与私钥是一个密钥对，用公钥对数据加密，用对应的私钥才能解密；用私钥对数据签名，用对应的公钥才能验证。因为加密和解密使用的是两个不同的密钥，所以这种算法称为非对称加密算法。

以比特币为例，密钥对的创建过程分为两步。

（1）生成私钥。在 1 到 N-1 之间随机地取一个数字，作为私钥，N 是一个常数，

约为 $1.158 \times 10^{77}$，略小于 $2^{256}$，取到相同数字的概率可以忽略不计。

（2）生成公钥。得到私钥后，通过椭圆曲线乘法可以从私钥计算得到公钥。

椭圆曲线乘法是密码学家称之为"陷阱门"的一种函数：在一个方向（乘法）很容易计算，而在相反的方向（除法）是不可能计算出来的。也就是说，私钥的所有者可以容易地计算出公钥，但是其反向运算，称为"寻找离散对数"，却是无法做到的。而如果通过暴力枚举私钥以期生成相同的公钥，目前计算所需要的时间会长到令人无法接受。椭圆曲线的数学特性是实现数字签名安全性的基础。

数字签名，是信息系统中十分重要的一项技术，也是非对称密码学最常见的应用。假设发送者 A 想要发送消息给接收者 B，收到消息的 B 需要确认该消息确实是由 A 发出的。为了达到这个目标，A 使用安全的哈希函数来产生该消息的哈希值。该哈希值同 A 的私钥一起作为数字签名产生算法的输入，算法的输出就是数字签名。A 把签名附在发送消息的后面，当 B 收到消息以及签名后，B 首先计算消息自身的哈希值，然后使用数字签名验证算法，输入哈希值以及 A 的公钥。如果算法返回结果表明签名是合法的，则 B 确认该消息是 A 发出的。由于其他人都没有 A 的私钥，也就意味着其他人都不能冒充 A 伪造消息。

数字签名应具有以下的特征：①必须能验证签名者、签名日期和时间；②必须能认证被签的消息内容；③签名应能由第三方仲裁，以解决争执。

因此，数字签名可以有效解决以下两类问题：①其他人伪造一条消息并称该消息发自 A：由于其他人都没有 A 的私钥，也就无法产生能通过验证算法的签名；② A 否认曾发出某条消息：由于其他人都没有 A 的私钥，一条能通过验证算法的消息只能是由 A 发出的。

在区块链中，每一笔交易都需要有一方或者多方进行数字签名，这使得交易无法被伪造，同时用户也不能否认发起的交易，这就保证了链上数据的不可抵赖，用户可以放心地在区块链上流通数据和价值。

**2. 哈希算法**

以比特币为例，其账户对应的地址是由账户公钥生成的，可以表示为：

$$A = RIPEMD160[SHA256(K)]$$

其中 K 是公钥，A 是生成的地址，RIPEMD160 和 SHA256 是两个安全的哈希算法。

哈希算法，也被称为散列算法、摘要算法，在区块链中广泛使用，可以将任意长度的二进制原文串映射为较短的（通常是固定长度的）二进制串，也就是哈希值。一个安全的哈希算法需要满足以下特性：①正向快速：给定原文和哈希算法，在有限的资源和时间限制下能计算得到哈希值；②逆向困难：给定一个哈希值，在有限时间内无法逆推出原文；③输入敏感：原始输入信息发生任何改变，即使只有1比特，新产生的哈希值都应该发生很大变化；④碰撞避免：很难找到两段内容不同的原文，使得它们的哈希值一致，称为发生碰撞。

其中，碰撞避免又被称为抗碰撞性（Collision Resistance），可分为弱抗碰撞性和强抗碰撞性。给定原文前提下，无法找到与之碰撞的其他原文，则算法具有弱抗碰撞性；更一般地，如果无法找到任意两个可碰撞的原文，则称算法具有强抗碰撞性。

一个哈希算法的安全性并不是绝对的，往往也会因为对其认知的增加而发生变化。2004年，我国的王小云教授团队提出了一种快速寻找MD5算法碰撞的方法，这意味着MD5算法的抗碰撞性不能再被信任，引发了密码学界的轩然大波。2005年，王小云教授团队又提出了一种快速寻找SHA-1算法碰撞的方法。2017年，以该方法为基础的一些研究成果被Google公司成功应用，生成了两个拥有相同SHA-1哈希值，但内容却完全不同的pdf文件。

基于比特币系统中RIPEMD-160和SHA-256目前的安全性可以得出结论：从私钥到公钥，以及从公钥到地址的生成都是单向的，从地址不能生成公钥，从公钥也不能生成私钥，图2-5形象地描述了整个过程和这一结论。

同样地，区块中的哈希值和梅克尔树中的哈希值也都是由安全的哈希算法计算得到的。其碰撞避免的特性使得哈希值确实可以用来唯一地标识一个区块，输入敏感的特性又使得前一区块或者某个交易被篡改时，哈希值一定会发生很大变化，从而节点通过判断哈希值就确保了区块链不可篡改的特性。

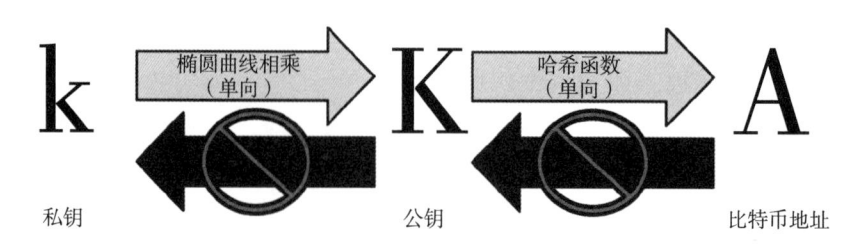

图2-5 公私钥与账户地址

## 2.3 网络层

网络层在区块链体系结构中位于数据层之上、共识层之下，利用了区块的链式结构和梅克尔树等数据层的特性，向上层提供了基本的通信功能。网络层是区块链得以稳定运行的基础，也是区块链去中心化特性的来源。网络层一般包含三大机制：组网机制、数据传播机制、数据验证机制。组网机制保障了区块链的各个节点可以组成一个通信网络，对于公有链来说，还允许新节点随时加入网络。数据传播机制保障了交易可以被传播到足够多的节点以完成打包，保障了节点可以最终同步到所有区块。数据验证机制减少了使用错误数据的风险，保障了数字货币不会被"双花"，数字资产能正常流转。

### 2.3.1 区块链 P2P 网络

P2P 是"Peer-to-peer"的缩写，Peer 有"（地位、能力等）同等者""同事"和"伙伴"等含义，因此，P2P 网络通常被称为对等网络。目前，P2P 网络常用于区块链、文件共享、协同处理等多个领域。

P2P 网络与传统的客户端/服务器（Client/Server，C/S）结构不同（图 2-6）。网络中的每个节点具有对等的地位，既能充当网络服务的请求者，又能对其他计算机的请求做出响应。

目前，几乎所有的区块链项目所使用的下层网络协议依然是 TCP 协议和 UDP 协议。也就是说，区块链的网络协议是在 TCP 和 UDP 协议之上，与 HTTP 协议处在同一层，是 TCP/IP 网络体系结构中的应用层协议。

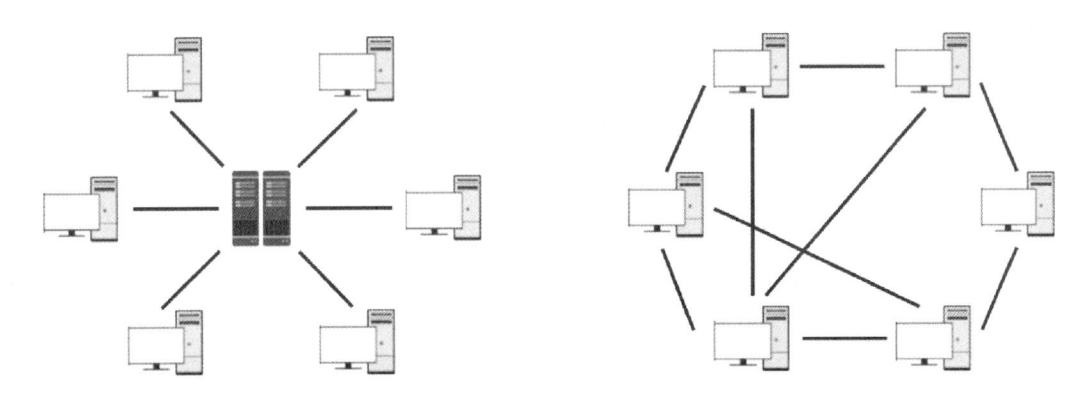

图 2-6 C/S 中心化网络（左）与 P2P 网络（右）拓扑结构示意图

随着区块链的发展，除了真正参与共识的节点，还存在轻节点、排序节点等，形成了复杂的网络组织结构。由于没有中心服务器，区块链需要有可靠的节点发现机制，确保新节点可以顺利地加入 P2P 网络，各节点都能建立足够的连接以维持 P2P 网络的稳定性。本小节将分别从上述两个方面进行简要的介绍。

**1. 网络组织结构**

到目前为止，P2P 技术的发展经历了四个阶段：集中式、纯分布式、混合式和结构化模型，每个阶段都代表着一种 P2P 技术的网络模型，其中，混合式模型被认为是最为成熟的实现方式。

区块链系统由于发展理念和功能性的不同，采用的网络模型也各不相同，这里以比特币、以太坊、超级账本为代表介绍三种不同的网络组织结构。

（1）比特币。比特币作为第一个也是目前影响力最大的区块链系统，其 P2P 网络最初采用的是纯分布式结构，节点与节点之间建立完全对等的连接，但随着矿池矿机的发展，网络的结构发生了变化。

如图 2-7 所示，矿池中的矿工并不直接与区块链网络相连接，而是通过独有的矿池交互协议与矿池管理员进行通信，间接地连接到区块链网络中。在不考虑这些矿池内部交互的情况下，比特币网络仍可以看作是一种纯分布式结构。

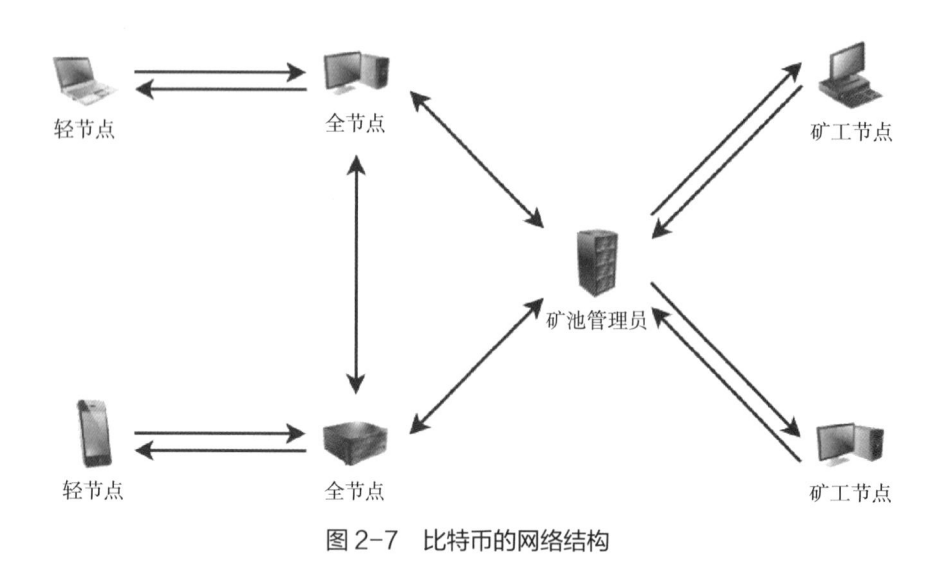

图 2-7 比特币的网络结构

（2）以太坊。比特币的纯分布式结构保证了节点间建立邻居关系过程中的随机性、公平性，但对于信息能否在有限次传播后扩散到全网所有节点缺乏严格的证明。

以太坊采用的是结构化模型，基于 Kademlia DHT 构建 P2P 网络。以太坊网络中的每个节点拥有一个唯一的标识，即节点 ID。定义两节点之间的距离为两节点 ID 的异或值，节点会对不同的距离区间各设置一个 $k$ 桶，用于记录最多 $k$ 个与自己距离落在该区间的节点的地址信息。

基于以太坊的网络组织结构进行严格的数学推导，可以证明，网络中的每个节

点用不超过 $\log_2 N$ 次查询必定可以找到任意节点的地址，其中 $N$ 为节点 ID 的位数。

（3）超级账本。超级账本与比特币、以太坊不同，是一种联盟区块链。超级账本中引入了身份管理的概念，网络中的节点有两种身份，Orderer 节点和 Peer 节点。其中，Orderer 节点用于排序交易，Peer 节点又可以细分为主节点、锚节点、记账节点、背书节点。

超级账本的 P2P 网络是与身份划分相对应的，采用的是混合式结构。所谓混合式结构是指 Orderer 节点组成的网络是纯分布式结构，各节点之间完全对等，而主节点和锚节点在 Peer 节点中又类似于中心服务器。

**2. 节点发现与建立连接**

对于一个没有中心服务器的网络，节点如何加入，如何找到更多该网络中的节点是关键性问题。加入和寻找的过程被统称为节点发现，这两个问题分别对应了初始节点发现和启动后节点发现。

初始节点发现是指当一个节点第一次运行区块链客户端程序时需要找到邻居以进行同步数据等操作，这是任何新节点加入区块链网络的第一步。

初始节点发现依赖于硬编码的种子节点，有两种常用的方式：①在程序中硬编码一些 IP 地址，新节点依次尝试连接这些 IP 地址；②在程序中硬编码一些域名，称为 DNS 种子节点，新节点通过向 DNS 发起对域名的查询来获得若干个地址并尝试连接。

上述过程完成后，该节点就加入了区块链网络，但是为了让网络状态更加稳定，以及后续能将交易和区块数据传播到全网，该节点还需要继续进行启动后节点发现。

启动后节点发现是指，网络中的节点向当前已知的邻居节点发送请求，以获取可用节点列表，例如比特币网络中的 getaddr 消息，而接收到请求的节点会将地址管理器中的地址返回给请求方，请求方利用这些地址来更新其可用节点列表。

具体而言，不同区块链节点的连接和交互所采用的网络协议并不相同，例如比特币节点之间是通过建立 TCP 连接来进行信息交互；以太坊则是同时采用 TCP 连接和 UDP 连接；超级账本则是通过 HTTP 协议实现节点间的交互。

### 2.3.2 数据传播机制

区块链的正常运行离不开数据传播机制，节点在激励机制下主动宣告自己产生的交易和打包的区块。节点与节点之间的传输依赖于 Gossip 机制，即数据（如交易）从某个节点产生，接着广播到临近节点，临近节点同样地进行广播，一传十、十传百，直至传播到全网。

### 1. 交易传播

交易传播是区块链网络中数据传播的重要组成部分，只有将交易传播到打包节点才有可能被打包成区块，进而参与整个区块链的共识。

交易的传播依赖于 Gossip 机制。期望传播交易的节点首先向已连接的可用节点宣告该交易的存在，接收到宣告的邻居节点会向宣告节点请求交易的完整信息。这些邻居节点接收到交易的完整信息并且验证都是有效交易后，就会再向各自的邻居节点宣告交易，以此类推。某个节点收到交易信息后，只有确认了接收到的交易不在自身的交易数据中，才会转发这些交易。

### 2. 同步区块

同步区块是区块链的重要功能，占据了区块链网络中数据传播的绝大部分流量。与交易的传播类似，打包出区块的节点会向邻居节点宣告该区块的存在，接收到宣告的节点会向宣告节点发起同步区块的请求，而接收到请求的节点会将相应的数据返回给请求方。

同步的方式可以有多种，例如先进行区块头的同步，同步完成后再进一步请求区块体；也可直接同步完整区块数据。两种同步方式背后的逻辑是完全不同的，所以体现在节点交互协议上也是不同的。前者提供了更好的交互过程，减轻了网络负担。

如果某个节点接收到的区块并不是与它自身保存的链紧紧相连的，换句话说，新区块与当前链的末尾区块高度差大于 1，则该节点会依次请求缺失区块，直到这些区块能与原有的链组成一条新的完整的链。

## 2.3.3 数据验证机制

区块链从网络中接收到数据后，必须要对数据进行一系列的验证，才能决定是否接受，进而传播这些数据以及提供给上层架构。数据验证机制是为了抵抗数据在产生和传播过程中的各种风险，保障区块链的可靠运行，其中最主要的三个方面包括传输验证、签名验证、语义验证。

### 1. 数据的传输验证

公有区块链面临的网络环境是开放的，从开放的网络中传输而来的数据不仅可能是缺漏错误的，还可能是攻击者恶意篡改伪造的，除了更基础的 TCP/IP 协议所做的数据验证，区块链网络一般还会进行自己的验证。以比特币网络为例，自 2012 年 2 月 20 日，比特币网络中的所有消息交互都增加了校验字段。

### 2. 数据的签名验证

节点接收到的每个交易都包含若干个签名，区块链需要对这些签名进行验证，利用的是特定的密码学算法，如 RSA、ECC（椭圆曲线加密算法）等。

在比特币未花费的交易输出模型 UTXO（Unspent Transaction Outputs）中，交易由交易输入和交易输出组成，每一笔交易都要花费一笔输入，产生一笔输出，而其所产生的输出，就是"未花费过的交易输出"UTXO。对每个交易中的每个输入，用交易指向的来源输出中的公钥脚本，对输入的签名脚本进行验证，并检查和交易 ID 是否一致，以验证输入中引用的交易来源确实是属于用户所有。

在账户余额模型中，也是类似的，获取每个交易中每个转出方的公钥，并对该交易中的签名进行验证，以验证交易确实由转出方发起。

**3. 数据的语义验证**

区块链的全节点会将一个区块中的所有交易数据组织成梅克尔树，来验证该区块头中梅克尔树根的正确性。

对于有数字货币流通的区块链来说，为了保证数字货币不会被"双花"（即花费两次或更多），还需要验证每个交易内部的数据。在 UTXO 模型中，需要验证当前交易的输入确实是未花费的交易输出。在账户余额模型中，需要验证当前交易的转出方（支付方）账户内还有足够的余额可供转账。

## 2.4 共识层

### 2.4.1 共识层简介

区块链是由分布在网络中的各个节点共同维护的一致账本，新的交易被整合在区块中，在网络层由矿工打包并广播给全网节点。网络层保证了区块链系统中的数据传递，而各个节点如何分别在本地将区块和交易组织成一致的区块链，如何保证网络中只存在唯一的分布式账本而不会分叉，这便是共识层需要解决的问题。目前应用在区块链中的主流共识机制包括工作量证明算法（PoW）、权益证明算法（PoS）以及实用拜占庭容错算法（PBFT）等。在公链的共识设计中，也需要考虑激励机制，以维护共识层的安全性和长久运行。

### 2.4.2 CAP 定理

区块链作为一种分布式网络系统，它的共识机制自然需要满足分布式系统的属性。分布式系统共识存在 CAP 定理，该定理是由 Seth Gilbert 和 Nancy Lynch 于 2002 年提出，具体是指一致性（Consistency）、可用性（Availability）以及分区容错性（Partition-tolerance）。三个网络服务中重要的性质不能同时实现。三种性质具体如下。
- 一致性：对于一个分布式系统，一致性要求其在进行任何操作时，看起来就像是在一个单一节点上进行一样，即任一时刻，分布式系统中各节点的状态信息以及对同意请求的执行过程都是一致的。
- 可用性：分布式系统在收到用户的请求后，必须给出相应的回应，不能让用户陷入无限等待过程中。
- 分区容错性：分布式系统容忍其中节点出现分区，当分区出现时，一个区域中节点发往另一个区域中节点的数据包全部丢失，即区域间无法进行通信。

CAP 定理指出在分布式系统的设计中，一致性、可用性、分区容错性只能同时满足两个。但分布式系统面临着网络攻击、链路故障等各种不确定因素，分区随时有可能发生，因此分布式系统设计面临的问题通常是在一致性和分区出现时的可用性之间进行取舍。

区块链作为要求一致性的分布式系统，目前主要采用两种设计思路。一种是确保一致性，而在分区出现的时候牺牲可用性，这一情况主要在采用拜占庭容错共识的区块链中出现，因此这一类区块链中不会出现分叉的现象，例如超级账本（Hyperledger）；另一种则是弱化对一致性的要求，从而确保在分区出现时，系统仍然能够运行，例如采用 PoW、PoS 等共识的区块链中，而正是因为弱化了对一致性的要求，比特币、以太坊等系统存在着分叉、双花等潜在攻击。

### 2.4.3 拜占庭将军问题

区块链是为了构建去信任的账本，在存在作恶节点的情况下也能达成一致的交易记录。因此在共识层中，除了要考虑 CAP 定理的权衡，更需要处理恶意节点带来的问题。在这个领域中，图灵奖得主莱斯利·兰波特最早刻画了分布式对等网络的通信容错问题，发表在经典论文拜占庭将军问题中，详见第 6 章 6.1.1。分布式计算场景下，有时需要各计算机经过通信协调，实现一致的策略及活动。但有时分布式的各个节点可能由于各种原因而无法正常通信，例如通信网络发生故障。这时就有可能导致网络中各成员无法就事先约定的策略达成共识，从而破坏系统一致性。

兰伯特在论文中证明了，当存在 $f$ 个恶意节点，系统节点总数大于（$3f+1$）时，存在有效共识协议，可以得到一致结果。

### 2.4.4 典型的共识机制

针对不同的区块链系统，出于安全性、准入性以及节点规模要求，可以采用不同的共识机制算法，对于开放场景下的无需许可链，例如比特币、以太坊等，采用 PoW 或 PoS 类算法。对于有准入限制的许可链或者联盟链来说，由于节点动态变化少，系统交易吞吐量要求较高，因此常采用 PBFT 共识的演进版本实现区块链系统。

**1. 拜占庭容错算法**

1999 年，卡斯特罗（Miguel Castro）等人提出实用拜占庭容错算法（PBFT），将通信复杂度从指数级降至多项式级，在保证算法效率的前提下实现了异步状态下可应用的分布式系统拜占庭容错。在卡斯特罗实现拜占庭容错网络文件系统中，可容忍少于 1/3 的恶意节点，在性能上相较无副本复制的网络文件系统仅下降 3%。PBFT 共识协议及其改进的协议一般都包含三类基本协议：①三阶段协议：解决如何达成共识；②检查点协议：类似于操作系统的还原点，主要用于清除过时的消息；③视图变更协议：用于解决主节点失效下不工作的情况。

PBFT 共识算法的核心为三阶段协议，保证所有可信节点在给定状态和参数组的条件下，按照相同的顺序执行完请求后能够取得相同的状态。三阶段分别为预准备阶段（Pre-prepare）、准备阶段（Prepare）和确认阶段（Commit）阶段。在三阶段协议过程中，如果存在拜占庭节点向其他节点发送虚假信息，可信本地节点始终按照少数服从多数的原则做出一致的决定，最终所有的可信节点都向客户端返回了一致结果。

**2. 工作量证明**

PBFT 类共识，由于平方级别的通信复杂度，通常无法应用于大规模公有链的场景下。开放环境下存在大规模异步网络之间的通信延迟、节点之间不存在预先建立的信任关系、节点随时进入和随时退出等问题，因此采用了工作量证明（PoW）共识或权益证明（PoS）共识机制。

PoW 被应用于比特币中。在出块节点选择上，各节点需要计算一个哈希难题来获取记账权，同时赢得相应的记账激励。哈希难题的计算需要消耗大量的电力、设备以及计算资源。只要网络中大部分的算力处在诚实的节点手中，网络就能保证安全性。

PoW 共识的核心是哈希散列函数，PoW 中的工作也就是依靠上一个区块的哈希值进行大量穷举计算，得到符合条件的哈希值，赢得记账权的过程。这个答案的结果难以计算但易于验证，因此当获取答案的矿工广播合法的答案后，其他节点就很容易验证并接受这个区块，同时进行新一轮的挖矿。

在 PoW 系统中，遵循最长链原则，当网络中同时达到出现分叉时，根据全体参与者（算力）的选择，主网会默认累计难度值大的为主链而摒弃其他的分叉区块。这就是意味着在比特币的主网上面，少数人永远服从于多数人的共识。

PoW共识机制实现了人人参与的设计理念，各参与方的单位算力权重一致，当网络中绝大多数算力都掌握在诚实的人手中时，可以实现分布式记账的安全性。

PoW共识也存在许多争议，例如矿池的出现使得算力集中在某几家公司手中，目前维持比特币网络的电力资源消耗已经接近全球总发电量的1%，这些能源除了维持比特币网络的安全性，并没有实现其他经济价值。由于PoW机制的哈希碰撞目的是为了让未来区块的打包者不可预测，那是否可以通过其他更环保的途径解决这一问题，于是有研究者提出了权益证明共识算法。

### 3. 权益证明

权益证明（PoS）共识由Sunny King提出，它针对PoW的大量不必要能源浪费，提出各记账人根据自己的权益依算法竞争记账权的共识机制。PoS共识机制是目前公链上采用的另一大类共识，其安全性并没有得到严谨的数学证明。

区块链共识机制的第一步就是随机筛选一个记账者，PoW是通过计算能力来获得记账权，计算能力越强，获得记账权的概率越大。PoS则将此处的计算能力更换为权益证明，即节点所拥有的币龄（CoinAge，币龄等于币数量乘以天数）越多，获得的记账的概率就越大。这有点像公司的股权结构，股权占比越大的合伙人话语权越重。

在同样实行最长链机制的条件下，共识问题就转变成了随机筛选记账人的问题，PoW在全网中运行哈希计算来实现记账人的不可预测，而目前新一代的PoS算法则采用了例如密码学抽签、可验证随机函数（VRF）等密码学手段实现记账人的选择，同时通常各节点的抽签权重与自身持有的权益成比例，使得在系统中投入资源多的记账人有更大的概率获取记账权。采用了密码学抽签算法的PoS共识协议不会进行过量无意义的哈希计算，因此更加环保。

PoS也存在一定的不足，目前PoS系统的区块链往往节点数量不足，且同样存在长程攻击、无利害关系攻击的潜在攻击可能。同时由于大量的代币都存放在交易所中，导致用户的权益被中心化地委托到了交易所的节点上，网络同样存在中心化的难题。

### 4. 授权权益证明

针对公链场景下普遍的可拓展性能力弱、系统吞吐量不足的问题，像EOS、BTS、Steemit等项目吸收了PoS共识中股权权益的概念，同时将记账权的更迭与挖矿竞争剥离。所有的持币人投票选出有资格进行记账的有限个少数节点，交易记账和出块通过这些被委派了权益的代理人节点进行处理。在少数高性能的节点之间能很好地实现快速出块，同时无需计算哈希难题，不会造成资源浪费。

完成出块的代理人节点通常也会受到来自系统增发的权益奖励，以激励他们运行高性能的区块链节点，维护网络的正常运行。这种授权权益证明（DPoS）的思想正是通过牺牲一定的去中心化特性来换取更好的吞吐量，同时所有持币人能够通过投票选出代理人参与到系统的共识和治理中。

DPoS 系统常常会和 PBFT 系统结合，实现二级共识，即出块节点（受托人）根据 DPoS 投票选举得出，而有限数量的受托人之间则运行 PBFT 共识机制，按规则实现节点间的更替出块（记账）。

### 2.4.5　共识层中的激励机制

对于联盟链或者许可链，由于使用区块链可以维护企业或机关之间的联盟数据账本，他们会选择投入成本，运行记账节点，维护区块链共识层。而对于开放式加入的公链来说，区块链共识层的维护往往需要矿工投入资金、设备等资源，因此为了维护区块链共识层的安全性，需要在经济模型中引入激励机制，保障区块链共识层的安全性。

#### 1. 比特币中的激励设计

比特币系统的安全性依赖于矿工的维护，而矿工需要为设备、挖矿行为投入大量的经济成本，因此比特币设计了区块奖励机制，使得矿工在履行记账义务时获取铸币权的奖励，系统的安全性得以不断增长。

比特币上限为 2100 万枚，并随着时间逐步释放，这些释放的比特币便是矿工赢得记账权后的奖励。比特币的产出机制设计了四年减半机制，即第一个创世区块的奖励设定为 50 个比特币，此后每新建 210 000 个区块，奖励减半。同时为保证随着算力上涨带来的产量增加，比特币也设计了相应的难度调整算法，使得区块产生的时间间隔稳定在约 10 分钟。

比特币是产量逐步下降的通缩货币，随着比特币价值存储的功能推广开来，比特币价格上涨，会带动矿工投入更多的成本进行挖矿竞赛，从而进一步提高网络的安全性，实现正向激励。

#### 2. ETH2.0 中的激励设计

以太坊 2.0 将从 PoW 共识转型为 PoS 共识。在移除了挖矿难题后，如何通过经济激励/惩罚手段实现网络的安全性，也是研究人员和开发者关注的热点问题。以太坊 2.0 版本将采用的 Casper 协议试图解决权益证明机制的一个最大缺陷。

在 PoS 机制下，恶意的节点验证者可以在没有任何损失的情况下去把自己的币押在分叉链上推动硬分叉（而 PoW 机制下，矿工分叉需要消耗算力资源）。因此需要设计激励/惩罚机制，既可以实施 PoS，同时又要减少"无利害关系"问题。以太坊开发者们提出了他们不同于其他 PoS 的 Casper 协议，在这个协议下，系统可以快速惩罚节点的作恶行为（https://ethfans.org/posts/ethereum-casper）。

## 2.5 合约层

如果说区块链的数据层实现了区块链系统的数据存储、网络层实现了区块的消息广播、共识层实现了各个分布式账本的状态一致，那么合约层则用于实现复杂的商业逻辑。从比特币使用非图灵完备的简单脚本控制交易开始，将智能合约应用到区块链上就一直是区块链研发的关注点，随着以太坊的发布和生态的发展，图灵完备的智能合约以及完善的开发工具链使得区块链的应用场景大大拓展，在包括金融工程、社会协作等诸多方面得到有价值的应用。

### 2.5.1 智能合约简述

合约层的名称来源于日常生活中使用的合约，它表示特定人之间签订的契约。借助于区块链在分布环境下能对未知实体之间建立的信任关系，智能合约已成为一种使未取得彼此信任的各参与方具有安排权利与义务的商定框架。

智能合约概念的提出要早于区块链。1994 年学者 Nick Szabo 将智能合约定义为一套以数字形式定义的承诺，包括合约参与方依据这些承诺而需执行的协议，其初衷是希望通过将智能合约内置到物理实体来创造各种灵活、可控的智能资产。合约层的名称来源于日常生活中使用的合约，它表示特定人之间签订的契约。

### 2.5.2 智能合约框架

合约层与区块链构架密切相关，它所形成的合约程序将在区块链中部署与运行。一方面，合约程序作为当事人之间的承诺，需要以不可改变的形式发布到区块链中，以便满足合约执行的公正性；另一方面，部署后的合约在条件满足时将被自动执行，执行过程需要读取区块链中的数据及运行状态，并将执行结果和新的运行状态写入区块链中。因此，合约层与区块链是密不可分的一个整体。

随着智能合约技术的发展，智能合约不仅仅是区块链上的一段可执行代码，而是构建在区块链上包含智能合约语言、运行环境、执行方法等的一个完整系统。具体而言，智能合约框架支持如下过程。

**1. 智能合约开发与构建**

智能合约作为一种新的软件架构，允许编程人员根据现实应用的需要，制定一份满足双方需求的承诺，承诺包含了双方的权利和义务，这些权利和义务将会以智能合约形式被程序员编程，并被编译成为机器代码。目前已有的智能合约平台已能为开发者提供代码编程环境，包括支持生成智能合约的编程语言规范、开发和编译工具，帮助开发者撰写智能合约程序并编译成为可执行代码。

**2. 智能合约部署**

智能合约作为一种法律合约的可执行程序代码，需要通过区块链内的部署实现条件许可下的自动执行。通常，智能合约在区块链中有着自己的地址和存储空间，合约当事人将含有合约机器代码的交易进行提交，达成共识后将智能合约存储在各个节点中。

**3. 智能合约运行**

智能合约的自动执行是其与其他合约形式的主要区别。通过部署，智能合约本身是在区块链中预先设计好的一段逻辑代码，通过外部事件或内部交易状态的触发，由区块链中相关节点提供一种可信运行环境来运行相应的逻辑代码完成交易，并将执行结果和状态写回区块链，以备后续处理和执行。

### 2.5.3 智能合约典型技术

智能合约是第二代区块链的标志性技术，目前众多区块链厂商已经开发出各自的智能合约方案。下面简单对三种代表性方案加以介绍。

**1. 比特币中的脚本系统**

比特币采用了一种基于栈的逆波兰式结构的简单指令系统，以及多达100多条指令构成的指令集。该指令系统与比特币特有的UTXO（未花费交易输出）模型相结合，可由密码脚本实现多种灵活的密码认证方案。尽管上述系统并不是真正意义上的智能合约，却为智能合约的出现奠定了基础。

**2. 以太坊智能合约平台**

以太坊是最早开发出智能合约的平台，也是一种真正意义上的区块链智能合约系统。该系统以以太坊虚拟机（EVM）为基础，设置了多种由传统编程语言开发的智能合约语言，其中Solidity是使用最广的一种静态类型编程语言，由它开发的智能合约代码经编译可生成在EVM上运行的机器码。此外，以太坊也开发出一整套智能合约的部署与运行环境，极大地促进了智能合约的开发与推广。

### 3. SPESC 高级智能合约

针对已有智能合约与现实合约在语法和语义上存在的巨大差异，其法律地位难以确立的现实，一种具有现实法律合约结构和类自然语言语法的高级智能合约已经被提出，智能合约描述语言（SPESC）是其中较为典型的代表。该语言能够通过合约条款（Terms）的形式对当事人的义务和权利、数字资产的交易规则等合约特征进行定义，并支持向现有智能合约平台的自动化转化，对合约法律化和非 IT 人员的协同开发起到了促进作用。

## 2.5.4 智能合约安全

尽管智能合约具有一系列新的特征，智能合约本质仍然是一段运行在区块链网络中的程序代码，因此，它具有现有计算机程序所具有的各种安全问题和代码漏洞。近几年已经针对智能合约出现了一系列安全事件，并引起了巨大的损失。虽然区块链平台的安全特征有利于较少智能合约的安全风险，但智能合约安全仍然有待研究与改进。

## 2.5.5 合约层中的激励机制

随着图灵完备智能合约语言的出现，激励机制开始与智能合约层相结合，以达到吸引用户参与该智能合约项目。

### 1. 漏洞赏金计划

漏洞赏金计划是指软件提供商出资吸引黑客参与软件漏洞检测并及时上报漏洞，是软件提供商检测所存在未知漏洞的主要方式之一。由于传统的漏洞赏金发放流程缺乏一定的透明性，借助区块链的智能合约实现漏洞赏金计划是近年来出现的区块链应用研究之一。

Wu 等人提出了 SmartCrowd，一个基于区块链的分布式物联网系统漏洞检测平台，尝试利用激励机制与智能合约相结合的方式，吸引众多检测者参与物联网系统漏洞检测，从而构建一个功能强大的分布式漏洞检测平台。此外，SmartRetro 也是通过将激励机制写入智能合约，吸引检测者参与物联网系统漏洞扫描并及时上报扫描报告。

Breidenbach 等人则设计了 Hydra 平台，借助智能合约公开透明的特点，将激励机制写在智能合约中，用于吸引黑客参与智能合约漏洞的检测，从而避免智能合约漏洞被利用而造成大量的资金损失。

### 2. 众包平台

众包平台是指用户将需求以任务的形式发放到平台上，其他用户则帮助完成任务并获取一定的奖励。传统的众包平台在奖励发放的过程中存在不透明现象，无法保证奖励的公平性，通过将激励机制写入智能合约中，可以保证众包平台的公开透明，是近年来区块链应用的研究场景之一。

## 2.6 应用层

区块链应用层位于区块链体系结构的最上层，它将合约层的相关接口进行封装，并设计友好的 UI 接口和调用的规范，从而让终端用户能够快速地搭建各类去中心化的可信任的应用服务，为实现价值的转移提供了可能。基于区块链的各种应用都处于这一层，比如数字货币、区块链浏览器等。

### 2.6.1 相关概念

基于区块链的应用称为去中心化应用（Decentralized Application，DApp），是基于区块链智能合约和激励机制的可交互式应用。DApp 具有以下三个基本特征：① DApp 的程序开源、自治，并能够根据大部分节点的共识更新维护。②应用数据须共识后存储在公开的区块链上。③系统拥有数字货币或代币，用于奖励对系统做出贡献的节点。

应用层按照功能的通用程度可以分为以下两类：①事务类：和区块链本身相关，不涉及具体应用场景，也是每个应用基本上所会用到的功能。比如生成区块、返回指定哈希的区块、返回区块链当前状态、验证区块、获取节点信息等。②业务类：根据应用场景不同，例如区块链钱包应用则有导入钱包、导入私钥、返回钱包信息、返回账户余额。

### 2.6.2 应用层使用的技术

应用层使用的技术是传统互联网中的技术，包括服务端技术、前端技术以及 App 技术。

**1. 服务端技术**

服务端技术主要是将系统资源及功能组织起来，对外提供服务。包括服务器（计算机）、操作系统（如 Linux）、Web 服务（如 Apache）、存储服务（数据库）和虚拟技术（如 Docker）等内容。目前服务端框架较为成熟的有比特币框架、以太坊框架、超级账本 Fabric 框架和 Corda 框架等，表 2-1 和表 2-2 列出的是三种流行开发框架的对比及常用的技术开发语言。

表 2-1  三种流行区块链应用开发框架

| 名称 | 比特币框架 | 以太坊框架 | 超级账本 Fabric 框架 |
| --- | --- | --- | --- |
| 区块链属性 | 公链 | 公链/联盟链 | 联盟链 |
| 服务器端语言 | C++ | Go | Go、Java、Node.js |

表 2-2  应用层常用的开发语言

| 名称 | 服务器端 | 前端 | App 技术 |
| --- | --- | --- | --- |
| 开发语言 | C/C++<br>Go<br>Java<br>Python<br>PHP<br>JavaScript | JavaScript<br>Html<br>CSS | Java/C++（Android）<br>Objective-C（iOS） |

2. 前端技术

前端技术主要应用在客户端，用以将内容呈现给用户，并实现产品和用户的交互。常见的前端如各类浏览器、PC 端、移动端等。由于前端直接面向用户，除开发技术外，还涉及平面交互设计、用户心理学等内容。

3. App 技术

App 运行在移动端，如智能手机、平板。它依赖于移动设备上的操作系统，比如谷歌公司的 Android 操作系统、苹果公司的 iOS 系统。

### 2.6.3  区块链工具

1. 区块链浏览器

区块链浏览器是一种搜索区块信息的工具，根据不同的应用场景可以查询特定区块的内容，比如查询钱包的余额和任意一笔交易的详细信息。不同的区块链浏览器具有不同的功能，但总体上可查询的区块链信息包括：①区块链的总体描述。②区块链的区块信息：包括块哈希、块高度、交易最新日期、区块大小、交易费用、确认数、交易数量等。对具有挖矿机制的区块链系统而言，还会包括挖矿难度等信息。③交易信息。④智能合约的各类信息。

区块链浏览器可将以上数据进行可视化呈现（图 2-8）。

图 2-8　以太坊区块链浏览器[①]

**2. 区块链中间件**

区块链中间件封装多种异构的区块链，如比特币、以太坊、超级账本 Fabric 和 Corda 等，使得用户可以随意切换区块链底层技术平台，无需考虑它们的编程语言和设计风格，以便更好地专注于业务层面的研究。

区块链中间件对上层应用如数字资产、存证溯源、信息共享等应用提供统一的 API 接口，如用户管理、资产管理、智能合约等。一些跨链应用也是基于中间件搭建起来的。

主流的跨链技术方案有三种，分别是公证人机制（如瑞波 Interledger 协议）、侧链/中继（如 BTC Relay/COSMOS）和哈希锁定（如 Lighting network）。例如 BTC Relay 通过以太坊的智能合约，将以太坊网络与比特币网络连接起来，使得用户在以太坊上验证比特币交易[②]。

**3. 区块链钱包**

区块链钱包是用于管理数字货币的应用程序。区块链钱包里存储着用户的数字货币信息，包括数字货币地址、私钥。区块链钱包可以存储多个数字货币地址以及每个数字货币地址所对应的独立私钥。每条公链比如比特币、以太坊、EOS 等都有自己的钱包（图 2-9）。

根据要管理的私钥、公钥对的关联程度，区块链钱包又分为非确定性钱包和确定性钱包两类。

---

① https://eth.btc.com/

② http://btcrelay.org/

图2-9 比特币钱包①

（1）非确定性钱包。钱包里的每对公私钥之间没有关联，也叫作随机钱包。如比特币早期的钱包客户端 Satoshi Client，里面会自动随机生成 100 个公私钥对，这种钱包要管理 100 个甚至更多的公私钥对，由于没有关联性，非常不方便记忆。优点是每个公私钥对都是独立的，任何一个公私钥对泄露或者遗失，不会对其他公私钥对产生影响，具有较高的安全性。

（2）确定性钱包。为了方便私钥管理，利用树状结构来管理公私钥对的钱包，也称为分层确定性钱包。这种树状结构的所有的孩子节点的 keys 和孙节点的 keys 都可以通过根节点的 seed 推导得出，因此，我们只需要记住根节点的 seed 即可。但这样存在一个隐患，那就是如果 seed 一旦泄露，所有的账号都会被泄露，严重的会造成全部钱包资产的损失。

4. 挖矿工具

挖矿是区块链在数字货币领域应用的一个术语，是产生区块及数字货币的过程。通过工作量证明等方式成功抢到记账权的矿工将一段时间内数字货币系统中发生的交易进行确认，形成新区块并记录在区块链上，并得到数字货币作为记账的奖励。挖矿软件集成了智能合约以及钱包功能，用户安装注册后即可进行挖矿。挖矿的收益会存到对应的账户中。

## 2.6.4 应用层中的激励机制

随着区块链的应用渗入到数字货币、云游戏等各个领域，激励机制开始与应

---

① https://www.blockchain.com/zh-cn/wallet

用层相结合，帮助规范用户行为。激励机制与应用层结合主要是借助区块链不可篡改的特点，将用户的恶意行为记录到区块链中，从而帮助用户在使用该应用的过程中，能够有效识别作恶用户。因此，将激励机制与应用层结合可以鼓励用户保持良好的行为习惯，以避免在后续应用使用过程中被其他用户过滤。

### 1. 数据共享平台

在基于区块链的数据共享平台中，恶意用户可能会上传虚假数据，为了遏制该现象并帮助用户有效筛选数据，可以建立一套信用评分机制，根据区块链中记录的用户历史上报数据记录和其他用户的评价，计算每个用户的全局信用评分，为用户在选择使用数据时做参考。

例如，在基于区块链的车联网路况信息共享平台中，由于用户无法立刻判断车辆上报的路况信息的真实性，研究者考虑引入了信用评分策略。用户在上报路况信息后，其他用户对该信息进行评价，根据用户历史路况信息上报情况以及其他用户对上报信息的可信性评价打分，对路况信息源进行筛选。

### 2. 协作平台

用户可通过协作平台寻找合作者，共同完成某项任务。通过区块链记录参与者的历史活动记录，并对参与者进行评分，可以帮助用户筛选潜在合作者。

例如，协同边缘计算平台 Blockedge，允许多个边缘计算利益方合作完成任务（如协同式边缘计算、协同式内容缓存分发、协同式资源管理），为筛选出中意的合作者，Blockedge 提出建立一套评分机制，对用户的历史行为进行评分。

## 2.7 本章小结

本章对区块链的体系结构进行了介绍，尽管区块链在发展过程当中体系结构也在不断地演进，但区块链总体可以分为数据层、网络层、共识层、合约层、应用层以及激励机制六个部分。

数据层主要定义了区块链的数据结构，包括区块链的链式结构和用梅克尔树对交易进行组织，并通过密码学技术确保数据安全。

网络层主要定义了区块链节点之间组网方式、信息在节点间的传播方式以及信息的验证过程，主要目的是确保交易、区块等信息成功传播到区块链网络中的所有节点。

共识层建立在网络层之上，定义了区块链上分布式节点之间如何保障存储数据的一致性，使各节点能对交易和账本达成统一，其本质是解决分布式一致性问题。针对不同的区块链系统，出于安全性、准入性以及节点规模要求，可以采用不同的共识算法。

合约层位于共识层之上，封装区块链系统的各类脚本代码、算法。智能合约是由事件驱动的、具有状态的、运行在可复制的共享区块链数据账本上的计算机程序，能够主动或被动地处理数据，接受、储存和发送价值，控制和管理链上各类智能资产。

应用层位于合约层之上，将合约层的相关接口进行封装，具有良好的UI接口和规范的调用的方式，从而在应用层上能够快速地搭建各类去中心化、可信任的应用服务。

激励机制则主要渗透于共识层、合约层以及应用层应用三个层次，与共识层相结合可激励矿工节点参与区块链维护；与智能合约层相结合可吸引用户参与；与应用层相结合可帮助用户筛选满意的合作者。

上述六个部分紧密联系、相互配合，构成了区块链的体系结构，使得区块链具备可审计、去中心化、可信等诸多特点。

## 习题

1. 保证区块链数据不可篡改的关键点有哪些？
2. 什么是拜占庭将军问题？为什么只有至少存在（3$f$+1）个节点，其$f$为恶意节点数量时，系统才可能对共识达成一致？
3. 智能合约是什么？它的工作流程是怎样的？
4. PBFT共识的三阶段流程分别是什么？为什么PBFT类共识无法在大规模区块链场景下应用？
5. 请简述激励机制设计的目的，联盟链中为什么不需要设计激励机制？
6. 区块链体系结构中的五层是哪些？它们之间的逻辑关系是什么？

# 第 3 章 典型区块链平台

本章将介绍区块链领域的三个代表性开源平台项目：比特币、以太坊和超级账本。它们分别面向不同的设计目标，具有不同的技术特点，成为区块链技术发展过程中的重要里程碑。

比特币诞生于数十年来对加密数字货币的设计探索。自 20 世纪 80 年代起，不少计算机专家和密码学家尝试构建基于密码学技术的加密数字货币，代表项目包括 e-Cash、HashCash、B-money 和 Bit Gold 等。这些方案要么依赖于一个中心化的管理机构，要么受限于当时的信息科技水平而未能实现。比特币是首个引入区块链结构来解决分布式记账问题的加密数字货币项目，也是首个在全球范围内持续运行超过十年的公有区块链系统。

但由于比特币平台只面向加密数字货币场景，支持功能十分有限，而且处理性能低下。为了改进这些不足之处，比特币社区的一些开发者又发起了以太坊平台。以太坊平台不局限于对加密数字货币的支持，而是希望通过支持图灵完备的智能合约来拓展到更广泛的应用场景。以太坊平台的记账系统仍然基于区块链结构，通过以太坊虚拟机中运行智能合约，将区块链应用逻辑的编写交给开发者。2015 年 7 月，以太坊平台正式上线，成为仅次于比特币的第二大公有区块链系统。

比特币和以太坊等公有链平台，充分验证了区块链结构在解决分布式记账问题中的有效性。这也引起了众多企业的兴趣，安全可靠的分布式记账方案，有望为全球商业网络打造坚实的基础。2015 年年底，30 家金融、科技领域的领军企业（包括 IBM、Accenture、Intel、J.P.Morgan、DTCC、SWIFT、Cisco 等）联合发起了超级账本开源平台，致力于打造一个开源、满足企业场景的分布式记账平台。超级账本平台遵循 Apache v2 许可（商业友好），由 Linux 基金会进行管理。围绕企业分布式账本的核心诉求，超级账本社区已经发展到十六大顶级项目，拥有超过 280 名全球的企业会员，成为目前最大也是应用最广泛的开源企业区块链平台，在国内外都支撑了大量应用案例。

## 3.1 比特币

### 3.1.1 比特币简介

比特币是最早、最知名的区块链开源平台，由比特币社区维护，其官方网站为 bitcoin.org。作为首个可以支持全球规模数字货币的公有区块链平台，比特币经过长时间实践检验，在科技史和金融史上都将具有重要意义。

2009 年 1 月 3 日比特币网络正式上线，在没有中心化管理的情况下支持了全球范围内基于比特币的数字化交易，这与其如下特点关系密切：

- 非中心化：网络采用分布式结构；交易请求需要大多数参与者达成共识才能被接受，没有任何独立个体可以破坏网络。
- 保护隐私性：用户在网络中的账户地址是匿名的，一个用户可以持有任意多个账户，较好地保护了用户的隐私。
- 通胀预防：比特币的发行通过挖矿实现，其发行量每四年减半，总量上限为 2100 万枚（2140 年发行完毕）。因此不会出现因滥发导致的通货膨胀。

比特币的诞生并非偶然，它是无数先哲对数字货币不断探索和实践的结晶。20 世纪 50 年代计算机（ENIAC，1946 年）出现后，人们就开始尝试利用更高效的信息技术来改造支付系统。最早出现的是成为后来主流电子支付手段的信用卡（Diners Club 卡，1951 年），可以允许用户通过授信来对其电子账户中的余额进行消费。自 80 年代起，随着密码学的发展，利用密码学手段构建的加密数字货币逐渐开始成为研究的热门，尝试解决传统电子支付依赖中心化系统的缺陷。

在"非中心化支付"的场景下，设计数字货币存在几个巨大的挑战：

- 发行货币：如何设计货币发行机制，避免货币滥发和不公平带来的经济问题。
- 货币防伪：如何确保和检验货币的真实性，防止被伪造或篡改。
- 可靠交易：如何确保随时随地可以从支付方安全转移到接收方。
- 避免双重支付：电子数据很容易被复制，如何避免同一个数字货币被多次支付。

经过 30 多年的探索，加密货币领域的典型成果包括 e-Cash、HashCash、B-money 和 Bit Gold 等。这些成果为比特币的成功奠定了基础。

2008 年 10 月 31 日（美国东部时间），星期五 14:10，中本聪提出了比特币的设

计白皮书 *Bitcoin: A Peer-to-Peer Electronic Cash System*，并在 2009 年公开了最初的实现代码，代表着比特币项目的成立。协调世界时（UTC）2009 年 1 月 3 日 18:15:05 生成了首个比特币。

### 3.1.2 比特币基本架构和原理

比特币系统是一个构建在点对点网络上的分布式账本，网络中的节点（矿工）通过"挖矿"来完成对交易的记账过程，并维护网络的正常运行。其主要架构如图 3-1 所示。

图 3-1 比特币架构

在数据层，比特币利用区块链结构维护一个不断追加的公共账本，并通过梅克尔树结构准确记录网络中所有的交易历史。节点认可的交易通过点对点协议在网络中传播出去，对合法交易的确认通过工作量证明共识机制完成。

比特币中没有固定账户的概念。因此，每次发生交易时，用户需要将完整交易记录到账本中，等网络大多数节点确认后即可认为交易完成。

通常情况下每个交易都包括若干输入和输出，获得挖矿奖励的交易则只有输出。未经使用（引用）的交易输出（Unspent Transaction Outputs，UTXO）可以被新的交易引用而作为其合法输入。被使用过的交易输出（Spent Transaction Outputs，STXO），则无法再次被使用。

因此，比特币网络中任何一笔合法交易，必须要引用若干已存在交易的 UTXO（必须是属于付款方才能合法引用）作为输入，并生成新的 UTXO（收款方可在未来使用）。

那么，在交易过程中，付款方如何证明自己所引用的 UTXO 合法？比特币中通过"输出签名脚本"，限制将来只有收款方能使用该 UTXO。对每笔交易，付款方需要进行签名认证；对每一笔交易，总输入一般要大于总输出。其差额部分作为交易费用（Transaction Fee），为生成包含该交易的区块的矿工获得。目前规定每笔交易费用不能小于 0.0001 BTC。交易费用越高，矿工越愿意在区块中包含该交易，该交易也就越早被确认。交易费用也提高了网络攻击成本。

交易金额的最小单位是"聪"，即一亿分之一（$10^{-8}$）比特币，网络总"聪"数为 2.1E15。

表 3-1 展示了一些简单的示例交易。一般情况下，交易的输入、输出可以为多方。以交易 T1 为例，其输入为 T0 的输出（指定仅限 B 使用），并指定输出值仅限 C 使用，说明 T1 是从 B 转给了 C。

表 3-1 比特币 UTXO 示例交易

| 交易 | 目的 | 输入 | 输出 | 签名 | 差额 |
| --- | --- | --- | --- | --- | --- |
| T0 | A 转给 B | 他人向 A 交易的输出 | B 账户可以使用该交易 | A 签名确认 | 输入减输出，为交易服务费 |
| T1 | B 转给 C | T0 的输出 | C 账户可以使用该交易 | B 签名确认 | 输入减输出，为交易服务费 |
| … | X 转给 Y | 他人向 X 交易的输出 | Y 账户可以使用该交易 | X 签名确认 | 输入减输出，为交易服务费 |

需要注意，刚记录到网络中的交易（此时深度为 0）存在被推翻的可能性，一般要再生成几个新的区块后（一般要深度大于 6）才认为该交易被确认。

比特币采用了 UTXO 模型，相对仅记录余额（交易执行结果）的账户模型，UTXO 模型可以更容易实现并行处理和防止重放攻击，并可追踪完整交易路径；但由于需要存储和检索所有交易记录，对节点压力较大。

### 3.1.3 比特币的交易与验证

交易是比特币的核心概念，一条交易可能包括如下信息：

- 付款人地址：合法的地址，公钥经过 SHA256 和 RIPEMD160 两次 Hash，得到 160 位 Hash 串。
- 付款人对交易的签字确认：确保货币的所有权。
- 付款人资金的来源交易 ID：从哪个交易的输出作为本次交易的输入。
- 交易的金额：多少钱，与输入的差额为交易的服务费。
- 收款人地址：合法的地址。
- 时间戳：交易何时能生效。

网络节点收到交易信息后，将进行如下检查：

- 交易是否已经被处理过（防止重放攻击）。

- 交易是否合法：包括地址是否合法、发起者是否是输入地址的拥有者、引用是否是 UTXO。
- 交易的输入之和是否大于输出之和。

检查都通过后，将已经标记为合法但未确认的交易，并在网络内进行广播。

用户可以从 blockchain.info 网站查看实时交易信息。一个示例交易的基本信息如图 3-2 所示，包括 Hash 值、状态、时间、大小、权重、所包含区块号等、是否确认和输入输出信息。

| Hash | 576fbe90b1c7f08a7b57dda0919b67695c9d5a8487a8fa1b078f15bbc9285d56 |
| --- | --- |
| Status | Confirmed |
| Received Time | 2020-03-05 14:44 |
| Size | 299 bytes |
| Weight | 1,088 |
| Included in Block | 620384 |
| Confirmations | 1 |
| Total Input | 0.00000000 BTC |
| Total Output | 12.57038093 BTC |
| Fees | 0.00000000 BTC |
| Fee per byte | 0.000 sat/B |
| Fee per weight unit | 0.000 sat/WU |
| Value when transacted | $114,470.58 |

图 3-2 比特币示例交易

比特币的验证主要由脚本实现，脚本是一段代码，可以检验交易是否合法，也是保障交易完成的核心机制。脚本会在所依附的交易发生时被触发，执行用户提前编写的指令。通过脚本机制，比特币允许一定的扩展性。比特币脚本语言是一种非图灵完备的语言，类似 Forth 语言。

一般每个交易都会包括两个脚本：负责输入的认领脚本（ScriptSig）和负责输出的锁定脚本（ScriptPubKey）。

输出锁定脚本一般由付款方对交易设置锁定，用来限制能动用这笔交易的输出（例如，要花费该交易的输出）的对象（收款方）。例如必须是某个公钥的拥有者才能引用这笔交易的输出。

输入认领脚本则用来证明自己可以满足交易输出脚本的锁定条件，即对某个交易的输出（比特币）的合法拥有权。

常见输出脚本包括：

- P2PKH：Pay-To-Public-Key-Hash，允许用户将比特币发送到一个或多个典型的比特币地址上（证明拥有该公钥），前导字节一般为 0x00。
- P2SH：Pay-To-Script-Hash，支付者创建一个输出脚本，里边包含另一个脚本（认领脚本）的哈希，一般用于需要多人签名的场景，前导字节一般为 0x05。

以 P2PKH 输出脚本为例，如下所示：

```
scriptPubKey: OP_DUP OP_HASH160 <pubKeyHash> OP_EQUALVERIFY OP_CHECKSIG
```

其中，OP_DUP 是复制栈顶元素；OP_HASH160 是计算 Hash 值；OP_EQUALVERIFY 判断栈顶两元素是否相等；OP_CHECKSIG 判断签名是否合法。这条指令实际上保证了只有 pubKey 的拥有者才能合法引用这个输出。

另外一个交易如果要花费这个输出，在引用这个输出的时候，需要提供认领脚本格式为：

```
scriptSig: <sig> <pubKey>
```

其中，是用 pubKey 对应的私钥对交易（全部交易的输出、输入和脚本）Hash 值进行签名，pubKey 的 Hash 值需要等于 pubKeyHash。

进行交易验证时，会按照先 scriptSig 后 scriptPubKey 的顺序进行依次入栈处理，即完整指令为：

```
<sig> <pubKey> OP_DUP OP_HASH160 <pubKeyHash> OP_EQUALVERIFY OP_CHECKSIG
```

脚本机制带来编程灵活性，但也引入了安全风险。为了减少风险，比特币脚本保持指令集简洁；基于栈的处理方式，非图灵完备；此外还添加了额外的一些限制（如大小限制等）。

### 3.1.4 比特币共识机制

比特币的共识通过 PoW 来实现，也叫"挖矿"。具体是指网络中的维护节点，通过协助生成和确认新区块来获取一定量新发行比特币的过程。

当用户向比特币网络中发布交易后，需要有人对交易进行检查和确认，打包到新的区块中。在一个互不信任的分布式系统中，该由谁来完成这件事情呢？比特币网络采用了"挖矿"的方式来分布式解决这个问题。

目前，每 10 分钟左右生成一个不超过 1 MB 大小的区块（记录了这 10 分钟内发生的验证过的交易内容），串联到最长链尾部。区块的成功提交者可以得到系统

6.25 个比特币的奖励（该奖励作为区块内的首个交易，一定区块数后才能使用），以及用户交易费用。

每个区块的奖励最初是 50 个比特币，每隔 21 万个区块（约 4 年时间）自动减半，最终比特币总量稳定在 2100 万个。

参与者利用上个区块的 Hash 值 + 打包新交易的梅克尔树根 + 猜测的一个随机数 X 等区块头内容，一起生成一个候选区块，候选区块的 Hash 值必须小于网络中给定的难度值。这是一道面向全体矿工的求解 X 的"计算题"，谁能解答出来谁就能生成一个合法的候选区块。

由于 Hash 计算的不可逆性，为了挖矿成功，节点往往需要付出大量计算力。算力一般以每秒进行多少次 Hash 计算为单位，记为 h/s。目前，比特币网络算力峰值已经达到了每秒数百亿亿次。如果简单认为一次 Hash 计算等同于一次浮点运算，那么比特币全网算力将约等于 500 台全世界最快的超级计算机。

同时，网络每隔两周（即经过 2016 个区块）会根据上一周期的挖矿时间来调整挖矿难度（通过调整限制数的大小），使区块产生的时间稳定在 10 分钟左右。为了避免震荡，每次调整的最大幅度为 4 倍。历史上出块时间曾小于 10 秒，也曾超过 1 个小时。

参与 PoW 计算比赛的人，将付出不小的经济成本（硬件、电力、维护等）。如果某轮比赛没有成功，这些成本都将被沉没掉。因此，如果有人尝试恶意破坏，需要付出大量的经济成本。

所有节点都会基于其认为的最长链（主链）进行难题的计算。因此，系统中可能出现链的分叉（Fork），但最终会有一条链成为主链。

### 3.1.5　比特币主要功能总结

#### 1. 创建交易信息

任何人都可以创建，交易信息主要包括付款账户地址和金额，收款账户地址和金额，付款金额和收款金额之差为给矿工的奖励。账户地址（公钥生成）和金额都是公开的，以便其他网络节点验证。

#### 2. 签名解锁

用付款方的私钥对交易信息签名，该签名可视为付款方解锁账户的凭证，授权节点从账户地址中转出资金；转出资金的目标账户由该账户所有者的公钥生成，账户所有者以后可以通过签名解锁该账户，转出其中的资金。

#### 3. 传播和验证

网络节点收到交易信息后，会对交易的合法性和有效性进行检查验证，验证通过后，将交易标记为合法的未被确认的交易，有效交易就会呈指数级效率在网络中扩散，直到大部分网络节点都能接收到。无效交易则会停止传播。

### 4. 构建候选区块

每个网络节点将验证后的有效交易收集到自己的列表中，并根据优先级原则从列表中选择交易构建候选（临时）区块，区块大小为1M字节，通常包含500个以上的交易。区块由区块头和区块体组成，区块头大小为80个字节。区块体包含候选区块选出（挖出）的交易和梅克尔树，梅克尔树根代表总交易的"指纹"，加到区块头中参与生成哈希指纹，传承基因。

### 5. 使用候选区块挖矿

挖矿就是通过哈希函数计算区块头的"指纹"值与系统给定的目标难度值进行比较的过程。因区块头中除随机数外，其他内容都相对固定，所以需要不断改变随机数的大小，以生成不同"指纹"值，当"指纹"值小于系统给定的难度目标值，记住此时的随机数，挖矿成功，获得新区块记账权并得到奖励。候选区块成为新区块，并立刻在网络中传播，其他节点验证有效后，把新区块加到各自的区块链副本中。节点算力越大，挖矿成功的概率越高。

矿工节点挖矿成功后，可得到两种类型的奖励，创建新区块的新币奖励和区块中所含交易的交易费，一并支付给矿工比特币账户地址。

### 6. 添加新区块

新区块用父区块的"指纹"指向自己，区块链高度增加1。网络节点在区块链末端添加新区块后，用新区块头的"指纹"（基因）指向下一个区块，开始新一轮挖矿。

由于不同矿工可能在较短时间内挖出两个或多个新块，以及网络传播延时原因，不同节点可能收到不同的新区块，从而产生分叉。为保证区块链最终一致性，新块通长需要在6个区块后得到最终确认。长链被保留下来，分叉后的短链作为孤块被抛弃。

## 3.2 以太坊

### 3.2.1 以太坊简介

在区块链领域，以太坊开源平台同样十分出名。作为典型的公有区块链，以太坊改善了比特币的不足之处。以太坊不局限在加密货币，而是更通用的智能合约，让区块链技术可以支持复杂、灵活的业务需求。

以太坊平台的最初目标，是打造一个运行智能合约的开放平台（Platform for Smart Contract）。该平台支持图灵完备的分布式应用，按照智能合约所约定逻辑自动执行，理想情况下将不存在攻击、欺诈等问题。

以太坊平台目前支持 Go、C++、Python 等多种语言实现的客户端。在很多设计特性上与比特币网络十分类似。

基于以太坊平台,以太坊团队于 2015 年 7 月正式上线了一条公开的区块链系统——以太坊网络。智能合约开发者使用官方提供的工具和 Solidity 等专用语言,可以很容易开发出运行在以太坊网络上的去中心化应用。这些应用运行在以太坊的虚拟机(Ethereum Virtual Machine,EVM)里。用户通过以太币(Ether)来购买燃料(Gas),维持所部署应用的运行。

以太坊项目的官网网站为 ethereum.org,代码托管在 github.com/ethereum。

### 3.2.2 以太坊基本架构和原理

以太坊区块链底层也是一个类似比特币的 P2P 网络,智能合约运行在以太坊虚拟机里。网络自身是公开可接入的,任何人都可以接入并参与维护网络,提供运行以太坊虚拟机的计算资源。以太坊的基本架构如图 3-3 所示。

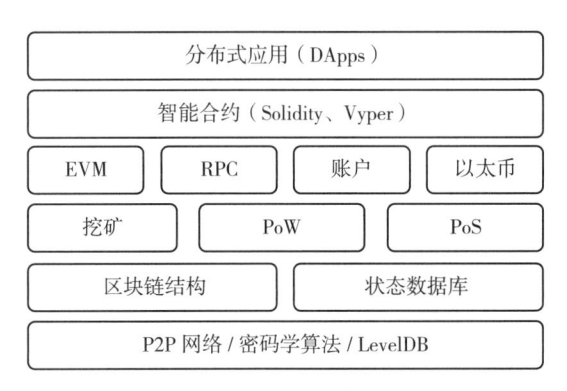

图 3-3 以太坊架构

与比特币相比,以太坊区块链的技术特点主要包括以下几个方面:

- 支持图灵完备的智能合约,设计了专门的编程语言 Solidity、Vyper,以及支持智能合约的虚拟机 EVM。
- 选用了内存需求较高的哈希函数,避免出现强算力矿机、矿池攻击。
- 叔块(Uncle Block)激励机制,降低矿池的优势,并减少区块产生间隔(10 分钟降低到 15 秒左右)。
- 采用账户系统和世界状态,而不是 UTXO,容易支持更复杂的逻辑。
- 通过 Gas 限制代码执行指令数,避免循环执行攻击。
- 支持 PoW 共识算法,并计划支持效率更高的 PoS 算法。

此外,开发团队还计划通过分片(Sharding)方式来解决网络可扩展性问题。

这些特点解决了比特币网络被人诟病的一些问题，让以太坊网络具备了更大的应用潜力。

在比特币核心思想的基础上，以太坊引入了许多创新的技术概念，包括基于账户的交易、以太币、燃料和智能合约等。

**1. 账户**

比特币在设计中并未使用账户（Account），而是采用了 UTXO 模型记录交易历史，并通过交易历史来推算用户余额信息。以太坊采用了不同的做法，直接用账户来记录系统当前状态。账户内存储余额信息、智能合约代码和内部数据等。以太坊支持在不同的账户之间转移数据，可以实现更为复杂的逻辑。

具体来看，以太坊账户分为两种类型：合约账户（Contracts Accounts）和外部账户（Externally Owned Accounts，EOA）。

- 合约账户：存储智能合约代码（EVM 字节码格式），只能被外部账户调用激活。
- 外部账户：以太币拥有者账户，对应到拥有者公钥。可以创建交易发给其他合约账户或外部账户。

账户状态包括 Nonce（外部账户中代表完成的交易个数，合约账户中代表合约序号）、Balance（余额）、StorageRoot（所存储数据的梅克尔树根）、CodeHash（外部账户中为对空串的 Hash 值；合约账户中为合约的 Hash 值）等字段。

当合约账户被调用时，存储其中的智能合约会在节点的虚拟机中执行，并消耗一定的燃料。燃料通过外部账户中的以太币进行购买。

**2. 交易**

交易（Transaction），在以太坊中是指从一个账户发到其他账户的消息数据。消息数据可以是以太币或者合约执行参数。根据用途可以分为转账、创建合约和调用合约三种类型。

以太坊采用交易作为执行操作的最小单位。每个交易包括如下字段：

- Recipient：目标账户地址。
- Amount：可以指定转移的以太币数量。
- AccountNonce：记录已发送过的交易序号，用于防止交易被重放。
- Price：执行交易需要消耗的 Gas 价格。
- GasLimit：交易执行允许消耗的最大 Gas 值。
- Signature：签名相关数据。

类似比特币网络，在发送交易时，用户需要缴纳一定的交易费用（燃料），通过以太币方式进行支付。目前，以太坊网络可以支持超过比特币网络的交易速率

（可以达到每秒几十笔）。

可通过 Etherscan 等网站查看以太坊网络中的所有交易信息。例如 https://etherscan.io/tx/0xa30b6616c4affba54b216c1ae45ec2216e7015e27d9c0e5d0e9edbe435e5e223 展示了一个简单的交易，消耗了 56156 单位燃料。

3. 区块

类似比特币，区块（Block）是记录一组共识后交易的打包单位。矿工从网络中接收交易，并从交易列表中选取若干交易进行打包。

区块结构主要包括：

- 区块头：区块的主要信息，包括父 Hash、叔 Hash、打包矿工地址、状态梅克尔树根、交易梅克尔树根、交易接收者梅克尔树根、加速交易查询的 Bloom 索引、区块难度、区块高度、区块 Gas 上限、区块使用的 Gas、打包时间、附加信息、Mix 摘要、Nonce 值等。
- 叔区块头列表：包含了该区块的叔区块的指针信息。
- 交易列表：区块所包含的交易列表。

4. 以太币

以太币（Ether）是以太坊网络中的货币。

以太币主要用于购买燃料，支付给矿工运行智能合约，以维护以太坊网络。以太币最小单位是 Wei，一个以太币等于 $10^{18}$ 个 Wei。

以太币同样可以通过挖矿来生成，成功生成新区块的矿工可以获得 3 个以太币的奖励，以及包含在区块内交易的燃料费用。用户也可以通过交易市场来直接购买以太币。

目前每年大约可以通过挖矿生成超过 1000 万个以太币，单个以太币的市场价格目前超过 200 美金。

5. 燃料

燃料（Gas），控制某次交易执行指令的个数。每执行一条合约指令会消耗固定的燃料。当某个交易还未执行结束，而燃料消耗完时，合约执行终止并回滚状态。

每笔交易如果不带额外载荷（Payload），则收取 21000 单位费用；如果带有额外载荷，还要根据载荷长度和内容收取额外费用（零值字节收取 4 单位，非零字节收取 68 单位）。详细的计算公式可以参考 *Ethereum: a secure decentralised generalised transaction ledger*。

Gas 可以跟以太币进行兑换。需要注意的是，以太币的价格是波动的，但运行某段智能合约的燃料费用可以是固定的，通过设定 Gas 价格等进行调节。

### 6. 智能合约

智能合约（Smart Contract）是以太坊中最重要的概念，即以计算机程序的方式来缔结和运行各种合约。最早在 1994 年，Nick Szabo 等学者就提出过类似概念，但一直缺乏可靠执行智能合约的环境，而无法实现。区块链技术恰好弥补了这一缺陷。

以太坊支持通过图灵完备的高级语言（如 Solidity、Viper）来开发智能合约。智能合约作为运行在以太坊虚拟机中的应用，可以接受外部的交易请求和事件，进而触发提前编写好的合约代码。合约可以生成新的交易和事件，进一步调用其他智能合约。

智能合约中包括若干条指令，EVM 会逐条读取指令并解释执行（只要有足够多燃料）。执行结果可能对账本状态进行修改。这些修改经过以太坊网络的共识，确认后无法被伪造和篡改。

调用其他智能合约包括 call、callcode、delegatecall、staticcall 等方式。如果要修改被调用者状态，可以采用 call 方式；反之推荐使用 delegatecall 方式。

## 3.2.3　以太坊的合约与交易

以太坊平台的基本设计与比特币网络类似。为了支持智能合约，以太坊在不少地方进行了改进，包括交易模型、共识、对攻击的防护和可扩展性等。

以太坊采用以太坊虚拟机作为智能合约运行环境。以太坊虚拟机是一个基于栈的轻量级虚拟机环境，负责解释和执行其中的智能合约字节码。智能合约代码被限制在虚拟机内，无法访问到宿主机资源，包括本地网络、文件系统或其他进程。

对同一个智能合约而言，往往需要在多个以太坊虚拟机中同时运行多份，以确保整个区块链数据的一致性和高度的容错性。这同时也限制了整个网络的处理能力。

以太坊为编写智能合约设计了图灵完备的高级编程语言，降低了智能合约开发的难度。

目前 Solidity 和 Vyper 是最常用的以太坊合约编写语言。

智能合约编写完毕后，客户端将其编译为以太坊虚拟机专用的二进制字节码格式（EVM bytecode），上传到区块链当中，之后可在节点的以太坊虚拟机中加载执行。

出于智能合约的设计便利考虑，以太坊采用了账户的模型，网络状态可以实时保存到账户里，而无需像比特币的 UXTO 模型那样需要回溯历史。UXTO 模型和账户模型的对比如表 3-2 所示。

表 3-2　UTXO 模型和账户模型对比

| 特性 | UXTO 模型 | 账户模型 |
| --- | --- | --- |
| 状态查询和变更 | 需要回溯历史 | 直接访问 |
| 存储空间 | 较大 | 较小 |
| 易用性 | 较难处理 | 易于理解和编程 |
| 安全性 | 较好 | 需要处理好重放攻击等情况 |
| 可追溯性 | 支持历史 | 不支持直接追溯历史 |

### 3.2.4　以太坊的共识和安全保护

以太坊目前采用了 PoW 共识的变种算法 Ethash 协议作为共识机制。

为了防止 ASIC 矿机矿池的算力攻击，跟原始 PoW 的计算密集型运算不同，Ethash 在执行时候需要消耗大量内存。这意味着很难制造出专门针对 Ethash 的计算芯片，反而是带有大量内存的通用机器可能更加有效。

Ethash 算法的主要过程为根据区块头和猜测的 Nonce 值，计算散列值 Mix（0），根据散列值从一个很大的伪随机数据集中取出指定的一段数据（128 字节），该数据再跟散列值进行计算，获取新的散列值 Mix（1）……如此反复 64 次，最后计算结果 Mix（64）再摘要为 32 字节后跟给定的阈值进行比较，如果在阈值范围内则认为挖矿成功，否则需要再次重试新的 Nonce 值，Ethash 相对原始的 PoW 进行了改进，但仍需要进行大量无效运算。

社区已经有计划在未来采用更高效的 PoS 作为共识机制。相对 PoW 机制来讲，PoS 机制无需大量 Hash 计算，但其共识过程的复杂度要更高，还有待进一步的检验。

以太坊网络中的交易更加多样化，也就更容易受到攻击。

以太坊网络在攻击防护方面的核心设计思想，仍然是通过经济激励机制防止少数人作恶，包括：

- 所有交易都要提供交易费用，避免 DDoS 攻击。
- 程序运行指令数通过 Gas 来限制，所消耗费用超过设定上限时就会被取消，避免出现恶意合约。

攻击者试图消耗网络中计算资源时，需要付出经济代价（支付大量的以太币）；同时难以通过构造恶意的循环或不稳定合约代码来对网络造成破坏。

## 3.3 超级账本

### 3.3.1 超级账本简介

超级账本（Hyperledger）是全球最大的企业级开源分布式账本实现。

在 Linux 基金会的支持下，超级账本吸引了包括 IBM、Intel、Cisco、DAH、摩根大通、R3、甲骨文、微软、百度、腾讯、阿里巴巴等在内的众多科技和金融巨头的参与贡献。成立以来，超级账本得到了广泛的关注和快速发展，目前包括 16 个顶级项目，拥有近 300 家企业会员。

2015 年 12 月，开源世界的旗舰组织——Linux 基金会牵头，联合 30 家初始企业成员（包括 IBM、Accenture、Intel、J.P.Morgan、R3、DAH、DTCC、FUJITSU、HITACHI、SWIFT、Cisco 等），共同宣布超级账本（Hyperledger）联合项目成立。超级账本项目致力为透明、公开、去中心化的企业级分布式账本提供开源参考，并推动区块链和分布式账本相关协议、规范和标准的发展。官方网站为 hyperledger.org。

成立之初，项目就收到了众多开源技术贡献。IBM 贡献了 4 万多行已有的 Open Blockchain 代码，Digital Asset 贡献了企业和开发者相关资源，R3 贡献了金融交易架构，Intel 也贡献了其分布式账本代码。

作为一个联合项目（Collaborative Project），超级账本由多个面向场景的项目构成。目前包括 Fabric、Sawtooth、Iroha、Blockchain Explorer、Cello、Indy、Composer、Burrow、Quilt、Caliper、Ursa、Grid、Transact、Aries、Besu、Avalon 等顶级项目，所有项目都遵守 Apache v2 许可，并共同遵守如下的基本原则：

- 重视模块化设计：包括交易、合同、一致性、身份、存储等技术场景。
- 重视代码可读性：保障新功能和模块都可以很容易添加和扩展。
- 可持续的演化路线：随着需求的深入和更多的应用场景，不断增加和演化新的项目。

社区目前拥有近 300 家全球知名企业和机构（大部分均为各自行业的领导者）会员，其中包括 50 多家来自中国本土的企业，包括百度、腾讯、阿里巴巴、招商银行等行业领军企业，也包括纸贵科技、趣链等初创团队。此外，还有大量机构和高校成为超级账本联合会员，如英格兰银行、MIT 连接科学研究院、UCLA 区块链实验室、伊利诺伊区块链联盟、北京大学、浙江大学等。

如果说比特币为代表的加密货币提供了区块链应用的原型，以太坊为代表的智能合约平台延伸了区块链的适用场景，那么面向企业场景的超级账本项目则开拓了区块链技术的全新阶段。超级账本首次将区块链技术引入商业联盟场景，通过权限控制和安全保障，为基于区块链技术的未来全球商业网络打下了坚实的基础。

超级账本的出现，证实区块链技术已经不局限于单一应用场景，也不限于开放匿名的公有链模式，而是有更多的可能性。区块链技术已经被主流企业市场正式认可。同时，超级账本提出和实现了许多创新设计和理念，包括权限、审计、多通道、细粒度隐私保护、背书 – 共识 – 提交模型，以及可拔插、可扩展的实现框架，这些都对区块链技术和产业的发展产生了深远的影响。

### 3.3.2 顶级项目

超级账本社区目前主要包括如下顶级项目（按时间顺序）。

Fabric：包括 Fabric、Fabric CA、Fabric SDK（包括 Node.Js、Java、Python 和 Go 语言）等，目标是企业级区块链的基础核心平台，支持权限管理和数据安全，最早由 IBM 和 DAH 于 2015 年年底发起。

Sawtooth：包括 arcade、core、dev-tools、validator、mktplace 等。该项目支持全新的基于硬件芯片的共识机制 Proof of Elapsed Time（PoET），由 Intel 于 2016 年 4 月贡献到社区。

Blockchain Explorer：提供 Web 操作界面，通过界面快速查看查询绑定区块链的状态（区块个数、交易历史）信息等，由 DTCC、IBM、Intel 等开发支持，2016 年 8 月贡献到社区。

Iroha：账本平台项目，基于 C++ 实现，带有不少面向 Web 和 Mobile 的特性，主要由 Soramitsu 于 2016 年 10 月发起和贡献。

Cello：提供区块链平台的部署和运行时管理功能。使用 Cello，管理员可以轻松部署和管理多条区块链；应用开发者可以无需关心如何搭建和维护区块链，由 IBM 团队于 2017 年 1 月贡献到社区。

Indy：提供基于分布式账本技术的数字身份管理机制，由 Sovrin 基金会发起，2017 年 3 月底正式贡献到社区。

Composer：提供面向链码开发的高级语言支持，自动生成链码代码等，由 IBM 团队发起并维护，2017 年 3 月底贡献到社区。目前已经成熟，处于 Deprecate 阶段，仅考虑修正可能的严重缺陷。

Burrow：提供以太坊虚拟机的支持，实现支持高效交易的带权限的区块链平台，由 Monax 公司发起支持，2017 年 4 月贡献到社区。

Quilt：对 W3C 支持的跨账本协议 Interledger 的 Java 实现。2017 年 10 月正式贡献到社区。

Caliper：提供对区块链平台性能的测试工具，由华为公司发起支持，2018 年 3 月正式贡献到社区。

Ursa：提供一套密码学相关组件，初始贡献者包括来自 Fujitsu、Sovrin、Intel、DFINITY、State Street、IBM、Bitwise IO 等企业的开发者，2018 年 11 月正式被接收到社区。

Grid：提供帮助快速构建供应链应用的框架，由 Cargill、Intel 和 Bitwise IO 公司发起支持，2018 年 12 月正式贡献到社区。

Transact：提供运行交易的引擎和框架，由 Bitwise IO、Cargill、Intel、IBM、HACERA 等公司发起支持，2019 年 5 月正式贡献到社区。

Aries：为客户端提供共享的密码学钱包，由 Sovrin、C3I 和 Evernym 等公司发起支持，2019 年 5 月正式贡献到社区。

Besu：作为企业级的以太坊客户端支持，由 Consensys、Hacera、JPM 和 Redhat 等公司发起支持，2019 年 8 月正式贡献到社区。

Avalon：提供链下计算支持，增强安全性和可扩展性，由 Intel、IEX、IBM 和 Consensys 等公司发起支持，2019 年 9 月正式贡献到社区。

这些顶级项目分别从框架、工具和类库三个层次相互协作，构成了完善的生态系统，如图 3-4 所示。

图 3-4　超级账本社区生态系统

所有项目一般都需要经历提案（Proposal）、孵化（Incubation）、活跃（Active）、退出（Deprecated）、终结（End of Life）五个生命周期。

希望加入到 Hyperledger 社区中的项目，应首先由发起人编写提案，描述项目的目的、范围、参与者和开发计划等重要信息，并由全球技术委员会来进行评审投票，评审通过则可以进入社区进行孵化。项目成熟后可以申请进入到活跃状态，发布正式的版本。项目不再活跃后可以进入维护阶段，最终结束生命周期。

## 3.4 Fabric 项目基本架构和原理

Fabric 是超级账本社区首个项目，也是最流行的分布式账本实现，由 IBM、DAH 等会员企业于 2016 年年初贡献到社区。Fabric 项目基于 Go 语言实现，目前已经持续演化到了 2.0 版本。根据福布斯在 2019 年的统计，前 50 大区块链平台中，有接近 2/3 采用了 Fabric 作为其核心组件。

作为面向企业场景的联盟链，Fabric 中有许多经典的设计和先进的理念，包括多通道、身份证书机制、隐私保护、运维管理接口等。另外，其可扩展的架构可以满足不同场景下的性能需求，如虚拟机部署场景下可以达到 3500 tps 的吞吐量和小于 1 秒的延迟（参考 *Hyperledger Fabric: A Distributed Operating System for Permissioned Blockchains*），更多物理资源情况下可以达到更大的（每秒超过万笔）的吞吐量。

Fabric 网络中存在四种不同角色的服务节点，彼此协作完成整个区块链系统的记账功能：

- 背书节点（Endorser Peer）：一些特殊的 Peer 节点，对交易提案（Transaction Proposal）进行检查，执行智能合约计算交易结果（读写集合）并对其进行背书。
- 记账节点（Committer Peer）：负责维护账本的 Peer 节点，检查排序后交易结果合法性，并更新到本地账本。目前所有 Peer 默认都是记账节点。
- 排序节点（Orderer）：排序节点负责接收交易，并对网络中所有交易进行排序，整理为区块结构。记账节点会从排序节点拉取新区块并提交到本地账本。
- 证书节点（CA）：提供标准的 PKI 服务，负责对网络中所有的证书进行管理，包括签发和撤销。不参与网络中的交易过程。

节点角色划分是 Fabric 设计的一个特色。根据性能和安全需求，不同的节点可以由不同组织分别管理，共同构建联盟链。

此外，网络支持多个账本，绑定对应通道（Channel）。每个通道内的成员可以共享账本，不同通道的账本彼此隔离。客户端可以向通道发送交易，经过共识后被通道内的 Peer 节点接收并更新到本地账本。

超级账本 Fabric 的整体架构如图 3-5 所示，包括应用、账本、链码、区块链结构、数据库、共识、权限管理、数字证书、网络层等多个组件。

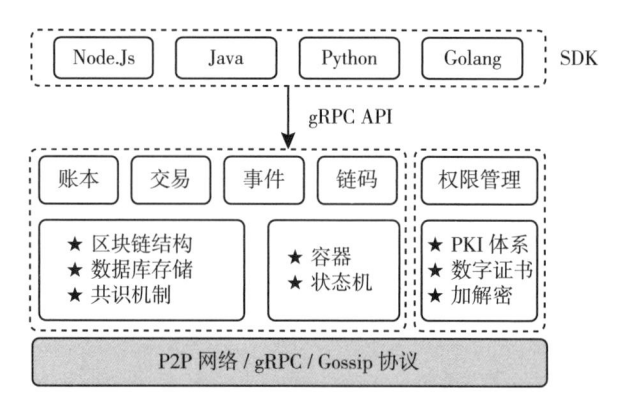

图 3-5　超级账本 Fabric 架构

其中，账本是最核心的资源，记录合约和交易数据，应用通过发起交易调用合约来向账本中记录数据。合约执行的逻辑通过链码来实现。多个节点共同组成网络，网络运行中发生的事件可以通过事件机制通知给应用甚至其他系统。权限管理则负责对整个过程中进行合适的访问控制。

账本实现依赖于核心的区块链结构、数据库存储、共识机制等技术；链码实现则依赖容器、状态机等技术；权限管理利用了已有的 PKI 体系、数字身份证书、加解密算法等诸多安全技术。

最底层由多个节点组成 P2P 网络，彼此通过 gRPC（google 的 RPC 框架）通道进行交互，利用 Gossip 协议进行数据同步。

层次化结构提高了架构的可扩展和可插拔性，方便底层开发者在二次开发时仅需修改相关的模块单元。

另外，为了方便应用开发者，Fabric 还提供了 gRPC API 和 SDK（封装 gRPC API）。通常情况下，应用开发者只需要操作 SDK 即可访问网络中的资源（包括账本、交易、链码、事件等），无需关心底层网络实现。

## 3.5　其他平台

除了比特币、以太坊和超级账本之外，区块链开源社区还有不少颇具特色的项目，包括星际文件系统（InterPlanetary File System，IPFS）、Libra 等。

星际文件系统项目是创新的分布式存储系统，诞生于 2014 年，由 Protocol Labs 主导开源。最初它试图解决基于中心化的 HTTP 协议分发文件效率不高的问题。随着项目发展，星际文件系统设计了多个协议和功能，包括进行持久存储的分布式存储和文件共享。

从设计原理上，星际文件系统类似于点对点的分布式文件系统，采用了内容寻址的块存储模型。由于存储在星际文件系统内的数据会被分散冗余存储，因此不存在单点故障，即便网络内部分节点失效，也不会影响文件获取。同时，分布式存放和读取可以节约带宽，防止基于 HTTP 的传统方案易受到网络攻击的问题。区块链系统往往不适合存储大量的数据，而星际文件系统恰好补充了这点。用户可以将原始文件存放在星际文件系统中，将其地址信息存放到区块链上。

Libra 项目由 Facebook 公司于 2019 年 6 月发起。其愿景是为全球人口（特别是没有银行账户的 17 亿人）提供一套简单、易用且低成本的金融基础设施。其金融网络基于区块链技术，由数十家机构共同维护，并组建 Libra 协会进行管理。网络上流通的货币为 Libra 稳定币，计划锚定主流的国家货币。用户使用 Libra 稳定币，将可以在 Facebook 等在线渠道进行消费，并以较低的手续费实现跨境支付，这将给 Facebook 既有的 24 亿用户带来便利，影响到目前每年百万亿的支付市场。

Libra 项目目前还未上线，但已经引起了传统金融支付机构的密切关注，并多次受到金融监管部门的检查论证。目前，欧洲部分国家的金融管理机构如法国和德国对该项目持抵制态度，这也让该项目的未来充满了变数。

其他一些面向特定领域的区块链系统如 Quorum（基于以太坊项目改造的私有区块链，提高了处理性能）、Corda（针对金融场景设计的分布式账本，侧重注重隐私和监管合规）等，限于篇幅不再介绍，感兴趣的读者可以进一步了解。

## 3.6 本章小结

本章介绍了区块链领域的典型开源平台，包括最早的比特币，最大的智能合约平台以太坊，以及最大的企业区块链开源平台超级账本。这些平台面向不同的场景设计。比特币是打造在全球范围内可以自行运转的加密货币系统；以太坊则希望通过智能合约支持更多更复杂的分布式应用；超级账本则专门面向企业和联盟场景，支持鉴权、隐私保护等，同时具有更好的性能。

### 习题

1. 比特币总数限定为 2100 万枚，最小单位是"聪"，定义为一亿分之一（$10^{-8}$）比特币，如此设计有何道理？
2. 比特币借鉴了多个已有的科技成果，历史上还有没有其他发明也是如此？
3. 联盟链和公有链的不同场景需求，导致了它们在设计上有何不同？
4. 参考互联网的发展历程，区块链科技目前处于哪个阶段？

# 技 术 篇

# 第 4 章 区块链与传统分布式系统

从狭义上来理解，区块链技术是把区块按时间顺序排序的链式数据结构，区块之间使用密码学方式保证数据不可篡改性的数据存储技术。单机节点的区块链不过是一个普通的、结合密码学的链式数据存储结构，只有在分布式系统环境下由众多节点的区块链构成的分布式冗余账本才真正具有去信任、开放性、防篡改性及可追踪等重要特性。

本章主要介绍与区块链技术有密切关系的分布式系统，分别介绍分布式系统的基本概念、发展及分类，然后分析区块链系统的分布式架构，再进一步介绍分布式系统中分布式存储和分布式计算的概念、发展和分类，并对比区块链与传统分布式系统的存储方式与计算模式，厘清传统分布式系统与区块链的联系与区别，最后介绍体现二者共性与差异的典型例子：IPFS 与 Filecoin，让读者更加深入地了解和体会区块链技术。

## 4.1 分布式系统的概念与分类

### 4.1.1 分布式系统的概念与发展

#### 1. 基本概念与组成

分布式系统是由一组通过网络通信进行消息传递，从而分工协作来共同完成任务的计算机节点组成的计算机系统。在一些分布式系统书籍中，分布式系统是被用户视为单个计算机系统的若干独立计算机设备的集合，这个定义包括软件和硬件两个方面的内容，从硬件上来说不同计算机设备是独立的，从软件上来说用户使用时感觉是与单个系统交互。

一般而言，分布式系统就是分布式计算机系统，而从整体角度来看，分布式计算机系统主要由分布式软件系统和分布式硬件系统两个部分组成。

分布式硬件系统是分布式计算机系统中所有物理设备构成的系统，基本组成单位为计算机设备，分为计算器、存储器、控制器、输入设备和输出设备五类，从物理结构上来说，分布式计算机系统与由多台计算机设备组成的计算机网络是基本相同的。

分布式软件系统是支持分布式处理的软件系统，是在由通信网络互联的多处理机体系结构上执行任务的系统。分布式软件系统包括分布式操作系统、分布式程序设计语言及其编译（解释）系统、分布式文件系统和分布式数据库系统等。

**2. 基本原理**

在分布式系统中的研究中，Leslie Lamport 的贡献毋庸置疑，包括对于时刻、时钟及时间顺序等对于一致性的重要探讨等，另外分布式系统还有许多原理与理论研究成果，这些原理影响着分布式系统的设计与发展，比较经典的包括 FLP 不可能原理、CAP 原理和 BASE 理论等。

（1）FLP 不可能原理。分布式系统中各节点通过通信来进行资源共享与协作，根据通信模型的不同，分布式系统可以分为同步通信系统和异步通信系统。同步指分布式系统中各节点的时钟误差是存在一个上限值的，若消息传递未在某个时间内成功则认为其失败。通俗来说，当节点向另一个节点发出请求后，在被请求节点不返回结果之前，该节点将一直等待而不做其他事情。异步指分布式系统中各节点可能存在较大时钟差异，消息传递与处理的时间也是不确定的。即节点向另一个节点发出请求后，就直接执行下一个任务，直到请求结果返回后才处理接下来的步骤。

在节点数量多、架构复杂的分布式系统中，系统通信模型一般近似异步模型。FLP 不可能原理就是研究在最小化异步模型系统中，能否存在一个解决一致性问题的确定性共识算法的重要结论之一。该原理是由 Fischer、Lynch 和 Patterson 三位科学家于 1985 年发表的论文 *Impossibility of Distributed Consensus with One Faulty Process* 中提出的，因此以这三位作者名字的首字母来命名。该原理主要内容是在网络可靠，但允许节点失效（即便只有一个）的最小化异步模型系统中，不存在一个可以解决一致性问题的确定性共识算法。它指出，异步分布式系统的一致性共识算法不可能在没有限制的条件下出现，即异步模型下的分布式系统的共识算法是有限制的。FLP 不可能原理是分布式系统研究最重要的成果之一。

（2）CAP 原理。分布式系统有三个主要特性：①数据一致性（Consistency）：数据一致性，分布式系统的所有冗余备份数据在同一时刻是相同的。②可用性（Availability）：可用性，在分布式系统的集群中，一部分节点出现故障后系统依旧能够正常响应客户端的请求。③分区容错性（Partition Tolerance）：分区容错性，分布式系统中由于通信延迟等原因导致网络分区时，系统能够提供数据一致性或者可用性的服务。

　　CAP 原理是 2000 年由加州大学伯克利分校的计算机教授 Eric Brewer 提出的关于分布式系统的重要理论成果。该原理指出，对于这三个特性来说，分布式系统在满足其中两个特性后，另一个特性将必然会被削弱，削弱的程度取决于其他两个特性在系统的体现程度。由于分区容错性是数据冗余的分布式系统必须满足的特性，于是后来的分布式系统要么偏重于提供数据一致性服务，如 BigTable、HBase、MongoDB 等，要么偏重于提供可用性服务，如 CouchDB、Cassandra 等。在 CAP 原理提出并被证明后，它也成为分布式系统设计的基本原理之一。在 2012 年，Abadi 扩展了 CAP 原理，将 Latency 概念纳入 Availability 的解释范围。

　　（3）BASE 理论。BASE 理论是 eBay 的架构师 Dan Pritchet 在 2008 年发表的对大规模分布式系统的一致性方向的实践总结，BASE 指基本可用（Basically Available）、软状态（Soft State）、最终一致性（Eventual Consistency）。

- 基本可用：基本可用指分布式系统在出现故障的时候，允许损失部分可用性，即保证核心可用。
- 软状态：软状态是指允许系统存在中间状态，而该中间状态不会影响系统整体可用性。分布式存储中一般一份数据至少会有三个副本，允许不同节点间副本同步的延时就是软状态的体现。mysql replication 的异步复制也是一种体现。
- 最终一致性：最终一致性是指系统中的所有数据副本经过一定时间后，最终能够达到一致的状态。弱一致性和强一致性相反，最终一致性是弱一致性的一种特殊情况。

　　BASE 理论是对 CAP 理论的延伸，其核心思想是即使无法做到强一致性（Strong Consistency，CAP 的一致性就是强一致性），但应用可以采用适合的方式达到最终一致性（Eventual Consistence），BASE 理论对于分布式系统的设计意义重大。

　　分布式计算机系统相对于集中式系统具有高性能、高可用性、高扩展性、数据安全性等优点。它能够用于构建跨越不同国家和地区的超大规模系统，整合大量资源，为跨国超大规模用户提供服务，适用于金融、社交网络、物流、旅游、电商等用户规模庞大的行业；可以优化整合计算和存储资源，适用于科学计算、云计算、云存储、分布式文件共享、物联网等高新技术产业；还有助于建设透明高效的政务信息化系统。

### 3. 分布式系统的发展

计算机系统主流架构的发展历史就是从集中式系统发展至分布式系统的发展历史。自从 1945 年冯诺依曼体系结构问世以来，计算机体系结构就已经确定且不曾更改，分别为计算器、存储器、控制器、输入设备、输出设备五大组成部分。1946 年 2 月 14 日，世界上第一台通用电子数字计算机在美国宾夕法尼亚大学诞生，它的名字叫 ENIAC（Electronic Numerical Integrator And Computer）。这台计算机占地 170 平方米、重达 30 吨，每秒可以进行 5000 次加法运算。

ENIAC 之后，电子计算机就进入了 IBM 主导的大型机时代。在当时的技术条件下，计算硬件能力升级等于体型升级，大型主机凭借着大型机超强的计算和 I/O 处理能力、安全性、稳定性等，在很长一段时间内，大型机引领着计算机行业及商业计算领域的发展。1964 年，在吉恩·阿姆达尔（IBM 大型机之父）的带领下，第一台 IBM 大型机 SYSTEM/360 诞生了。IBM 大型机曾支撑美国航天登月计划，IBM 主机也一直服务于金融等核心行业的关键领域。

由于大型机复杂性高、价格昂贵，而且计算机硬件和软件技术不断进步，大型机的发展也渐渐进入了瓶颈，另外集中式系统存在的单点故障也让计算机科学家和行业人士很早就开始思考不同于集中式系统的计算机系统架构，即分布式计算机系统。

分布式系统的理论研究出现得很早，在 20 世纪 70 年代左右分布式系统的概念就被提出，"Symposium Principles of Distributed Computing（PODC）"和"International Symposium on Distributed Computing（DISC）"这两个分布式领域的学术会议分别创立于 1982 年和 1985 年。在一些分布式系统书籍中，认为一切互联网协作的计算机都可以属于分布式系统，从这种意义上来说，分布式系统是计算机网络的延伸，是计算机网络体系结构中应用层的应用。因此像 DNS、BT 种子、搜索引擎、甚至互联网本身都是分布式系统。但是这些较早的传统分布式系统只是计算机发展自然衍生出来的，对外表现的是由计算机网络延伸的单个设备独立特征而非分布式系统的整体特征。

直到最近十几年，分布式系统才得到较为快速的发展。其中主要原因就是大数据领域的兴起，随着互联网的飞速发展，信息爆炸时代来临，各大型互联网公司每年需要处理的数据量在 21 世纪初已经到 PB 级别，另外每天的用户访问量也达到千万级别甚至上亿级别，简单的分布式架构系统要处理如此规模的数据与用户访问的成本十分高昂，于是互联网公司开始转向大型分布式系统架构的研发。

2003—2006 年，"谷歌三大件"——The Google File System、MapReduce、BigTable 陆续发布，在论文中 google 公司提供了将分布式系统作为应对大数据问题的成熟方案。随后就是分布式系统大爆炸的时代,国外的 Facebook、Google、Amazon、Netflix、LinkedIn、Twitter 与国内的腾讯、阿里巴巴、百度等互联网公司纷纷效仿,它们开始使用大量廉价计算机设备构建跨越多个地理区域和多个数据中心的大型分布式系统。随着互联网大数据时代的到来,分布式系统逐渐取代集中式系统成为计算机系统发展的主流。2008 年,中本聪在论坛发表"比特币:一种点对点的电子现金系统",其底层技术——区块链受到了广泛重视,区块链技术能在不依靠可信第三方的前提下,通过算法所构建的共识机制来建立共识和信用系统。比特币白皮书的发布,标志着基于分布式系统的区块链技术的正式出现。

### 4.1.2 分布式系统的分类

分布式系统的耦合度是指系统模块之间互联的紧密程度,是系统中数据传输率、响应时间、并行处理能力等性能指标的综合反映,主要取决于分布式系统的互联拓扑结构和通信链路的类型。分布式系统按照系统侧重提供服务的不同,耦合度一般也不一样,大致可以分成三类。

#### 1. 分布式计算系统

分布式计算系统是面向计算任务的分布式多用户计算机系统,主要提供计算服务。该系统由调度节点将计算任务划分为小计算任务并分配给计算节点,计算节点要负责子任务的计算,另外需要将子任务计算结果及时与相关系统模块共享,以提高计算效率。因此分布式计算系统要求较高的耦合度,以便能承担大型计算任务。

#### 2. 分布式存储系统

分布式存储系统是面向存储需求的分布式数据处理系统,主要提供存储服务。该系统的每个子节点都相应存储一部分数据,随着系统中节点数量的扩展,可以存储超大规模数据。由于只涉及底层的数据存储相关模块,分布式存储系统的耦合度要求可以适当降低。

#### 3. 分布式控制系统

分布式控制系统是面向过程控制的分布式计算机控制系统,该系统每个子节点分别控制部分过程,由主节点负责过程调度和进行容错处理。如果系统对于实时性要求不高,那么系统的耦合度要求也不高,但是对于某些实时应用,系统的耦合度的要求可能会相对较高。

现今主流的、发展较快的是提供计算服务的分布式计算系统与提供存储服务的分布式存储系统。

### 4.1.3 区块链系统的分布式底层架构

区块链作为一种新型的分布式系统，其架构与传统分布式系统架构大体上是相似的，但是在一些层级架构机制的设计与实现方面，它有着不同于传统分布式系统场景的考虑，正是这些差别使得区块链相对传统分布式系统拥有一些不同的特性。如前面章节介绍，区块链系统架构自下往上可分为五层，依次是数据层、网络层、共识层、合约层和应用层。其中体现其分布式架构设计的主要是区块链的数据层与网络层，顶层的三层都是以底层的分布式网络为基础设计出来的。

最底层的数据层主要是数据存储结构的设计，包含着区块链中的区块数据、链式结构。数据层作为整个区块链体系的基础层，每个区块链节点底层数据库存储的是附加密码学应用的链式Key/value半结构化数据，支撑着区块链的上层协议与应用。

网络层是在数据层基础之上构筑的网络节点间通信协议的集合，主要使用P2P技术来实现分布式网络节点间的联络机制。网络层主要包括P2P组网机制、数据传播机制和数据验证机制等协议。区块链网络中节点之间的地位是对等的，而且以扁平式拓扑结构相互连通和交互，不存在任何中心化的特殊节点和层级结构。每个节点均会承担网络路由、验证交易信息、传播交易信息、发现新节点等工作，节点之间通过网络层来维护共同的区块链账本数据。

至于在这两层之上的共识层、智能合约层和应用服务层，它们都是基于区块链底层分布式P2P对等网络架构实现的，在其他章节已经有深入具体的描述。下面的小节将分别具体介绍区块链与传统分布式系统在计算模式与存储方式上面的联系与区别。

## 4.2 分布式计算

### 4.2.1 分布式计算的概念与发展

分布式计算，又称为分散式运算，是分布式系统的重要组成部分，与传统的集中式计算相对立。分布式计算的提出旨在解决单个机器无法应对的计算量庞大的计算问题。它研究如何把大型计算任务分成许多小的可以并行的小任务，然后分配给许多计算机进行处理，最后把各个部分的计算结果合并起来得出最终的结果。

相对传统集中式计算方式而言，分布式计算具有以下优点：①稀有资源可以共享；②可以在多台计算机上平衡计算负载；③可以充分利用计算资源；④成本较低。其中，共享稀有资源和平衡负载是分布式计算的核心思想之一，也是分布式计算相较于其他集中式计算算法有着更好的容错性和可扩展性的原因。

在各个计算节点算力一致的情况下，只要容错软件足够完善，分布式结算的计算能力就体现在终端的硬件性能上。理想情况下，增加一台机器，整个分布式集群的性能和容量便可以线性提高，但这在实际情况中是不可能的，因为有单独增加的计算机会产生开销、数据需要通信、计算任务需要协调等。分布式计算为特定超大规模计算任务问题提供了有效的解决方案，并且相对集中式计算只需要低很多的成本。

1946 年 ENIAC 诞生后，之后将近 40 年的时间内，计算机都是由大型计算机所主导，当时的计算资源都是相对独立的。1960—1975 年，计算机开始变得平民化，随着计算机网络的发展，计算资源分散在各个不互联的网络中。1980 年后，因特网出现，所有计算机的计算资源真正集中起来，但是当时并没有好的机制去整合并利用这些算力。

1992 年 4 月底，部分研究人员于弗吉尼亚威廉姆斯伯格召开了一次关于分布式内存环境下的信息传递标准设置研讨会。在这次研讨会上讨论了对标准信息传递接口至关重要的一些基本特征，并创建了一个继续标准化此过程的工作组。该工作组于 1992 年 11 月提出了一些初始草稿提议，后被称为 MPI（Message Passing Interface），MPI 现如今已经成为分布式计算的著名框架之一。

1996 年，由广大数学爱好者于互联网发起的因特网梅森素数大搜索计划 GIMPS 使用分布式计算搜索素数，GIMPS 使用 Prime95 分发给所有参与者一个素数 p，参与者使用 Prime95 自动计算 2p-1 是否为梅森素数。至此，分布式计算已经被用来计算庞大算力的数学困难问题。1999 年，Seti@Home 利用志愿者的计算能力搜寻地外生命，志愿者可以通过运行一个免费程序下载并分析从射电望远镜传来的数据来加入这个项目。另外还有利用分布式计算分析计算蛋白质的内部结构和相关药物的 Folding@home 项目、研究艾滋病的生理原理和相关药物的 FightAIDS@home 项目等。

由于分布式计算便宜高效的特点，各种研究项目基于自身的计算需求开发了不同的分布式计算系统。当时全球的各种分布式计算项目已经超过 100 个，这些项目大多互无联系，需要独立管理并独立使用单独的一套软件。这种分布式计算项目互相割据的格局很不利于分布式计算的发展。2003 年，加州大学伯利克分校计算机系开发了伯克利开放式网络计算平台（Berkeley Open Infrastructure for Network Computing，BOINC）。该平台把许多不同的分布式计算项目联系起来统一管理，并对计算机资源进行统一分配，BOINC 已经是目前主流的分布式计算平台之一。

同年，云计算兴起，为分布式计算研究提供了大量实验平台和可用资源。在2003年之前，各类行业的独角兽或巨头公司在搭建大规模计算存储系统时关注的其实仍然还是单机的存储和计算能力，思考的是如何提升单机的性能，寻找更好的服务器。2004年，谷歌在OSDI（USENIX Symposium on Operating Systems Design and Implementation）发表了分布式计算领域的重要论文 *MapReduce: Simplified Data Processing on Large Clusters*。这篇论文搭建大规模计算系统的方案是部署一个大规模的廉价普通的服务器集群，通过分布式的方式将海量数据存储在这个集群上，然后利用集群上的所有机器进行数据计算。这个方案为搭建大规模计算系统节约了购买昂贵计算机设备的费用，各公司纷纷效仿。

Doug Cutting基于Java初步实现了类似GFS和MapReduce的功能。2006年，Doug Cutting将这两部分功能从项目中分离了出来，启动了一个独立的项目专门开发和维护，这就是现在非常流行的Hadoop开源项目。云计算是现在最流行的分布式计算。

2008年，比特币白皮书发布，区块链的出现为分布式计算系统提供了新的思路，即在无中心节点的情况下进行分布式计算的可能性。通过共识机制，区块链即使没有中心节点的调度，也可以进行分布式计算，突破了传统分布式计算的局限性。

区块链技术的诞生和发展推动了DApp（Distributed Application）的出现，与传统应用的单点计算或多点计算、多点管理不同，DApp真正做到了多点计算、多点管理的去中心化应用体系。DApp这一架构的核心服务包括且不仅限于加密货币交易、身份验证和授权、分布式身份、分布式用户配置文件数据、分布式的用户内容存储、分布式网络和计算服务、加密散列和签名、智能合约等。2019年，Herlihy发表的论文认为区块链是一种特殊的分布式计算系统，从分布式计算的角度有趣地解读了区块链的各个组成部分。

### 4.2.2 分布式计算系统的分类

自分布式计算诞生以来，各种相关项目层出不穷，根据计算模式的不同可以把分布式计算系统分为三种类型：客户/服务器模式、移动代理模式、对等计算模式。

#### 1. 客户/服务器模式

客户/服务器模式是现在比较流行的分布计算系统的计算模式，通过消息传递或远程调用等方式进行节点间通信，消息传递方式为系统提供两条原语，将消息发送到进程的Send和接收到达消息的Receive原语。Send和Receive原语可以是阻塞或非阻塞的，同时，也有同步和异步之分。消息传递模型有很强的表达能力和灵活性，但需要程序员处理请求和应答对应关系、数据格式转换、服务器的地址以及系统错误等底层细节。这给程序员增加了基于消息传递方式的分布式计算编程难度。

远程过程调用 RPC（Remote Procedure Call）协议是一种通过网络从远程计算机上请求服务，而不需要了解底层网络技术的协议。这种通信方式是为了缓解消息传递方式的编程琐碎性而提出，其想法就是允许程序去调用位于其他机器上的过程。调用者将消息放在参数表中传递给被调用者，结果作为过程的返回值返回给调用者。远程过程调用是为了能够将分布式的程序当作集中式系统中的常规程序，以同样的形式书写。RPC 方式具有语义整洁简单、调用过程简单、通信速度快等优点，使得分布式计算编程难度大大下降。

客户/服务器模式比较适合拥有稳定网络环境的应用场景，比如现在的大部分云计算系统都是使用此种计算模式。

### 2. 移动代理模式

移动代理（Mobile Agent）模式关键特征就是网络中的任一节点主机都拥有处理资源、处理器和方法的任意组合的高度灵活性。在移动代理的形式下，对计算资源进行处理与调度的代理不会锁定在一台主机上，而是能在整个网络内任一节点上运行。该模式有网络负载小、安全隐患低、无单点故障、异步自主运行、在不同环境应变能力好等优点。

移动代理模式能够在网络主机之间动态合理分布，当一台主机被关闭或者出现故障时，所有在该主机上运行的代理会得到警告，并有足够的时间转移到另一台主机上继续运行，这保证了分布式计算系统的容错性，更加适用于网络环境比较复杂的应用场景。该方向现在是分布式计算研究的热点之一，但是代理技术实现难度很高，现在实际落地应用的项目较少。

### 3. 对等计算模式

对等计算模式，也被称为"网格计算"，使用 P2P 技术把网络中众多计算机暂时不用的计算能力连结起来，利用这些计算能力执行超大规模计算任务。从本质上而言，对等计算就是分布式网络上计算资源的共享。对等计算可以简单定义为通过直接交换共享计算机的资源和服务，它的理念是在节点之间直接交换和共享计算机资源和服务。对等计算机可对网络中其他计算机发出请求或者对其他的计算机的要求进行响应，请求和响应范围和方式都根据具体应用的不同而不同。

对等计算是真正的统一和开放的计算模式，是分布式计算发展的最理想方向。然而分布式网络中对等计算机的信任程度问题在区块链诞生之前一直没有很好的解决方案，早期的对等计算系统都是在互相信任的局部网络中构建的。区块链的出现解决了互联网节点间的信任问题，让研究人员看到了在互联网中构建对等计算网络的曙光。在基于区块链的分布式计算系统中，用户可以按需、安全和低成本地访问网络中的计算基础设施，区块链上的 DApp 可以通过分布式计算平台自动检索、查找、提供、使用、释放用户所需的所有计算资源，如应用程序、数据和服务器等。

在上面三种分布式计算系统中，后面两种由于实现难度过高，一直没能流行起来。现在比较流行的 C/S 计算模式的分布式计算系统按照计算模型大概分为三种：

（1）经典 MPP（Massively Parallel Processing）计算模型。这是最早的分布式计算模型，适合集群规模不大的分布式计算系统，早期的分布式计算模型基本都是 MPP。

（2）较为通用的 MapReduce 计算模型。比较适合大规模分布式计算集群，典型的如适用于离线落盘数据计算的 Google MapReduce、Hadoop 等，它们都是较早的大规模分布式计算系统框架。

（3）DAG（有向无环图）计算模型。该模型把多个任务组合成一个较大的 DAG 任务，过程中优化重复的任务子过程，减少中间存储。典型的有适用于流数据计算和实时分析的 Spark、Storm 等，适用于图数据计算的 Google Pregel、Hadoop Tez，适用于大规模并行处理的 Impala 等。

### 4.2.3 区块链的分布式计算模式

区块链的计算模式主要体现在智能合约层，支持智能合约是区块链 2.0 的标志。智能合约概念还在区块链出现之前，指的是一种无需中介、能自我验证、自动执行的计算机协议，区块链的特性不仅很好地支撑了智能合约，还为其加上了去中心化、可编程和不可篡改等性质，使其成为去中心化应用的核心技术。

现在比较流行的云计算系统如 Hadoop、Pregel、Spark 等，都是基于客户端/服务器模式，主要针对大规模数据密集型计算任务。该模式主要流程是调度节点将计算任务分割成小任务，然后分发给计算节点，计算节点在限定的时间内计算完成后将结果返回，假如某些节点因网络情况或者自身原因导致超时没有返回结果，调度节点会重新将任务分配给正常节点，直到所有任务完成，将结果汇总返回给上层应用。在计算过程中，所有节点处于协作模式，即计算节点的结果默认是被信任的，每个计算节点只负责自己的计算任务，不关心其余计算节点。

区块链中的智能合约执行是一种特殊的对等计算模式。区块链中所有节点地位都是对等的，既是客户端也是服务器，能接受其他节点的智能合约并执行，也能向其他节点发送新合约。不同的地方是，一般的对等计算系统的目的是整合整个网络的计算资源来解决自身的计算问题，对其他节点的计算结果默认是正确的；而区块链系统的同一个智能合约，在输入相同的情况下，所有节点的执行结果是一样的，这样是为了利用冗余计算解决节点间信任的问题。合约的可编程使得区块链变得更加灵活，可实现除了存储交易信息外的、更多需要去信任环境下的需求。区块链的智能合约也被视为解决分布式非信任环境下的对等计算难题的有效技术，未来对等计算的发展突破很可能在区块链的技术突破上。

## 4.3 分布式存储

### 4.3.1 分布式存储的概念与发展

分布式存储技术是一种数据存储技术，它通过网络使用分布式系统中的每台机器上的存储空间，并将这些分散的存储资源构成一个统一的虚拟存储设备，数据虽然分散存储在分布式系统的各个不同机器上，然而对于访问数据的用户来说，这些数据都统一存储在系统的存储空间里。

分布式存储系统是指使用分布式存储技术构建的、采用可扩展的分布式系统结构、利用多台廉价存储服务器分担存储负荷、利用位置服务器快速定位存储信息的分布式系统。相对传统的集中式存储系统，分布式存储系统具有高可用性、高可扩展性、数据安全性高和成本低等优秀特点。

分布式存储系统由于存在数据的多个副本，对于一致性有一定要求，因此数据一致性技术对于系统来说十分重要。一般来说，不同的一致性算法对应着分布式存储系统的不同应用场景，区块链系统本质上来说也是一种特殊的存储系统。

分布式存储技术概念出现得比较早，在早期计算机系统以集中式架构发展为主流的时候，分布式存储系统就已经萌芽，主要集中在分布式文件系统方向，如早期计算机网络主要是为分布式文件共享系统设计的。世界上第一个分布式数据库是1979年由美国计算机公司（CCA）在DEC-10和DEC-20计算机上实现的SSD-1。

1983年，Andrew文件系统（Andrew File System，AFS）由卡内基梅隆大学和IBM共同合作开发，该系统将至少7000个工作站连接起来，具有高扩展性和网络安全性，为每个用户提供一个共享的文件系统。1987年，卡内基梅隆大学为了给Linux工作站组成的大规模分布式计算系统提供数据，在AFS的基础上开发了Coda文件系统。该文件系统通过两种互补机制，为服务器和网络故障提供了容错机制和服务器复制机制。

进入20世纪90年代，Windows的问世极大促进了微处理器的发展和个人计算机的广泛普及，互联网和多媒体技术也犹如雨后春笋般发展起来，多媒体数据的实时传输和大规模数据应用越来越流行。90年代初期，美国加州大学伯克利分校（UC

Berkeley）成功开发 xFS 文件系统，它参照了当时高性能多处理器领域的设计思想，克服了以往分布式文件系统只适用局域网，而不适用于广域网的缺点，解决了大量数据存储的问题。该系统提出了广域网缓存较少网络流量的设计思想，并采用层次命名结构，减少 Cache 一致性状态和无效写回 Cache 一致性协议，从而减少了网络负载。

到了 20 世纪末，计算机技术和网络技术飞速发展，磁盘存储成本不断降低，磁盘容量和数据总线带宽的增长速度无法满足当时互联网应用需求，海量数据存储逐渐成为互联网发展急需解决的问题。由于摩尔定律渐渐失效，使用昂贵的高容量存储设备的集中式存储成本越来越高，业内加快了分布式存储技术的研究，基于光纤通道的存储区域网络（Storage Area Network）和网络附连存储（Network Attached Storage）这两个成熟的分布式存储技术得到了广泛应用。

2003 年，GFS 论文发布，GFS（Google File System）是 Google 为大规模文件存储应用设计的可扩展的分布式文件系统，它将一万多台廉价 PC 机连接成一个大规模的 Linux 集群，具有高性能、高可靠性、易扩展性、可容错、超大存储容量等优点。GFS 不仅解决了传统分布式文件系统容错和错误恢复的问题，而且成熟可用且成本低廉。GFS 论文发布后，各互联网公司纷纷根据其设想设计实现了自身的分布式大规模数据存储系统，分布式存储技术真正成为了互联网大规模数据存储的主流技术。

2008 年，HBase 列存储数据库加入可编写和运行分布式应用处理大规模数据的 Hadoop 开源框架，HBase 擅长以列为单位读取数据，面向列存储的数据库具有高扩展性，即使数据大量增加也不会降低相应的处理速度。

2012 年，Amazon 公司的分布式存储引擎 DynamoDB 正式发布。它是在 2007 年发表的 Dynamo 论文中被提出来的，是一个经典的分布式 Key-Value 存储系统，具备去中心化、高可用性、高扩展性的特点。为了这些特性，Dynamo 在很多场景中牺牲了一致性，但是它同时在 Amazon 中得到了成功的应用，能够跨数据中心部署于上万个节点上提供服务，其设计思想也被其他后续互联网公司设计分布式存储系统时借鉴。

### 4.3.2　分布式存储系统的分类

分布式存储系统一般根据所应用的分布式存储技术中数据类型的不同分成不同的类别。分布式存储系统中的数据结构一般分为结构化存储、非结构化存储和半结构化存储三类。对应的分布式存储系统分别为分布式关系型数据库系统、分布式文件系统和分布式 NoSQL 数据库系统。在一些书籍中，分布式存储系统按照范型更细致地被分为四种，分别是分布式文件系统、分布式键值数据库系统、分布式表格数据库系统和分布式关系型数据库。

### 1. 分布式关系型数据库

分布式关系型数据库是存储数据的数据结构为结构化的分布式存储系统。结构化存储系统是最早的存储系统，对应的是关系型数据库，最早是从单机开始做的，比如说 MySQL。分布式数据库是从单机关系型数据库扩展而来，用于存储结构化数据。线性一致性是分布式数据库系统追求的最强一致性。在一个线性一致的数据库系统中，只要一个客户端成功完成写操作，所有客户端从数据库中读取数据必须能够看到刚刚写入的值。它采用二维表的形式组织数据，提供 SQL 关系查询语言，支持多表关联、嵌套子查询等操作，并提供数据库事务和并发控制，然而结构化存储本身强调的结构化数据、强一致性和随机访问等特性，导致分布式关系型数据库系统在可扩展性上表型并不是很好，这在一定程度上限制了结构化存储在海量数据环境下的表现。于是分布式数据库系统在现在的大规模数据场景中并不是很流行。最近比较流行的分布式关系型数据库有微软的 Microsoft SQL Azure 等。

### 2. 分布式文件系统

分布式文件系统是存储数据的数据结构为非结构化的分布式存储系统。非结构化存储方式是为了解决结构化存储系统可扩展性问题而发展出来的，典型的就是分布式文件系统。分布式文件系统也是比较早的分布式系统，早期的分布式文件系统主要是文件共享系统，这也是早期互联网的雏形。这些早期的分布式文件系统只是起到了网络磁盘的作用，其最大的问题就是不支持容错（Fault Tolerance）和错误恢复（Fault Recovery）。

随着互联网的发展，一些节点所需要存储的数据越来越大，某些节点集中式储存架构已经无法承载互联网中大量的图片、文字、照片和视频等各种非结构化的数据对象。分布式文件系统虽然可扩展性、吞吐率都非常好，但是几乎无法支持随机访问（Random Access）操作，通常只能进行文件进行追加（Append）操作。而这样的限制使得非结构化存储系统很难面对那些低延时、实时性较强的应用。最经典的分布式文件系统是 2003 年 Google 在 SOSP（Symposium on Operating Systems Principles）会议上发布的 GFS，它是分布式文件系统发展里程碑的一步。现在比较典型的系统有 HDFS，Facebook 的 Facebook Haystack 以及阿里巴巴的 Taobao File System 等。

### 3. 分布式 NoSQL 数据库系统

分布式 NoSQL 数据库系统是存储数据的数据结构为半结构化的分布式存储系统。NoSQL 指的是 Not Only SQL，其提出主要是为了解决非构化存储系统随机访问性能差的问题，因为超大规模互联网应用不仅需要可扩展性高的分布式文件系统，也需要分布式数据库系统的高随机访问能力。然而根据调查报告，目前主流的分布式 NoSQL 系统只实现了最终一致性，因为要实现更高级的一致性代价过高。根据其半结构化数据的关系关联程度，分布式 NoSQL 数据库系统可分为分布式键值数据库系统和分布式表格数据库系统两种。

（1）分布式键值数据库系统。分布式键值数据库系统用于存储关系简单的半结构化数据，它只对外提供主键的 CRUD 操作，根据主键创建、读取、更新或者删除一条键值记录。典型的分布式键值数据库系统有 Amazon Dynamo 以及 Taobao Tair 等。从数据结构的角度来看，分布式键值存储系统与传统的 Hash 表比较相似，不同的是，分布式键值数据库系统支持将数据存储到分布式集群中的多个存储节点。随着互联网公司的业务并发量越来越高，系统对低延时的要求也在提高，另外内存的价格不断下降，基于内存的键值数据库系统也开始普及。比较有名的系统包括 memcahed 以及 Redis。现在的键值数据库系统为了缓解写放大的问题，一般采取键值分离存储的设计，然而在更新密集型场景下，键值分离存储设计表现不佳。2019 年 LiYongkun 等人设计了 HashKV 方案有效提高了键值分离存储的性能。

（2）分布式表格数据库系统。分布式表格数据库系统用于存储关系比较复杂的半结构化数据，与分布式键值数据库系统相比，分布式表格数据库存储系统还支持简单的数据 CRUD 操作，而且支持扫描整个主键范围。分布式表格数据库系统借鉴了很多关系型数据库的技术，例如支持某种程度上的事务，比如单行事务等。比较流行的有谷歌的 Google Bigtable 和 Google Megastore，微软的 Windows Azure Storage 等。

分布式表格数据库系统更偏向于在系统的数据服务上提供像传统数据库系统一样的事务支持。最近比较流行的分布式表格数据库系统被称为 NewSQL，它既能支持 RDBMS 的特性，又能兼备 NoSQL 系统那样强大的可扩展能力。2012 年 Google 在 OSDI 上发表的 Spanner 是业界第一次关系模型和 NoSQL 在超大规模数据中心上融合的尝试。Spanner 是用了原子钟来解决时钟同步问题，打破光速传输的限制，2017 年，Google 正式推出 Cloud Spanner 服务。由于谷歌对于网络基础设施的持续改善，甚至可以认为 Spanner 网络是可靠的。以现在的技术水平来看，这在普通互联网公司基本不可能实现。另外，2018 年发布的 Anna 论文声称，其实现了 Read Committed 级别的跨越分片的分布式事务，代价是从线性一致性下降到低一层的一致性，然而具体实现并未开源。

### 4.3.3　区块链的分布式存储方式

传统分布式存储系统一般有两种模式，一种是每个节点只存储一部分数据，这样的系统扩展性十分高，一般用于超大规模数据或文件存储以及数据更新操作较少的场景，如分布式文件系统；另一种是每个节点存储所有数据，用于高可用性及高容错性的场景，如分布式冗余数据库系统。

区块链系统本质上是一个分布式冗余账本数据库，由于每个节点都有全部的数据备份，因此和传统分布式冗余数据库系统一样存在数据一致性的问题。对于传统的分布式冗余数据库系统，不同的一致性协议对应着不同的应用场景，一般比较常用的一致性是强一致性、弱一致性和最终一致性，其严格程度是层层递减的。在实时性要求较高的场景中分布式数据库系统要求强一致性，实时性弱一些的场景可能弱一致性也能满足需求，最终一致性一般不能用于要求实时性的场景。

对于传统分布式数据库一致性的实现主要依靠共识机制，即分布式系统中多个节点之间，彼此对某个状态达成一致结果的算法和协议设计。传统的分布式数据库系统的共识机制针对的一般是非拜占庭错误（对于拜占庭错误，这在本书其他章节有详细描述），即节点之间互相信任，只存在网络或者宕机等错误，此类共识机制一般被称为 CFT（Crash Fault Tolerance）。传统分布式冗余数据库系统一般支持强一致性，代表性算法有主从复制机制、Paxos 和 Raft 等，如分布式关系型数据库 MySQL、分布式键值数据库 Redis 和分布式表格数据库 Megastore 等。主从机制只有主节点具有写的权限，其余从库只能读，这种机制实时性比较高，然而主节点故障可能导致服务不可用。Paxos 和 Raft 在主从复制的主节点故障问题进行了优化，进一步降低了主节点故障导致服务不可用的可能性。

区块链的存储机制与传统分布式冗余数据库是一样的，网络中的全节点都有所有数据的备份。不同的地方在于区块链的共识机制，区块链的共识机制针对的是拜占庭错误，即如何在互不信任的分布式系统中多个节点之间公平公正地选出一个领导者，负责决定此次出块的交易数据。共识机制甚至和激励机制一同作为区块链系统架构中的一层，是区块链技术中的核心部分。现在主流的共识机制包括 PoW、PoS、DPoS、PBFT 等，详细部分在其他章节会有具体描述。另外，区块链底层存储结构也与传统分布式键值数据库的 Key/Value 结构不一样，它结合密码学技术，形成链式存储结构，保证区块链账本数据的不可篡改性。区块链存储结构设计是区块链众多优良特性的保障，但是区块链的性能瓶颈也因此而生，而且由于引入了拜占庭错误，区块链系统现在交易数据的一致性上一般只能提供最终一致性。共识机制是区块链技术研究的重点和热点，是区块链突破性能瓶颈的关键。

## 4.4 案例分析：分布式文件存储 IPFS 与区块链 Filecoin

星际文件系统（Inter-Planetary File System，IPFS）是现在非常有名的点对点分布式文件系统开源项目，由 Juan Benet 在 2014 年 5 月发起。它是一种基于内容寻址、版本化、点对点的超媒体传输协议，集合了 P2P 网络技术、BitTorrent 传输技术、Git 版本控制、自证明文件系统等技术，目标是补充完善超文本传输协议 HTTP 的新一代互联网通信协议。IPFS 允许网络中的参与者互相存储，索取和传输可验证的数据，它利用分布式哈希表解决数据的传输和定位问题，把点对点的单点传输改变成 P2P（多点对多点）的传输，其中存储数据的结构是哈希链，每个文件在 IPFS 中都是冗余存储的，最终目标是打造一个更开放、速度更快、更加安全的互联网。

IPFS 从 2015 年发布到如今，据统计的节点数量已经是百万级别，虽然节点质量还不够好，但基于 IPFS 的网络已经可以完美播放高清电影。目前也有大量互联网应用基于 IPFS 开发，或者使用 IPFS 作为底层存储设计，范围涵盖社交网络、视频类、媒体类应用、区块链公链数据存储等方面。

Filecoin 是架构在 IPFS 存储网络上的一个公共区块链，采用了区块链代币体系的 IPFS 激励层。其核心技术是包括复制证明、时空证明、零知识证明、对称分组加密等算法的区块链技术。IPFS 虽然很早就发布，但是其之前的核心只是一个 BT（Bit Torrent）软件，由于 BT 网络是多参与方的分布式网络，没有一个适合的激励机制，当节点扩大到一定规模时，做种的用户数量不会随之增加，因此发展的并不快。将 Filecoin 作为 IPFS 的激励层，区块链的去中心化属性十分适合 IPFS，而且基于区块链公平公正的优秀激励机制，能够刺激 IPFS 的用户主动制作文件种子，从而获得代币，而 IPFS 中存储文件的增加有助于吸引更多用户使用 IPFS，良性促进 IPFS 和 Filecoin 的共同发展。Filecoin 利用智能合约为 IPFS 构建一个去中心化的存储交易市场和文件检索市场应用，让 IPFS 网络中存储的文件及其价值真正流动起来，有希望成为下一代去中心化互联网的底层核心传输协议。

从 IPFS 和 Filecoin 的例子可以看出，区块链与一些传统分布式系统是互相补足的。传统分布式系统虽然拥有高性能和高可扩展性的优点，然而根据现在的发展情况来看一般分为两种情况：一种是多参与方共同参与建设的，这种分布性系统专注于分布式，缺少有效的管理和激励机制，导致其无法继续发展，例如一些 P2P 分布式文件共享系统和一些自治的分布式网络等；另一种是单方架构实现的，由单独机构运维管理，这导致不同分布式系统各自分隔，互相限制对方的发展，比如现在流行的各公司的云计算和云存储系统和各互联网巨头的数据中心等。IPFS 正是看到了这一点，所以选择 Filecoin 作为其激励和管理层，尝试让 IPFS 这个分布式文件系统的发展突破传统分布式系统的局限性。

总的来说，传统分布式系统研究的是如何提高系统的计算与存储能力，使得系统能为用户提供对超大规模数据密集型计算与数据存储的服务，或者是提供大规模可用并发服务，像每年"双 11"零点的时候，阿里巴巴的系统每秒能处理的交易数

(Transaction Per Second，TPS）可以达到数十万。区块链系统研究的是如何在不可信环境中提供安全可靠的计算与存储服务，比特币的 TPS 只有 7，以太坊的 TPS 大概在 20—30，联盟链由于网络节点数比公有链少，TPS 能到数千级别，还不能支撑大规模并发交易服务。

## 4.5　本章小结

本章主要介绍了分布式系统的相关情况和区块链的分布式特性，包括分布式系统的相关基本概念、原理、发展历程、分类情况与区块链系统的分布式架构。接着介绍了分布式计算与分布式存储的基本概念、技术及系统发展历程、系统分类情况与区块链的相关分布式技术，还结合 IPFS 和 Filecoin 进一步介绍了区块链系统与传统分布式系统的联系与区别。

分布式系统主要介绍了分布式系统的基本概念、基本组成以及重要研究结论，研究结论包括 CAP 原理、FLP 不可能原理与 BASE 理论，然后介绍了集中式系统到分布式系统的发展历程，再介绍了分布式系统的分类，主要包括分布式计算系统、分布式存储系统与分布式控制系统，最后介绍区块链系统与传统分布式系统架构设计的异同。

分布式计算主要介绍了分布式计算的基本概念，然后介绍了分布式计算技术的发展历程，以及一些著名的分布式计算项目与系统，还有区块链技术对分布式计算的影响，再介绍了根据实现方法与计算模式对分布式计算系统的分类，包括客户/服务器模式、移动代理模式和对等计算模式，C/S 模式的分布式计算系统的分布式计算模型主要分为 MPP、MapReduce、DAG 三种，最后介绍了区块链与传统分布式计算系统的计算模式的联系与区别。

分布式存储主要介绍了分布式存储的基本概念以及相对集中式计算的优点，然后介绍了分布式存储系统的发展历程，从 AFS 到 Coda，到 xFS，再到第一个超大型规模分布式存储系统 GFS，再介绍分布式存储系统根据存储数据的结构分成的三类系统，分别是结构化存储的分布式数据库系统、非结构化存储的分布式文件系统、半结构化存储的分布式 NoSQL 数据库系统，其中 NoSQL 系统根据数据关系程度还分为分布式键值数据库系统和分布式表格数据库系统，最后介绍了区块链和传统分布式数据库的存储方式的联系与区别。

最后举例详细介绍了 IPFS 和 Filecoin 这对特殊的分布式文件存储系统与区块链案例，以进一步了解区块链与传统分布式系统的联系与区别。

## 习题

1. 分布式系统的基本概念是什么？主要组成部分是哪些？与集中式系统的区别和联系是什么？
2. 尝试用通俗的语言解释以下名词：CAP原理；FLP不可能原理；BASE理论。
3. 概括计算机系统从集中式到分布式的发展历程，然后结合自身理解，阐述分布式系统真正在大部分场景下能替代传统集中式系统的原因是什么？
4. 尝试对分布式系统的三个分类分别举一个例子并介绍它们。
5. 并行计算也是计算机系统的一种计算形式，其与分布式计算的联系和区别是什么呢？
6. 分布式计算的计算模式主要分为哪几种？现今主流的计算模式是哪个？现在主流计算模式的计算模型是哪些？主要区别是什么呢？
7. 结合本章所说的区块链与传统分布式计算模式的区别，谈谈你个人的理解。
8. 分布式存储系统的分类依据是什么？结合分布式存储系统现在的发展，谈谈对计算机存储数据的理解。
9. 区块链与传统分布式存储系统的区别与联系是什么？谈谈自己的理解。
10. 查阅资料，了解IPFS和Filecoin现在的发展状况，谈谈对区块链的应用前景的看法。
11. 结合本章内容并查阅相关资料，谈谈为什么区块链与传统分布式系统在计算和存储方面的要做出这样的差别设计？

# 第 5 章　密码技术

## 5.1　概述

从本书前面的内容我们已经看到，密码是区块链的底层支撑性技术，区块链的数据结构完全是基于密码技术构造的，区块链系统的共识机制、系统运行和安全性保障也是以密码算法和密码协议为基础的。事实上，在日常生活和工作中，密码早就已经与我们息息相关。当你打开手机，不知不觉中你已经在使用密码技术了：手机开机，便会通过基站与运营商的核心网络利用密码算法进行身份认证；当你拨通一个电话，核心网络在完成了你的手机与核心网络、核心网络与对方手机认证的基础上，已经建立了安全信道，你们之间传送的语音信号将被加密……当你打开电脑、当你打开电视、当你开动汽车，你就已经在享受密码的保护了。在现在这样一个信息化社会，密码技术已经成为我们日常生活和工作中无处不在、无时不在的技术。

不过，我们必须要做一个说明，澄清一下概念。我们这里说的"密码"并不是登录网站接受服务时需要填写的"用户名/密码"中的"密码"，"用户名/密码"中的"密码"英文是"password"，准确的翻译应该是"口令"。这种认证方式事实上也是需要真正的密码技术保护的，比如，为了防止服务器端获取你的"密码"，需要利用密码学哈希函数、"加盐"等密码技术进行保护；而登录银行等重要网站及重要操作所使用的 U-key、令牌等则完全是密码技术的应用。回到我们的话题，我们这里的"密码"指的是对消息进行加密、认证等的技术。2019 年 10 月 26 日第十三届全国人民代表大会常务委员会第十四次会议通过颁布的《中华人民共和国密码法》对"密码"的定义是："本法所称密码，是指采用特定变换的方法对信息等进行加密保护、安全认证的技术、产品和服务。"这里讨论的即是在这个定义下的

"密码"。

密码的历史源远流长,《破译者》的作者卡恩说"人们使用密码的历史与使用文字的历史一样长"。如果公元前2000年古埃及贵族克努姆霍特普二世墓碑上变形的古埃及象形文字不能算真正意义上的密码的话,公元前400年古希腊斯巴达人的"密码棒"(Scytale)已经是真正用于军事领域的密码了。而且,这种密码体现了一种目前现代密码仍在使用的密码学要素——"换位"。密码历史上最津津乐道的古典密码体制,要数"恺撒体制"了,它似乎是密码学著作中不可缺少的内容,体现了现代密码学使用的另一个经典密码学要素"代换"。我们在后面将从这两个要素开始,介绍对称密码体制。当然,密码的起源从何时开始,这是一个仁者见仁智者见智的问题。美国密码学历史研究者Craig P. Bauer说,密码的历史有多长要看对密码的定义有多严格。

最初的密码是一种主要用于保证通信安全的技术或技巧而不能称为科学。计算机科学先驱查尔斯·巴贝奇(1791—1871)常常被认为是第一个用数学给密码建模的人,也许这并不完全正确,有些工作可能比查尔斯·巴贝奇更早,但是它们都没有流传开来。无论如何,直到20世纪40年代香农创立信息论并以此研究保密系统开始,密码的设计和分析才真正数学化了,密码学开始变为一种有理论基础、有科学方法的"科学"。70年代数据加密标准(DES)和公钥密码体制(PKC)被提出,80年代可证安全理论逐步发展成熟,标志着密码学进入到一个新时代。现代密码以离散数学、复杂性理论为基础,以形式化可证安全为特征,正在逐步形成一个严密、完整的科学和技术体系,并广泛应用于社会各个领域。

如前所述,古代的密码或许主要用于保密通信,即把一个消息变形以后进行传送,使得非意定消息阅读者无法从中获得消息。即使消息在传送过程中(无论是信使或者是无线、有线信号)被敌手截获,也不会暴露其中的信息。现代的密码应用则广泛得多,不仅对国防、外交、军事领域是必不可少的,而且已经融入我们的日常生活。在现代社会中,密码学是保护信息安全的支撑性核心技术,可用于保障消息的秘密性、完整性、不可抵赖性、可控性及实体身份的真实性、合法性等,这些应用大致可归结为加密与认证两个方面。随着大数据、云计算、物联网的发展和应用,社会信息化程度日益提高,密码学逐渐成为数据在隐私保护条件下进行存储、利用和共享的主要手段。

区块链是2009年上线的比特币系统的底层支撑技术,是比特币系统的创新性结构设计,这个结构完全是利用密码学技术构造的,其中主要利用了密码学哈希函数、数字签名、梅克尔树等基本密码学工具。在很大程度上区块链及比特币的出现使得密码学从幕后走向了前台。除了数据加密、数字签名、身份认证这些最基本的功能，安全多方计算、零知识证明等高深的密码学理论也呈现在了大众面前。在本章中，我们将尽量通俗地介绍与区块链相关的密码学基本知识。既然区块链是利用密码学典型技术构造的，理解区块链、正确判断区块链的应用领域和发展前景，掌握相关的密码学知识是必需的。最后，需要指出的是，保密是密码学最初的动机，但现在密码学已经发展成为一个具有多个分支的学科，有着丰富的研究内容，加密仅仅是其中的一个分支而已。区块链中将用到密码学中多个技术，当然不排除加密技术，但在比特币的区块链中，却恰恰没有用到"加密"，把比特币等利用密码技术构造的数字货币称为"加密货币"是对"cryptocurrency"的误译，应该更正为"密码货币"。

## 5.2 对称密码与加密标准

为了叙述方便，我们首先引入几个基本的术语。密码学产生的动机是保证通信的秘密性，因此密码学的许多术语都是在这个环境中产生的，我们也自然地使用保密通信作为背景介绍密码学中一些最基本的概念。按照密码研究和应用领域的习惯，我们引入几个人物，一个叫 Alice，一个叫 Bob，他们两个试图完成某项任务，比如消息的秘密传送。Alice 和 Bob 消息的传送需要通过不安全的公开信道，比如互联网、电话线等。他们的敌手 Oscar 试图破坏他们的任务，比如窃听他们的秘密消息。

现在，假如 Alice 要传送一个消息给 Bob，试图传送的消息的原始形式称为"明文"；为了保密而对消息进行变形，这个过程称为"加密"，经过加密的消息称为"密文"；加密所使用的算法称为"加密算法"；Bob 接收到密文后需要将其转化为明文才能够阅读，这个合法的转化过程称为"解密"，解密所用的算法称为"解密算法"。加密算法一般是依赖一个参数的函数，这个参数决定着具体的加密算法，称为"加密密钥"；同样地，解密算法也依赖一个参数，这个参数决定着具体的解密算法，称为"解密密钥"。在对称密码体制中加密密钥与解密密钥相同或本质上相同，对称密码体制也叫作"单钥体制"。Oscar 作为敌手，他要想办法破坏 Alice 和 Bob 的秘密通信，其破坏行动称为对密码体制的"攻击"。比如，他可能在 Alice 和 Bob 的通信信道上进行窃听，试图从窃听到的密文通过分析获取明文或密钥。

举一个简单的例子以帮助理解上面的术语。假如 Alice 要传输一个消息给 Bob，消息是 0 到 9 十个数字中的一个。Alice 选用加密算法：

$$f_k(x) = x+k \quad \mod 10 \quad \text{（即 } x+k \text{ 的结果取个位数）}$$

进行加密。这个加密算法依赖的参数 $k$ 就是密钥，比如，取密钥 $k = 3$，具体加密算法就是 $f_3(x) = x+3 \mod 10$，也就是说如果传输的明文是 $x$，当 $x+3 < 10$ 时，密文

就是 $x+3$；如果 $x+3 \geq 10$，密文就是（$x+3$）去掉 10 以后的余数。解密算法：

$$d_k(y) = y-3 \bmod 10$$

也就是说，如果 $y-3 \geq 0$，明文就是 $y-3$；如果 $y-3 < 0$，明文就是 $y-3+10$。对于 Alice 加密传输的明文 $x$，Bob 可以通过收到的密文 $y$ 和密钥 $k$ 使用解密算法解密获得之。Oscar 则可能通过窃听到的密文 $y$ 试图通过各种分析方法获得明文 $x$ 或密钥 $k$。

对称加密体制从概念上来说包括序列密码与分组密码两大类，但序列码目前来看很少会用在区块链中，我们在本章中所说的对称密码总是指分组密码，也就是说密码算法的输入是固定长度的数据分组或称数据块（Data Blocks）。现代对称密码设计沿用了古代密码学中的一些基本元素，一般由"换位"和"代换"两种机制经过多次混合、迭代而成，按照信息论创始人香农的理念，密码算法应该达到高度的"扩散"和高度的"混淆"作用，通俗地讲扩散是指明文、密钥的一位的变化会影响密文的许多位，理想情况是影响所有位。混淆则是指密文与明文、密钥之间的统计关系高度复杂，难以利用统计方法通过密文对明文、密钥进行推测。达到这样效果的手段是采取"乘积密码"的技术，即将多个密码串联使用。现代对称密码算法的设计高度体现了这些原则。换位和代换是对称密码设计的基本工具，我们从这两种基本密码体制谈起。

在本章中，我们以英文为背景讨论密码算法，为便于区别，一般用小写字母表示明文，大写字母表示密文，并忽略空格和所有标点符号，只使用 26 个英文字母，必要时将这 26 个英文字母依次等同于 0，1，…，25 这 26 个数字。比如，a 等同于 0，b 等同于 1，c 等同于 2，等等。

### 5.2.1 换位密码

传说公元前 404 年，斯巴达人使用图 5-1 所示的"密码棒"来传递消息，它由一根木棒和一条羊皮带构成，在使用时，将羊皮带缠绕到木棒上，然后在羊皮带上

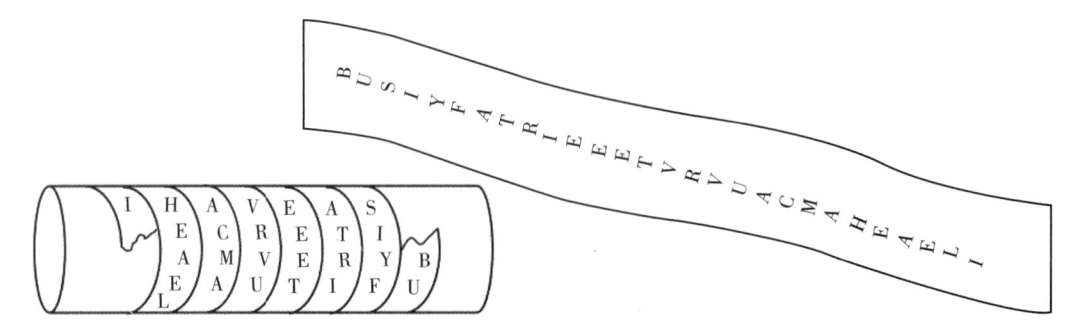

图 5-1 斯巴达人的密码棒

横向（沿木棒方向）写下信息，当羊皮带从木棒上取下时，上面的字只能沿着带子的方向纵向读，这样字母的顺序就被打乱了。任何人只要用同样直径的一根木棒缠绕回去就可恢复出原来的消息。

按照这种变换方式，消息的字母没有改变，只是位置被打乱了，也就是说，组成消息的字母进行了"换位"。一般地，一个换位密码体制，由下面的一个换位表确定：

$$\begin{pmatrix} 1 & 2 & 3 & \cdots & n \\ i_1 & i_2 & i_3 & \cdots & i_n \end{pmatrix}$$

其中，$n$ 是明文长度，加密时将消息中的字母按长度 $n$ 进行分组，如果不能整分则需要做某些必要的填充，加密算法会将原第 $i_1$ 个字母放到第 1 位，原第 $i_2$ 个字母放到第 2 位，$\cdots$，第 $i_n$ 个字母放到第 $n$ 位。

例如，我们有下面一段文字（为方便我们以后将称其为消息 1）：

I have a dream that one day this nation will rise up and live out the true meaning of its creed: "We hold these truths to be self-evident: that all men are created equal."

取换位表（密钥 $k$）如下：

$$k = \begin{pmatrix} 1 & 2 & 3 & 4 & 5 & 6 \\ 3 & 5 & 4 & 6 & 1 & 2 \end{pmatrix}$$

密钥长度为 6，每次只能加密长度为 6 的明文，现将消息按每 6 个字母一组进行分组（忽略标点符号和空格）：

Ihavea/dreamt/hatone/daythi/snatio/nwillr/iseupa/ndlive/outthe/trueme/aningo/fitscr/eedWeh/oldthe/setrut/hstobe/selfev/identt/hatall/menare/create/dequal/

每组按照换位表指定的顺序重排得到密文：

AEVAIHEMATDRTNOEHAYHTIDAAITOSNILLRNWEPUAISLVIENDTHTEOUUMEETRIGNOANTCSRFIDEWHEEDHTEOLTURTSETBOEHSLEFVSEETNTIDTLALHANRAEMEETAECRQAULDE

要恢复密文，只要按照换位表逆向操作，将字母放回原位即可，即将第 1 个字母放回第 3 位，第 2 个字母放回第 5 位，$\cdots$，也就是说将换位表的上下两行交换，再按照新的换位表进行换位，即可将密文恢复成明文。

上面的换位表在数学上称为置换，因此换位密码也称为置换密码。现代密码中对换位密码往往会稍做变形，比如可以重写某些位使消息变长或舍弃某些位使消息变短（存在冗余位时），更一般地，可以推广为"列混合"，到目前为止的两代加密标准 DES 和 AES 都采用了这样的技术。

## 5.2.2 代换密码

与换位密码不同,代换密码通过将明文中的字母用其他字母替换产生密文。著名的恺撒密码是一个特殊的代换密码。恺撒在他的著作《高卢记》中提到他使用密码进行军事情报的传递,但未明确说明用的是什么密码,史学家们推断,恺撒应该是使用了用希腊字母代替罗马字母的代换密码。不过,更为人知的是苏托尼厄斯于公元二世纪写的《恺撒传》中描述的密码,即简单地将信息中的每个字母用字母表中该字母后面第三个字母替换(或说将每个字母在字母表中向后位移三个位置),当字母表到达最后一个字母时,回到字母表的第一个字母,例如将 a 替换为 d,b 替换为 e,…,x 替换为 a,等等,如下表所示:

$$\begin{pmatrix} a & b & c & d & \cdots & x & y & z \\ d & e & f & g & \cdots & a & b & c \end{pmatrix}$$

该表称为代换表,如果将字母表中的字母等同于 0~25 这 26 个数字,这个加密算法(即每个字母用字母表中其后面第三个字母代替)可以写成一个数学公式:

$$y = x+3 \quad \mod 26 \quad (x+3 \text{ 关于 26 取余数})$$

相应的解密算法为:

$$x = y-3 \quad \mod 26 \quad (y-3 \text{ 关于模 26 取余数,即若 } y-3 \text{ 非负,则取本身,若 } y-3 \text{ 是负数则取 } y-3+26)$$

这就是著名的恺撒密码体制。

很明显,向后位移 3 个字母可以更一般地用向后位移 $k$($0 \leq k \leq 25$)个字母代替,这可称为广义恺撒密码或移位密码。当然这种密码并不安全,其密钥 $k$ 共有 26 种可能,遍历所有可能密钥进行尝试似乎轻而易举。这种遍历所有可能密钥进行攻击的方法称为"暴力攻击"。将代换表的第二行随机排列可得到更一般的代换密码。也就是说,随机选取 26 个字母的一个排列作为代换表的第二行,加密时用代换表第二行字母代替相应第一行字母,这就构成了一般的代换密码体制。代换密码体制的解密只要将第二行的字母代换回第一行字母即可。代换密码所有可能的代换表(密钥)共有 26 个!暴力攻击已经变得不那么容易了。

这一小节最后看一个代换密码的例子:

令代换表为

$$\pi = \begin{pmatrix} a\,b\,c\,d\,e\,f\,g\,h\,i\,j\,k\,l\,m\,n\,o\,p\,q\,r\,s\,t\,u\,v\,w\,x\,y\,z \\ p\,e\,o\,f\,l\,a\,r\,x\,u\,q\,c\,g\,i\,y\,h\,j\,n\,v\,b\,z\,t\,w\,d\,k\,m\,s \end{pmatrix}$$

用上面的代换表 π 加密消息 1，将得到下面一段密文：

UXPWLPFVLPIZXPZHYLFPMZXUBYPZUHYDUGGVUBLTJPYFGUWLHTZZXLZ
VWLILPYUYRHAUZBOVLLFDLXHGFZXLBLZVTZXBZHELBLGALWUFLYZZXPZOG
GILYPVLOVLPZLFLNTPG

### 5.2.3 数据加密标准与高级加密标准

密码的历史神秘、惊险又饶有趣味，密码算法更是丰富多彩，在历史长河中增添了无数传奇故事。但在 20 世纪 70 年代密码学开始褪去神秘的外衣走进人们的日常生活。这要从美国的数据加密标准说起。1972 年，美国标准局（NBS，现在已改名为国家标准技术研究所，NIST）开始号召实施密码算法标准化。尽管美国政府一直认为密码学对国家安全非常重要，必须进行保密，但由于计算机技术、通信技术的快速发展以及商业应用对加密的迫切需求，密码算法标准化势在必行。1973 年 5 月 15 日 NBS 在《联邦纪事》上发布了对数据加密标准算法的征集公告，经过反复论证，IBM 公司 Horst Feistel 提出的被称为 Lucipher 的密码算法，经过改进最终于 1977 年 7 月 15 日被采纳为标准，并更名为 DES（Data Encryption Standard），用于保护"非密级的计算机数据"，密码算法从此进入商业、金融等社会各个领域。

计算机中任何信息都是以比特串的形式存在的，因此现代密码的操作对象不再是字母（或字符）而是比特串，DES 的加密对象（明文）是长度为 64 的比特串，称为 64 比特的"分组"（Block）。DES 的密钥长度为 56 比特，这看起来有点短，事实上确实有点短，目前它已经不再安全的主要原因是可以通过遍历其密钥进行"暴力攻击"。

DES 的操作实际上非常简单。从大的结构上来看，DES 由一个核心函数 $f$，一个按比特异或和一个左右两边交换组成，并进行多次迭代。先来看 DES 的核心函数 $f$。$f$ 有两个输入，一个是 48 位的密钥 $K$，一个是 64 比特明文的一半——右边 32 比特，记为 $R$。$f(R, K)$ 的变换过程如图 5-2 所示：首先对 $R$ 进行扩展换位（在换位的同时某些比特重复写两次），扩展为 48 比特，接着与密钥进行逐比特异或，然后将信息分成 8 个 6 比特长度的小块分别利用 8 个代换表（称为 S-盒）进行代换，最后再进行一次换位（置换）。

DES 的第一轮加密如图 5-3 所示（其他轮类似），整个加密过程要迭代 16 轮，而每一轮都要利用密钥 $K$（56 比特）演化出本轮所使用的密钥，称为轮密钥（48 比特），第 $i$ 轮的轮密钥记为 $K_i$。

DES 加密的完整流程图如图 5-4 所示。

DES 的整个加密过程，共迭代 16 轮，在迭代开始前有一个初始的置换，而在迭代完成后有一个对应的逆置换，这保持了加密过程的对称性。事实上，DES 加密

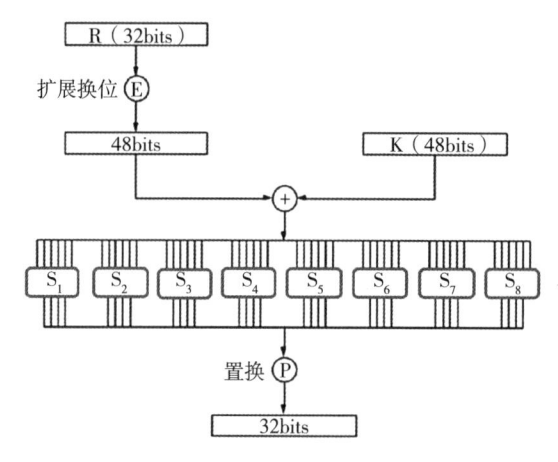

图 5-2 DES 的核心函数

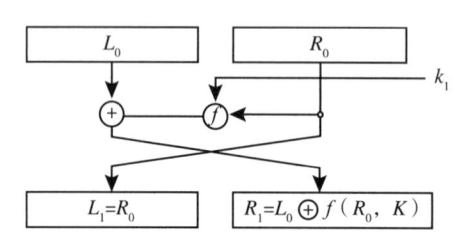

图 5-3 DES 的第一轮加密过程

过程中的操作从整体结构上保持了对称性（异或和交换都是自逆的），因而加密过程和解密过程可通过同一个算法完成，加密算法转化为解密算法只需要将 16 轮迭代所使用的轮密钥反序使用即可，这也是 DES 结构的一个特点。这个结构以其发明者 Horst Feistel 的名字命名，被称为 Feistel 结构。DES 作为数据加密标准，整个算法细节都是公开的，上面提到的各置换、代换（S- 盒）等都可以在相关资料查到。

DES 作为第一个数据加密标准取得了极大的成功，尽管在初期有一些争议，DES 采用的 56 比特密钥也确实过短，但它对密码学公开研究的推动是历史性的，密码学的研究从黑屋走向了公开。从技术发展来说，DES 的研究主导了对称密码学研究主流方向近 30 年，将对称密码的设计与分析推进到了一个新的阶段。

DES 被采纳为加密标准以后，大约每五年要审查一次，直到 1999 年 NIST 指出，DES 只应该用于历史遗留系统，而其他系统都应该使用三重 DES，即将 DES 算法迭代三次，记为 3DES。3DES 尽管在安全性上没有问题，但作为 20 世纪 70 年代的算法，它显然已经不能适应 21 世纪的信息技术环境，在效率、分组长度、软硬件实现等方面暴露出一些弱点，它只能是一个过渡性标准。1997 年 1 月 NIST 发布了对新的数据加密标准 AES 的需求，1997 年 9 月正式发布了征集令，面向全球的组

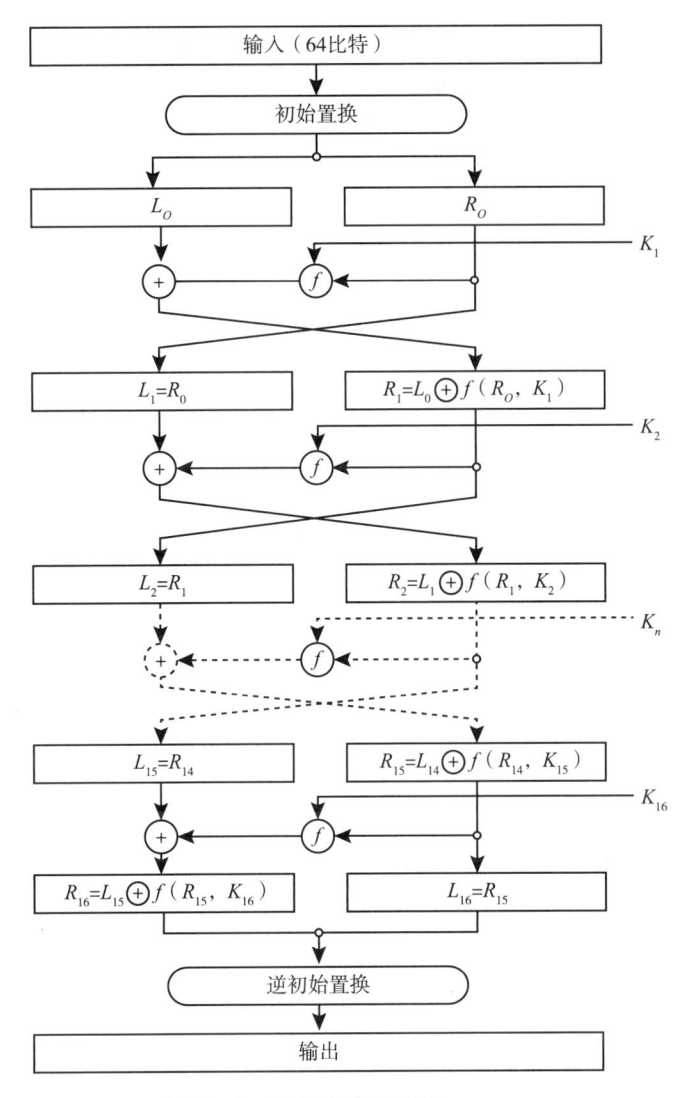

图 5-4 DES 加密全过程

织和个人征集 AES，开创了一个全公开的密码标准征集模式。共 15 个算法被接受为候选算法，经过初评选出 5 个算法进入"决赛"，1999 年经评估小组投票表决，NIST 宣布比利时学者 Joan Daemen 和 Vincent Rijmen 提交的 Rijndael 最终获胜被选为 AES，2001 年 9 月 AES 被正式批准为美国联邦标准。

AES 的分组长度为 128 比特，密钥长度有三种选择，128 比特、192 比特和 256 比特。下面我们仅以 128 比特密钥的情况为例进行讨论。AES 没有采用 Feistel 结构，而是采用了更简单明了的层次结构，每一轮加密包含三层：代换层、线性混合层和密钥加入层。128 比特长度密钥的 AES 共需迭代 10 轮。

对于 AES 的 128 比特长度的输入，每 8 个比特称作一个字节，128 个比特被分成 16 个字节，AES 的操作都是以字节为单位进行的。设 $x$ 为明文，引入如下符号：

$$x = b_1 b_2 \cdots b_{128} = x_1 x_2 \cdots x_{16}$$

即用 $b_i$ 表示明文 $x$ 的第 $i$ 个比特，$x_i$ 表示明文 $x$ 的第 $i$ 个字节。从数学结构上看，在 AES 的加密过程中，$x$ 的 16 个字节被按列优先排成一个 $4 \times 4$ 矩阵。在我们讨论的情况下，密钥长度也为 128 比特，可做同样的处理。在 AES 的加密过程中，待处理信息被按照字节放入一个 $4 \times 4$ 矩阵进行处理，该矩阵保存了 AES 加密过程中信息的中间状态，称为状态矩阵，直观上可以看成是 AES 的信息加工场地，我们用 $S$ 表示这个矩阵。

$$S = \begin{pmatrix} S_{00} & S_{01} & S_{02} & S_{03} \\ S_{10} & S_{11} & S_{12} & S_{13} \\ S_{20} & S_{21} & S_{22} & S_{23} \\ S_{30} & S_{31} & S_{32} & S_{33} \end{pmatrix}$$

AES 的加密流程如图 5-5 所示（原始密钥记为 $k_0$，同 DES 类似，原始密钥可以演化出每一轮的轮密钥，第 $i$ 轮的密钥记为 $k_i$）：

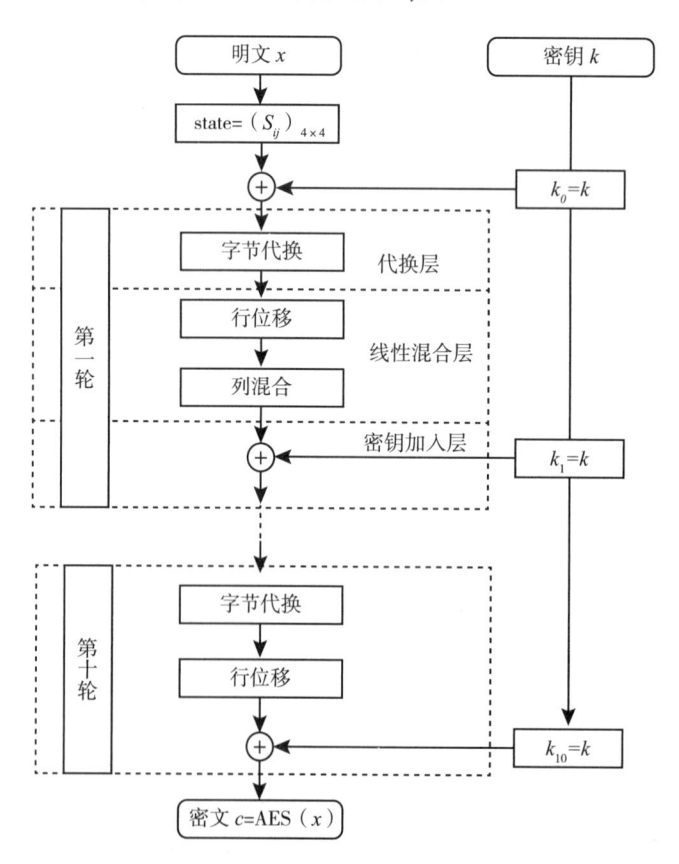

图 5-5 AES 加密全过程

为了解释上面的流程图,我们先介绍其中的三个主要变换。

**1. 字节代换**

AES 以字节为单位进行代换,因为一个字节(8 个比特)共有 $2^8$ 种可能,因此代换表的长度应该是 $2^8$(就像英文字母有 26 种可能,因此英文字母代换表的长度为 26)。为方便起见,代换表以图 5-6 二维表的形式给出。

| Y\X | 0 | 1 | 2 | 3 | 4 | 5 | 6 | 7 | 8 | 9 | A | B | C | D | E | F |
|---|---|---|---|---|---|---|---|---|---|---|---|---|---|---|---|---|
| 0 | 63 | 7C | 77 | 7B | F2 | 6B | 6F | C5 | 30 | 01 | 67 | 2B | FE | D7 | AB | 76 |
| 1 | CA | 82 | C9 | 7D | FA | 59 | 47 | F0 | AD | D4 | A2 | AF | 9C | A4 | 72 | C0 |
| 2 | B7 | FD | 93 | 26 | 36 | 3F | F7 | CC | 34 | A5 | E5 | F1 | 71 | D8 | 31 | 15 |
| 3 | 04 | C7 | 23 | C3 | 18 | 96 | 05 | 9A | 07 | 12 | 80 | E2 | EB | 27 | B2 | 75 |
| 4 | 09 | 83 | 2C | 1A | 1B | 6E | 5A | A0 | 52 | 3B | D6 | B3 | 29 | E3 | 2F | 84 |
| 5 | 53 | D1 | 00 | ED | 20 | FC | B1 | 5B | 6A | CB | BE | 39 | 4A | 4C | 58 | CF |
| 6 | D0 | EF | AA | FB | 43 | 4D | 33 | 85 | 45 | F9 | 02 | 7F | 50 | 3C | 9F | A8 |
| 7 | 51 | A3 | 40 | 8F | 92 | 9D | 38 | F5 | BC | B6 | DA | 21 | 10 | FF | F3 | D2 |
| 8 | CD | 0C | 13 | EC | 5F | 97 | 44 | 17 | C4 | A7 | 7E | 3D | 64 | 5D | 19 | 73 |
| 9 | 60 | 81 | 4F | DC | 22 | 2A | 90 | 88 | 46 | EE | B8 | 14 | DE | 5E | 0B | DB |
| A | E0 | 32 | 3A | 0A | 49 | 06 | 24 | 5C | C2 | D3 | AC | 62 | 91 | 95 | E4 | 79 |
| B | E7 | C8 | 37 | 6D | 8D | D5 | 4E | A9 | 6C | 56 | F4 | EA | 65 | 7A | AE | 08 |
| C | BA | 78 | 25 | 2E | 1C | A6 | B4 | C6 | E8 | DD | 74 | 1F | 4B | BD | 8B | 8A |
| D | 70 | 3E | B5 | 66 | 48 | 03 | F6 | 0E | 61 | 35 | 57 | B9 | 86 | C1 | 1D | 9E |
| E | E1 | F8 | 98 | 11 | 69 | D9 | 8E | 94 | 9B | 1E | 87 | E9 | CE | 55 | 28 | DF |
| F | 8C | A1 | 89 | 0D | BF | E6 | 42 | 68 | 41 | 99 | 2D | 0F | B0 | 54 | BB | 16 |

图 5-6 AES 的 S-盒

该表将字节表示为 2 个十六进制数,比如,字节 11000101 写成十六进制为 C5,01100011 写成十六进制为 63。一个字节(明文)$XY$ 对应的代换字节(密文)为表中 $X$ 行 $Y$ 列位置的字节(行列号从 0 算起)。比如,字节 C5 应该被替换为 C 行 5 列位置字节,即 A6;63 应该被替换为 6 行 3 列的字节,即 FB。这个代换表即所谓 AES 的 S-盒。

**2. 行位移**

所谓行位移就是将矩阵的每一行向左循环位移,具体来说,从第 0 行开始数,第 0 行不动,第 1 行向左循环位移 1 个位置,第 2 行向左循环位移 2 个位置,第 3 行向左循环位移 3 个位置,如图 5-7 所示。

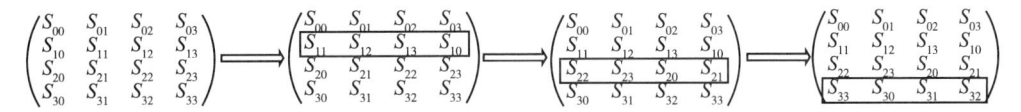

图 5-7 AES 的行位移

### 3. 列混合

列混合不是一个经典的换位机制，而是一个更一般的推广，即所谓的线性变换。我们已经知道，AES 所处理的信息是以 $4 \times 4$ 矩阵的形式存在的，列混合也就是用一个选定的矩阵去乘信息各列形成新的列。AES 中在列混合中选定的矩阵为：

$$C = \begin{pmatrix} 02 & 03 & 01 & 01 \\ 01 & 02 & 03 & 01 \\ 01 & 01 & 02 & 03 \\ 03 & 01 & 01 & 02 \end{pmatrix}$$

列混合的操作即用矩阵 $C$ 去乘矩阵 $S$ 的各列，例如，经过列混合变换以后状态矩阵 $S$ 的第一列将变为：

$$\begin{pmatrix} 02 & 03 & 01 & 01 \\ 01 & 02 & 03 & 01 \\ 01 & 01 & 02 & 03 \\ 03 & 01 & 01 & 02 \end{pmatrix} \begin{pmatrix} S_{00} \\ S_{10} \\ S_{20} \\ S_{30} \end{pmatrix} = \begin{pmatrix} S'_{00} \\ S'_{10} \\ S'_{20} \\ S'_{30} \end{pmatrix}$$

其他各列类似进行。事实上，列混合变换相当于用上面的矩阵 $C$ 左乘状态矩阵 $S$。

$$\begin{pmatrix} 02 & 03 & 01 & 01 \\ 01 & 02 & 03 & 01 \\ 01 & 01 & 02 & 03 \\ 03 & 01 & 01 & 02 \end{pmatrix} \begin{pmatrix} S_{00} & S_{01} & S_{02} & S_{03} \\ S_{10} & S_{11} & S_{12} & S_{13} \\ S_{20} & S_{21} & S_{22} & S_{23} \\ S_{30} & S_{31} & S_{32} & S_{33} \end{pmatrix} = \begin{pmatrix} S'_{00} & S'_{01} & S'_{02} & S'_{03} \\ S'_{10} & S'_{11} & S'_{12} & S'_{13} \\ S'_{20} & S'_{21} & S'_{22} & S'_{23} \\ S'_{30} & S'_{31} & S'_{32} & S'_{33} \end{pmatrix}$$

对上面的运算，需要特别做出一个重要说明，这里对字节所做的"乘法"和"加法"，并不是通常的整数乘法和整数加法，而是数学中所谓 $2^8$ 元域 GF($2^8$) 中的乘法和加法。可以想象，如果直接做整数乘法和加法，字节相乘或相加以后一般不再是一个字节，其长度可能超过 8 比特，这显然是不行的，因为这里涉及的数学知识比较深，在此不再讨论。

现在可以来介绍图 5-5 所示的 AES 加密流程了，第一步要建立 $4 \times 4$ 状态矩阵 state，将明文 $x = x_0 x_1 \cdots x_{15}$ 的各个字节按照列优先顺序输入到 state 中，密钥 $k$ 同样表示为 16 个字节组成的 $4 \times 4$ 矩阵，密钥与明文进行逐比特异或，然后进行下面的 10 轮迭代。每一轮迭代分为三层，第一层为代换层，每个字节利用 AES 中设计的 S-盒（代换表）进行代换，这里的代换比起 DES 更为简单，AES 只有一个 S-盒，16 个字节逐一通过同一个 S-盒进行代换。代换完成后进入第二层，这一层有两个操作，首先进行一个行位移，接着进行列混合。这两个操作构成置换层。第三层极其简单，只需要将初始密钥 $k$ 演化出的各轮密钥与状态矩阵逐比特异或即可。读者应该注意到，最后一轮没有进行列混合操作，这是为了保持算法的某种对称性。

本节我们首先引入了现代对称密码设计的两个要素换位密码和代换密码，然后对两个密码标准 DES 和 AES 进行了简要介绍，这里我们注重介绍算法的思想和原理，从比较高层的观点理解算法，因此很多细节被忽略，密钥的演化方法也未提及，感兴趣的读者若想详细了解，可参阅任何一本专业密码学教材。

## 5.3 非对称密码及典型算法

20 世纪 70 年代是密码学开创新纪元的年代，除产生了第一个密码标准 DES 之外，还有一件大事具有开创历史的意义，那就是公钥密码的提出。以前的密码，都是前面所讲的对称密码，即加密密钥与解密密钥相同或本质上相同，因而必须保密。这给通信双方带来极大不便，秘密通信的双方必须事先获得相同的密钥，或者需要将密钥通过安全信道传送给对方。正因如此我们在谍战电影中经常看到派间谍获取密码本的桥段，一旦窃取密码本成功，使用密码本的双方的秘密通信将不再是秘密。这对于通信发达的今天，对于商业、金融、社会管理这样的应用背景来说是无法忍受的。在高度商业化社会的今天，我们往往需要与陌生人、与我们并不信任的人甚至对手和敌人进行私下通信，事先共享密钥或寻求一个安全信道是极其困难甚至不可能的。斯坦福大学的 Whitfield Diffie 和 Martin E. Hellman 意识到了这一点，从而在 1976 年提出了公钥密码的思想。试图建立一种密码体制，加密密钥和解密密钥不再相同，或者说利用加密密钥无法算出解密密钥。在这样一种体制下，Bob 可以公布他的加密密钥，比如像电话号码一样印到名片上或公布到机构的通信录中，任何人比如 Alice 若要给 Bob 传送加密消息，只需获得他的加密密钥，用这个密钥加密要传送的消息，通过公开信道，比如邮差、无线电报或网络，发送给 Bob 即可，即使有人截获了这个消息，因为无法获得 Bob 的解密密钥而无法获取消息内容。这就相当于任何人都可以获得一个开着的锁，可以把消息锁起来传送给 Bob，除 Bob 外任何人只能锁闭消息而无法打开消息。

由于这种密码体制的加密密钥可以公开，因而被称为公开密钥或公钥，解密密钥必须保密因而称作秘密密钥或私钥，这种密码体制叫作公钥密码，由于其加密密钥和解密密钥不再相同，也被称作非对称密码。

Diffie 和 Hellman 开创性地提出了公钥密码思想，并用一些简单例子做了原理上的说明，但却没有构造出一个安全可用的公钥密码体制（他们在这篇文章中构造的 Diffie-Hellman 密钥交换协议，是现在密钥交换协议的核心）。1977 年，MIT 的 Ronald Rivest、Adi Shamir 和 Leonard Adleman 构造出了第一个公钥密码体制（发表于 1978 年），现在被称之为 RSA 密码算法，RSA 密码算法曾广泛应用于社会各个领域，曾是应用最广泛的密码算法，可以说创造了一个时代，其构造简单、易于理解，不仅可以用于加密还可用于数字签名。

公钥密码体制一定是建立在一个数学难题之上的，这个难题本质上就是利用公钥以及其他公开参数求解秘密密钥的问题。因此，理解公钥密码体制必须先做一点数学主要是初等数论方面的准备，我们以尽量简单、直观的方式叙述这些知识。

### 5.3.1 有关整数运算的基本概念

整除与最大公因数：设 $a$、$b$ 是两个整数，如果存在整数 $q$ 使得 $a = qb$，称 $a$ 可被 $b$ 整除，或称 $b$ 整除 $a$，记为 $b|a$，这时，称 $b$ 是 $a$ 的因数，$a$ 是 $b$ 的倍数。比如，2|6，2 是 6 的因数，6 是 2 的倍数；7|21，7 是 21 的因数，21 是 7 的倍数。如果 $c$ 既是 $a$ 的因数也是 $b$ 的因数，称 $c$ 是 $a$ 和 $b$ 的公因数，$a$ 和 $b$ 的公因数中最大的，称为 $a$、$b$ 的最大公因数；比如 1、2、3、6 都是 12 与 30 的公因数，6 是最大公因数。如果 $d$ 既是 $a$ 的倍数，也是 $b$ 的倍数，称 $d$ 是 $a$ 和 $b$ 的公倍数，$a$ 和 $b$ 的正的公倍数中最小的，称为 $a$、$b$ 的最小公倍数；比如 15、30、45 都是 3 和 5 的公倍数，15 是最小公倍数。

互素：如果两个整数 $a$、$b$，其最大公因数为 1，称这两个数互素，比如 4 与 9 互素，25 与 21 互素。

素数：一个大与 1 的数，如果只有 1 和自身是其因数，其他再无因数，称为素数，比如 2、3、5、7、11 都是素数。

### 5.3.2 模运算

日常生活中我们会遇到很多周期性的计算问题，比如一个星期有七天，如果把星期日算作星期零的话，星期零、星期一、…、星期六之后又回到了星期零；一天 24 小时，从 0:00 开始，经过 24 个小时，24:00 回到 0:00，8:00 经过 10 个小时是 8:00+10 = 18:00，再经过 8 小时是 18:00+8 = 2:00；同样地，一年 12 个月；美式轮盘有 38 个数字……在这些周期性的现象中，我们关心的是经过一个或几个周期以后，最后的余数是几。在数学上用"模算术"来描述。这里的"模"表示的就是周期。

我们从带余数除法开始讨论，假设 $x$ 是一个整数，$m$ 是一个正整数，则必存在唯一一对整数 $q$ 和 $r$ 满足：

$$x = qm+r, \quad 0 \leq r \leq m-1$$

$q$ 称为 $x$ 被 $m$ 除（或说 $m$ 除 $x$）的商，$r$ 称为余数。很明显，$r=0$ 当且仅当 $m\mid x$。比如，用 5 去除 36，有 $36=7\times 5+1$，因此，36 被 5 除的商是 7，余数是 1。我们用符号 $x \bmod m$ 表示 $x$ 用 $m$ 去除所得的余数，或说 $x$ 关于模 $m$ 的余数。

设 $m$ 是一个正整数，对于整数 $x$ 和 $y$，如果 $x-y$ 能够被 $m$ 整除，则称 $x$ 与 $y$ 关于模 $m$ 同余，记为 $x \equiv y (\bmod m)$。

很明显，$x$ 与 $y$ 关于模 $m$ 同余，相当于用 $m$ 去除 $x$ 和 $y$ 得到的余数相同，即

$$x \equiv y \quad (\bmod m) \quad 等价于 \quad x \bmod m = y \bmod m$$

例如：$22 \equiv 12 \;(\bmod 10)$，$9 \equiv 2 \;(\bmod 7)$，$8+7 \equiv 3 \;(\bmod 12)$；$-12 \equiv 8 \;(\bmod 10)$，$2+(-7) \equiv 5 (\bmod 10)$

和同余概念相关，我们下面定义模算术。设 $m$ 是一个正整数，整数 $x$ 与 $y$ 做加法，然后关于模 $m$ 取余数，即运算结果为 $(x+y) \bmod m$，这样的运算称为模 $m$ 加法。同样地，两个整数 $x$、$y$ 做乘法以后，关于模 $m$ 取余数，即运算结果为 $xy \bmod m$，称为模 $m$ 乘法。

令 $Z_m = \{0, 1, 2, \cdots, m-1\}$，$Z_m$ 中的整数经过模 $m$ 加和模 $m$ 乘以后，仍是 $Z_m$ 中的整数，因此模 $m$ 加法和模 $m$ 乘法可以视作 $Z_m$ 上的运算。对于任意 $a \in Z_m$，$a+(m-a) \bmod m = 0$，$m-a$ 称为 $a$ 的负元，记为 $-a(\bmod m)$，不产生异议的情况下（$\bmod m$）可以省略。$a+(-b)$ 简记为 $a-b$，于是定义了模 $m$ 减法。特别地，若 $p$ 是一个素数，则 $Z_p$ 中的非零元都是可逆的，即对每个 $a \in Z_p$，$a \neq 0$，必存在一个 $b \in Z_p$，满足：$(ab) \bmod m = 1$，$b$ 称为 $a$ 的逆元，记为 $a^{-1} \bmod m$。在不产生异议的情况下，$a^{-1} \bmod m$ 可以写成 $1/a$，$ca^{-1} \bmod m$ 可以写成 $c/a$，并将其说成是 $c$ 除以 $a$。这样，直观地说，在 $Z_p$ 中具有加、减、乘、除四则运算。$Z_p$ 上模 $p$ 加法和乘法构成的运算系统，满足抽象代数中域的定义，因而称为 $p$ 元域。

### 5.3.3 两个数学难题

整数分解问题：说起来很简单，就是将一个给定的整数分解为素因子乘积的问题，比如将 21 分解为 $3\times 7$，将 180 分解为 $2\times 2\times 3\times 3\times 5$。整数分解看似简单，实际上当 $n$ 很大又没有小素因子的时候分解是困难的。大整数分解问题中，最难分解的情况出现在大整数 $n$ 是两个相近的素数乘积的时候，我们说大整数分解问题的难解性就是指这种情况。大整数分解是一个历史悠久的难题，RSA 密码体制的出现使得这个纯数学问题变成了有极大价值的应用问题，极大地促进了大整数分解问题的研究，出现了很多新的方法和结果，能够分解大整数的长度也有了极大的进步。现在的最好结果是被称为 RSA-250 的 250 位十进制数（829 比特）于 2020 年 2 月

被分解。大整数分解问题目前仍是一个计算困难问题。为了给出一点直观的体验，我们把 RSA-250 及其分解写在下面：

RSA-250 = 2140324650240744961264423072839333563008614715144755017797754920881418023447140136643345519095804679610992851872470914587687396261921557363047454770520805119056493106687691590019759405693457452230589325976697471681738069364894699871578494975937497937

RSA-250 = pq

p=64135289477071580278790190170577389084825014742943447208116859632024532344630238623598752668347708737661925585694639798853367

q=33372027594978156556226010605355114227940760344767554666784520987023841729210037080257448673296881877565718986258036932062711

离散对数求解问题：离散对数是初等数论中另一个计算难题，和大整数分解问题一起构成应用最广泛的密码学基础难题，即便现在主流的椭圆曲线体制，其基础难题也属于离散对数问题。

在中学中，我们学过对数的定义，对于正实数 $a$ 和 $b$，如果实数 $x$ 满足 $a^x = b$，称 $x$ 是以 $a$ 为底 $b$ 的对数，记为 $x = \log_a b$。类似地，考虑 $p$ 元域 $Z_p = \{0, 1, 2, \cdots, p-1\}$，设 $a, b \in Z_p$，如果整数 $x(0 \leq x \leq p-1)$ 满足：

$$a^x \equiv b \ (\bmod \ p)$$

称 $x$ 是 $Z_p$ 上以 $a$ 为底 $b$ 的离散对数，也称以 $a$ 为底 $b$ 的模 $p$ 离散对数。给定 $a, b$ 求解离散对数 $x$ 的问题称为离散对数求解问题。这个问题目前也是难解的，其难度大约与大整数分解相当。

### 5.3.4 欧拉定理

为讨论 RSA 密码体制，我们还需要引进两个定理。

**定理（费尔马小定理）** 设 $p$ 是一个素数，如果 $a \not\equiv 0 \ (\bmod \ p)$，必有：

$$a^{p-1} \equiv 1 \ (\bmod \ p)$$

例：$3^4 \equiv 1 \ (\bmod \ 5)$；$2^6 \equiv 1 \ (\bmod \ 7)$；$4^{10} \equiv 1 \ (\bmod \ 11)$

**定理（欧拉定理）** 设 $n$ 是一个正整数，$\varphi(n)$ 表示不超过 $n$ 且与 $n$ 互素的数的个数，则对任意整数 $a$，若 $a$ 与 $n$ 互素，必有：

$$a^{\varphi(n)} \equiv 1 \ (\bmod \ n)$$

例：$\varphi(6)=2$，5 与 6 互素，$5^2 \equiv 1(\mod 6)$；

$\varphi(10)=4$，3 与 10 互素，$3^4 \equiv 1(\mod 10)$；

由于 1，2，3，…，$p-1$ 都与 $p$ 互素，因而 $\varphi(p)=p-1$，费尔马小定理是欧拉定理的特殊情况。另外，关于欧拉函数，下面还将用到一个计算公式：如果 $n=pq$，则 $\varphi(n)=(p-1)(q-1)$。

有了这些准备，我们可以介绍第一个、也是应用最广泛的公钥密码体制 RSA。

### 5.3.5 RSA 密码体制

RSA 体制可采用下面步骤建立：

①选取两个不同的大素数 $p$，$q$

②计算 $n=pq$，$\varphi(n)=(p-1)(q-1)$

③随机选取 $e \in Z_{\varphi(n)}$，满足 $(e,\varphi(n))=1$

④计算 $d=e^{-1} \mod \varphi(n)$

公开 $(e,n)$ 作为加密密钥，保密 $d$ 作为解密密钥；

加密明文 $m \in Z_n$：$c=m^e \mod n$

解密密文 $c \in Z_n$：$m=c^d \mod n$

在算法的第一步，我们获得两个大素数 $p$ 和 $q$，这一步我们可以利用概率算法完成，第二步通过计算两个大数的乘积得到 RSA 的模数 $n$ 及其欧拉函数 $\varphi(n)$ 的值。第三步随机选取一个不超过 $\varphi(n)$ 且与其互素的整数 $e$，根据实用中 $n$ 的结构，可以证明这一步容易做到，第 4 步则要用所谓广义欧几里得算法完成，可以有效计算。算法的公钥是 $(e,n)$，用于加密，私钥是 $d$ 用于解密。如果 Oscar 利用 $(e,n)$ 这两个公开参数对 $n$ 做因子分解得到 $p$ 和 $q$，他便能重复上面过程求出解密密钥 $d$。因此，粗略地说，这个密码方案的安全性，依赖大整数分解问题的困难性。

算法解密公式的正确性，是由欧拉定理保证的。对于任意消息 $m \in Z_n$，在分解 $n$ 是困难问题的假设下，$m$ 与 $n$ 不互素的概率可忽略（如果不互素，可通过欧几里得算法计算 $m$ 与 $n$ 的最大公因数分解 $n$），因此 $m$ 与 $n$ 实际上（不是理论上）必定互素，因而根据欧拉定理，$m^{\varphi(n)} \mod n = 1$，由于 $ed \equiv 1 (\mod \varphi(n))$，$\varphi(n)|(ed-1)$，必存在整数 $q$ 使 $(ed-1)=q\varphi(n)$，因而 $ed=q\varphi(n)+1$，从而

$$c^d \mod n = m^{ed} \mod n = m^{q\varphi(n)+1} \mod n = m^{q\varphi(n)} \cdot m \mod n = m$$

即解密公式成立。

为帮助理解，我们这里给出一个小例子，当然这是完全不安全的。

例：令 p = 5，q = 11，计算 n = 5 × 11 = 55，$\varphi(55) = (5-1) \times (11-1) = 40$

取 e = 3，计算 $d = e^{-1} = 27$ [在本例子这种小数的情况下，可以利用尝试的方法寻找 d，使得 $ed \equiv 1 \mod \varphi(55)$]。最后得公钥为(55, 3)，私钥为 27。

如果有明文 m = 5，加密：$c = m^e \mod 55 = 5^3 \mod 55 = 15$。

解密：$m = c^d \mod 55 = 15^{27} \mod 55 = 5$

注：解密时所有公开参数都可用。

目前为止，大整数分解问题仍被认为是难解问题，尤其是对于两个大素数乘积这种类型的大整数。现在实用中 n 的长度一般不低于 1024 比特，建议使用 2048 比特。对这种级别的大整数目前看来还是难以分解的，Shor 量子算法对 RSA 的破解也仅仅是理论上的，恐怕近期还难以真正看到量子计算机破解实用中的 RSA。量子计算机破解现在的密码体制并非指日可待，可能还有很长、很艰难的路要走。因而，虽然 RSA 已经逐渐被更安全、效率更高的所谓椭圆曲线密码代替，不久将来还会有安全性更强的抗量子密码投入使用，但 RSA 目前为止实际上并未被攻破。

RSA 出现已经四十余年，由于对长期使用同一种密码会出现安全隐患的担心，也由于椭圆曲线密码体制在效率、密钥长度等方面更具优势，RSA 的地位已经被椭圆曲线密码取代，但由于其简洁性、易用性、安全性，仍不失为一个极有价值的算法，也是公钥密码学必备的入门材料。椭圆曲线密码，是当今公钥密码实用中的主流算法，但由于其数学背景相对复杂，我们后面将尽量简单、直观地进行介绍。

## 5.4 哈希函数与数字签名

公钥密码的出现，大大扩展了密码学的应用范围，现代密码除了可通过加密保证消息的秘密性之外，还用于保证消息的完整性、可认证性、不可抵赖性、可控性等安全特性。其中，保密性也叫机密性，是指保证消息的有用信息不被泄露，完整性是指消息在传输、存储等各环节没有任何形式的破坏或篡改，可认证性是指保证消息来源是真实的，不可抵赖性保证消息提供者不能对其提供的消息在事后进行否认，可控性是指对消息的访问、使用、处理等权限进行控制。

哈希函数和数字签名是现代密码学的重要分支，主要用于各种认证，是保证消息完整性、可认证性、不可抵赖性等的主要手段。哈希函数和数字签名都不是用来"加密"的，说用哈希函数进行加密概念上是错误的。

### 5.4.1 密码学哈希函数

哈希函数在计算机各领域有广泛应用，可以用来实现负载均衡、快速查找等，特别是在密码学中扮演着非常重要的角色。"哈希"的原文为"hash",意为"剁碎""混杂",哈希函数的基本特征是将输入均匀映射到输出空间。Hash 也翻译成"散列""杂凑",事实上密码学领域多用"hash"原文或"散列"等。密码学中利用哈希函数将任意长的消息映射到固定长度的极短的消息,比如,128 比特、160 比特或 256 比特等,哈希函数的输出称为哈希值。由于哈希函数可用来识别原消息或保证原消息的完整性,因而哈希函数也称为摘要算法或指纹算法,相应地,哈希值也称为消息的摘要或指纹,MDx 系列算法名字就来源于消息摘要(Message Digest)的首字母。

密码学中最著名的哈希函数为 MIT 的 Ronald L. Rivest 设计的 MDx 系列和美国国家标准技术研究所推出的 SHA 系列。MD4 和 MD5 设计于 20 世纪 90 年代初,MD5 是作为 MD4 的增强版提出的,曾被广泛应用。鲁汶大学 Bart Preneel 教授称 NIST 显然对 MD5 的安全性不太有信心,并于 1993 年提出了一种增强版的安全哈希算法 SHA(Secure Hash Algorithm),这个算法后来被称为 SHA-0。1995 年,NIST 在 SHA-0 中发现了一个认证缺陷(未公布任何细节),导致以 SHA-1 的名义发布了新的标准。2002 年 NIST 发布了新的标准,称为 SHA-2,包括四个算法,依照其输出长度分别称为 SHA-256、SHA-384 和 SHA-512,和后来增加的 SHA-224。出于防患于未然的考虑,NIST 在 2007 年启动公开征集第三代哈希函数标准,举办了 SHA-3 竞赛。这次活动共征集到 64 个算法,经过三轮的激烈角逐,2012 年,由 Guido Bertoni、Joan Daemen 等设计的 Keccak 算法赢得了 SHA-3 竞赛的最终胜利,成为新一代的哈希标准算法 SHA-3。SHA-3 于 2015 年 8 月被 NIST 正式批准。虽然 SHA-3 已经被批准为新的标准,但目前主流的算法还是 SHA-2。还要提一下的是,比特币中除了 SHA-256 还用到一个哈希函数 RIPEMD,是由鲁汶大学 Hans Dobbertin、Antoon Bosselaers 和 Bart Prenee 组成的 COSIC 研究小组发布的。

密码学中的哈希函数,在安全性上有三个最基本的要求。

(1)单向性。对于一个哈希函数 $h$,如果对任意 $x$,计算函数值 $h(x)$ 容易;而给定函数值 $y$,计算 $x$ 使其满足 $y = h(x)$,是计算困难的,则称 $h$ 是单向哈希函数。单向性也称原像计算困难。

利用这个单向性,我们可以用单向哈希函数保护登录网站的密码(Password),我们可以将密码与身份信息以及一些必要的填充,经过哈希以后将哈希值存入网站的服务器而不存储密码本身,即使有人获得了这个哈希值也不能求出密码本身。

(2)第二原像稳固。对于哈希函数 $h$,如果已知一对 $(x, y)$ 满足 $y = h(x)$,求出 $x'$ 使 $(x', y)$ 满足 $y = h(x')$ 是计算困难的,也就是说,已知哈希值 $y$ 的一个原像 $x$,求出另一个原像 $x'$ 是困难的,称 $h$ 弱抗碰撞,或第二原像稳固。

哈希函数的第二原像稳固性质，可以用来保证消息的完整性，即保证消息是不可篡改的。对于消息 $x$，哈希值 $y = h(x)$ 可作为消息 $x$ 的验证码，如果想把消息 $x$ 篡改为消息 $x'$，而且能够通过验证码 $y$ 的检验，就要使 $x'$ 满足 $y = h(x')$，这相当于求 $y$ 的第二原像。哈希函数的第二原像稳固性质，对防止数字签名被伪造也是必要的，这点我们将在下面讨论数字签名时给出说明。

（3）抗碰撞性。对于哈希函数 $h$，如果求任意两个输入 $x$, $x'$ 使得 $h(x) = h(x')$ 是计算困难的，称 $h$ 是强抗碰撞的，通常称为是抗碰撞的。这样的一对 $(x, x')$ 称为 $h$ 的一对碰撞。

抗碰撞性乍一看与第二原像稳固似乎有些像，但实际上攻破这两个性质所面对的问题难度可能差别巨大。第二原像稳固要求对固定的 $x$ 求出 $y = h(x)$ 的另一个原像是计算困难，而抗碰撞性要求随便找到两个值 $x$ 和 $x'$ 使得 $h(x) = h(x')$ 是计算困难的。容易看出，如果后面的问题是困难的，前面的问题自然是困难的，也就是说，如果一个哈希函数是抗碰撞的则必是第二原像稳固的。

事实上，我们还可以证明，如果哈希函数是第二原像稳固的，则在适当假设下它必是单向的。我们可以用反证法给出一个粗略的证明，假如一个哈希函数 $h$ 是第二原像稳固的，如果 $h$ 不是单向的，任取一个 $x_0$，计算 $y = h(x_0)$，由于 $h$ 不是单向的，我们忽略取到的 $x_0$，可以直接利用 $y$ 计算出一个 $x$ 满足 $y = h(x)$，因为 $x$ 的选取范围是个无限集而 $y$ 的选取范围仅是某个固定长度（比如 160 比特）的比特串，因而粗略地说一般会有许多个（甚至无穷多个）$x$ 满足 $y = h(x)$，也就是说我们求出的 $x$ 一般而言不是 $x_0$，因而我们求出了 $y = h(x_0)$ 的第二原像 $x$，与第二原像稳固矛盾，因此 $h$ 必是单向的。该结论可以用概率分析的方法严格证明，此处不再深入讨论。

综上，在某种合理假设下哈希函数的三个安全性要求具有图 5-8 所示的强弱关系。

抗碰撞性 ⇒强于⇒ 第二原像稳固 ⇒强于⇒ 单向性

图 5-8 哈希函数安全性质的强弱关系

抗碰撞性是对哈希函数提出的比较严格的安全性要求，也是评价一个哈希函数是否安全的准则。

### 5.4.2 梅克尔树

在第二章中，已经提到过梅克尔树，为了内容的完整性及独立性，在此再做一简述。

上一小节已经提到，安全的哈希函数可以用来验证消息（数字文件）。比如，我们有一个数字文件 $x$，需要把它存储到云端，为了保证把文件取回时文件没有任何变化（即保证完整性），我们选定一个安全的哈希函数 $h$，对消息 $x$ 做哈希，得到哈希值 $y = h(x)$，将 $y$ 在本地保存好，文件 $x$ 发送到云端。当之后把文件取回时，我们验证取回的文件 $x'$ 满足 $y = h(x')$，从而确定取回的文件就是当初存储的文件 $x$，没有任何变化。

假如我们有一批文件，比如有 $n$ 个文件，我们可以将每个文件做哈希，以备以后做完整性验证，但这样我们需要保存 $n$ 个哈希值，管理起来较为麻烦。当然我们也可以将这 $n$ 个文件连在一起做哈希，只需保存一个哈希值，但这样我们无法单独对每个文件进行验证。梅克尔树是利用哈希函数对文件进行完整性校验的一种有效的组织方式，可用于区块链中对数据的快速验证。

梅克尔树是由 Ralph Merkle 在 1979 年提出的，并以他的名字命名。如图 5-9 所示，梅克尔树是一类基于哈希函数的树型数据结构。在梅克尔树的使用中，数据被打包成数据块，并对数据块进行哈希得到哈希值，梅克尔树的每一个叶子节点中存储一个数据块的哈希值，最经典的情况下两个叶子节点中的哈希值放在一起再做哈希，形成上一级的节点，然后这样一级级向上，最后形成整棵梅克尔树。在更一般的情况下，梅克尔树的分枝因子可以不是 2，也就是说每一个节点可以多于两个子节点，但这不是我们感兴趣的情况。

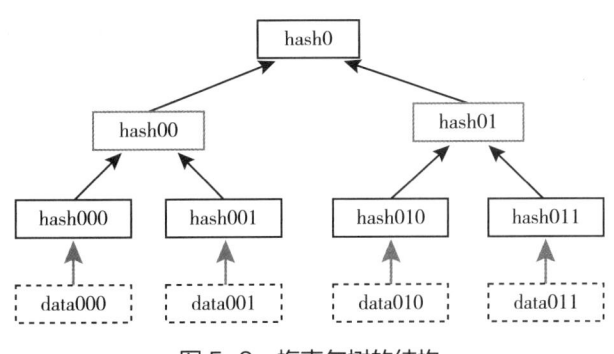

图 5-9 梅克尔树的结构

目前，梅克尔树被广泛应用于文件系统、分布式修订控制系统、分布式数据存储系统，而我们的兴趣主要是其在区块链方面的应用。

总结一下，梅克尔树是一个树型数据结构，用于数据完整性的快速验证，最常见的形态是二叉树，也可以是多叉树。梅克尔树对应的数据块（Data Blocks）可以存储任意形式的数据，梅克尔树的叶子节点仅用来存储这些数据块经过哈希运算后得到的哈希值。梅克尔树中非叶子节点的值均是自下向上逐层计算哈希值得到的。

中本聪在其比特币创始论文中提出了简化支付验证（Simplified Payment Verification，SPV）的概念，并使用梅克尔树实现这一概念。使用 SPV 技术，用户不用保存区块链的全部节点数据，仅需保存所有的区块头（Block Header）就可进行支付验证。

在比特币区块链的区块结构中，交易利用梅克尔树结构进行组织。其所谓的快速验证功能，我们用一个例子来说明，如图 5-10 所示，假如某客户端作为一个轻型节点只存储了区块头，那么他仅有梅克尔树的根节点，如果要验证深色数据块中的交易，他可以通过对该交易进行哈希得到相应的叶子节点中的哈希值，在图中我们做出了该叶子节点到根节点的路径，要验证该笔交易的合法性，只需要与这条路径相关的节点即可，也就是说只需要通过 P2P 网络向其他节点索取图中以斜线标出的节点即可通过哈希值的计算，沿着标出的路径计算根节点存储的哈希值，从而验证交易的合法性。

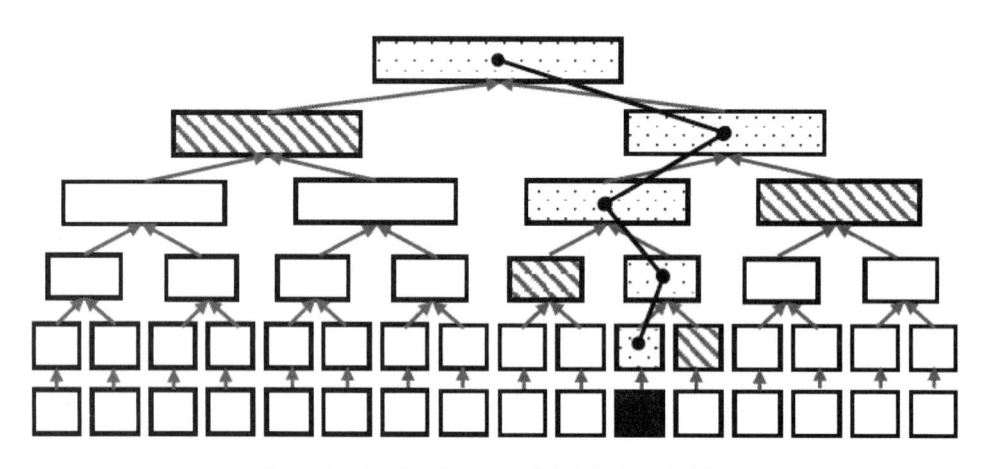

图 5-10　比特币中利用梅克尔树验证交易过程

### 5.4.3　数字签名

电子签名法指出，数据电文，是指以电子、光学、磁或者类似手段生成、发送、接收或者储存的信息。电子签名，是指数据电文中以电子形式所含、所附用于识别签名人身份并表明签名人认可其中内容的数据。

数字签名是电子签名的一种，也是最重要的一种。Diffie 和 Hellman 提出公钥密码思想的同时，在他们的文章中还提出了数字签名的概念，而 RSA 公钥密码体制提出的同时，也同样解决了数字签名问题。

数字签名是手写签名的数字模仿物，按照手写签名的性质来看，一个数字签名应该针对一个具体的数字文件,也就是说签名与文件之间应该有逻辑关系(手写签名与纸质文件之间通过纸张物理连接)。因此,文件的数字签名应该随文件而变化,粗略地说,签名应该是文件的函数;数字签名应该是不可伪造的,是不可抵赖的,因此签名只能由真实签名人产生,利用公钥密码的思想来看,签名人应该独享可以生成有效签名的秘密信息(即私钥);签名应该是可以公开验证的,即应该有一个公开参数(公钥)验证这个签名是由合法签名人签署的,或说是利用合法私钥签署的。

事实上,我们上面介绍的 RSA 密码体制,就可以实现数字签名的功能,我们以此开始数字签名的讨论,RSA 数字签名体制与 RSA 加密体制非常类似。

RSA 数字签名体制:

①选取两个不同的大素数 $p$, $q$

②计算 $n = pq$, $\varphi(n) = (p-1)(q-1)$

③随机选取 $e \in Z_{\varphi(n)}$,满足 $(e, \varphi(n)) = 1$

④计算 $d = e^{-1} \mod \varphi(n)$

公开 $(e, n)$ 作为验证密钥(公钥),保密 $d$ 作为签名密钥(私钥);

签名:对于消息 $m \in Z_n$: $s(m) = m^d \mod n$

验证:若收到签名消息 $<m, s>$,如果 $m = s^e \mod n$,接受 $s$ 是消息 $m$ 的合法签名。

在 RSA 签名方案中,对于消息 $m$,签名 $s(m) = m^d \mod n$ 需要使用保密的签名密钥 $d$ 计算(公开信息 $n$ 和 $e$ 不能求出 $d$),因而签名只能由签名体制的合法持有人才能产生。利用公开信息 $(n, e)$ 可检验 $<m, s>$ 是否合法签名。事实上,与 RSA 加密体制的解密公式正确性证明类似,我们可以用欧拉定理证明,签名方程 $s = m^d \mod n$ 成立,等价于验证方程 $m = s^e \mod n$ 成立。因此如果 $s$ 确用签名算法产生,则会通过签名方程的验证。

同 RSA 加密方案一样,我们通过小面的小例子对数字签名方案做一个直观体会。

例:令 $p = 5$, $q = 11$,计算 $n = 5 \times 11 = 55$, $\varphi(55) = (5-1) \times (11-1) = 40$ 取 $e = 3$,计算 $d = e^{-1} = 27$。最后得公钥为 $(55, 3)$,私钥为 27。

如果有消息 $m = 6$,

签名:$s = m^d \mod 55 = 6^{27} \mod 55 = 41$。签名消息 $(m, s) = (6, 41)$。

消息接收者收到签名消息 $(m, s) = (6, 41)$,验证:$s^e \mod 55 = 41^3 \mod 55 = 6$

RSA 签名体制与 RSA 加密体制,看起来像是一个相反的过程,签名的操作类似用私钥加密,验证的操作则类似用公钥解密,数学关系上确实如此,但在密码学意义上是完全不同的,验证的目的是确定消息的合法性而不是获取消息的内容。

由于这种数学关系上的类似性,便产生了一个流行的错误说法"签名就是用私钥加密,验证就是用公钥解密",这种说法除了在密码学中混淆了概念之外,也不具有一般性，并非任何公钥密码都有这种类似性，比如现在主流的椭圆曲线签名算法 ECDSA 在数学上就不具有这种性质。

可想而知，实际中需要签名的消息长短不一，一般而言是比较大的文件，完全超出签名算法的处理能力。签名算法一般涉及一些大数的乘积、乘幂等运算，这些运算效率极低，将一个大文件分段签名一是实际不可行，二是安全性也存在隐患。利用安全哈希函数将欲签名的消息变换为短的固定长度的"消息摘要"进行签名，不仅可极大地提高签名效率，满足对文件签名处理的要求，还可以对文件形成保护，抵抗诸如"存在性伪造攻击"等攻击手段。因而，安全哈希函数与签名算法相结合，是数字签名算法实施的必要手段。因而，在实际应用中，签名算法总是与安全哈希函数联合使用，一般是先对消息 $m$ 进行哈希得到哈希值 $h(m)$，而后，对哈希值 $h(m)$ 进行签名。验证过程随之做相应改变。比如，前面介绍的 RSA 签名方案与哈希函数 $h$ 联合使用，签名操作变为：①计算 $h(m)$，②计算 $s = h(m)^d \mod n$；验证过程变为：收到签名消息 $(m, s)$，①计算 $h(m)$，②验证 $h(m) = s^e \mod n$。

我们前面介绍哈希函数所需要的安全性时提到，哈希函数的第二原像稳固性质，对防止数字签名被伪造是必要的。现在我们以使用哈希函数 $h$ 的 RSA 为例进行说明，假如我们得到一个签名消息 $(m, s)$，如果其能够满足验证方程 $h(m) = s^e \mod n$，该签名将被接受为合法签名。如果哈希函数的第二原像稳固性质不成立，则可以计算出另外一个消息 $m'$，使得 $h(m') = h(m)$，这时 $(m', s)$ 也将满足验证方程 $h(m') = s^e \mod n$，从而被接受为合法签名消息，这样就伪造了消息 $m'$ 的数字签名。

RSA 曾是使用最广泛的数字签名算法，但如今椭圆曲线签名算法 ECDSA 已成主流，区块链构造中签名算法一般也会选取 ECDSA，但 RSA 简单易懂，ECDSA 对于非数学专业人士来说则是相当晦涩，因而，本小节我们借助 RSA 理解数字签名的概念。下面一小节我们简要介绍 ECDSA。

### 5.4.4　椭圆曲线签名算法及其在比特币中的应用

本小节主要介绍椭圆曲线签名算法 ECDSA，并顺便说明 ECDSA 在比特币中的应用。从概念层面而言，以上的密码学知识对理解区块链已经是足够了，只希望理解区块链的概念而对具体技术不关心的读者，可以忽略这一小节。

首先我们要对椭圆曲线做一简单介绍。椭圆曲线的数学背景较深，按照我们这本书的宗旨而言，不可能完整、严格地进行论述，我们尽可能给出直观的介绍，以求对椭圆曲线有个大致的、草图式的了解，很多数学细节我们不做苛求。

椭圆曲线并不是一个椭圆，但它确实与椭圆有关，这里不再细论。椭圆曲线的形式与它的背景代数结构有关，我们这里只讨论其中一种情况，即 $Z_p$ 上的椭圆曲线，其中 $p>3$。

在 $Z_p$ 上考虑方程：

$$y^2=x^3+ax+b \mod p \qquad 其中 4a^3+27b^2 \not\equiv 0 \ (\mod p)$$

该方程定义一条曲线（方程定义的曲线就是满足方程的所有点构成的集合）：

$$E_{(a,b)}(Z_p)=\{(x,y)\,|\,y^2=x^3+ax+b \mod p, x, y\in Z_p\} \cup \{O\}$$

其中，$4a^3+27b^2 \not\equiv 0\ (\mod p)$

$E_{(a,b)}(Z_p)$ 称为 $Z_p$ 上的椭圆曲线，它由 $Z_p$ 上的两个参数 $a$，$b$ 确定。

这里有一点需要注意，与我们通常的情况不同，除了满足方程的普通点，椭圆曲线上还有一个额外增加的点，叫作"无穷远点"，用"O"表示。用齐次坐标的观点来看，O 也是一个普通点，它将在下面定义的椭圆曲线上的加法运算中起到特殊作用。

由于 $Z_p$ 上只有 $p$ 个整数，因而所谓"$Z_p$ 上的椭圆曲线"仅是一些离散点构成的集合，并不能真的构成一条曲线。但在直观上，我们不妨把它想象成实数方程，放到实数集合来考虑，因而满足方程的点形成平面上的一条连续曲线。实数域上的椭圆曲线事实上也是有意义的，只不过属于其他学科的研究兴趣，在这里我们借助于实数域上椭圆曲线的直观图示以便于理解。图 5-11 画出了两条（实数域上的）椭圆曲线的图形。

要在椭圆曲线上定义数字签名方案，我们首先要在椭圆曲线上引进运算，我

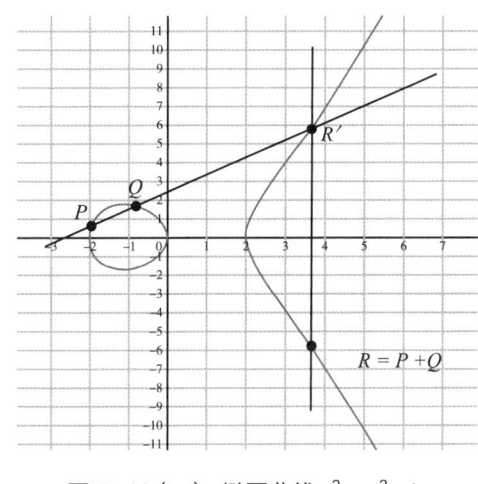

图 5-11（a）椭圆曲线 $y^2=x^3-4x$ 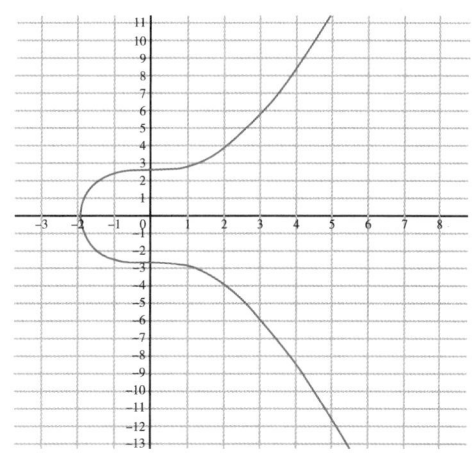　　　图 5-11（b）椭圆曲线 $y^2=x^3+7$

们这里在椭圆曲线上定义一个加法"+"运算，并借助于图形进行直观表达。如图5-11（a），假设 $P$、$Q$ 是椭圆曲线上的两个不同点（非无穷远点），我们要定义加法，就是要制定一个规则，由 $P$ 和 $Q$ 唯一生成 $P+Q$。过 $P$、$Q$ 两点做割线，假设割线不垂直于 $x$ 轴，交椭圆曲线与第三点 $R'$，$R'$ 关于 $x$ 轴的对称点 $R$ 即为 $P+Q$。当 $P$、$Q$ 相同时，割线用过 $P$ 点的切线代替，其他操作类似，则得到 $P+P=2P$。这个直观解释中没有涉及无穷远点 O 的情况，我们把它当作特殊情况单独处理，完整的椭圆曲线上的加法公式如下：

设 $P(x_1, y_1)$、$Q(x_2, y_2)$ 为椭圆曲线上的两个非无穷远点：

① O+O = O

② P+O = O+P = P

③ if $y_1 = -y_2$，P+Q = Q+P = O

④ if $y_1 \neq -y_2$，记 P+Q = $R(x_3, y_3)$

$$x_3 = \lambda^2 - x_1 - x_2, \quad y_3 = \lambda(x_1 - x_3 - y_1)$$

$$\text{其中，} \lambda = \begin{cases} \dfrac{y_2 - y_1}{x_2 - x_1} & P \neq Q \\ \dfrac{3x_1^2 + a}{2y_1} & P = Q \end{cases}$$

这个加法的定义，我们借助于实数域上椭圆曲线给出了直观解释，但这个定义可以完全不依赖于这个直观解释，只从上面给出的规则理解。

例：$Z_{11}$ 上的方程 $y^2 = x^3+x+6 \mod 11$ 确定的椭圆曲线

$$E(Z_{11}) = \{(x, y) | x, y \in Z_{11}, y^2 = x^3+x+6 \mod 11\} \cup \{O\}$$
$$= \{(2, 4), (2, 7), (3, 5), (3, 6), (5, 2), (5, 9), (7, 2),$$
$$(7, 9), (8, 3), (8, 8), (10, 2), (10, 9), O\}$$

求 $(x, y) = (5, 2) + (2, 7)$

$\lambda = (y_2-y_1)/(x_2-x_1) = (7-2)/(2-5)^{-1} \mod 11 = 5 \times 7 \mod 11 = 2$

$x = \lambda^2 - x_1 - x_2 = 2^2 - 5 - 2 \mod 11 = 8$

$y = \lambda(x_1 - x_3) - y_1 = 2(5-8) - 2 \mod 11 = 3$

因此，$(5, 2) + (2, 7) = (8, 3)$

上面我们在椭圆曲线上定义了加法运算，这个定义看起来有些奇怪，其数学背景我们在此不做讨论。可以验证，椭圆曲线上的加法满足我们熟悉的通常加法的性质。

设 $E(Z_p)$ 是 $Z_p$ 上的一条椭圆曲线，$P$、$Q$、$R$ 是椭圆曲线上的任意三个点，则

结合律：$(P+Q)+R=P+(Q+R)$

交换律：$P+Q=Q+P$

有零元：$P+O=P$（无穷远点 O 为椭圆曲线上的零元）

有负元：对于椭圆曲线上的点 $P(x,y)$，$P'(x,-y)$ 必定在椭圆曲线中，且

$$P(x,y)+P'(x,-y)=O$$

基于以上运算性质，数学上称椭圆曲线在加法运算下形成一个加法群。

在椭圆曲线上定义加法以后，我们来讨论 ECDSA。ECDSA 是数字签名算法 DSA 在椭圆曲线上的平移，因此，我们从 DSA 的讨论开始。DSA 算法是 1991 年美国国家标准技术研究所公布的数字签名标准，因此也称为 DSS。它是定义在 $p$ 元域 $Z_p$ 上的，安全性基于离散对数问题的难解性。

根据费尔马小定理，我们知道，对于 $Z_p$ 上的非零元 $a$，$a^{p-1} \equiv 1 \pmod{p}$，事实上，满足 $a^n \equiv 1 \pmod{p}$ 的 $n$ 并不一定只有 $p-1$ 一个，例如 $2^6 \equiv 1 \pmod{7}$，但还有 $2^3 \equiv 1 \pmod{7}$ 也成立，再如 $4^{10} \equiv 1 \pmod{11}$，但还有 $4^5 \equiv 1 \pmod{11}$ 也成立。因此我们给出下面的定义：

设 $a$ 是 $Z_p$ 中的非零元，满足 $a^n \equiv 1 \pmod{p}$ 的最小的正整数 $n$ 称为 $a$ 关于模 $n$ 的阶，记为 $|a|$。比如，2 关于模 7 的阶为 3，4 关于模 11 的阶为 5。

**DSA 算法**

建立：

① 选取大素数 $p$，$q$，$q|p-1$，$p$ 的长度为 512～1024 比特，$q$ 的长度为 160 比特。

② 取元素 $g \in Z_p$，$|g|=q$

③ 取 $d \in Z_q$，计算 $h=g^d \bmod p$

公开 $(p,q,g,h)$ 作为公钥（验证密钥），保密 $d$ 作为私钥（签名密钥）。

签名：待签名消息 $x$，假设签名算法与 SHA-1 联合使用，

① 计算哈希值 $m=\text{SHA-1}(x)$

② 随机选取 $k \in Z_{p-1}$ 计算 $r=g^k \bmod p \bmod q$

③ 计算 $s=k^{-1}(m+dr) \bmod q$

$[x,(r,s)]$ 是一个签名消息。

验证：对于签名消息 $[x,(r,s)]$，

① 计算哈希值 $m = \text{SHA-1}(x)$

② $u_1 = ms^{-1} \bmod q$

③ $u_2 = rs^{-1} \bmod q$

④ 若 $r = g^{u_1} h^{u_2} \bmod p \bmod q$ 接受签名

可以看出，利用公钥 $(p,q,g,h)$ 根据关系式 $h = g^d \bmod p$ 计算私钥 $d$ 即是求解离散对数问题，因此，DSA 的安全性基于 $Z_p$ 上离散对数的难解性。

DSA 本身也是一个标准签名算法，但目前使用的主流标准签名算法，是这个算法向椭圆曲线的平移，称为 ECDSA。

首先，我们来定义椭圆曲线上的离散对数问题。由于椭圆曲线上的运算是加法运算，$Z_p$ 上的离散对数问题移植到椭圆曲线上时，原来的模 $p$ 乘法现在变成了椭圆曲线上的加法。

假设 $P,Q$ 是椭圆曲线 $E_{a,b}(Z_p)$ 上的两点，求正整数 $n$ 使得 $Q = nP$，称为椭圆曲线 $E_{a,b}(Z_p)$ 上的离散对数问题。椭圆曲线上的离散对数问题是非常难解的，到目前为止，大整数分解和 $Z_p$ 上的离散对数求解问题都有亚指数型算法，而椭圆曲线上的离散对数求解问题只有纯指数型算法。这就意味着，在同样安全性要求下，椭圆曲线密码算法可以选取小得多的参数，从而具有效率上的优势。

另外，类似于 $Z_p$ 中元素的阶，在椭圆曲线上我们定义，满足 $nP = O$ 的最小正整数 $n$ 称为 $P$ 的阶，记为 $|P|$。

现在将 DSA 平移到椭圆曲线上得到 ECDSA：

ECDSA 标准算法中，素数域 $Z_p$、椭圆曲线 $E_{a,b}(Z_p)$、基点 $G$（相当于 DSA 中的 $g$）等，按照标准中推荐的参数选择即可，算法的建立不必从随机产生这些参数开始。比如，比特币中的 ECDSA，选取的椭圆曲线是 secp256k1，所有数字签名公用这一条曲线。$G$ 的阶也是已知的，要建立一个 ECDSA 算法，只需要从选择私钥开始。

**ECDSA 算法**

密钥建立：

取 $d \in Z_n$，计算 $P = dG$，其中 $n$ 是 $G$ 的阶。

除公开的系统参数 $p,n,E_{a,b}(Z_p),G$，外，$P$ 公开作为公钥，$d$ 保密作为私钥。

签名：

ECDSA 签名选用哈希函数 SHA-1 作为哈希函数。

对待签名消息 $x$ 做哈希：$m = \text{SHA-1}(x)$

① 随机选取 $k \in Z_n$ 计算 $(x,y) = kG$

② $r = x \bmod n$

③ $s = k^{-1}(m+rd) \bmod n$

签名消息 $[x;(r,s)]$

验证：

① $u_1 = s^{-1} m \bmod n$

② $u_2 = s^{-1} r \bmod n$

③ $(x_1, y_1) = u_1G + u_2P$

④ 若 $x_1 \bmod n = r$，验证通过

对于 ECDSA 许多标准化组织都公布了自己的候选参数，其中也有很多交叉，目前应用最广泛的是 NIST 标准，其选择的椭圆曲线为 $y^2 = x^3 - 3x + b \bmod p$，$p$ 按照比特长度分为 $p$-192、$p$-224、$p$-256、$p$-384、$p$-521 五种，每个 $p$ 都是确定的特殊素数。对应的 $b$ 也各不相同，如 $p$-256 中 $p = 2^{256} - 2^{224} + 2^{192} + 2^{96} - 1$，$b$ = 5AC635D8 AA3A93E7 B3EBBD55 769886BC 651D06B0 CC53B0F6 3BCE3C3E 27D2604B.

比特币系统中使用的签名方案也是 ECDSA，但没有采用 NIST 的标准，而采用了高效密码标准化组织 SECG（Standards for Efficient Cryptography Group）推荐的 secp256k1：$y^2 = x^3 + 7 \bmod p$

参数为（十六进制书写）：

$p$ = FFFFFFFF FFFFFFFF FFFFFFFF FFFFFFFF FFFFFFFF FFFFFFFF FFFFFFFE FFFFFC2F

$= 2^{256} - 2^{32} - 2^9 - 2^8 - 2^7 - 2^6 - 2^4 - 1$

基点：

G =（79BE667EF9DCBBAC55A06295CE870B07029BFCDB2DCE28D959F2815B1 6F81798，

483ADA7726A3C4655DA4FBFC0E1108A8FD17B448A68554199C47D08FFB10D4B8）

基点的阶：

$n$ = FFFFFFFF FFFFFFFF FFFFFFFF FFFFFFFE BAAEDCE6 AF48A03B BFD25E8C D0364141

## 5.5 国产密码

目前应用比较广泛的国密算法有 SM1、SM2、SM3、SM4、SM9、ZUC 六种算法。SM1 是对称算法，不公开具体算法细节，只以专用算法芯片的方式提供应用。2012 年 3 月，国家密码管理局正式将 SM2、SM3、SM4、ZUC 算法列为行业标准，并发文公布。发文序列如下：

GM/T0001-2012《祖冲之序列密码算法》

GM/T0002-2012《SM4 分组密码算法》

GM/T0003-2012《SM2 椭圆曲线公钥密码算法》

GM/T0004-2012《SM3 密码杂凑算法》

其中，祖冲之算法 ZUC 是序列密码算法，2011 年 9 月 20 日 ZUC 成为新一代宽带无线移动通信系统（LTE）国际标准，是第一个成为国际标准的国密算法。基于椭圆曲线的公钥密码算法 SM2，支持签名、加密、密钥协商。签名类比于国际标准 ECDSA p-256。密钥协商类比于 ECDH。2017 年 11 月，SM2 数字签名算法成为 ISO/IEC 国际标准。哈希算法 SM3，输出长度是 256 比特，类比于国际标准 SHA-1。2018 年 11 月 22 日，SM3 算法正式成为 ISO/IEC 国际标准。对称密码算法 SM4，类比的是高级加密标准 AES-128 算法。

近年来，我国在密码标准制定方面取得了长足进步，不但在密码应用的各方面产生了一大批高质量的国家或行业密码标准算法，多个具有核心密码功能的算法已经走向世界成为国际标准。

## 5.6 本章小结

在本章中，我们介绍了区块链相关的密码学技术。密码学主要有加密与认证两大功能。我们从最简单的古典密码开始，提取出现代对称密码设计所使用的基本要素——置换与代换，介绍了两代数据加密标准 DES 和 AES 的基本结构。公钥密码的出现，大大扩展了密码技术的应用范围，在现代信息化社会大放异彩，已经成为现代社会不可缺少的基础性、支撑性技术。我们通过 RSA 加密体制和签名体制，介绍了公钥密码的基本思想，特别强调了加密和签名在概念上的不同。椭圆曲线的数学背景深奥，但椭圆曲线密码体制是现在实用中的主流体制，是密码学中必不可少的内容，我们从较容易理解的数字签名标准 DSA 开始，类比性地过渡到椭圆曲线数字签名标准 ECDSA，希望能使其容易理解一些。

区块链正在被应用到各行各业，用来解决各种问题，区块链的背景和解决问题的侧重点不同，对密码学技术的需求也不同，除了最基本的哈希、数字签名技术，加密、隐私保护下的计算、安全多方计算、同态密码等新技术也在逐渐应用于区块链中。事实上，区块链对密码技术的需求，将密码学多个研究方向从后台推向了前台。

## 习题

1. 以下是利用移位密码（广义恺撒体制）加密的一段密文，破译之。

   BJMTQIYMJXJYWZYMXYTGJXJQKJANIJSYYMFYFQQRJSFWJHWJFYJIJVZFQ

2. 计算 2365 mod 32, −6 mod 32, 64 mod 32, $5^{-1}$ mod 7, 2 关于模 11 的阶。
3. 利用素数 7, 13 构造一个 RSA 签名体制。
4. 构造一个将任意长度消息映射为 32 比特串的函数（不要求满足安全性质）。
5. 在 $Z_{13}$ 上构造一条椭圆曲线。

# 第 6 章 共识算法

共识算法是区块链系统在去中心化的情况下保证分布式账本数据一致性的核心支撑技术，不同的区块链系统根据应用领域和环境假设的不同，共识算法的设计思想也不同，进而造成相应区块链系统的交易处理能力、可扩展性和安全性也有所不同。本章从共识问题的基本概念入手，介绍共识算法的起源、分类、评估，进而按照公有链、联盟链和私有链为脉络，阐述基于工作量证明 PoW 的共识算法、基于权益证明 PoS 的共识算法、基于授权权益证明 DPoS 的共识算法、实用拜占庭容错 PBFT 的共识算法和 Raft 共识算法等区块链系统中最重要、最基础的几种共识算法的核心思想和工作原理，最后介绍了共识算法研究的现状和未来发展方向。

## 6.1 概述

### 6.1.1 分布式系统共识问题

#### 1. 共识问题和共识算法

在分布式系统中，共识指即使在部分节点故障、网络延时、网络分区甚至有恶意节点故意破坏的情况下，所有正常节点对客户的请求达成一致的处理，最终实现系统状态一致性的过程。

传统的分布式系统中对共识算法已经有了深入的研究，但是主要应用领域是分布式数据库。区块链系统本质上是一个分布式系统，但是又具有广泛使用密码学技术和去中心化等明显区别于传统分布式系统的独特的属性。区块链系统的核心工作是各个节点验证、更新和维护对外呈现一致性的分布式账本。区块链共识算法是指为了完成区块链系统中节点的共识，建立在一系列协议或规则基础上，能够实现区块构造、选择出块节点、区块验证和区块上链等工作，从而达到所有节点所存储的分布式账本数据一致性的算法。共识算法是区块链系统的核心技术，决定着区块链系统最终所能达到的性能以及可以应用的领域。

在第四章中已经对分布式系统和传统分布式系统的一致性问题做了较为详细的阐述。

Fischer、Lynch 和 Patterson 三位科学家提出了以他们名字命名的"FLP 不可能原理"，证明了在可能出现节点和网络故障的情况下不存在解决异步分布式系统一致性问题的确定性共识算法。而 2000 年由美国加州伯克利分校的 Eric Brewer 教授提出，并由麻省理工学院的 Seth Gilbert 和 Nancy Lynch 证明的 CAP 理论，说明一个异步分布式系统最多只能满足一致性（Consistency）、可用性（Availability）和分区容错性（Partition tolerance）这三个属性中的两个，因而在设计分布式系统的共识算法以解决一致性问题时，需要根据不同的需求在 CAP 三个属性中进行取舍，弱化其中一个。

由这些传统分布式系统中有关共识问题的研究成果，我们能够理解设计一种完美地适应各种情况的分布式共识算法是不可能的，从而才能进一步理解不同的区块链系统中的共识算法基于什么样的环境假设，采取了什么样的设计思路，最终如何可以达到系统中各个节点上区块数据的一致性，以及可能面临一些什么样的问题。

**2. 拜占庭将军问题**

在前面描述的分布式系统一致性问题中，主要面临的麻烦是各种通信故障和节点自身的故障，也就是由于各类故障而不是恶意攻击所造成的困难。但是区块链系统所要解决的是在去中心化情况下，各个互不信任的节点之间的数据一致性问题，这就需要考虑所谓拜占庭将军问题。

拜占庭将军问题由 Leslie Lamport 于 1982 年在其论文 *The Byzantine Generals Problem* 中正式提出，主要用于对客观世界中的分布式系统共识问题建模。

拜占庭是东罗马帝国的首都。在古代的东罗马帝国，由于国土辽阔，因此需要很多军队守卫国境，国境线上的每支军队由一位将军带领。因为军队之间距离很远，所以将军们需要通过信使来传递消息，并在各位将军意见一致的情况下才采取统一的军事行动以保证能够使用足够兵力赢得胜利。这里将军之间的通信就类似于一个分布式系统，每个将军好比一个节点。将军里可能有人因为各种原因叛变了，这些叛将会向忠诚于拜占庭的将军们发送各种错误的信息，以影响将军们达成共识。如何在已知有叛将存在的情况下，设计一个算法使得忠诚的将军们仍然可以达成共识，这就是拜占庭将军问题。

拜占庭将军问题是一个通过节点之间多轮通信实现各个节点一致性共识的典型例子。当需要军事行动时，由一个将军给其他将军发送消息要求发起行动，为了达成共识，除了发起者以外的将军都需要给其他将军发送自己的行动意见以确认行动，经过多轮通信后，所有的将军都会收到其他将军有关行动的意见，对于每个将军来说，根据其收到的消息以少数服从多数的方式决定自己的行动意见，如果所有忠诚的将军最终的行动意见都一致，这样就在整个系统中达成了一致性共识。而如果有叛将故意发送错误消息，那么最终每个忠诚将军得出的最终行动意见就可能各不相同，整个系统陷入不一致状态，最后的军事行动可能以失败告终。

可以通过当有一个叛将的情况下，不同的将军总数对最终共识达成的影响来简单说明其基本思想。

假设开始总共有 3 名将军，分别命名为将军 A、B、C，将军 A 是忠诚将军，他希望发起进攻，他向 B、C 都发送了"进攻"消息，这是第一轮通信，如图 6-1（a）所示，接下来会出现几种可能性。

- 如果 B、C 都是忠诚将军，他们各自向其他将军（除 A 以外）也发送自己收到的唯一"进攻"消息，则 B、C 都会收到 2 个相同的"进攻"消息，他们最终的决策都是"进攻"，所有忠诚的将军达成一致性共识，如图 6-1（b）所示。
- 如果 B 是忠诚将军，他向将军 C 发送"进攻"消息，而 C 是叛将，为了扰乱，他向 B 发送"防守"消息，这时忠诚将军 B 收到 1 个"进攻"消息和 1 个"防守"消息，难以决策，忠诚将军 A 和 B 之间无法达成一致性共识，如图 6-1（c）所示。
- 如果系统中将军人数上升到 4 人，A、B、D 都是忠诚将军，A 仍然是进攻命令发起方，则 B 和 D 在收到 A 的消息后各自向其他将军（除了 A 以外）也发送自己收到的唯一"进攻"消息，C 仍然是叛将，他向 B 和 D 发送"防守"消息，则最终将军 B 和 D 收到 2 个"进攻"消息和 1 个"防守"消息，按照少数服从多数的规则，他们最后的决策是"进攻"，忠诚的将军 A、B 和 D 达到一致性共识，如图 6-1（d）所示。

通过上面的演示可以看出，当系统中叛将数量不超出一定限制的时候，忠诚将军们仍然可以达成共识，也就是可以容忍一定数量的叛将存在，但是当系统中将军总数量少于一定限制，例如只有 3 个时，只要有 1 个叛将，系统就无法达成共识。

拜占庭问题建模的是包含恶意节点的分布式系统如何达成一致性共识的问题。因为区块链技术的去中心化本质，区块链网络中包含恶意节点是自然考虑的问题，因此拜占庭将军问题对于区块链系统共识算法的设计具有直接影响。

拜占庭将军问题的共识问题并不是上面案例中演示的那么简单，当最初的消息发起方 A 是叛将，或者系统中叛将人数超过 1 人时，共识过程会更加复杂。Lamport 在其论文中证明，如果系统中拜占庭节点的数量不超过系统中总节点数量的 1/3，则存在拜占庭容错算法可以解决系统一致性共识问题，而如果拜占庭节点数量超过总

(a)　　　　　　　　　　　　　(b)

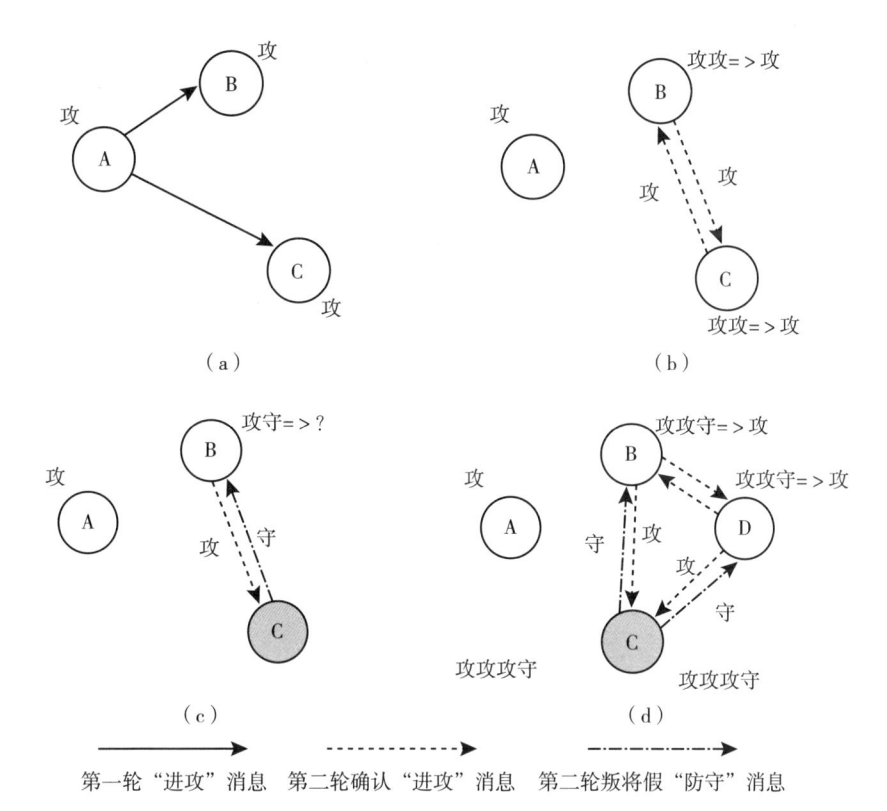

(c)　　　　　　　　　　　　　(d)

→ 第一轮"进攻"消息　　⇢ 第二轮确认"进攻"消息　　⇢ 第二轮叛将假"防守"消息

图 6-1　拜占庭将军问题演示场景

节点数量的 1/3，则不一定能找到有效的拜占庭容错算法来解决共识问题。

### 6.1.2　区块链系统共识过程模型与共识算法分类

#### 1. 区块链系统共识过程模型

区块链系统是一个分布式系统，其系统状态由存储的分布式账本即区块链表达，区块链系统的共识过程可以用一个四阶段模型表示，即选择出块节点、构造新区块、广播并验证新区块、新区块上链（如图 6-2 所示）。每一轮共识过程中，区块链系统中各节点都按照这个模型展开共识工作，但是每个节点承担的角色可能不同。另外，在有些共识算法中，构造新区块和选择出块节点是相辅相成的工作，两个阶段可能合成一个阶段。

- 选择出块节点。所有节点通过执行共识算法实现决定哪个节点获得出块权的工作，因算法实现的不同，系统中各个节点可能扮演的角色会差别较大。
- 构造新区块。获得出块权的节点，按照共识算法中的打包策略，将上一区块产生之后全系统中新发生的交易数据按照一定的顺序打包到一个新区块中，交易数据的排序依据各个共识算法会不尽相同，主要参考因素有交易代价、

图6-2 区块链系统共识过程模型

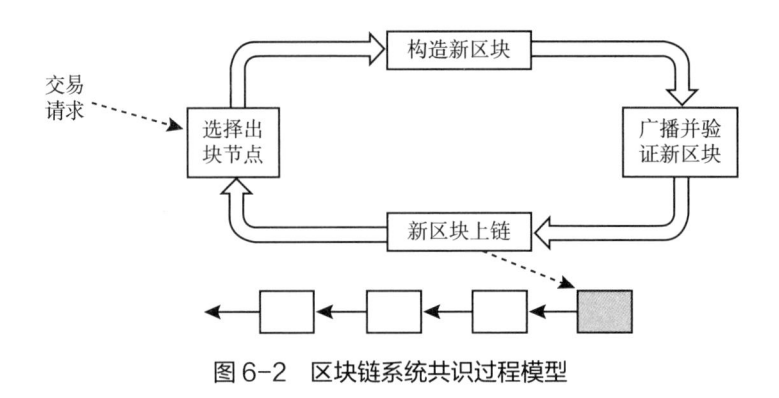

交易等待时间、区块容量等。构造新区块的方法会影响区块链系统的性能，也会影响有可能发生的对共识算法的攻击种类。

- 广播并验证新区块。出块节点按照共识算法中既定策略，将新区块广播给承担验证任务的节点，例如矿工节点或者代表节点，并不一定所有节点都参与验证新区块的任务。承担验证任务的节点数量必须达到一定要求，以满足共识算法安全性的要求。验证节点收到广播来的新区块后，验证新区块中封装的交易数据的合法性。如果新区块通过大多数验证节点的验证，则等待被加入区块链中成为最新的一个区块。

- 新区块上链。出块节点将通过验证的新区块添加到系统中的主链上，构成一条从创世区块开始的最长的链，根据共识算法的不同，系统有可能产生分叉链，这是因为由于网络通信或恶意攻击等原因，各个节点的视图可能是不同的，这时需要按照给定的策略，识别和选择出最长的主链，并抛弃其他分叉，以达到最终一致。

区块链共识算法的核心问题是如何选择出块节点，在一些算法中又称为选主策略。

**2. 区块链系统共识算法分类**

可以从是否拜占庭容错、区块链系统部署类型、是否强一致性、选主策略等角度对区块链系统共识算法进行分类。

（1）拜占庭容错类算法和非拜占庭容错类算法。按照区块链系统是否符合拜占庭假设，即假设系统可能遭遇恶意节点攻击、硬件错误、网络拥塞或中断的情况，可以将区块链系统使用的共识算法分为拜占庭容错（Byzantine Fault Tolerance，BFT）类算法和非拜占庭容错类算法，非拜占庭容错类算法又称为崩溃容错（Crash Fault Tolerance，CFT）类算法。

非拜占庭容错是指当系统中存在节点可能崩溃、消息可能丢失等故障，但不存在恶意的拜占庭节点的情况下，达成一致性共识。比较典型的非拜占庭容错类算法包括 Paxos 算法和 Raft 算法等。

区块链系统中大多数共识算法都是拜占庭容错类算法，而这些算法中解决拜占庭问题有两个基本思路：一种思路是假设有拜占庭节点的情况设计仍然能够达成正确共识的方法，比较典型的包括实用拜占庭容错共识 PBFT 算法，因为要求比较高，这种方法能够应对的区块链网络规模不大，可扩展性比较差；另一种思路是通过提高节点作恶代价的方式尽可能降低出现拜占庭节点的概率，这方面的典型共识算法包括基于工作量证明的共识算法 PoW、基于权益的共识算法 PoS 和 DPoS 算法等，这种方法能够支持较大的区块链网络，但是由于提升作恶代价的原因，会导致能耗、性能、不确定性等其他问题。

（2）按照区块链网络部署方式的分类。公有链没有官方管理组织机构和中心服务器，节点可以按照区块链的系统规则自由加入或退出网络，在线节点数量会不断变化，各节点之间不需要互相信任，是去中心化的程度最高的一种区块链系统，同时容易遭受恶意节点攻击的可能性最大。私有链通常有某个组织或机构（例如企业、政府等）构建和管理，节点需要管理方授权才能加入区块链网络，受信任程度很高，遭受恶意攻击的可能性最小。而联盟链通常由多个机构和组织协商共同构建和管理，节点分属于不同的管理方，通过准入机制加入和退出区块链网络，去中心化程度高于私有链而低于公有链。

公有链、联盟链和私有链各自对网络节点的要求和信任不同，因此节点之间进行共识的系统基础也不同，按照区块链网络的部署方式，可以将区块链共识算法分为公有链共识算法、联盟链共识算法和私有链共识算法三类，几种比较典型的区块链共识算法基于这个标准的分类如图 6-3 所示。

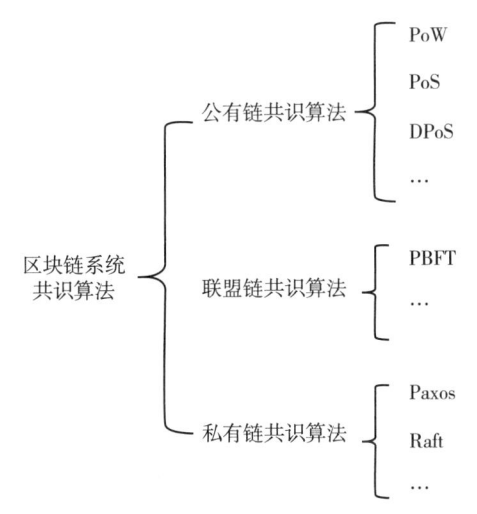

图 6-3 基于区块链部署方式的共识算法分类

公有链共识算法通常需要激励机制来保证节点积极参与共识过程从而保证安全性，因此这类共识算法通常也被称为激励（Incentivized）共识算法；私有链中只允许授权节点参与出块过程，节点之间互信程度高，因此通常不需要依赖于激励机制，这类共识算法通常又被称为非激励（Non-incentivized）共识算法。

（3）共识算法的其他分类。按照节点之间达成共识后，各节点之间的状态是确定相同绝对一致的，还是有可能不同，需要最终逐渐一致，可以将区块链共识算法分为确定性算法和概率类算法两类。

确定性算法也称为绝对一致性算法，或者强一致性算法。采用这类共识算法的区块链网络，选择的是强一致性而低活性的策略，可以保证在共识达成后，各个节点在任意时间点上的数据都保持绝对的一致，不会再被改变，也就是一旦由出块节点构造区块并将区块添加到区块链上后，就是所有节点最终所维护的状态，区块不再会被撤销。Paxos 算法、Raft 算法和 PBFT 算法都是确定性算法。

概率性算法也称为弱一致性算法，或者最终一致性算法。采用这类共识算法的系统，系统中不同部分的节点可能会达成局部一致性，从而在构造区块上链时可能造成区块链分叉。之后会通过一定机制保留最长的链（称为主链）上的区块，而撤销较短链上的区块的方式来达成最终的一致性。一个新区块上链后理论上是可以被撤销的。但是从概率上来说，一个区块上链越久（按照之后生成的区块来计算），被撤销的概率越小，从而达到一种概率上的确定性，因此称为概率性共识算法。典型的代表算法有 PoW 算法、PoS 算法等。

此外，因为区块链系统中共识过程最关键的一步是选择出块节点，即最终负责构造区块并将区块上链的节点，因此还可以参照选择出块节点的策略对区块链共识算法进行分类。

### 6.1.3 区块链共识算法的评估

对区块链共识算法的评估，除了其应用的环境外，主要可以从以下几个方面进行。

**1. 安全性和容错能力**

对区块链共识算法的评估，首先看是否能够正确的实现一致性共识，尤其是在面临各种可能的故障和潜在的攻击可能性等情况，因此共识算法的安全性和容错能力是很重要的评估指标。

可能面对的攻击包括双花攻击、51% 攻击，甚至在泄露 IP 地址等隐私的情况下可能面临 DDoS 攻击。对于算法安全性的评估还包括是否有严格的形式化或概率数学证明。

在容错能力方面，对于 CFT 类算法主要是评估可以容忍的出错节点规模，而对于 BFT 类算法则主要评估可以容忍的拜占庭节点规模，可以使用敌手模型这个指标来表示系统中错误节点和节点总数的关系，例如敌手模型 n=3f+1，n 表示系统中节点总数，而 f 表示错误节点数量，这个敌手模型表示可以容忍不超过三分之一的节点出错。

**2. 可扩展性**

主要评估区块链共识算法能否支持在不断增大系统规模的同时不会导致系统性能的下降或者不可用。

**3. 性能**

共识算法的性能评估主要体现在交易吞吐量（Transaction Per Second，TPS）、出块速度、区块大小等，共识算法所能达到的性能对区块链系统能够支持何种应用有至关重要的影响。

**4. 资源消耗**

对资源的消耗体现了共识算法所付出的代价，根据共识算法应用的区块链环境和设计思想不同，所消耗资源的类型也不同，主要可能消耗的资源包括计算资源和通信资源，也可以是像权益这样虚拟的概念。对于计算能力的消耗会导致硬件代价和电力耗费，进而可能导致环保问题。

**5. 去中心化程度**

主要评估区块链共识算法在共识过程中所体现的中心化程度，而中心化程度高可能导致新的安全问题。

## 6.2 基于工作量证明的共识算法

区块链技术起源于比特币，而从目前区块链技术的发展角度分类，比特币是一个公有链区块链系统，节点可以自由加入和退出。中本聪在比特币系统中首次采用了基于工作量证明（PoW）的共识算法，要求比特币网络中的所有节点通过计算能力竞争出块权来保证分布式账本的一致性，同时由于付出了巨大的计算能力，因此大大提升了节点作恶的代价，再辅以对节点竞争到出块权力的激励机制，进而保障了共识过程的安全性。

基于工作量证明的共识算法是最早也是到目前为止公认的最安全可靠的公有链共识算法，也是一个局部的最优的共识解决方案，解决了区块链最本质的去中心化不依赖第三方的问题。

### 6.2.1 比特币 PoW 算法

比特币 PoW 算法中的工作量计算的主要工作是寻找一个神奇的随机数（Nonce），使得以 Nonce 为参数的一部分进行的双 SHA256 哈希运算的结果小于一个事先设定好的目标值，其计算公式如下：

SHA256［SHA256（版本号+前一区块哈希值+当前区块所包含交易的梅克尔树根+时间戳+当前挖矿难度+Nonce随机值）］<目标值　　　　　　　　（公式6-1）

比特币区块链系统中的基于PoW的共识过程如图6-4所示，并解释如下：
- 每笔新的交易会向全网所有的节点广播；
- 每个节点收集当前时段全网未确认的交易，也就是自前一区块生成以来新接收到的所有交易，基于这些交易构造一个新的区块，计算出区块头部的梅克尔树根，并置随机数Nonce为1，然后以1为步长，开始根据公式6-1进行工作量证明，称为"挖矿"，进行工作量证明的节点也被称为"矿工"；
- 全网节点同时参与计算，某个"矿工"如果首先找到正确的随机数，则该节点将获得新区块的出块权及用于激励的比特币奖励，该节点将新区块向全网广播；
- 其他节点收到要求确认的新区块后，对其进行验证，当验证通过后，该区块才被认可，也就是各节点达成共识，否则若验证失败，则该区块被抛弃，各节点继续挖矿活动。其他节点在进行验证时，只需要进行一次哈希计算，因此验证效率很高。
- 其他节点将该区块加入本地的区块链，并基于该区块开始构建下一区块。

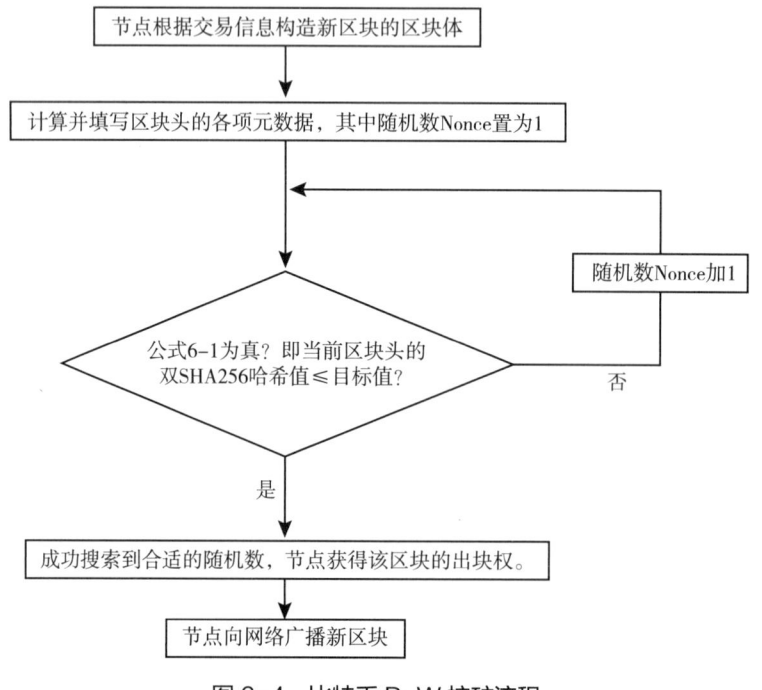

图6-4　比特币PoW挖矿流程

## 6.2.2 激励与难度调整

比特币系统的 PoW 算法的高超之处在于可以通过激励措施和难度调整来提高节点参与共识过程的积极性，抵御各种攻击，从而保证区块链系统的持续正常运行。

从激励措施来说，"矿工"的收入包括两种：
- 产生交易时，由交易发起方付给"矿工"一笔手续费，当"矿工"成功加入一个交易区块后获得；
- 每当系统加入新区块时，会生成一定数目的比特币作为奖励。这个奖励最初是 50 枚比特币，每隔 210000 个区块后减半，预计到 2140 年比特币系统上限的 2100 万枚比特币将全部产出。

当获取比特币的激励措施导致节点持续加入挖矿后，全网的算力会不断提高，这时必须调整挖矿的难度，否则区块的生成速度将越来越快。因此比特币 PoW 算法具有难度调整机制使得区块的生成速度保持为每十分钟左右产生一个新区块，其调正方法为：

$$新难度 = 实际生成 2016 个区块的时间 \times 旧难度 / 14 天的秒数$$

## 6.2.3 区块分叉

由于区块链网络中各节点所在子网带宽不同，网络节点之间通信存在时延，又因为区块链的去中心化，因此每个节点可能存在不同的区块链视图，从而导致区块分叉。例如，当不止一个矿工节点几乎同时都完成了工作量证明，找到正确的随机数 Nonce 时，它们都会向网络广播自己的区块，由于网络时延和节点之间连接等原因，某些节点会收到一个成功的矿工的区块，而其他一些节点又会收到另一个成功的矿工的区块，会分别把不同的区块记入本地的区块链，这样分叉就产生了。接着，每个节点会在自己的区块链全局账本视图下继续挖矿，进而导致后续产生的区块会被添加到节点自己记录的区块链账本最后，从而导致从整个区块链系统来看，系统中记录全局账本的区块链数据结构，从某个区块开始构成了两条不同的分叉子链，这意味着各个节点记录的全局账本是不一致的，如图 6-5 所示。共识算法必须在发生区块分叉的情况下，设计一种机制，使得所有节点重新达成一致，消除分叉。

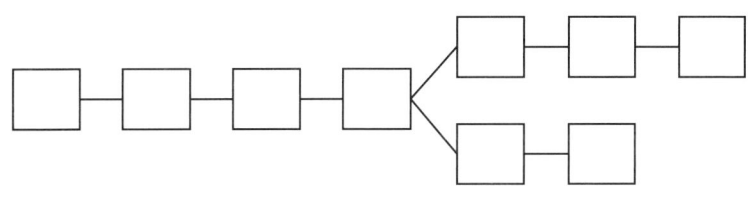

图 6-5 区块分叉

为了达成共识，消除分叉，区块链网络中的每个节点总是选择并使用难度最大的区块链作为新区块加入的基础。在比特币网络中，所谓难度最大的区块链就是其上所有区块头部中难度总和最大的那条区块链，这反映了建立这条区块链所进行的工作量证明的计算总量最高。当产生下一个区块的时候，如果所有节点都选择难度最大的链作为正确的区块链，放弃难度较小的其他链，比特币区块链系统最终会达成共识，消除分叉。

区块分叉问题不仅在基于 PoW 共识算法的比特币区块链系统中会出现，在基于其他共识算法的区块链系统中也会出现。

### 6.2.4　51% 算力攻击

比特币区块链系统的 PoW 共识算法中，节点通过求解一个难题来竞争出块权，当一个节点拥有比其他节点强大得多的计算能力时，则这个节点将总是能够以比别的节点快的速度完成对问题的求解，从而垄断出块权，造成中心化的趋势，当这个节点具有恶意时，将导致对区块链系统安全的破坏。

从理论上说，如果掌握整个系统中一半以上的算力，即至少具有 51% 的算力，则攻击者从概率上已经掌握全网区块的出块权。此时，攻击者可以在主链之外开辟一条攻击链，这样就产生了一个分叉，如果攻击链的难度总和能够赶超正确的主链，则攻击链将取代主链，原来被分叉的主链中的区块将被所有节点作废，而攻击链中的区块被作为最终结果保存到系统中，这被称为 51% 攻击。

当然，从目前比特币网络所消耗的算力看，希望拥有 51% 的算力需要非常高昂的攻击成本，但并不是不可能的。因为比特币挖矿行为导致了矿池出现，而目前排名前 5 的矿池所拥有的计算能力的总和已经远远超过了全网算力的 51%。这也是后来一些矿工发现自己加入的矿池算力太强，为了避免发生危害系统安全的情况发生，从而自愿退出矿池的原因。

此外，并不是说攻击者掌握的算力不到全网的一半，就绝对安全了，从理论上分析，如果掌握了全网 1/3 的算力，则比特币网络存在被破坏的可能。经过研究者的概率分析推导，可以得出的结论是：在恶意攻击节点算力不到 50% 的情况下，随着一个区块生成后后续区块的添加，攻击节点让这个区块作废的成功攻击的概率呈指数减小。因此比特币系统里，一个新区块产生后，随后再产生 6 个区块，该区块里的交易信息才算安全。

### 6.2.5　双重花费问题

双重花费问题，简称双花问题，是指在比特币等数字货币区块链系统中，一笔数字资产被恶意攻击者用于两次或以上的不同交易，被重复花费，从而造成交易对方资产损失的问题。

双花攻击能够成功实施的场景主要有两个。

第一个是在区块链系统用于实现短时间 0 确认的交易场景，即交易会在很短的时间内发生，但是并不需要交易信息被确认记录到区块链的合法区块上，交易对方就向攻击者提供相应的服务或发送货物，例如自动售货机系统。

第二个场景是交易信息需要被确认记入区块链的合法区块上才履行交易行为的情况下，攻击者可以利用 51% 算力攻击通过制造区块分叉的方式进行双重花费行为。例如攻击者在花费一定比特币完成一笔交易后，假设交易数据被保存在区块 X 上，攻击者可以将同一笔钱用于另一个交易，但是这个交易被保存在攻击者自身维护的一条隐藏链的区块中，假设为区块 Y，当攻击者利用自身强大的算力使得包含区块 Y 的隐藏攻击链长度比包含区块 X 的合法链更长时，再公布隐藏攻击链，则全网节点会接受隐藏攻击链为主链，而抛弃包含区块 X 的原合法链，那么区块 X 中的交易也被作废，攻击者享用了区块 X 中交易的货物或服务，但是并没有为之真正付出比特币，从而实现了一次成功的双花攻击，这种双花攻击也被称为 51% 双花攻击。

### 6.2.6 比特币 PoW 算法的性能

比特币区块链系统中，平均约每 10 分钟产生一个最大 1MB 的区块，交易速度只有大约 7 笔交易 / 秒，因此比特币的交易处理能力有限，远低于传统的金融交易系统。另外，为了保证每个区块的可信，需要等待其后 6 个区块的产生，这会导致 1 个小时左右的等待确认时间代价。

### 6.2.7 比特币 PoW 算法的资源消耗

挖矿带来的激励和比特币的不断升值导致比特币网络节点不断增加算力，挖矿节点使用的 CPU、GPU、FPGA 和 ASIC 等芯片都需要消耗巨大的电量，2018 年 11 月，比特币挖矿造成的电力总消耗已经占全球电力总消耗的 0.33%，超过了一些国家例如希腊的年耗电量，造成的能源浪费非常严重。

## 6.3 基于权益证明的共识算法

基于工作量证明的共识算法的主要问题在于巨大的能耗和较低的交易速度，为了解决这个问题，基于权益证明（PoS）的共识算法被提出并应用于公有链系统中，从而减少资源的浪费，并可以提升区块链系统的性能。

### 6.3.1 PoS 共识算法

**1. PoS 算法的基本思想**

权益证明（Proof of Stake）是指区块链网络中的节点如果想参与区块出块工作，必须先证明自己具有某种形式的权益。权益的典型表现形式是节点对特定代币的所有权，称为币龄，最常见的币龄定义是每笔交易的代币金额乘以这笔交易的代币在账上留存的时间（以天为单位）。PoS 共识算法的思想最早于 2011 年在一个 bitcointalk 的论坛被提出，然后 2012 年在点点币（Peercoin）中实现。

PoS 共识算法中，一个节点参与出块权的竞争，不但要证明自己拥有一定的权益，还需要锁定这部分权益，这就类似于入股的行为，节点成了系统的股东。这样，只有股东节点才可以参与出块行为。基于 PoS 共识算法的区块链系统中倾向于由具有最高权益的节点获得出块权，而非具有最高算力的节点。一方面，为了保证安全性，获得出块权的节点会消耗掉其用于竞争出块权的权益，以防止权益数量多的富豪节点垄断出块权。另一方面，为了激励节点参与出块竞争，完成出块的节点将获得一定的奖励，奖励的方式可以是从交易中收取一定比例的交易费，也可以是根据他们使用的股份获得一定的利息。

通过这样的激励措施和惩罚措施的结合，PoS 共识算法可以实现近似 PoW 算法级别的安全性，同时还能获得以下优点：

- 节省能源：因为 PoS 共识算法仅依靠权益而不再需要大量消耗外部算力和资源进行出块权竞争，因此解决了 PoW 共识算法对资源的巨量消耗问题。
- 提升性能：依据权益来决定出块权，大大降低了挖矿的计算量，因此 PoS 算法使得出块速度和交易吞吐量相比 PoW 算法都得到了很大改善。
- 降低中心化趋势：在 PoW 算法中，由于矿池等情况的出现，算力向少数节点集中，造成了系统的中心化，而 PoS 算法无需搭建矿池，因此可以降低 PoW 算法所面临的中心化趋势问题。
- 安全性：在 PoS 算法设计中，如果恶意节点被发现，不但会被没收权益，还会被剥夺出块权竞争资格，因此最终能加强系统的安全性。

下面以点点币中的 PoS 算法实现为例进行演示。在共识过程中，每个节点的币龄可以累积，其钱包中的每个代币每天都可以产生 1 币龄。例如，某个用户拥有 36 枚代币，当持有 50 天后，其所拥有的币龄为 1800。当节点竞争出块权时，其用于竞争到出块权的币龄会被消耗掉。例如，当它使用这 1800 币龄参与竞争，如果能够成功竞争到出块权，那么这 1800 币龄会被清空，接下来这个节点需要重新依靠时间来为这 36 枚代币积累币龄。同时，为了防止有用户临时购置大量代币抢夺出块权，PoS 算法规定代币的币龄必须至少累积 30 天才可以使用，又为了防止一个代币的币龄可以无限增长，还规定了一个代币的币龄累积 90 天就不再增加。

以币龄作为权益依据，则每个矿工节点挖矿时进行的运算如公式 6-2 所示，其中 PROOFHASH 是使用区块头部数据和其他一些参数进行的双 SHA256 运算，和 PoW 算法中类似，具体的细节这里就不做阐述，感兴趣的读者可以查阅相关文献。因为目标值乘以币龄以后比原有的目标值要大很多，因此计算的难度大大降低了，从而节省了算力资源，同时投入出块竞争的权益越多，获得出块权的概率就越大。

$$\text{PROOFHASH} < \text{币龄} \times \text{目标值} \qquad (公式 6-2)$$

### 2. PoS 算法的安全性分析

采用 PoS 共识算法的区块链系统，长期持币者拥有更长的币龄，因此币龄可以被看作用户在系统中的权益。每次新的区块产生都将消耗出块节点的币龄，看作区块产生的难度，因此一条区块链的难度可以被计算为链中所有区块生成所消耗的币龄总和，难度最大的区块链被视为主链。

PoS 共识算法本质上是根据参与共识的节点所持有的权益比例来选择产生出块节点。拥有权益的参与者未必希望参与出块竞争，这会导致囤币行为，并可能导致安全问题。例如某个用户拥有大量的区块链资产并长期持有，这就会形成区块链网络中节点之间的贫富不均现象，新加入网络的节点权益显然很低，因此在竞争出块权的过程中明显处于劣势。

另外由于币龄的获取具有无需接入系统也可以累积的特点，有些用户会选择离线累积币龄，直到自身权益较高时才重新连网参与挖矿，这会导致区块链网络中在线节点数量的减少，而公有链网络的安全性需要较多的在线节点参与共识才能保证。因此 PoS 共识算法也在改进，在 Blackcoin 系统中实现的 PoS 共识算法中，不再使用币龄作为权益，而是使用权重，权重只有在线才能累积，从而鼓励节点保持在线，提高系统的安全性。

在 PoS 算法共识过程中，分叉的制造不需要像 PoW 算法中那样花费算力的成本，因此如果攻击者想构造区块链分叉，不会对自身利益造成任何损失，由此，当出现分叉后，恶意节点可以在每个分叉上都挖矿来增加自己获利的概率，这种攻击被称为无利害关系攻击。

### 3. PoS 算法的性能

PoS 算法中因为挖矿计算的难度相比 PoW 算法大大降低，因此出块时间也改善很多，例如在黑币中可以达到 64 秒一块的速度，相应的交易吞吐率可以达到数百 TPS。

## 6.3.2 DPoS 共识算法

针对 PoW 和 PoS 共识算法中的问题，在 BitShares 系统中首次提出了授权权益证明 DPoS（Delegated Proof of Stake）共识算法，希望通过去中心化的民主选举方式来选择出块节点。

在 DPoS 算法系统中，由见证人（Witness）节点来生成新的区块。每个节点根据自己拥有的代币数量相当于拥有股份权益，可以看作股东节点（Stakeholders）。持有权益的股东节点可以根据自己的意愿按照每股一张选票的方式给见证人投票，得到选票最多的前 $n$ 个节点被选出来作为见证人负责生成新的区块。这里可以类比有一个企业的职工（每个普通节点）根据自己的股份选举公司董事（见证人节点），由选举出的董事组成董事会，每个董事轮流进行记账的工作。见证人的数量由股东节点投票结果决定，如果见证人数量太少会导致中心化严重，目前版本要求最少保持 11 个见证人才能保证最基本的安全性。

DPoS 共识算法的共识过程分为两个阶段：

- 见证人选举阶段：拥有权益的股东节点，投票选出 $n$ 个见证人节点，每个见证人所获得的票数必须超过 50%，因为 50% 被认为可以提供足够的去中心化程度。活跃的见证人的名单按照固定的维护间隔更新，目前是 1 天为一个周期。
- 见证人出块：每一次见证人会有 2 秒的固定时间来生成新的区块，如果不能在给定时间内完成，就换一个见证人造块。见证人每生成一个区块，都会为付出的服务获得一定的代币作为报酬，而报酬的比例由股东节点选出的代表（Delegate）节点设置。如果见证人无法产生新的区块，则不能获得报酬，造块失败会被记录下来，并可能导致见证人在后面的选举中失去造块资格。见证人按时出块成功后，会将新区块发给其他见证人进行验证。

DPoS 共识算法使用根据股份权益投票选举见证人而不是通过随机选择节点作为见证人，原因在于随机选择的节点不一定随时在线，此外在一个去中心化的系统中产生随机数是几乎不可能的，攻击者很可能分析掌握系统中随机数的生成方法，从而控制见证人选择。

一个见证人节点的在线造块参与率通过比较实际产生的区块数和期望产生的区块数来定义，这个指标反应见证人工作是否正常，不能正常工作的见证人会降低系统的安全性，需要被重新选举替换掉。

BitShares 系统中通过选举也产生由代表构成的委员会，具有修改 DPoS 区块链网络参数的权限，这些参数包括交易费率、区块大小、见证人造块收益率以及造块时间间隔等。对网络参数的修改也是通过代表们投票决定的，并且对每次参数修改有一个 2 周左右的观察期。在观察期内，如果股东节点不满意，可以投票取消代表委员的资格，并作废之前设置的参数。这样的设计可以保证所有的网络参数实际上是由股东节点投票决定的。因此虽然在造块和设置网络参数等活动上 DPoS 系统具有中心化现象，但是中心化是可控的，目标是减少造块时间，提高交易速度，而真正的管理仍然是去中心化的。

BitShares 系统中 DPoS 共识算法可以提高加密货币交易速度。因为见证人都是选举产生的，可靠性很高，并且限定时间片来产生新块，因此很难发生两条竞争的区块链分叉共存的现象。

## 6.4 实用拜占庭容错共识算法

早期的拜占庭容错算法性能很差，算法复杂度是指数级，因此很难在实际系统中应用。Miguel Castro 和 Barbara Liskov 在 1999 的计算机科学顶级会议 OSDI 上提出了实用拜占庭容错共识算法，基于一种状态机副本复制的思想，通过多轮消息传递来实现系统中诚实节点达成一致的共识，将算法时间复杂度降到了多项式级，从而可以在实际的区块链系统中实现。

### 6.4.1 PBFT 共识算法

PBFT 共识算法主要应用于联盟链中，可以容忍恶意节点不超过全网节点数量 1/3 的场景，即如果假设系统中最多的恶意节点数为 f，则系统中的节点总数 $n$ 至少为 $3f+1$，也就是需要保证至少有 $2f+1$ 个正常节点。

PBFT 共识算法需要每个节点都对其他节点的消息进行验证，从而实现最终的共识，通过密码学技术保证消息在传递过程中不会被篡改。在其实现中，区块链系统中的节点被分成主节点和备份节点两种。每次生成新的区块并添加到区块链的工作作为一个完整的流程，称为视图，在每个视图中，只有一个节点会被选举为主节点，主节点负责生成新区块，其他节点都扮演备份节点的角色。PBFT 共识算法的主要工作流程如下，主要可以分为请求阶段、预准备阶段、准备阶段、确认阶段和响应阶段 5 个阶段，其中的预准备阶段、准备阶段、确认阶段三个阶段是 PBFT 算法的核心阶段。在每个阶段，每个节点根据自己的角色，执行算法中相应的操作：

- 请求阶段：客户端将交易请求向全网节点广播，只有主节点负责验证交易请求消息，并生成预准备消息；
- 预准备阶段：主节点将预准备消息向所有备份节点广播；
- 准备阶段：每个备份节点收到预准备消息后进行验证，在通过验证后生成准备消息并广播给主节点和其他备份节点，同时将预准备消息和准备消息都写入消息日志中；
- 确认阶段：假设 f 为可容忍的恶意节点数量，如果一个节点（包括主节点和备份节点）收到了 2f 条来自其节点的通过验证的准备消息，加上节点自己的准备消息，总数达到 2f+1 条，则可以向全网广播一条确认消息；
- 响应阶段：如果一个节点收到 2f+1 条确认消息，则认为共识达成，将执行交易请求，并正式提交包含最新交易信息的新区块到本地区块链上，然后向客户端发送回复信息。

图 6-6 可以演示 PBFT 算法的某一次模拟执行场景。假设系统中参与共识过程的共有 4 个节点，其中一个主节点，3 个备份节点，每个节点都通过共识算法规则知道自己的角色，系统可以容忍的恶意节点数 f 是 1 个（3×1+1=4）。3 个备份节点中 x 和 y 是正常节点，节点 z 是拜占庭节点，但是正常节点并不知道系统中有拜占庭节点，即使知道有拜占庭节点也不能确定是谁。

当客户端将交易消息发给主节点以后，主节点将包含交易请求的预准备信息广播给所有备份节点 x、y 和 z。

每个备份节点对预准备信息进行验证，如果通过验证则生成准备信息并广播给其他节点，这里节点 x 和 y 正常的执行算法要求，而节点 z 是恶意节点，选择不发送任何消息（当然也可能故意发送错误的消息）。

主节点和备份节点 x、y 都收到其他两个节点发来的准备信息并验证成功，因

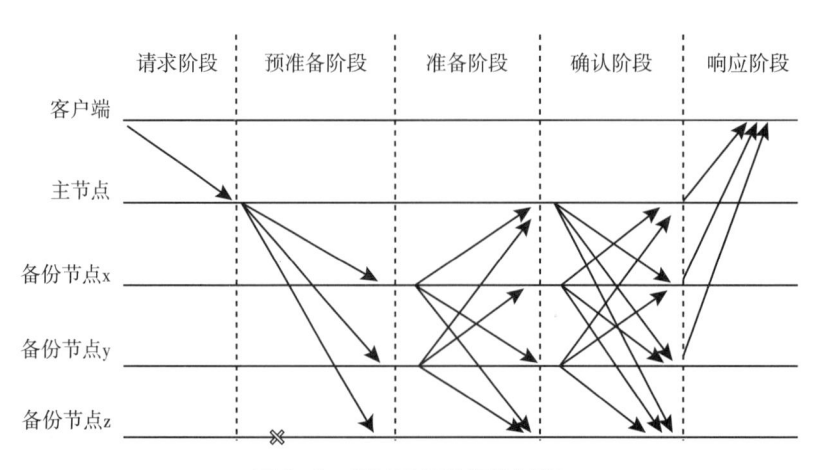

图 6-6　PBFT 系统通信过程

为 $2\times f=2$，所以他们都向全网广播确认消息。

同样的，主节点和备份节点 x、y 都收到其他两个节点发来的确认消息，加上自己的一共是 3 条，即 2f+1 条，所以达成一致，他们将执行交易请求，并将新区块添加到本地区块链上，然后向客户端发送回复消息。

在达成的共识过程中，算法还需要解决以下几个关键问题：

- 主节点的确定：主节点通过当前视图编号 v 和节点总数 n 来确定，计算方法是主节点编号 p=v mod n。
- 视图切换协议：PBFT 算法通过视图切换协议，在发生以下三种情况时，触发视图切换，视图编号加 1，根据主节点编号计算规则，就可以实现使用备份节点替换主节点。①如果主节点出现故障，不响应客户端的请求，或者主节点是恶意节点，故意不转发客户端的请求，则在超时以后客户端可以确认主节点出了问题，会向所有备份节点发送消息进入视图切换；②如果主节点是恶意节点，也可以响应客户端请求，但是故意造成混乱，例如不给请求编号，或给不同的请求相同的编号，或给连续的请求不连续的编号等，这种情况下备份节点可以通过对主节点发来的消息进行验证从而发现主节点作恶，进而发起视图切换；③当顺利完成了一个客户端请求后，进行视图切换，使得每个节点都有机会成为主节点。
- 客户端请求消息的格式和主节点的处理：客户端按照〈Request，Operation，Timestamp，Client〉的格式封装消息发送给主节点，Operation 是要执行的操作，Timestamp 是用于请求排序和保证请求只被处理一次的时间戳，而 Request 包含消息内容和签名，主节点会对请求消息签名进行验证，如果有问题则丢弃请求，如果正确则为请求分配一个编号。
- 预准备消息格式和验证：主节点为合法的客户端请求分配编号 n 后，生成预准备消息〈〈Pre-Prepare，view，n，d〉，m〉并发送给所有备份节点，m 是客户端消息，d 是其哈希摘要，view 是当前视图编号。备份节点对收到的预准备消息中的 m 和 d 进行验证，并检查 view、n 的合法性。
- 准备消息格式和验证：备份节点验证预准备消息合法后，生成准备消息〈Prepare，view，n，d，id〉并广播给所有其他节点，其中 view、n 和 d 与预准备消息中一致，id 是备份节点自己的编号。系统中包括主节点和备份节点在内的每个节点对于收到的准备消息进行验证。
- 确认消息格式和验证：如果每个节点收到的通过验证的准备消息数达到 2f+1（f 为最大恶意节点数），则生成准备消息〈Commit，view，n，d，id〉并广播给所有其他节点，其中 view、n、d 和 id 与准备消息中一致。

- 检查点协议：由于区块链系统工作在异步网络模式下，不能保证每个节点都完全一样，同时每个节点的日志信息会包含一些无用的信息，占用系统的资源，PBFT算法通过周期性实施检查点协议来保证对节点状态的统一和日志中垃圾信息的处理。

### 6.4.2 PBFT共识算法的评估

如果参与共识的节点总数为n，则PBFT共识算法在准备阶段和确认阶段需要传输的消息数量都是$O(n^2)$数量级，那么随着系统中节点数量的增加，PBFT算法的性能会下降很快，因此PBFT算法主要适合节点数不多且基本固定的联盟链系统。目前使用PBFT算法的区块链系统包括超级账本Fabric和中国央行的数字票据系统等。

PBFT共识过程中每一个区块都是由唯一的主节点主导生成，因此不存在分叉的可能性，这是一个强一致性的算法。

## 6.5 私有链Raft共识算法

私有链通常由一个机构或组织进行构建，对于节点的准入和角色有较为严格的规定，节点之间的信任比较高，假设没有恶意拜占庭节点的存在，因此传统分布式系统中共识算法可以应用于私有链中。

传统分布式系统中第一个获得广泛应用的共识算法是由Lamport于1990年提出Paxos共识算法，这也是第一个具有清晰的正确性证明的基于分阶段提交思想的共识算法。

Paxos共识算法规定系统中的节点可以具有3种状态：提议者（Proposer）、决策者（Acceptor）和学习者（Learner）。提议者负责根据客户请求提出提案，等待投票决策，每个提案都有一个逐渐增加的提案编号。决策者负责对提案进行投票表决。学习者获取投票决策结果，但不参与投票，可以帮助传播决策结果。Paxos算法的核心思想主要是：通过提议者提出提案进行竞争，获得超过半数决策者投票获胜的提案才能提交，从而实现所有节点的一致性共识。

Paxos共识算法是分布式系统中最重要的共识算法，但是其缺点是晦涩难懂，很难真正理解，作者Lamport甚至还专门写了一篇论文 *Paxos Made Simple* 来进行解释。Raft算法是斯坦福大学的Diego Ongaro和John Ousterhout提出的为避免Paxos算法的复杂性，在Paxos基础上设计的易于理解的分布式系统共识算法。

Raft共识算法将分布式系统的一致性问题求解分为对三个子问题的求解，即领导人选举（Leader Election）问题、日志复制（Log Replication）问题和安全性（Safety）问题。

### 6.5.1 领导人选举

当收到客户的请求后，为了保证系统状态的一致性，需要决定以哪一个节点的处理结果为准。Raft 共识算法规定系统中的节点可以处于 3 种状态之一，分别是领导人（Leader）、候选人（Candidate）和群众（Follower），Raft 算法中节点状态转换规则如图 6-7 所示。

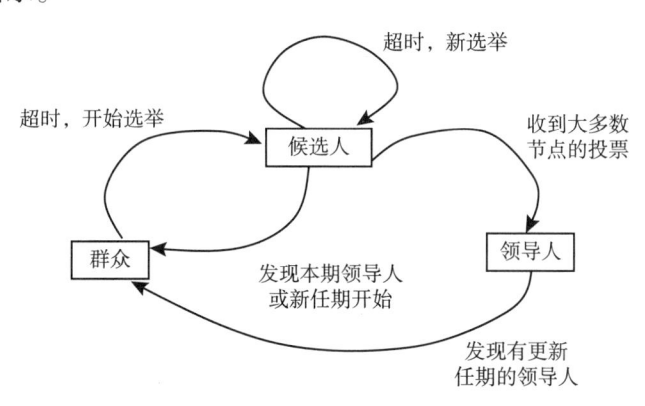

图 6-7　Raft 算法中节点状态转换规则

系统中所有节点的最初状态都是群众，如果群众节点发现系统中不存在领导人，则该节点的状态自动转变为候选人，领导人通过向系统中所有其他节点广播自己的心跳消息来维持自己的存在，如果群众节点在规定的时间期限内收不到领导人的心跳消息，就判定系统中没有领导人。当节点进入候选人状态后，就向所有其他节点发出给自己投票的邀请，进入领导人选举流程，如果一个候选人节点收到大多数节点的投票，则成为领导人。Raft 算法将系统运转时间阶段化，每个阶段称为一个任期（Term），每个任期系统中只能有一个领导人节点。每个任期由选举和常规操作两个子阶段构成。任期的标识由连续增量形成的编号表示，每次选举就标志着一个新任期的开始。当候选人节点竞选分出胜负，得票超过半数的候选人成为领导人，其余候选人就退化为群众，如果不能分出胜负，则每个节点在发现等候超时后就会请求开始新一轮选举，这标志着又是一个新的任期，为了防止这样的情况无限循环下去，Raft 中给每个节点设置的超时参数是 150 ~ 300ms 的随机值，这样就可以防止多个候选人同时发起选举。

### 6.5.2 日志复制

当领导人选举结束后，任期进入常规操作阶段，这时系统中只有一个领导人，其余节点都是群众，领导人会向所有其他节点发送心跳消息以建立自己的权威，并阻止新的选举。系统中所有的改变都只能由领导人节点负责处理，即使客户向群众发出请求，这个请求也会被群众重定向到领导人，客户请求对系统做出的所有改变都由领导人复制到群众节点，这是保证达成系统一致性共识的关键。

领导人收到的任何请求操作及其处理结果状态都会作为一个请求处理条目被追加到领导人节点本地的日志中，这个请求处理条目会包含请求和任期编号，但是一开始是未提交的状态，领导人会将请求处理条目复制发给所有的群众节点，并等候绝大多数的群众节点在本地（执行）提交请求处理日志条目请求成功，然后领导人将本地的这条请求处理条目的状态改为提交状态，并通知所有群众节点请求条目已提交，最后报告客户请求已处理，这样系统中所有节点达成对这个请求条目执行后状态的一致性共识，这个过程被 Raft 称为日志复制，是在每个任期的第二个子阶段常规操作阶段完成。通过日志复制，可以由领导人主导使得所有节点对按照相同的顺序执行系统收到的所有请求达成共识，从而保持结果状态的一致性。

当网络因为某些故障原因发生分区时，有可能每个分区独立按照 1 个领导人多个群众节点的方式自主运行，此时每个分区的状态是不一致的，但是一旦故障解决，所有节点恢复通信，Raft 可以保证重新实现一致性。其基本思想是：在各自分区中工作的领导人所属任期编号不同，且每个网络分区中节点数不同，必然最多只有一个分区具有一半以上的群众节点，因此群众节点数不到一半的分区中领导人的日志复制因为得不到大多数群众的确认，无法提交，当网络重新连通后，任期编号低的领导人自动退化为群众，回滚未提交状态的日志条目，并使用任期新的领导人的日志覆盖自己本地日志中不一致的内容。

Raft 通过日志复制，实现了复制状态机的基本思想，即系统中所有节点以相同的状态开始，给定相同请求，必然达到最终相同的结束状态。

### 6.5.3　安全性

Raft 共识算法通过对领导人和日志安全属性的限制来确保安全性。

在共识过程中，Raft 算法规定每个任期最多只能有一名领导人，而领导人只能在记录交易信息时，只能通过追加日志的方式，领导人不能覆盖或删除本地日志中的条目，如果在某个任期内一个日志条目被提交了，则在之后所有任期的领导人的日志中这个条目都必然会存在。这样可以保证日志中每一条条目是由唯一的一个领导人决定。

对于日志信息的完整性保证，是通过日志文件中的索引和任期编号来实现的，Raft 算法规定：如果两个日志中包含索引和任期编号都相同的条目，则这两个日志中到给定索引为止的所有条目都必然相同；此外，如果一个节点中为某个日志条目应用了一个给定的索引到其状态机，则不会有其他节点曾经在其日志中为其他条目使用过这个给定的索引编号。

## 6.6 区块链共识算法的研究进展和趋势

### 6.6.1 单一区块链网络共识算法的进展趋势

区块链共识算法的主要研究发展趋势是针对已有算法的缺点和不足，不断改进，目标方向是安全性和性能的提升，未来可能还有共识算法的标准化。主要的研究思路可以借鉴如下。

**1. 混合共识算法**

采用单一策略的共识算法可能都会有各自的缺点，例如容易遭受某种攻击或者对资源消耗太高等，因此有研究尝试将不同的策略混合来构造共识算法，从而实现更安全和代价小的共识过程，这方面比较具有代表性的工作有下面两个共识算法。

Casper FFG（Casper the Friendly Finality Gadget）实现了 PoW+PoS 的混合策略共识算法，这是通过在原有的 PoW 算法之上再叠加一层 PoS 共识来达成的。

Tendermint 是在 PoS 算法为主策略的区块链环境下实现拜占庭容错共识的第一个工作，是被称为区块链互联网的跨链项目 Cosmos 的核心技术，即基于 PoS+BFT 的混合共识算法。

**2. 基于工作量证明共识算法的改进**

PoW 共识算法的主要问题在于对能源消耗巨大，出块速度慢，交易吞吐率低，此外在安全上计算力比较高的节点容易实现各种攻击。因此基于 PoW 的改进主要方向在于提升性能、降低能耗以及增强安全性。

Bitcoin-NG 共识算法的改进思路在于以下几点：①将区块分为关键块（Key Block）和微块（Micro Block），关键块就是普通的区块，仍然需要通过 PoW 算法生成，主要的作用是选择当前时期的出块节点，微块的作用是记录发生的交易，由出块节点生成，可以以不超过 10s 的速度完成出块，这样就达到提升出块速度和系统交易吞吐量的目标。②为了达到安全性，出块报酬被锁定在 100 个关键块之后才可以消费，并激励对恶意节点的举报。

基于有向无环图（Directed Acyclic Graph，DAG）的共识算法，采用 DAG 数据结构，令区块最终形成图状结构，能够实现区块链系统的扩容和性能提高。典型算法包括 Spectre、ITOA 等。

有益工作证明（Proof of Useful Work，PoUW）共识算法将 PoW 中除了挖矿没有其他意义的双 SHA256 哈希运算使用解决有价值的实际问题的运算代替，从而不浪费昂贵的计算能力和资源。

### 3. 基于权益证明共识算法的改进

基于权益证明的共识算法主要问题在于安全性，容易遭受无利害攻击、长程攻击等威胁。改进的思路主要是提高安全性。

上一节所提到的 Capser 共识算法的基本版本就是一个例子。Ouroboros 共识算法构造了一个方法，利用一个由多方安全协议产生的随机数作为参数来选择出块节点，这样可以做到尽可能随机化的选主策略，防范可能的攻击，并利用形式化的方法建立模型并证明安全性。

### 4. 传统分布式系统共识算法的改进

私有链和联盟链这样的许可链中，典型的共识算法通常基于状态机复制这样的传统分布式系统共识算法思想，具体实现上是采用广播选举或轮流的方式选择出块节点，通过多轮投票的方式实现节点之间的共识，需要较高的通信复杂度。因此改进的方向在于提高通信效率的投票方法、更加合理的选主策略等。

dBFT 共识算法使用 PoS 的思路根据节点权益来选举出块节点，再使用 PBFT 算法达成节点之间的共识，可以应用到金融场景。Algorand 算法使用密码抽签技术作为选主依据，使用其 BA* 拜占庭容错协议达成共识，效率很高，而且区块分叉的可能性被限制的很小。瑞波 Ripple 共识算法中，由追踪节点（Tracking Node）和验证节点（Validating Node）将交易广播到网络中，由验证节点内置的可信节点名单中的节点完成共识，效率比 PoW 算法高。

这个方向的研究成果还包括 SBFT、MinBFT、Honey Badger BFT 等共识算法。

### 5. 针对可扩展性的分片共识（Sharding Consensus）机制

当区块链网络中节点数量不断增加，网络规模不断扩大后，现有的共识算法的性能会不断下降，为了能够支持更大的区块链网络规模，有研究者提出了分片共识机制，其基本思想是将区块链网络逻辑分片，类似于通信故障造成的网络分区，但是分片共识不是因故障而被迫分区，而是为了提高系统的性能而主动将整个系统分为若干个独立的分片子系统，每个分片都像一个区块链网络一样运转，有自己的委员会、通信、计算和存储，每个分片都逻辑自治。对于系统接到的客户请求，就可以由多个分片采用并行的方式处理。目前典型的分片共识算法有 ELASTICO、Omniledger、Chainspace、RapidChain、Ostraka 等。其中 Omniledger 算法在采用 16 个分片，每个分片 70 个节点的设置时，能够达到 5000TPS 的交易吞吐率。

### 6. 利用硬件特性的共识算法

主要思路是利用硬件来帮助构造选主策略，主要目的还是帮助改进 PoW 等算法不必耗费巨大算力来挖矿，在提高公平性的基础上提高系统的效率。例如空间证明 PoSP（Proof of Space）共识算法使用节点的硬盘空间大小作为标准选主，消逝时间证明 PoET（Proof of Elapsed Time）和运气证明 PoL（Proof of Luck）共识算法使用可信硬件产生随机数作为选主依据等。

### 6.6.2 区块链跨链共识算法的研究

#### 1. 跨链技术

区块链，特别是公有链，是一个很开放的分布式系统，用户可以很自由地参与其中，但是区块链系统的互通仍然比较困难。尽管互联网已经有了多年的发展，但是数据时常还会因为各种原因行程数据孤岛。而区块链的互通问题如果不能得到很好地解决，在未来有可能会存在更为棘手的数据互通问题，进而形成价值孤岛。

跨链技术是为了解决不同区块链之间连接、交互的问题，实现价值在不同链间的流通。

#### 2. 跨链技术中共识算法难点

要实现跨链，有一些技术难点需要克服，与共识算法相关的包括：

跨链交易的可验证性：可验证性也指对交易的确认。因为不同的链的共识算法可能不同，一方面，跨链信息传递的可验证性需要发送链的共识算法对交易以某种形式进行确认；另一方面，还需要确保可以从发送链上读取当前账本信息以及确认状态，同时接收链可以对验证信息进行判断。

链间的安全性：无论采用何种共识算法，区块链的共识安全总有一个界限，例如，51% 的算力或者 2/3 以上节点是诚实的。而如果在跨链时，其中一个链遭受到了攻击，势必会影响到与其连接的其他链。因此，在跨链的设计时，还需要考虑采用何种方式来组织，比较典型的包括独立安全（各链负责自己的安全性）和共享安全（各链互相保证或以其中一个链作为中心）等。各种方式均有其优缺点，需要根据实际情况进行设计。

#### 3. 跨链实现技术中与共识算法相关的一些研究进展

公证人机制是一种较为中心化的实现跨链的方式。其思路较为简单，是由一个或一组可信任的节点充当区块链系统之间的托管节点。其优势在于实现简单、效率通常也很高。其缺点也很明显：需要使用者对公证人有足够信任。

提出的公证人机制的最早知名协议是 Interledger Protocol，通过连接器（Connector）实现跨账本的多跳，在 Ripple 有着较好的应用，除区块链系统之外，还可实现与银行、支付公司等传统金融系统账本的链接。

当前围绕跨链技术的研究,更多是围绕去中心化中继的方法展开。中继的典型架构由一个中心的枢纽(Hub)区块链网络作为中继,连接多个区域(Zone)区块链网络,Hub 和 Zone 的账本上维护与其相连的各区块链的多个资产的记录;当资产跨链转移时,需要 Zone 和 Hub 检验确认。其代表性区块链项目为 Cosmos、Polkadot 等。

如何实现区块链网络的跨链共识是未来的一个重要的研究方向。

## 6.7 本章小结

共识算法是区块链系统的核心和灵魂,决定着区块链系统的性能、安全性和能够应用的领域。本章首先介绍了分布式系统中的一致性问题,说明了共识算法是实现分布式系统一致性的关键。区块链是去中心化的分布式系统,区块链系统中的共识过程主要由选择出块节点、构造新区块、广播并验证新区块、新区块上链四个主要过程构成,其中选择出块节点又称为选择记账节点或者选主节点,是区块链共识算法的核心和构造的主要依据。

本章从不同角度对共识算法进行了分类和解释,并给出了作为目前区块链算法研究和设计基础的最重要的 5 个共识算法的介绍,分别是用于私有链的 Raft 算法,用于联盟链的 PBFT 算法,用于公有链的 PoW 算法、PoS 算法和 DPoS 算法,表 6-1 和表 6-2 对这 5 个基础性算法进行了对比和总结。

表 6-1 5 个基础性区块链共识算法的对比和总结

| 共识算法 | 系统类型 | 容错类别 | 敌手模型 | 出块时间 | 吞吐量(TPS) | 典型应用 |
| --- | --- | --- | --- | --- | --- | --- |
| Raft | 私有链 | CTF | n=2f+1 | NA | NA | Etcd<br>Hyperledger Fabric v0.6.0 |
| PBFT | 联盟链 | BFT | n=3f+1 | <1s | 1000~2000 | Hyperledger Fabric v0.6.0 |
| PoW | 公有链 | BFT | n=2f+1 | 10min | 7 | Bitcoin |
| PoS | 公有链 | BFT | n=2f+1 | 64s | <1000 | Peercoin<br>Blackcoin |
| DPoS | 公有链 | BFT | n=2f+1 | <1s | 数千到数十万 | BitShares |

表 6-2　5 个基础性区块链共识算法的对比和总结（续）

| 共识算法 | 选主策略 | 资源消耗 | 中心化程度 | 主要优点 | 主要缺点 |
| --- | --- | --- | --- | --- | --- |
| Raft | 广播选主 | 通信 | 高 | 交易速度快，容易理解 | 非拜占庭容错 |
| PBFT | 轮流选主 | 通信 | 高 | 效率高，交易速度快 | 通信资源消耗高，可扩展性差 |
| PoW | 工作量证明 | 计算能力 | 低 | 算法简单，去中心化，安全性高 | 资源消耗大，交易确认时间长，交易吞吐量低 |
| PoS | 权益证明 | 权益 | 低 | 不浪费资源 | 易于收到无利害相关等攻击 |
| DPoS | 权益证明 + 委托选举 | 权益 | 较高 | 性能高 | 中心化程度较高 |

# 习题

1. 区块链共识算法主要解决什么问题？
2. 区块链共识算法的主要过程由哪几个部分构成？核心是哪个？
3. 用于私有链的传统分布式共识算法和用于联盟链及公有链的共识算法的主要区别是什么？
4. PBFT 算法、PoW 算法和 PoS 算法的选主策略有什么区别，选主消耗的资源主要是什么？
5. PoW 算法和 PoS 算法面临的主要安全问题是什么？有什么区别？
6. DPoS 算法是如何克服 PoS 算法的不足的？
7. 跨链技术要解决问题、难点，及当前主要实现方法是什么？

# 第 7 章 P2P 网络

P2P 网络是一种点对点直接通信模式，区块链基于它实现了去中心化的分布式网络架构。节点之间可以交互和同步数据，不需要通过中心服务器进行协调，节点加入和离开网络也不会影响区块链系统的正常运行。本章首先介绍 P2P 网络的基本概念和特点，然后介绍 P2P 网络结构和网络协议，最后讨论 P2P 网络技术在区块链中的应用。

## 7.1 概述

### 7.1.1 P2P 网络概念

P2P 网络被定义为在物理网络之上形成的一种分布式应用模式，允许在计算机之间直接交换信息和共享计算机资源，而不必通过中央服务器进行协调。

P2P 网络区别于传统的客户机–服务器（Client/Server，C/S）模式。C/S 模式描述的是进程之间服务和被服务的关系，客户机是服务请求方，服务器是服务提供方。例如，通过浏览器访问网站，浏览器作为客户端，网站服务程序为服务器。C/S 模式最大的问题是大量的用户访问会引发服务器的性能瓶颈，同时服务器宕机或遭受攻击会造成整个系统瘫痪。

相比而言，P2P 网络采用的是对等工作模式。通信时不区分服务请求方和服务提供方，每一个节点既可以是服务器也可以是客户端，任意网络节点之间直接建立联系、传递消息、共享资源。P2P 网络中资源分散存储在各个节点上，不需要通过中心服务器进行集中协调，不存在 C/S 模式中心服务器引发的性能瓶颈。同时，网络运行不受部分节点加入、离开的影响，少数节点受到攻击或宕机不会影响整体的服务。因此，P2P 模式更健壮、更易伸缩，可提供更好的可用性，与传统的集中式 C/S 模式形成了鲜明的区别。

P2P 网络的主要应用领域包括文件共享、分布式科学计算、协同办公、多媒体应用、在线游戏、区块链等。互联网上第一个大型共享文件 P2P 应用是 Napster，主要用于查找、下载 MP3 文件。在 C/S 结构中，由于下载内容仅来源于中心服务器，用户越多，数据传输越慢。而 P2P 网络因许多节点存储有同一份文件的副本，当用户下载文件时，可以从多个节点同时下载，且自己在下载文件的同时可上传给其他正在下载的节点，因此网络越大，节点越多，速度越快。P2P 网络充分利用了网络中的带宽。

总之，在基于客户机－服务器模型的集中式网络中，各个客户机从中心服务器请求服务和资源；而在 P2P 网络中，互连的对等节点彼此共享资源，而无需使用中心服务器进行协调。图 7-1 反映了这两种模式的差异。

图 7-1　C/S 模式与 P2P 模式的区别

### 7.1.2　P2P 网络的发展

早在 30 年前，就出现了 P2P 模式的雏形，例如，1979 年产生的 USENET（新闻组）、1984 年创建的 FidoNet（惠多网）等分布式信息交换系统。然而，由于当时 PC 机性能和网络带宽的限制，P2P 模式并未得到广泛应用。C/S 模式逐渐发展成为互联网上主流的应用模式，许多重要的互联网应用协议（如 HTTP、FTP、SMTP 等）都采用了此模式。C/S 模式要求配置高性能的服务器，安装服务器软件（如 IIS、FTP 等）集中处理各种信息，并实时地响应来自客户端的各种请求。服务器是客户端成员之间联系的中间平台，扮演着资源存储、服务和安全保障等全功能角色，是一种集中式、中心化的工作方式。

随着互联网在规模上不断扩展、用户数量持续增加以及多媒体应用的普及，服务器负担越来越重，很容易出现性能瓶颈，同时也存在单点故障问题，C/S 模式低效率与难以扩展的缺陷逐渐暴露出来。在此背景下，人们将目光重新放回被长久忽视的分布式模式上。1999 年，美国东北波士顿大学一年级新生肖恩·范宁，为方便在网上搜索音乐文件，编写了基于 P2P 对等模式的 Napster 软件。该软件因可方便找到 MP3 文件而深受音乐爱好者的追捧，最高峰时注册用户达到 8000 万人。继 Napster 之后，又有比如 Gnutella、BitTorrent、eDonkey、Skype 等人们熟悉的 P2P 网络应用软件相继出现，这些应用流量占据互联网总流量的一半以上。在此背景下，P2P 对等模式受到广泛重视并很快成为研究和应用开发的热点。2002 年，美国国家科学基金会（NSF）启动了著名的 P2P 研究项目 IRIS，以资助大学合作开发基于分布式哈希表（DHT）的核心技术，其中麻省理工学院的 Chord 项目实现了基于 DHT 的查询，Rice、NYU、UC Berkeley 等大学的项目则分别开发了 Pastry、Kademlia、Ocean Store 和 CAN 等著名的 P2P 协议。在国内，北京大学、清华大学、华中科技大学都开发了自己的 P2P 系统，分别为 Maze、Granary 和 AnySee。

经过 20 年的发展，P2P 网络技术在互联网上迅速崛起，并在协同工作、文件共享、搜索引擎、多媒体、分布式计算等领域拥有大量的应用和市场。如今，P2P 网络已经成为支撑区块链网络的关键底层技术。

## 7.2 P2P 网络结构

### 7.2.1 P2P 网络与覆盖网络

P2P 网络是一种典型的覆盖网络（Overlay Network）。覆盖网络是在基础网络（Internet）之上利用软件方法构造出的逻辑网络，以满足用户特定的业务需求。覆盖网络中的节点通过虚拟或逻辑链路连接，每个虚拟或逻辑链路对应 Internet 基础网络中的一条或多条物理链路路径。

覆盖网络面向应用，把特定问题从复杂的底层网络中剥离出来，映射到独立的平面或空间，节点之间通过逻辑链路直接通信，不需要考虑节点的物理位置，从而使应用变得简单而高效。P2P 模式和 C/S 模式都是运行在 Internet 之上的覆盖网络。图 7-2 体现了 P2P 网络与 Internet 的关系，需要注意的是覆盖网络中两个节点间的

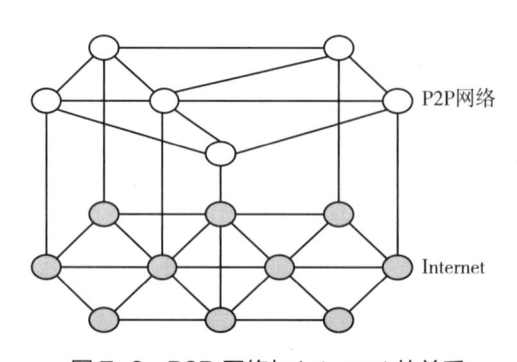

图 7-2  P2P 网络与 Internet 的关系

路径序列与其对应在 IP 网络中的路径序列常常不一致。

P2P 网络的核心机制是在覆盖网络上，准确、快速地路由消息和定位数据对象，主要包括构建网络拓扑结构、确定路由定位和查询搜索方式以及动态节点算法等内容，例如，在有结构的覆盖网络上依靠分布式哈希表（DHT）准确与快速地路由消息和定位数据对象。

### 7.2.2　P2P 网络拓扑结构

根据网络中节点的连接形式以及资源被索引和定位的方式，可将 P2P 网络分为集中式、纯分布式、混合式和结构化四种不同的网络结构，也代表着 P2P 技术的四个发展阶段。需要强调的是，本章中的网络结构主要是指路由查询结构，即不同节点之间如何建立连接通道。

#### 1. 集中式结构

集中式 P2P 网络基于中央目录（索引）服务器，如图 7-3 所示。目录服务器保存了所有节点的索引信息（如节点 IP 地址、端口、节点资源等），为网络中所有节点提供目录查询服务，而内容传输时无需经过目录服务器。集中式目录查询具有结构简单、实现容易、资源发现效率高等特点，且内容传输无需经过中央服务器，降低了中央服务器的负担。但因存在中央目录服务器，容易形成传输瓶颈，扩展性较差，且存在单点故障以及可靠性和安全性较低等问题，不适合大型网络。集中式 P2P 网络的典型代表有 Napster、QQ 等软件。

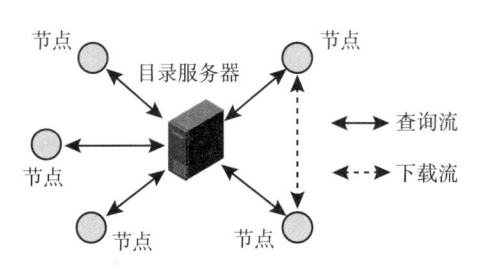

图 7-3　集中式 P2P 结构

#### 2. 纯分布式结构

纯分布式 P2P 网络是采用随机图的组织方式而形成的松散网络，是一种完全分布式非结构化网络，这种网络结构没有中心服务器，新加入的节点通过与网络中的某个节点随机建立连接通道，从而形成一个随机拓扑结构，其典型的结构如图 7-4 所示。

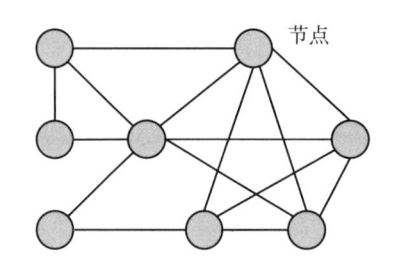

图 7-4 分布式非结构化 P2P 网络

新节点加入纯分布式 P2P 网络有多种实现方法，最简单的方法是随机选择一个节点建立邻居关系。比特币 P2P 网络中的新节点则是通过 DNS 种子节点指引快速发现网络中的其他节点。新节点与邻居节点建立连接后，还需要进行全网广播，让整个网络知道该节点的存在。其方式是该节点首先向邻居节点广播，邻居节点收到广播消息后，继续向自己的邻居节点广播，以此类推，从而传播到整个网络，这种广播方法也称为洪泛机制。

纯分布式结构不存在集中式结构的单点性能瓶颈和单点故障问题，具有较好的可扩展性，但可控性差，主要存在两方面的问题，一是容易形成洪泛循环，比如节点 A 发出的消息经过节点 B 到节点 C，节点 C 再广播到节点 A，从而形成循环；二是容易形成响应消息风暴，比如很多节点都保存有节点 A 所请求的资源，短时间内，可能出现大量节点同时向节点 A 发送响应消息，造成节点 A 瞬间瘫痪。比特币主网结构上也是一种纯分布式 P2P 网络。

### 3. 混合式结构

混合模式在设计上结合了集中式和分布式结构的优点，网络性能得到优化。混合模式结构如图 7-5 所示，网络中存在多个超级节点组成分布式网络，而每个超级节点则与多个普通节点组成局部集中式网络。新的普通节点要加入网络，首先选择一个超级节点建立连接，该超级节点再将其他超级节点列表推送给新加入的节点，

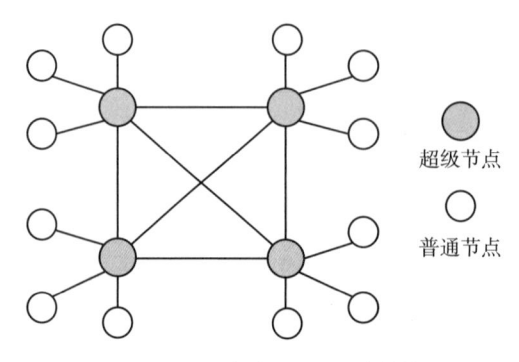

图 7-5 混合式 P2P 网络结构

新节点根据超级节点的状态选择适合的节点作为父节点。这种结构的洪泛广播只发生在超级节点之间，可以减少网络风暴问题。混合式组网结构具有灵活、有效且实现难度小等特点，目前被很多系统所采用，比如超级账本区块链平台。

**4. 结构化 P2P 网络**

结构化 P2P 网络将节点按某种结构进行有序组织，形成一种逻辑上的结构化网络拓扑，比如环状网络或树状网络。由于非结构化 P2P 网络中的随机搜索具有盲目性，人们开始研究结构化的 P2P 网络，以提高搜索查询效率，最具代表性的成果是基于分布式哈希表（DHT）的资源定位算法，如图 7-6 所示。在 DHT 网络中，节点被分配一个由哈希运算（或公钥）产生的唯一节点 ID（节点标识符），资源对象的关键字（Key）通过哈希运算也产生唯一的索引值，资源通常存储在其 Key 的索引值与节点 ID 距离相近的节点上。进行资源查找时，通过对资源对象 Key 进行哈希运算产生索引值，就可以快速定位到存储该资源的节点。

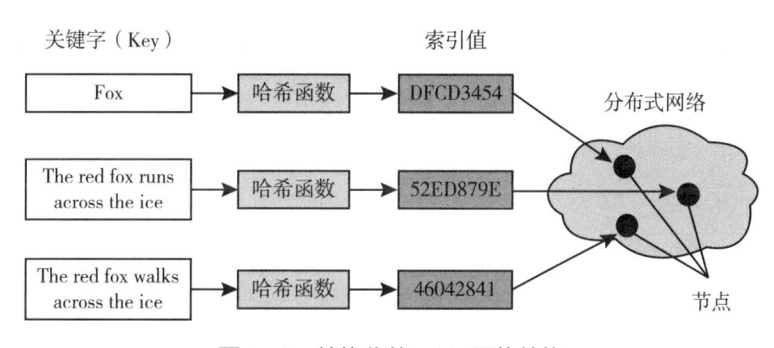

图 7-6　结构化的 P2P 网络结构

基于 DHT 算法的结构化 P2P 网络，通过特定的距离算法将关键字 Key 映射到唯一的节点上，有效解决了在分布式环境下快速、准确地路由和定位目标数据问题，避免了基于广播进行查找的低效问题。

以上介绍了 4 类不同拓扑结构的 P2P 网络，各有优缺点，在实际应用中，需要根据不同使用场景选择适合的 P2P 网络结构。

## 7.3　P2P 网络的协议

针对不同结构的 P2P 网络，人们开发出了不同的网络协议用于实现节点发现、消息路由和资源搜索。本节将简要介绍 P2P 网络资源定位技术，重点讨论非结构化 P2P 网络使用的消息洪泛算法和结构化网络使用的分布式哈希表技术。

### 7.3.1 P2P 网络资源定位技术

P2P 资源定位技术是 P2P 网络中消息路由和资源搜索的基础功能。网络结构上的差异决定了不同 P2P 网络需要有针对性的资源定位技术。

集中式 P2P 网络的中心目录服务器存储所有节点可共享资源的索引，目录服务器负责提供所需资源的路径和位置。与传统意义上的 C/S 模式相比，中心服务器只保留索引信息，而具体资源则保存在网络的相关节点上。资源查找时需求节点首先通过目录服务器检索定位所需信息对应的节点，然后与该节点建立连接并下载所需的信息，比如 Napster 和 eMule 软件。

纯分布式 P2P 网络没有中心目录服务器，通过向邻居节点发送查询请求用于定位资源。例如，查询文件时，节点向所有的邻居节点发送查询请求，邻居节点首先检查自己是否有满足要求的文件，如果有，则发送查询响应给查询请求节点，两个节点建立连接并直接交换文件；如果没有，邻居节点继续向自己的邻居节点转发查询请求，以此类推，查询消息像洪水（Flooding）一样在网络中流动，其搜索效率低下。

混合式 P2P 网络在纯分布式网络的基础上，将节点按能力强弱分类，使能力强的节点成为超级节点。超级节点分担网络中大部分检索和路由功能，普通节点的负载则大为下降，从而提高搜索效率。

结构化 P2P 网络主要采用分布式哈希表（DHT）技术实现资源定位。系统将所有节点进行有序组织，构建结构化的网络拓扑，每个节点按与其他节点"距离"远近规则维护一张路由表，保存部分节点的 IP address（IP 地址）、UDP port（UDP 端口）和节点 ID（节点标识符）等信息。网络中需要共享的资源也有唯一的关键字 Key，关键字存储在与节点 ID 相匹配的节点上。进行资源定位时，通过节点路由表即可快速定位到存储关键字的节点，从而获得资源的存储位置。DHT 具有较好的搜索效率，本节后面将对 DHT 技术进行详细介绍。

以上介绍了不同结构的 P2P 网络所采用的资源定位技术，其中集中式 P2P 网络的定位技术相对简单但效率低；而传统纯分布式和混合式 P2P 网络完全依靠网络节点实现路由，算法比较复杂；DHT 技术支持纯分布式结构，且效率高，是目前主流的 P2P 网络定位技术。

### 7.3.2 P2P 网络的洪泛算法

目前，非结构化 P2P 网络得到了较为广泛的应用，节点采用随机方法加入网络，网络拓扑随着节点的加入、离开而发生变化。非结构化 P2P 网络的资源定位和消息传递主要采用洪泛算法，下面简要介绍 Flooding 算法和 Gossip 协议。

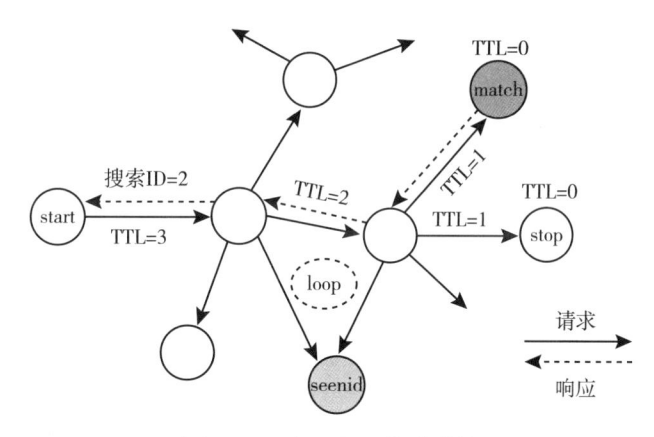

### 1. Flooding 算法

Flooding 算法是最早出现的非结构化 P2P 网络的路由算法，网络拓扑没有固定结构，其路由特点是全网遍历搜索。在 Flooding 算法中，消息像洪水一样在网络中的节点间流动，网络节点不知道资源位于何处。当节点查找某个文件时，首先向其相邻节点传递查询请求，如果某个相邻节点拥有此文件，便返回 Query Hit 消息，否则，相邻节点将查询消息继续转发给相邻节点。为避免消息在网络中循环传递，可限制消息所经过的节点数量 TTL（Time To Live）。如图 7-7 所示，假设查询节点设置消息的 TTL=3，之后每传播一次 TTL 减 1，如果 TTL 减到 0 还没有搜索到文件，则节点停止传递消息；如果搜索到文件，则按照原路径将目标节点的信息返回给查询节点。

图 7-7 Flooding 路由算法

Flooding 算法的优点是路由算法比较简单，易于实现；不足是每次路由都需进行全网遍历，网络负担重，搜索效率不高，可扩展性较差。

### 2. Gossip 协议

Gossip 协议被称为"流言"协议，也被称为 Epidemic（流行病）协议，形容其传播速度非常快，常被用于大型无中心化 P2P 网络环境，实现节点之间高效、可靠地同步数据。

Gossip 是 Flooding 的变种，主要区别在于 Gossip 并不将数据广播给全部邻居节点，而是随机选择部分邻居节点进行广播，这种简单的改动大大降低了网络的通信量。Gossip 协议主要有两种类型：

（1）谣言传播协议（Rumor-Mongering Protocol）。协议通过网络中的洪泛代理进行工作，节点收到广播数据后直接转发给所有邻居节点。此方式可以提高网络的健壮性，但容易造成广播风暴。主要工作方式是：当一个节点有了新的信息后，这个节点变成活跃状态，并周期性地联系其他节点发送新信息。

（2）反熵协议（Anti-Entropy Protocol）。每个节点周期性地随机选择其他节点，通过互相交换各自的数据以消除两者之间的差异。

Gossip 协议最终的目的是将数据分发到网络中的每个节点，针对不同的应用场景和网络环境，Gossip 协议具有如下三种数据传输方式：

Push：发起信息交换的节点 A 随机选择节点 B，并向其发送自己的信息，节点 B 收到信息后更新比自己新的信息，通常拥有新信息的节点才会作为发起节点。

Pull：发起信息交换的节点 A 随机选择节点 B，并从对方获取信息。通常无新信息的节点才会作为发起节点。

Push&Pull：发起信息交换的节点 A 向选择的节点 B 发送信息，同时从对方获取信息，用于更新自己的数据。

比特币和 Hyperledger Fabric 均使用了 Gossip 协议。比特币节点通过 Gossip 向分布在全球不同国家和地区的节点广播交易和新区块。Fabric 使用 Gossip 在节点间同步新区块，图 7-8 展示了 Fabric 网络中的排序（Ordering）服务将创建的新区块通过 Gossip 协议分发给所有 Peer 节点的过程。

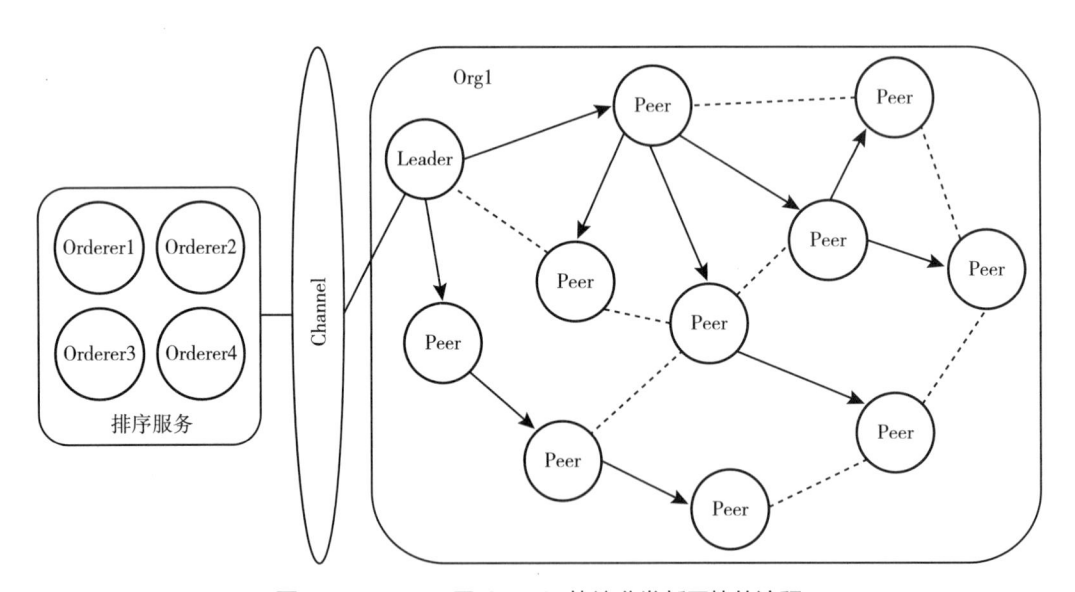

图 7-8 Fabric 用 Gossip 协议分发新区块的流程

Leader 节点不断从排序服务获取新区块，之后随机选择指定数量（Fabric 中默认为 3 个）的邻居节点发送消息，接收到消息的节点再将消息转发给预定数量的其他节点，以此类推，直到所有节点都收到新的消息。

### 7.3.3 基于 DHT 的 Kademlia 协议

Kademlia 协议（简称 Kad）是美国纽约大学的 Petar P. Maymounkov 和 David Mazieres 在 2002 年提出的一种基于 DHT 的 P2P 网络路由算法。与 Chord、CAN、Pastry 等算法相比较，Kad 通过两个二进制数异或的结果计算距离的方式，大大简化了节点定位流程，从而提高资源查询速度。

**1. 哈希表**

哈希表（Hash Table）是根据关键字值（Key，Value）直接进行访问的数据结构。通过将关键字值映射到表中某个位置而访问记录，以加快查询速度。哈希表的每一个索引（Index）对应一个存储位置。例如表 7-1 所示的借书记录。

表 7-1 借书记录

| 书名 | 借书人信息 |
| --- | --- |
| 闪闪的红星 | 张三丰，5 系 2 年级 1 班 |
| 三国演义 | 王小明，5 系 3 年级 2 班 |
| 红楼梦 | 宋波，2 系 3 年级 4 班 |

如果把这种对应关系用哈希表存储起来，假设每本书对应的哈希值分别为：
Hash（闪闪的红星）= 0，Hash（三国演义）= 1，Hash（红楼梦）= 2。
利用哈希表存储"借书人"，如表 7-2 所示。

表 7-2 哈希表 Index 记录

| Index | 借书人信息 |
| --- | --- |
| 0 | 张三丰，5 系 2 年级 1 班 |
| 1 | 王小明，5 系 3 年级 2 班 |
| 2 | 宋波，2 系 3 年级 4 班 |

这三个借书人信息分别存储在由索引 0、1 和 2 标注的存储位置。当需要查找《红楼梦》被谁借走时，只需计算书名的哈希值，便可得到对应的 Index（为 2），进而找到对应的"借书人信息"。这里的 Key 为"书名"，Value 为"借书人信息"。

**2. 分布式哈希表**

分布式哈希表（Distributed Hash Table，DHT）是一种实现分布式存储和资源搜索的技术，使用哈希函数为每个节点和 Key 分配一个 m 位的标识符。例如，通过对节点的 IP 地址进行哈希运算生成节点 ID，通过对 Key 进行哈希运算产生 Key 索引。通过给定的规则将 Key 映射到存储 Value 的节点上，加快资源定位的速度。

在 DHT 中，所有参与节点共同维护 Key 到 Value 的映射。DHT 把哈希表分成若干不同部分，分别存储在不同节点上，从而降低全部数据部被损坏所带来的风险。DHT 可自动适应 P2P 网络拓扑的变化，即使节点频繁加入、离开或故障，也只需要少量处理。

目前有多种实现DHT技术的算法，包括 Chord、Pastry、CAN、Tapestry、Kademlia 等，其中 Kademlia 算法由于简单易用而被广泛使用，以太坊便采用了 Kademlia 算法。

### 3. Kademlia 协议

（1）节点要素

节点描述：Kad 网络中的每个节点（计算机）都有唯一的节点 ID（标识符），对应有节点的 IP 地址及通讯端口，找到节点 ID，就可存储和查找下载资源。原始 Kad 的节点 ID 长度为 160 位（bit）。

节点所存储内容的描述：一是将部分数据资源以键值 <Key,Value> 对的形式保存在相关节点上。二是建立并保存部分节点的路由表（可理解为通信录），记录其他节点的节点 ID、IP 地址及端口，用于节点定位。

路由表只记录部分节点的内容，一是因为分布式系统中节点的进入和退出比较频繁，每次有变动时都全网广播路由表更新，会造成通信量过大。存储部分节点可以降低通信量；二是避免单点故障造成的安全隐患。

（2）Kad 算法的距离定义

在 Kad 网络中，距离是两个二进制数进行异或（XOR）操作后的值。两个节点间的距离：d=（节点 ID1 XOR 节点 ID2）；节点与资源的距离为：d=［节点 ID XOR Hash（Key）］，d 值越大，距离越远，反之亦然。这里的"远近"和"距离"都只是逻辑上的度量描述，与地理位置无关。键值（Key，Value）这一对数据保存在节点 ID 最"接近"Hash（Key）的节点上。通过这种新颖的距离度量方法，可以在网络中快速定位要查找的节点和资源。

例如，节点 A 的 ID 为二进制 010101，节点 B 的 ID 为二进制 110001，则 A 与 B 的距离 d=010101 XOR 110001 = 100100 =$2^5+2^2$=36。

（3）节点二叉树逻辑分层

Kad 将网络设计为具有 160 层的二叉树，根据节点 ID 从高位到低位 0 与 1 的不同，把节点抽象为一棵二叉树的叶子，0 为左边子树，1 为右边子树，经过 160 层排列，每个节点 ID 便在叶子节点有了确定的位置。分层规则：与当前节点 ID 的前缀相同，右边第 1 位不同的节点构成第一层子树，右边第 2 位不同的节点构成第二层子树，以此类推。可以看出，最高层的子树是由整棵树中不包含自己的另一半子树组成；下一层子树由剩下部分不包含自己的一半组成。每一个子树和该节点都有一个共同的前缀，前缀位数越少节点间离得越远。

以3层结构为例，假设当前节点为101，其对应的子树由小（近）到大（远），见图7-9中虚线圆圈所示。第1层与当前节点的前缀位数最多，距离最短，第3层没有共同前缀，距离最远。网络节点分层结果如表7-3所示。

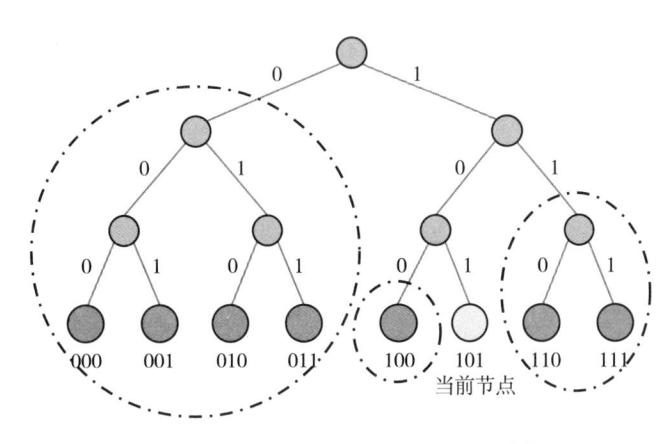

图7-9 Kad网络二叉树逻辑拓扑结构

表7-3 Kad网络节点分层结果

| 当前节点 | 共同前缀 | 出现不同的位 | 第几层 | 所包含节点 |
| --- | --- | --- | --- | --- |
|  | 10 | 右边第1位 | 1 | 100 |
| 101 | 1 | 右边第2位 | 2 | 110，111 |
|  | 无 | 右边第3位 | 3 | 000，001，010，011 |

（4）节点路由表

二叉树中的任意一个节点ID，可按规则把二叉树分解为一系列连续的、不包含自己的子树，所得到的所有子树所对应的列表就构成了该节点的路由表。这种列表通常称为K桶（k-bucket），每个列表所包含的其他节点数量不超过K，例如BitTorrent中K = 8，以太坊中K=16。节点按位分层，如果一个节点ID与当前节点有相同的前缀，从右侧第n位开始不同，则将其归为路由表的第n层（假设最底层为第1层），这样的节点有$2^{(n-1)}$个（排列），与当前节点的距离范围为$[2^{(n-1)}, 2^n]$。

例如，假设当前节点A的ID为00110（Kad的节点ID是160位，示例对节点ID简略为5位），当某一节点ID前面所有位数都与A节点的ID相同，只有最右侧（最后）1位不同，这样的节点只有1个——00111，与A节点ID的异或值为00001，即与节点 A 的距离为 1；这样的节点归为 A 节点路由表的第 1 层 "k-bucket 1"；如果某一节点 ID 前面所有位数都与 A 节点相同，从右侧第 2 位开始不同，这样的节点只有 2 个：00100、00101，与 A 节点 ID 的异或值分别为 00010 和 00011，即距离范围为 2 和 3；这样的节点归为 A 节点路由表的第 2 层 "k-bucket 2"；以此类推，如图 7-10 所示。

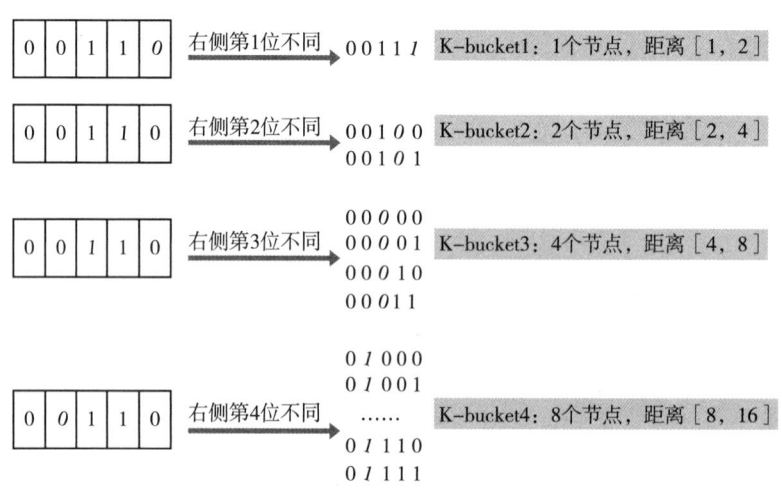

| 0 0 1 1 0 | 右侧第1位不同 → | 0 0 1 1 *1* | K-bucket1：1个节点，距离 [1, 2] |

| 0 0 1 1 0 | 右侧第2位不同 → | 0 0 1 0 0<br>0 0 1 0 1 | K-bucket2：2个节点，距离 [2, 4] |

| 0 0 1 1 0 | 右侧第3位不同 → | 0 0 0 0 0<br>0 0 0 0 1<br>0 0 0 1 0<br>0 0 0 1 1 | K-bucket3：4个节点，距离 [4, 8] |

| 0 0 1 1 0 | 右侧第4位不同 → | 0 *1* 0 0 0<br>0 *1* 0 0 1<br>……<br>0 *1* 1 1 0<br>0 *1* 1 1 1 | K-bucket4：8个节点，距离 [8, 16] |

第n层 K-bucket n：拥有的节点数量为 $2^{(n-1)}$，节点距离为 $[2^{(n-1)}, 2^n]$

图 7-10　按位分层的路由表 k-bucket 详图

按照距离远近分层的 k-bucket 1 到 k-bucket n，虽然每个 k-bucket 中存在的节点数量逐渐增多，但每个节点在自己的每个 k-bucket 中只记录 k 个其他节点的信息（节点 ID、IP Address、port）。由于节点的 ID 有 160 位，所以每个节点的路由表中共分 160 层（160 个 k-bucket），整个网络最多可以容纳 2160 个节点，但是每个节点的路由表只有 160 个 K 桶，每个 K 桶最多只维护 K 个节点的路由信息，如图 7-11 所示。

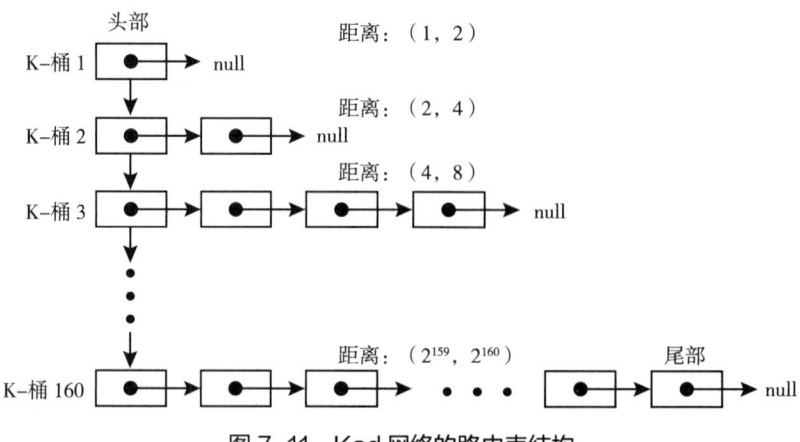

图 7-11　Kad 网络的路由表结构

（5）节点定位与资源存取

节点有了分层和路由表，资源便可以快速进行定位存取。

- 存储资源：假设《国歌》这首歌名（Key）的 Hash 值为 01000，则这首音乐的歌名和对应的 MP3 文件将存储在节点 ID 为 01000 的节点上，考虑到单个节点退出和故障等因素，资源同时会存储在 01001、00111 等多个邻近节点上。
- 查找资源：当需要查找《国歌》这首音乐时，使用 Hash（国歌）得到 01000 索引号，然后定位到对应的节点 ID 为 01000 节点或附近节点即可。

例如，假设当前节点 A 的 ID 为 00110，需要找到节点 ID 为 01000 的节点（假设为 F）或其邻近的节点，从而下载音乐，通常查询的并发数量为多个，为便于理解，此处以每次查询 1 个节点举例。

- A 节点与 F 节点的异或距离为 01110（最高位右侧第 4 位开始不同），两者距离范围为 $[2^{4-1}, 2^4] = [8, 16]$，所以 F 节点有可能在 k-bucket 4，节点 A 查看自己的 k-bucket 4 有无 F 节点。
- 若有，直接从 F 节点下载所需要音乐的 MP3，若无，则在 k-bucket 4 中随机选择一个节点（假设为 B），因 B 节点与 F 节点 ID 的第 4 位相同，两者的距离必然小于 $2^3$，相比 F 与 A 之间的距离至少缩短一半。继续请求 B 节点在自己的路由表中按同样的规则查找 F 节点。
- 若有，则把 F 节点的 IP 地址与端口告知 A，并下载需要音乐的 MP3；若无，B 按同样的搜索方法在自己的路由表中找到一个离 F 更近的 C 节点（F、C 之间距离小于 $2^2$），把节点 C 推荐给 A。
- A 请求节点 C 继续查找，直至找到或无资源提供节点为止。

Kad 的查询机制将搜索范围每次至少收缩一半，保证对于任意 m 个节点，最多只需要查询 $\log_2^m$ 次，便可找到所需目标，如图 7-12 所示。从另外一个角度看，在任意一个有 $[2^{(n-1)}, 2^n]$ 个节点的网络，最多只需要 n 步搜索即可找到目标节点。

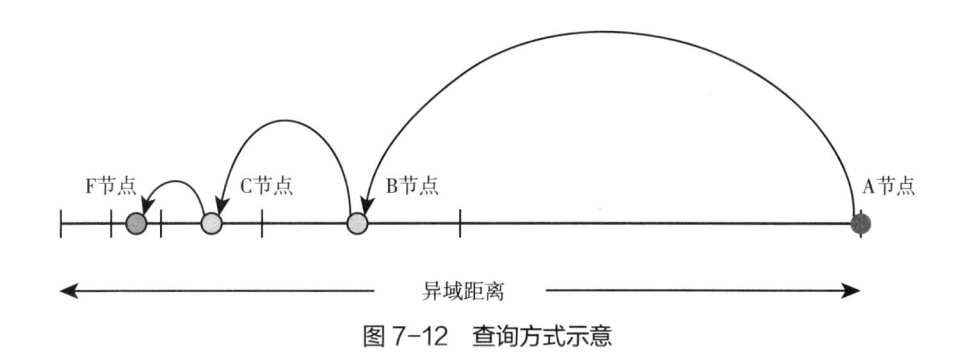

图 7-12 查询方式示意

（6）节点消息服务

Kad 网络节点之间使用通过 4 种远程过程调用（RPC）消息进行通信，实现节点在线检测、数据存储、节点定位和资源定位功能。

- PING：测试某个节点是否在线。
- STORE：要求某个节点存储数据资源，以便未来查询使用。
- FIND_NODE：查找节点信息，返回对方节点 K 桶中离请求键值最近的 K 个节点信息（IP 地址，通信端口，节点 ID）。
- FIND_VALUE：根据 Key 查找某个数据资源，返回一个存有数据资源的节点信息（IP 地址，通信端口，节点 ID）。

（7）路由表的维护与更新

对于任意一个 K 桶 i，存储的是与自己距离在区间 $[2^{(i-1)}, 2^i]$ 内的 K 个节点的信息，K 桶主要有三种方式更新路由表。一是主动更新。节点主动发起 FIND_NODE 查询请求，从而更新 K 桶的节点信息；二是被动更新。当收到其他节点发送过来的查询请求（如：FIND_NODE、FIND_VALUE），将对方的节点 ID 加入到自己对应层的 K 桶中。三是周期性发起 PING 请求。检测节点是否在线，清理 K 桶中下线的节点。更新 K 桶节点的步骤为：

计算自己与新加入节点 ID 的距离 d，通过距离 d 找到对应的 K 桶。

- 如果该 K 桶存储的节点小于 K 个，则直接把目标节点插入到 K 桶尾部；
- 如果该 K 桶存储；节点等于 K 个（已满），则选择 K 桶中的头部节点进行 PING 操作，检测节点是否在线。若头部节点不在线，则移除该头部节点，将目标节点插入到队列尾部；若头部节点在线，则把头部节点移到队列尾部，同时忽略目标节点。

通过此更新策略可以保证在线时间长的节点有较大的可能继续保存在 K 桶中，提高了 Kad 网络的稳定性并降低了网络维护成本。

## 7.4 P2P 网络技术在区块链中的应用

在区块链网络中，P2P 技术主要应用于网络拓扑构建、节点发现和节点之间消息传播。其中节点发现是构建区块链 P2P 网络的开始。众多区块链平台都实现了属于自己的 P2P 网络协议。

## 7.4.1 比特币 P2P 网络

比特币网络由许多运行比特币协议的节点组成,这些节点相互通信协作,实现了钱包、挖矿、交易和区块广播、消息路由、共识、区块链存储等功能。

**1. 比特币的网络结构**

比特币网络采用了非结构化 P2P 网络。

尽管比特币 P2P 网络中的各个节点相互对等,但根据所提供的功能不同,各节点可扮演不同的角色。比特币网络节点主要有四种功能,分别为路由(Network Routing)、区块链数据库(Full Blockchain)、挖矿(Miner)和钱包(Wallet)服务。如图 7-13 所示。

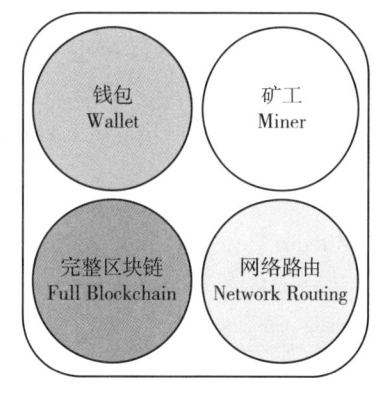

图 7-13 比特币网络核心节点的四种功能

比特币主网基于 P2P 协议实现了节点发现、连接、消息转发、初始区块下载、SPV 客户端和心跳检测等功能。此外,网络中还包含其他协议。图 7-14 是典型比

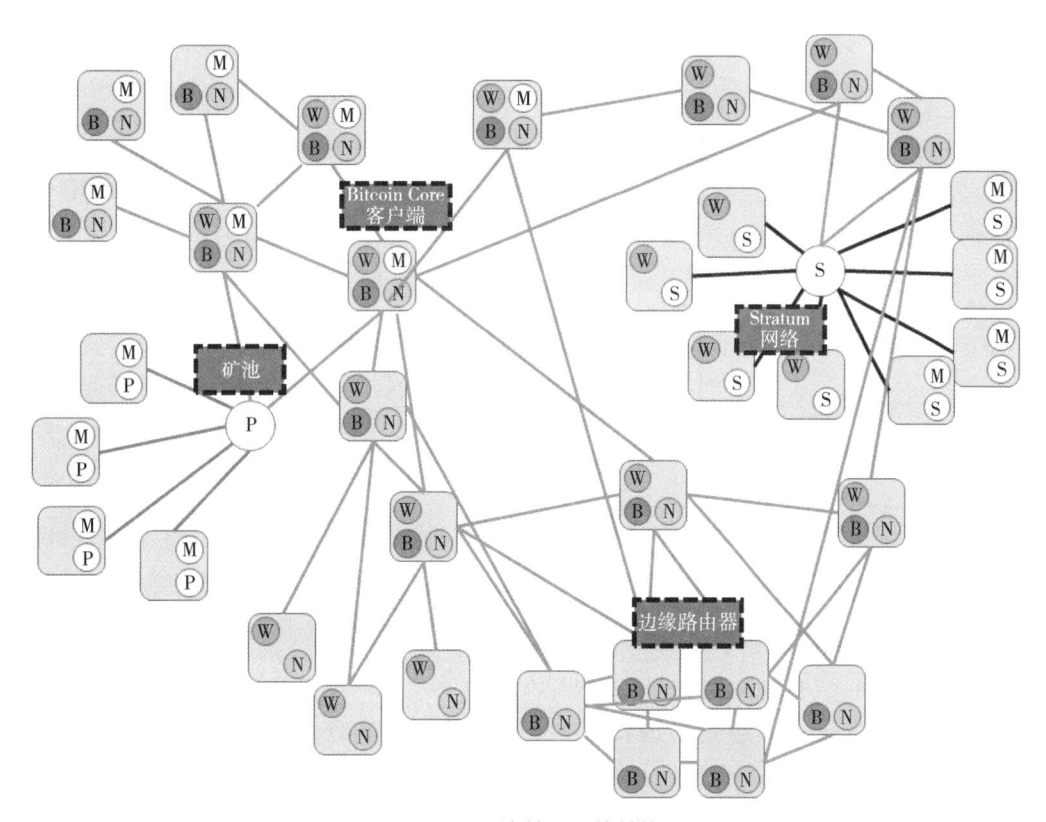

图 7-14 比特币网络结构

特币网络结构，包含各种类型的节点、网关服务器、边缘路由器和钱包客户端，以及用于相互连接的各种协议。其中，W 代表钱包、M 代表挖矿、B 代表完整的区块链数据库、N 代表网络路由、P 代表运行矿池协议、S 代表运行 Stratum 协议。

**2. 比特币的节点发现**

一个节点要加入比特币网络，首先要发现节点，建立邻接关系，然后才可以实现交易、验证等功能。新节点通常可采用如下两种方式发现节点：

（1）利用 DNS 种子节点。比特币客户端的列表中记录了一些长期稳定运行的 DNS 节点，这些节点称为 DNS 种子节点，种子节点的地址被硬编码到比特币源码中，Bitcoin Core 客户端包含五个不同 DNS 种子节点。通过种子节点，新节点可以快速地发现网络中的其他节点。用户可通过"switch-dnsseed"选项指定是否使用种子节点，该选项默认是开启的。

（2）节点引荐。通过"-seednode"选项指定一个节点的 IP 地址，新节点启动后与该节点建立连接，将该节点作为 DNS 种子节点，在引荐信息形成之后断开与该节点的连接，并与新发现的节点连接。

节点通常采用 TCP 协议并使用 8333 端口与已知的对等节点建立连接。在建立连接时，节点发送一条包含基本认证内容的 version 消息开始"握手"通信，如图 7-15 所示。

收到版本（version）消息的节点检查自己是否与之兼容，如果兼容，则返回 verack 消息进行确认并建立连接。有时节点间需要互换连接，接收端也需给发起端发送 version 消息。

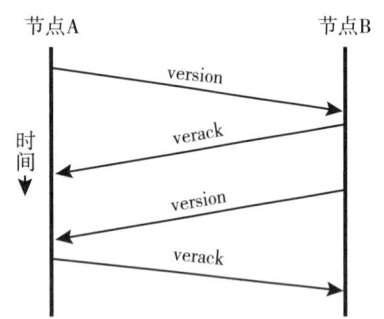

图 7-15 对等节点之间的初始化握手

一旦建立连接，新节点发送一条包含自身 IP 地址的 addr 消息给已连接的节点，节点收到此消息后，继续转发给各自的连接节点，使网络中更多的节点接收到新节点的消息，保证连接更加稳定。此外，新节点可以向相邻节点发送 getaddr 消息，请求返回其已知节点的 IP 地址列表，从而找到更多可连接的节点，如图 7-16 所示。

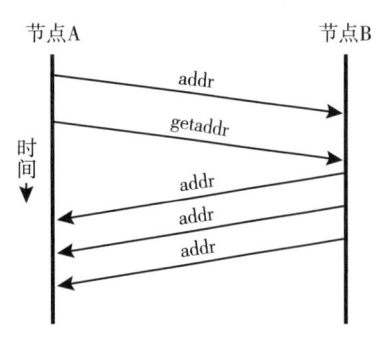

图 7-16 地址传播和发现

节点完成启动后，会记住自己最近成功连接的节点，当节点重新启动时，可迅速与这些节点重新建立连接。如果所连接的节点均未响应，该节点可使用种子节点再次进行引导。

为节约资源，节点启动时只需建立一个连接，之后将逐步连接到多个节点。因节点加入和离开网络具有随意性，所以系统需不断发现、更新节点状态。

#### 3. 全节点的区块链同步

比特币全节点存储并维护完整的区块链副本，可以独立校验交易和区块。新节点刚加入到比特币网络后，仅包含静态植入客户端中的 0 号区块（创世区块），需要下载从 0 号区块到最新区块的全部区块后，才能参与维护区块链和创建新区块。

同步区块链的过程以发送 Version 消息开始，从其中的 BestHeight 字段可知道双方节点的区块高度，通过交换 getblocks 消息可获取顶部区块的 Hash 值，从而可准确比较节点所存储区块链的长度。拥有更长链的节点判别其他节点需要"补充"的区块后，开始分批发送区块（500 个区块为一批），通过 inv（inventory）消息将第一批区块清单广播出去。缺少区块的节点通过发出一系列 getdata 消息，请求得到完整的区块数据，并使用 inv 消息中的哈希值确认区块的正确性。

例如，假设一个只有创世块的新节点收到来自其他节点的 inv 消息（含有 500 个区块的哈希值），便向与之相连的所有节点请求区块，并通过分摊工作量的方式减轻单一节点的压力。如果节点需要更新大量区块，需在上一请求完成后才可发送新请求，从而控制更新速度，减小网络压力。被接收的区块不断添加至区块链中，直到该节点与全网络完成同步为止。

当节点离线后重新返回区块链网络时，会与所连接节点进行区块比较，检查缺失的区块，并发送 getblocks 消息下载缺失的区块。如图 7-17 所示。

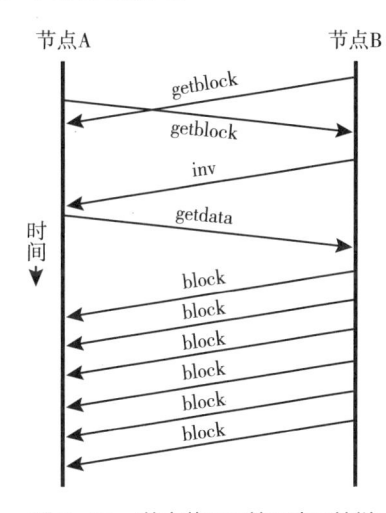

图 7-17 节点获取区块同步区块链

### 7.4.2 以太坊的节点发现机制

以太坊区块链平台在很多方面与比特币类似。但在底层网络结构上，以太坊采用了结构化网络，包括 2 个重要协议：discv4 协议和 rplx 协议。其中 discv4 是以太坊的节点发现协议，rplx 是以太坊节点间的通信协议。discv4 是一种类 Kademlia 协议，其协议的实现与原始 Kademlia 有所不同。

#### 1. 以太坊的距离定义

discv4 异或距离的计算方法与原始 Kademlia 相同，即 distance($n_1$, $n_2$) = keccak256($n_1$) XOR keccak256($n_2$)，keccak256 是以太坊的 Hash256 算法，节点 ID（$n_1$ 和 $n_2$）通过 keccak256 获得的 256 位哈希值参与异或计算。节点间距离定义为结果中 bit 位为 1 的最高位的位数。例如，假设异或值为 0000 1010 0010，

那么这两个节点的距离为 8，对应 K 桶 7 的位置（编号从 0 开始）。

**2. 节点路由表**

在 discv4 协议的节点路由表中，K=16，即每个 K 桶至多含有 16 个节点信息。以太坊 K 桶按照与目标节点距离进行排序，共 256 个 K 桶，如图 7-18 所示。

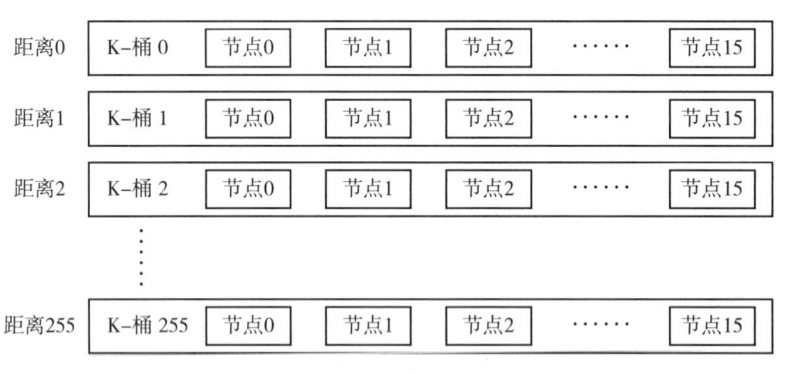

```
距离0    K-桶 0    节点0   节点1   节点2   ……   节点15
距离1    K-桶 1    节点0   节点1   节点2   ……   节点15
距离2    K-桶 2    节点0   节点1   节点2   ……   节点15
           ⋮
距离255  K-桶 255  节点0   节点1   节点2   ……   节点15
```

图 7-18 以太坊节点路由表结构

**3. 邻居节点发现过程**

以太坊使用 4 种报文协议实现节点探测与响应以及节点查询与应答功能。

- Ping 探测命令：用于探测节点是否在线，Ping 发送后，若 15 秒内没有收到 Pong 响应，将自动重发 Ping，最多发送三次，三次都没有收到响应，则将相应的节点状态会从 discovered 变为 dead，将 Evict Candidate 变为 NonActive。
- Pong 探测应答命令：用于响应 Ping 报文，节点一旦接收到 Ping 消息，马上发送 Pong 消息，并将对方节点的状态改为 Alive 或者 Active。
- FindNode 节点查询命令：用于向对方节点请求查找邻居节点。
- Neighbours 节点查询应答命令：用于响应 FindNode 报文，从 K 桶里面查找最接近 TargetID（目标标识符）的节点，回传找到的邻居节点的列表。

以太坊的 discv4 算法用于发现网络节点以及构造 K 桶路由表。节点启动后，客户端 Geth 进行初始化，启动 UDP 端口监听（默认端口是 30303），创建监听 UDP 报文的 Table。以太坊使用两种数据结构存储所发现其他节点的信息，一是长期数据库 db，包含客户端交互过的每个节点信息，即使节点重启，db 中的节点信息也会保存在磁盘中。二是短期存储结构 Table，其中包含 256 个 Buckets，也就是 K 桶，用于存储节点的邻居节点信息。每次节点重启时，Buckets 都是空的。

当客户端节点首次启动时，数据库 db 与 Buckets 都是空的，系统会读取硬编码到以太坊客户端程序中的 6 个引导节点，这些引导节点作为种子节点被加入到 Table 的相应 Buckets 中，通过引导节点可发现新的邻居节点，新发现的邻居节点将被加入到 db 和 Buckets 中，以后节点重启时，会同时读取引导节点和 db 中保存的节点作为种子节点。节点发现过程如图 7-19 所示。

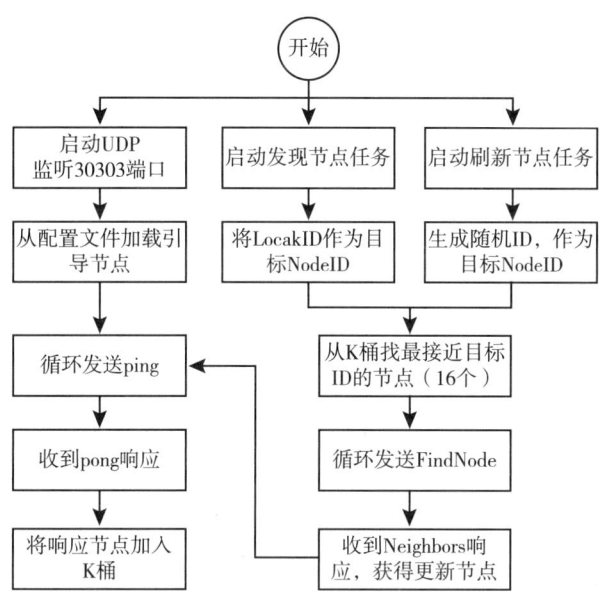

图 7-19 节点发现过程

节点发现流程说明如下：

- 节点第一次启动时，随机生成本机节点 ID，记为 LocalID，生成后该 ID 将固定不变，同时打开 30303 端口，监听节点连接消息（使用 UDP）；
- 从配置文件加载引导节点，向这些节点循环发送 Ping 报文，在线的引导节点将响应 Pong 报文，将响应的引导节点加入 K 桶；
- 节点在启动 UDP 监听的同时，启动了另外两个任务：节点发现任务和节点刷新任务；
- 节点发现任务每 30 秒循环一次，主动寻找邻居节点，以保证 K 桶的节点是满的。每次循环搜索 8 次，每次搜索以 LocalID 为目标节点 TargetID，从 K 桶中获取距离 TargetID 最近的 16 个节点，循环向该 16 个节点发送 FindNode 报文（包含 TargetID）；
- 收到 FindNode 报文的节点也以 TargetID 为目标，从自己的 K 桶中找出距离最近的 16 个节点，然后回传 Neightbours 报文；
- 节点收到 Neightbousrs 后，从报文取出新发现的节点，向新节点循环发送 Ping 报文，并将响应的节点加入 K 桶。经过 8 次循环搜索，所查找的节点均在距离上向 TargetID 收敛，K 桶中存储的是不断靠近 TargetID 的节点；

- 节点刷新任务与节点发现任务类似，但有两点不同：一是刷新任务的 TargetID 不是 LocalID，而是随机生成的节点 ID，二是刷新任务的刷新速度更快，每 7.2 秒循环一次；
- 通过上述步骤不断发现和刷新节点，当前节点会找到越来越多的邻居节点，组成 K 桶路由表。

## 7.5 本章小结

P2P 网络是一种对等节点组成的分布式架构，节点之间直接通信共享资源，不需要通过中心服务器进行集中协调。区块链网络大都采用了 P2P 网络技术实现节点发现和消息传播。

根据网络中节点连接以及资源定位方式，可以将 P2P 网络分为集中式、纯分布式、混合式和结构化网络四种不同的网络结构。

P2P 网络的关键问题是如何高效地定位节点和搜索资源，目前主要有洪泛（Flooding）和分布式哈希表（DHT）这两种算法。其中非结构化网络主要采用洪泛算法和 Gossip 协议；而结构化网络则采用 DHT 技术，包括 Chord、CAN、Kademlia 等。Kademlia 是目前应用最广泛的 DHT 技术，被以太坊所采用。

**习题**

1. 什么是 P2P 网络？
2. 分析说明 P2P 网络的特点。
3. P2P 网络包括几种结构？请说明每一种结构的特点。
4. Flooding 算法与 Gossip 算法有什么不同？
5. 什么是 DHT 技术？
6. 请说明比特币的网络节点发现流程。
7. 请说明以太坊 P2P 网络邻居节点的发现流程。

# 第 8 章 智能合约

## 8.1 概述

智能合约（Smart Contract）被认为是区块链 2.0 的技术核心，它是区块链从虚拟货币、金融交易协议到通用工具发展的必然结果。目前几乎所有的区块链技术公司都已在其产品中支持智能合约，例如，基于虚拟机的以太坊智能合约平台、基于 Bitcoin 区块链的 RSK 平台、IBM 公司提出的企业级 HyperLeger Fabric 平台等，这些产品的推出极大地丰富了智能合约技术的内涵和范围，也为区块链技术在不同领域的现实及应用奠定了基础，也代表了区块链未来发展的方向。

本章从智能合约的基本概念入手，介绍智能合约的历史、分类、规范等基本知识，进而对智能合约的框架、语言与编译、部署与运行进行阐述，最后，以区块链脚本系统、以太坊智能合约平台以及高级智能合约语言 SPESC 为例，分别对几种智能合约相关技术进行介绍。

### 8.1.1 智能合约概念

合约是在日常生活中特定人之间签订的契约，是一个使未取得彼此信任的各参与方具有安排权利与义务的商定框架，而智能合约在广义上讲是指任何符合多方之间约定的计算机协议。就其特点而言，智能合约首先是一种可由计算机处理的协议，与通常由单台计算机执行的算法不同，它需要两名或多名参与者共同协作来完成计算任务；其次，计算机协议的运行必须满足参与者事先的约定，这既体现了协议遵循的可信性与合规性（或合法性），又体现了为了保证协议合规性所必需的技术手段，包括协议验证、存证、争议解决等；此外，与传统纸质协议相比，多方协议的计算机化以及相应保障技术的采纳间接体现了智能合约的智能化。

上述定义较为广泛，几乎能够将所有的计算机协议囊括其中。据此，维基百科中给出了另一个针对法律合约的智能合约定义："一种旨在以数字方式促进、验证、加强合约协商和履行的计算机协议（Smart contract is a computer protocol intended to digitally facilitate, verify, or enforce the negotiation or performance of a contract）"。这一定义体现了智能合约的对象是法律合约，计算机协议是保障合约协商和履行的手段，该手段的目的是促进、验证、加强合约协商和履行，而数字方式是手段的表现形式。

由此可知，智能合约是一个较为宽泛的概念，构建在区块链技术上的智能合约只是智能合约的一种，更加准确的定义是"存储在区块链上并可在满足预定条款和条件时自动执行的计算机代码（Smart contracts are lines of computer code that are stored on a blockchain and automatically execute when predetermined terms and conditions are met）"，因此也被称为区块链智能合约。从这一定义可以看出，智能合约的载体是区块链，它本质是一种自动执行的计算机代码。该代码描述了买卖双方之间的协议条款，并被直接写入区块链的代码行中，满足预定条款和条件是代码被执行的触发条件。由于代码的执行不需要人为干预，所以被称为自动执行。

需要说明的是，智能合约作为一种计算机程序，它是应用软件的一部分，是一种数字表示的程序，虽然是合约条款的代码表示，但不是法律意义上的合同或合约。此外，区块链智能合约由计算机网络执行，并且执行不需要可信方的参与，而由共识协议保证合约代码执行的正确性。因此，智能合约也可以理解为一种无需中介、自我验证、自动执行合约条款的计算机交易协议。当然，目前智能合约系统功能与上述概念之间还存在巨大差异。

### 8.1.2 智能合约发展历史

智能合约概念最早可追溯到 1994 年由 Nick Szabo 撰写的论文 *Smart Contracts: Building Blocks for Digital Markets*（智能合约：数字市场的基石）。在该论文中，作者期望将智能合约定义为执行合约条款的计算机化交易协议，创新性地提出"智能合约不涉及人工智能，它是一组由代码方式外在表示的要约和承诺，并能够涵盖双方依据的要约和承诺达成履行约定的自动行为"，并希望将诸如 POS（销售点）之类的电子交易方法的功能扩展到智能合约领域。Nick Szabo 在 1998 年发明了一种叫作"Bit Gold"的虚拟货币，比比特币的发明早了 10 年。

此后，Nick Szabo 并没有停止对智能合约的探索，例如，他的后续论文还提出了对合成资产（如衍生工具和债券）执行合同的建议。Szabo 写道："这些新证券是通过多种方式将证券（例如债券）和衍生品（期权和期货）组合在一起而形成的。

非常复杂的付款期限结构现在可以构建为标准化合同，以较低的交易成本进行交易，并对这些付款期限结构进行了计算机分析。"

由于缺少可信的执行环境，Nick Szabo 提出的智能合约并没有被应用到实际产业中。到 2008 年比特币诞生后，人们才认识到比特币的底层技术（即区块链）可以为智能合约提供可信的执行环境。以太坊首先意识到区块链和智能合约的契合，发布了白皮书《以太坊：下一代智能合约和去中心化应用平台》，并重新使用了智能合约这一概念，建立了一整套智能合约的规范与架构，为智能合约这一概念带来了生机。

在以太坊实现并发布了面向智能合约的区块链系统后，智能合约被普遍认为是第二代区块链技术，其他区块链开发公司也都进行了智能合约的开发与创新。以太坊和超级账本是目前应用最广泛的两种智能合约开发平台，它们的智能合约运行机制也最具代表性。

## 8.2 智能合约架构

智能合约的构建来源于通常的区块链框架。区块链作为一种公共记账单系统，打开了点对点数字化价值转移模式的大门，实现了在不需要信任第三方的情况下异地间的安全价值转移，但也存在功能单一的问题。智能合约则通过支持更加强大的编程语言和运行环境，允许开发者在其上面开发任意价值交换相关的应用，成功地解决了区块链应用单一的问题。

智能合约不仅是区块链上的一段可执行代码，而是构建在区块链上包含智能合约语言、运行环境、执行方法等的一个完整计算系统。为了理解这一复杂系统，本节首先从抽象计算模型角度来加以介绍，进而给出智能合约的通用架构。

图 8-1 描绘了在程序状态机模型下的区块链智能合约抽象模型。从计算模型的观点来看，公共记账本能够作为一种状态转换系统，它能够记录任何账户所持有货币的所有权状态以及预先定义好的"状态转换函数"。当该系统接收到一个（可以由交易或可信外部事件引发）含有状态改变的事务时，它将依据"状态转换函数"输出一个新的状态，并将该输出状态（以一种所有人都信任的方式）写入到公共记账本；这一过程可以往复进行。

例如，在银行系统中状态是一个资产负债表，交易是一个将资产 x 从账户 A 移动到 B 的请求，状态转换函数将账户 A 中的资产值减少 x，将账户 B 中的值增加 x。如果账户 A 中的预先值小于 x，则状态转换函数返回一个错误。

在上述智能合约抽象模型中，"状态转换函数"可理解为一段已预定义的智能

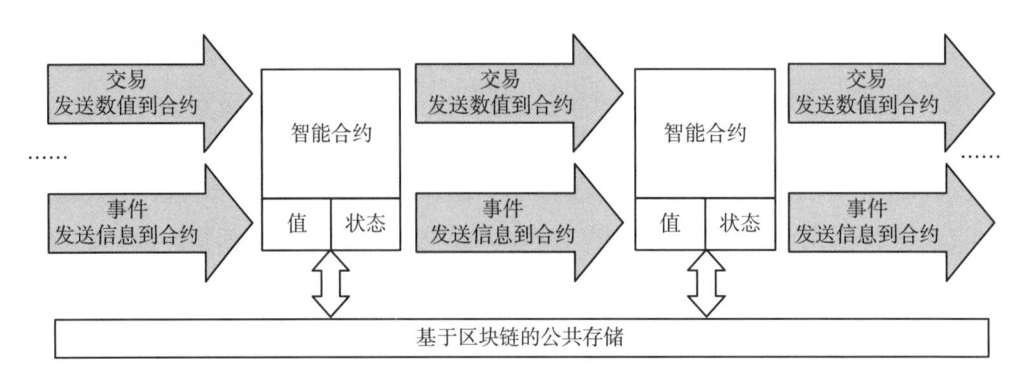

图 8-1　区块链智能合约抽象模型

合约代码，它以交易形式被分享和部署在区块链中，但该合约代码仅限于对所在交易中资产数值和运行状态进行改变。然后，智能合约系统能够接收外部发来的事件或来自其他账户发来的交易，通过"状态转换函数"预制的条件来激活合约代码的运行，从而控制自身的资产和对接收到的外界事件进行回应，而且这一过程是自动执行的，无须外界干预。

为了支持上述抽象计算模型的实现，图 8-2 表述了一种区块链智能合约的通用架构。该框架涉及智能合约的程序设计、代码生成、部署与执行等多个阶段，该框架由三个主要部分构成。

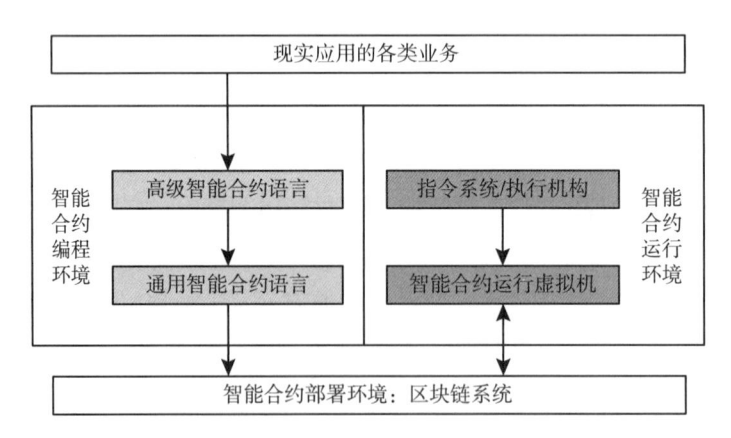

图 8-2　区块链智能合约通用架构

（1）智能合约编程环境。为智能合约开发提供代码编程环境，包括支持生成智能合约的编程语言规范、开发和编译工具，能够帮助开发者撰写智能合约程序并编译成为可执行代码。例如，由高级智能合约语言提供更加专业化的智能合约编写和验证，由通用智能合约语言提供标准化语言下的跨平台代码生成。

（2）智能合约部署环境。提供智能合约可执行代码部署到区块链所需要的工具，包括将可执行代码与合约参与者账户及激励机制进行绑定、并以区块链可接受的方式（包括规范化格式、合约状态、共识机制等）部署到区块链中，同时记录由合约代码运行所带来的合约属性值和合约状态的改变。

（3）智能合约运行环境。提供一种可信运行环境来运行智能合约代码，包括接收外部发来的可信事件或内部交易，建立可信智能合约运行虚拟机或沙箱，下载相关区块链交易中的合约代码，触发通过执行机构和指令系统执行合约代码对事件或交易进行响应，并将输出结果以交易方式写入区块链。

除了这三部分之外，随着智能合约技术的发展，已经出现越来越多的工具辅助智能合约完成程序设计、代码生成、部署与执行等功能，也使得智能合约构架日趋完善。

## 8.3 智能合约运作机理

为了更好地理解智能合约的原理，下面将分别对智能合约语言与编译、智能合约的区块链部署以及合约代码运行的机理分别加以介绍。

### 8.3.1 智能合约语言与编译机制

智能合约语言是现实应用中各种业务与智能合约平台之间的中介，也是帮助智能合约的使用者快速生成智能合约程序和代码的重要工具。各智能合约平台都已推出自己的智能合约语言，例如，比特币使用较为底层的栈式脚本语言，以太坊的智能合约目前支持 Serpent 和 Solidity 两种编程语言（Serpent 类似于 Python 语言，而 Solidity 类似于 JavaScript 语言），超级账本支持如 Go、Java 等语言直接编写；此外，其他平台也在传统编程语言（如 C、C++、Java）基础上给出了智能合约开发工具。从语言形式和运行环境上讲，目前的智能合约可分为三类：脚本型智能合约、通用型智能合约以及专用型智能合约。

智能合约作为一个跨学科的概念，涉及商业、金融、合同法和信息技术，设计和开发智能合约也需要不同领域的紧密结合。然而，上述三种智能合约仍建立在计算机编程语言基础上，对于非计算机专业人员依然难以理解和掌握。针对这一问题，近年来一种被称为高级智能合约语言已引起学术界的广泛关注，例如，面向现实合约的智能合约描述语言（SPESC）。这种语言以现实合约的语法结构为基础，采用近似自然语言的形式进行编写，明确定义了当事人的义务和权利以及加密货币的交易规则，便于法律人士与计算机人员协作合约开发，增强了智能合约的专业性、易用性、可理解性以及协作开发等方面的能力。

### 8.3.2 智能合约的区块链部署

区块链是智能合约得以实施的基础，智能合约的自动化执行、运行结果的有效性以及合约代码的安全都依赖于区块链，因此智能合约与区块链的有效结合与部署成为智能合约实施的关键。为了便于被理解和掌握，智能合约通常将区块链转化为几个抽象概念：共享数据库、交易和区块。下面将分别对其进行介绍。

首先，区块链对智能合约而言可被视为全球共享的交易数据库，其中，交易被用来描述每一次通过智能合约语言接口而执行的行为。全球共享则意味着每个人都可以通过智能合约网络接口来读取交易数据库中存储的条目。

其次，交易可理解为更改共享数据库中某些内容的行为，而且保证该行为必须被数据库网络中其他参与方所接受。后者也被称为"all-or-nothing"原则，如果交易要同时更改两个值，要么根本没有完成，要么完成所有修改。此外，在将交易完成后，没有其他交易可以更改这一过程。

再次，交易从安全性来看始终需要由发起方（创建者）进行签名，这可保护访问共享数据库的特定修改必须经过授权。从已有的数字货币交易可知，签名机制可保证简单的检查即可确保只有持有该账户密钥的人才能从该账户中转移资金。

此外，智能合约所生成的交易将被捆绑到一个所谓的"区块"中，然后它被分发到共享数据库的所有参与节点。如果两笔交易相互矛盾，那么最后一笔交易将被拒绝，并且不会成为交易的一部分。因此，区块被理解为在时间上形成线性关系的存储单元，并为智能合约选择一个全球公认的交易顺序，以解决冲突。总之，区块链为智能合约提供了一种安全和一致性的共享交易数据库。

最后，对于智能合约的使用者和编程人员而言，当前智能合约平台已经能够屏蔽掉区块链中的很多技术细节，使得区块链中的各种复杂机制（哈希、对等网络、共识、挖矿等）变成了智能合约平台提供的承诺，因此，开发和使用人员只需要关注于自己的业务需求，充分利用智能合约平台提供的部署工具，而不需要考虑如何将智能合约执行代码转化为区块链数据的具体实现。

### 8.3.3 合约代码运行

当满足触发条件时，被部署在区块链上的智能合约代码将被区块链系统自动执行，并依照合约规定完成各种资产的转移。这一过程需要货币激励、执行机构、指令系统和触发条件等机制相互协调，才能保证合约代码自动和无差错地被执行。

首先，奖励机制是合约代码执行的必备条件，原因在于智能合约代码是在区块链节点内（虚拟机、容器等）被执行的，必然带来存储、计算、带宽等方面的开销，因此需要智能合约发布者预付一定量的货币（如以太网 gas）作为奖励。如果预付金额太小了，不足以执行所有的操作，那么操作就会失败，状态将会回滚。

其次，执行机构是指智能合约代码运行的环境，目前主要有脚本、容器、虚拟机等三种运行方式，具体特征如下：

（1）脚本（Script）方式。最早在比特币系统中被采用，是一种类似 Forth 语言的指令体系，由脚本解释器解释执行，用于验证该笔交易的合法性。交易一般会包括输入脚本和输出脚本两个部分，分别用于解锁上一笔交易的输出以及设置该笔交易金额的解锁条件。

（2）虚拟机（VM）方式。它通过在用户程序和底层环境中增加一层中间环境，提供一个完全对底层透明的执行环境：屏蔽区块链节点自身执行环境的区别，在所有节点上运行均一致。它按照执行方式分为两种：基于栈（Stack）和基于寄存器（Register）的虚拟机，其中，基于栈的虚拟机是目前实现智能合约最多的方式，也演化出多种智能合约运行方法。

（3）容器（Docker）方式。它是不同于虚拟机的一种虚拟化技术，它只需要将智能合约所需要的依赖软件打包即可独立运行，而不需要一个附加的虚拟操作系统环境。它比虚拟机方式更为独立和灵活，可调用的资源也更多。Hyperledger Fabric 是典型使用容器方式的智能合约平台。

此外，指令系统在智能合约中也是较重要的概念。指令是智能合约发给运行环境的命令，智能合约的执行代码是由一系列的指令组成的，而指令系统是智能合约运行环境提供的语言系统，是全部指令的集合，反映了运行环境所拥有的基本功能。因此，智能合约指令系统是由所采用的运行方式决定的。

最后，智能合约代码中预置了合约条款的相应触发场景和响应规则，运行环境需要根据可信外部事件和内部交易状态，自动地判断当前所处场景是否满足合约触发条件，严格执行响应规则并向区块链发送更新合约状态的交易，经共识算法认证后链接到区块链中，使更新生效。

## 8.4 典型智能合约

本节将对几种常见的智能合约平台加以介绍，并对智能合约的结构、编程原理、运行机制加以介绍，以期给读者对于智能合约实践性的理解。

### 8.4.1 比特币中的交易系统

比特币系统在构建时并没有对智能合约加以支持，但它所有的交易表示结构、指令系统为区块链智能合约的出现奠定了基础,并已具有智能合约的雏形,因此理解比特币中的交易系统具有很重要的借鉴价值。

**1. 比特币交易结构**

比特币中交易(Transaction)结构是用于存储每一笔交易的数据结构。交易在比特币系统中以"tx"进行简写。由于比特币是一种数字货币系统,它的交易只用来记录交易中的货币交换,因此它的交易结构比较简单。具体而言,它的交易内容主要包含交易输入方(商品购买者)资金的来源和交易输出方(商品销售者)资金的去处与金额分配。注意,交易输入的总货币与输出的总货币量是相等的(不考虑交易手续费)。此外,比特币系统为每个交易添加简单的控制字段。

表 8-1 展示了比特币中交易格式的一般结构,并对交易结构中的每个字段的类型和长度(B 表示字节)和功能加以描述。一个交易通常包含以下四方面信息:

- 版本号(Version No):交易结构内部编号,用以明确一笔交易参照的规则;
- 交易输入(tx_in):指出本次交易中资金的来源,可以含多项,其中,第一个字段为输入项个数,其后跟随输入项列表;
- 交易输出(tx_out):指出本次交易后资金的去处,可以含多项,其结构与交易输入相同;
- 辅助信息(Aux):保证交易的补助信息,包括交易验证、时间锁等。

表 8-1 比特币交易格式

| 字段名 | 子字段 | 类型(长度) | 描述 |
| --- | --- | --- | --- |
| | 版本号 | int(4B) | 交易格式版本 |
| 交易输入 | 输入个数 | int(1-9B) | 交易输入列表中交易总数 |
| | 输入交易 1 | tx_in(不限) | 第一个输入交易 |
| | …… | | |
| | 输入交易 n | tx_in(不限) | 第 n 个输入交易 |
| 交易输出 | 输出个数 | int(1-9B) | 交易输出列表中交易总数 |
| | 输出交易 1 | tx_out(不限) | 第一个输出交易 |
| | …… | | |
| | 输出交易 m | tx_out(不限) | 第 m 个输出交易 |
| 辅助信息 | 时间锁 | uint(4B) | 时间戳 |
| | …… | | |

在四种信息中，输入交易和输出交易是两个列表结构，可以包含一或多个交易项。对输入交易而言，它包含多个输入交易组成的列表，每个交易含有一个交易地址，用于指向以前的交易输出，所有这些以前交易的货币量总和构成了本次交易的输入货币总量。对于输出交易而言，它也包含输出交易组成的列表，每个交易包含使用该货币的解锁方式并给出了新的货币分配量，同样地，所有输出交易的货币量总和应与输出货币量相同。

图 8-3 展示了交易之间的相互关系。图中包括了 4 个交易，交易 1 输出货币量为 100 单位的货币，交易 2 则输出 50 个单位货币。交易 3 含有两个交易输入，分别指向前述交易 1 和交易 2，这意味着交易 3 输入货币量为 150 个单位。交易 3 则有 2 个输出，并将 150 货币单位中的 70 单位给输出 1 和 80 单位给输出 2。交易 4 则以交易 3 中的交易输出 2 的 80 货币单位为输入，交易输出则分别将 30 和 50 货币单位分配给两个交易输出。由此可知，利用交易输入和输出列表可有效而灵活的实现各种货币分配策略。

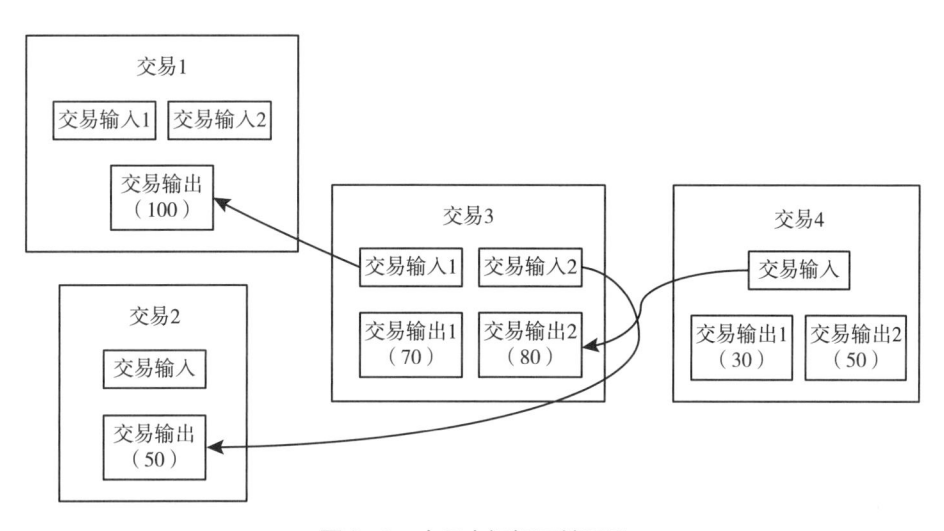

图 8-3　交易之间相互关系图

注意，比特币系统中交易并不直接包含购买者和销售者的信息，而是采用密码学中基于公钥密码的身份认证方式进行货币所有权的宣称与验证。所采用的具体原理和方法将在后续第 6 点（密码脚本执行与验证）加以介绍。

此外，比特币交易中也包含一些辅助信息。例如，版本号用于向系统告知交易结构的版本，系统可对不同版本采取针对性的处理。时间锁（Lock Time）定义了交易放入区块中的时刻（由 Unix 时间指定），也可表示延迟交易被批准的时间（可看作是一种块高度表示）。具体而言，时间锁中的时间是该交易被加到区块的最早时间，在大多数的情况下它的值都是 0，表示需要立即被加入区块中。如果锁定时间大于 0 而小于 5 亿，它的值就表示区块高度；如果大于 5 亿就表示一个 Unix 时间戳。

### 2. 交易输入的结构

比特币中交易输入列表中每个交易输入的结构由五个字段构成，分别是哈希索引、输出索引和签名脚本，其中脚本签名包含脚本长度、脚本本体和序号。表 8-2 给出了每一个字段的详细类型与长度以及描述。

哈希索引包含了购买者在上次交易的 256- 比特的交易标识（txID），也就是利用该标识能够迅速定位到货币资金的来源交易。由于该标识是之前交易经过两次嵌套 SHA-256 哈希运算后的输出，因此被叫作 Hash 索引。输出索引进一步给出了指前述交易标识所指交易中的第几个输出，这里要求该输出是未被锁定（花费）的，其中，输出索引是从 0 开始编号的。

表 8-2 比特币输入交易（inTx）中交易格式

| 字段名 | 子字段 | 类型（长度） | 描述 |
| --- | --- | --- | --- |
| Hash 索引 |  | uint256（32B） | 之前交易哈希值 |
| 输出索引 |  | uint（4B） | 交易输出序列号 |
| 签名脚本 | 长度 | int（1-9B） | 脚本长度 |
| | 脚本 | Script（不限） | 签名脚本序列 |
| | 序号 | uint（4B） | 交易输入序列号 |

输入结构中最后部分是签名脚本，该脚本是用来证明本次交易中的购买者是前述交易输出货币资金的拥有者。由于脚本长度可变，因此首先由长度字段告知脚本长度，然后紧跟着签名脚本序列本身，最后是签名脚本序号，它对于不同交易具有不同的意义，因此是交易结构所特指的。通常，当序号为 0xFFFFFFFF 时，该字段被忽略；否则，该字段被用于设置交易输出的锁定时间。

### 3. 输出交易的结构

比特币中交易输出列表中每个交易输出的结构由三个字段构成，分别是分配的货币量以及公钥脚本的长度和脚本本体。表 8-3 同样给出了每一个字段的详细类型与长度以及描述。

表 8-3 比特币输出交易（outTx）中交易格式

| 字段名 | 子字段 | 长度（字节） | 描述 |
| --- | --- | --- | --- |
| 货币量 |  | int64（32） | 以 satoshis 为单位的货币量 |
| 公钥脚本 | 长度 | int（1-9B） | 脚本长度 |
|  | 脚本 | Script（不限） | 公钥脚本序列 |

输出项中第一项是货币量，它以 satoshis（聪）为单位进行表示，其中，$1BTC=10^8$ satoshis，即 1 satoshis 为 1 个比特币的 1 亿分之一。输出交易中其他两个字段分别用于存储公钥脚本长度和公钥脚本本身，其中，公钥脚本是指用交易输出方（销售者）所拥有公钥生成的检验下次交易输入中签名的验证脚本。

图 8-4 显示了一个比特币交易中的输入和输出部分，并省略了两部分中脚本的长度等信息，可以看出比特币交易结构具有简洁和精练的特点。

除了上述介绍的比特币交易结构，比特币系统还存在其他交易结构用于实现其他一些功能。例如，创币交易（也被称为 coinbase 交易）是一种可以由矿工创建的独特类型的比特币交易，矿工使用它来收取他们工作的区块奖励。

```
Input:
Previous tx:
f5d8ee39a430901c91a5917b9f2dc19d6d1a0e9cea205b009ca73dd04470b9a6
Index: 0
scriptSig:
304502206e21798a42fae0e854281abd38bacd1aeed3ee3738d9e1446618c4571d10
90db022100e2ac980643b0b82c0e88ffdfec6b64e3e6ba35e7ba5fdd7d5d6cc8d25c6b241501

Output:
Value: 5000000000
scriptPubKey: OP_DUP OP_HASH160
404371705fa9bd789a2fcd52d2c580b65d35549d
OP_EQUALVERIFY OP_CHECKSIG
```

图 8-4 比特币交易中输入与输出部分举例

**4. 比特币脚本与指令系统**

存储在交易中的公钥脚本（scriptPubkey）和签名脚本（scriptSig）字段脚本使用专门为比特币开发的脚本语言进行编码。该语言简称为脚本，是一种基于栈的语言，即它使用栈结构实现脚本输入参数的存储和运算。

比特币脚本被构建在一种特有的指令系统之上。在计算机系统中，指令系统通常是计算机硬件的语言系统，也叫机器语言，指机器所具有的全部指令的集合，它是软件和硬件的主要界面，反映了计算机所拥有的基本功能。因此，拥有指令系统的比特币脚本也趋于成为一种独立的计算机系统。

不同计算机的指令系统包含的指令种类和数目也不同。一般均包含算术运算型、逻辑运算型、数据传送型、判定和控制型、移位操作型、位（位串）操作型、输入和输出型等指令。比特币中脚本系统的指令采用后缀表达式，即将运算符写在操作数之后，因此指令格式可表示为：

操作数1 操作数2 …… 操作数n 操作指令

操作指令由"OP_"开头后面接英文操作名构成，例如：OP_ADD、OP_AND。操作指令将被编码为一个字节，例如，字节0x93用于表示加法运算符OP_ADD，该字节值称为运算符的操作码。在操作指令之前的是操作数列表，根据指令不同它可包含零个或多个操作数，例如：OP_NOP是无操作数的空指令、<a> <b> OP_ADD是双操作数加法指令等。操作数寻址方式也只支持立即寻址方式。

在比特币脚本系统中常用的指令包括

- 堆栈处理指令：OP_DUP（数据复制操作）、OP_DROP（删除栈顶元素）、OP_SWAP（栈顶的两个元素进行交换）等；
- 流程控制指令：OP_RETURN（标记交易无效）、OP_VERIFY（如果栈顶元素为false，标识交易无效。如果为true，则交易有效）等；
- 加密签名指令：OP_HASH256（进行Hash散列计算）、OP_CHECKSIGVERIFY（进行签名验证）等；
- 逻辑操作指令：OP_EQUAL（判断是否相等）、OP_EQUALVERIFY（判断是否相等后进行脚本流程控制判断，如果栈顶元素为false就标识交易无效）
- 算术操作指令：OP_ADD（加）、OP_SUB（减）、OP_MAX（取最大值）、OP_MIN（取最小值）等。

比特币指令系统内容已较为丰富，可以支持大多数业务的编程需要，也为智能合约的实现创造了基础。

### 5. 比特币脚本执行过程

比特币脚本的执行系统是一种简单的、基于栈结构的、从左到右处理的脚本执行系统。下面将从脚本构造和脚本执行过程两个方面加以介绍。

比特币脚本就是由若干指令组成的指令序列。例如，判定等式2+3=5的脚本可表示为：〈2〉〈3〉OP_ADD〈5〉OP_EQUAL

其中，"〈 〉"中的值为操作数，并且脚本采用了逆波兰式（Reverse Polish Notation，RPN）的表达形式。

该脚本将在栈（Stack）结构中被脚本解释器执行，其中，栈是一种具有"先入后出"性质的数据结构表示。脚本解释器要执行一个包含 n 个参数的脚本指令，首先将参数推送到堆栈上，然后根据读取到的操作码，解释器通过直接从堆栈读取这 n 个值来执行计算，并将返回值存储在堆栈上。因此，这种栈运行方式不需要变量来存储参数或返回值。

表8-4 脚本运行过程示例

|   | 栈 | 脚本 | 描述 |
| --- | --- | --- | --- |
| 0 | 空 | 〈2〉〈3〉OP_ADD〈5〉OP_EQUAL | 初始 |
| 1 | 〈2〉 | 〈3〉OP_ADD〈5〉OP_EQUAL | 〈2〉入栈 |
| 2 | 〈2〉〈3〉 | OP_ADD〈5〉OP_EQUAL | 〈3〉入栈 |
| 3 | 〈5〉 | 〈5〉OP_EQUAL | 计算 OP_ADD |
| 4 | 〈5〉〈5〉 | OP_EQUAL | 〈5〉入栈 |
| 5 | 〈true〉 | 空 | 相等比较 |

表8-4中，我们给出了前述脚本的运行过程。首先，脚本解释器将操作数〈2〉和〈3〉压入到栈中；其次，脚本解释器在接收到 OP_ADD 指令后将两个栈顶操作数相加，得到结果〈5〉被置于栈顶；再次，操作数〈5〉压入到栈中；最后，脚本解释器在接收到 OP_EQUAL 指令后将两个栈顶元素进行比较，并将结果"真"值〈true〉置于栈顶，运算结束。因此，5 步运算后脚本解释器即可输出最终结果。

与通用语言相比，脚本运行方式具有功能有限的缺点，例如，它不支持循环。但它也有实现方便、便于编程、灵活性强等优点，而且不存在脚本执行过程不能停机（如：死循环）等异常现象，因此易于被比特币等轻量级区块链系统所采用。总之，比特币脚本特点可归纳为三点：脚本内存访问采用栈结构；脚本不含有循环；脚本执行总能终止。

**6. 密码脚本执行与验证**

脚本系统在比特币区块链中的直接应用就是密码功能的实现。由于区块链中大量使用了密码技术，而且密码技术在不同的合约中使用方法多样，因而需要一种灵活的方法来支持密码技术在不同合约的使用。由于用户能够在交易中通过灵活而短小的脚本指令对密码操作指令进行编程，因此脚本系统较好地解决了上述问题。

比特币区块链中密码技术的使用是多样的,例如,需要几个签名来解锁这些比特币、除有效签名外还需要提供密码来解锁特定货币。目前,比特币区块链常见的密码脚本有以下几种类型:

类型 1: pay-to-public-key(P2PK)支付到公钥

scriptPubKey:⟨pubKey⟩OP_CHECKSIG

scriptSig:⟨sig⟩

类型 2: pay-to-public-key-Hash(P2PKH)付款到公用密钥哈希

scriptPubKey: OP_DUP OP_HASH160⟨pubKeyHash⟩OP_EQUALVERIFY OP_CHECKSIG

scriptSig:⟨sig⟩⟨pubkey⟩

类型 3: pay-to-script-Hash(P2SH)按脚本哈希支付

scriptPubKey: OP_HASH160⟨scriptHash⟩OP_EQUAL

scriptSig:⟨sig⟩⟨script⟩

类型 4: multiple signature 多签名支付

scriptPubKey: M,⟨pubKey A⟩,⟨pubKey B⟩,⟨pubKey C⟩, N, OP_CHECKMULTISIG

scriptSig: OP_0⟨sig B⟩⟨sig C⟩

其中,N 是存档公钥总数,M 是要求激活交易的最少公钥数。

在上述密码脚本中,每个脚本由公钥脚本(scriptPubKey)和签名脚本(scriptSig)两部分构成。按照比特币系统中使用的锁定概念,公钥脚本将被用于对交易合约的输出部分进行"加锁",与此相对的是,签名脚本被用在交易合约的输入部分对前述输出部分进行"解锁"。这里,"加锁"和"解锁"是一种对密码学中数字签名与签名者公钥相匹配的直观表达。这也暗示着:签名者具有交易中存储公钥相对应的私钥,因此他是该比特币的合法花费者,其原因在于该私钥能够生成有效的解锁签名。

总而言之,比特币脚本系统作为区块链智能合约的雏形,已经具有完整的指令体系和执行机制,对于智能合约的发展奠定了基础。

### 8.4.2 以太坊智能合约

Solidity 是一种针对太坊区块链开发的合约导向式语言,也被逐渐被广泛接受而被应用于各种不同的区块链平台上。Solidity 的语法概念最早是由 Gavin Wood 在 2014 年提出,后期则由 Christian Reitwiessner 所领导的以太坊团队 Solidity 接手开发。该语言是针对以太坊虚拟机(EVM)所设计的四种语言之一。

对已具备程序编辑能力的人而言，编写 Solidity 的难易度就如同编写一般的编程语言。Gavin Wood 最初在规划 Solidity 语言时引用了 JavaScript 的语法概念，使其对现有的 Web 开发者和 Java 程序员更容易入门。但与 JavaScript 不同的地方在于 Solidity 具有静态类型和可变返回类型，而且与当前其他 EVM 目标语言（如 Serpent 和 Mutan）相比，另一个重要差异是 Solidity 具有一组复杂的成员变量，使得合约可支持任意层次结构的映射和结构。此外，Solidity 语言也支持继承、库和复杂用户定义类型等机制。

Solidity 是一种静态类型的编程语言，由它开发的程序代码需要被编译成为可在 EVM 上运行的机器代码，然后可以将其作为交易发送到以太坊网络，从而实现智能合约的开发和部署。借由 Solidity 语言，开发人员能够编写出实现商业逻辑并可自我运行的应用程序，通过部署到区块链系统，该程序可被视为一份具权威性且永不可悔改的交易合约。但这种部署具有支付交易费用，必须由合约所有者支付。

本节将从以太坊智能合约支持平台、Solidity 智能合约编程语言结构和特点、运行与部署方法等几方面对以太坊智能合约系统加以介绍。

### 1. 智能合约的支撑区块链平台

Solidity 语言是以太坊编写智能合约的主要编程语言，可实现与区块链进行交易的所有编程逻辑，但它的支持平台不限于以太坊区块链，还包括 Tendermint & ErisDB、Zeppelin、Counterparty（运行在 Bitcoin 网络上）等区块链系统，目前较多使用的还是以太坊平台。

以太坊平台与专注于数字货币的区块链系统（如 Bitcoin）相比，是一个更具通用性的区块链与智能合约平台，并应用了支持交易的虚拟机技术，为智能合约提供了一个可信的对象消息传递计算框架。

以太坊虚拟机 EVM 是以太坊中智能合约运行时的环境，它也被看作是一种安全沙盒（Sandbox），为运行中的程序提供隔离环境。但在提供安全性的同时，这也意味着在 EVM 中运行的代码无法访问网络、文件系统或其他进程，同时也缺少多线程、并发等高级编程语言特性，因此它在一定程度上限制了大型和复杂系统的开发能力。此外，以太坊虚拟机 EVM 中运行的智能合约也无法直接访问其他智能合约。

### 2. Solidity 编写的简单的智能合约例子

Solidity 智能合约语言是一种面向合约的语言，作为一种编程设计语言，看起来很像 JavaScript、Python 和 C++，因此本节将不对该语言的语法进行详细介绍，而是通过两个简单实例的方式来阐述 Solidity 智能合约语言的特点。

例 1：简单数据存储的智能合约

首先，我们从一个简单示例开始介绍 Solidity 语言实现智能合约，该示例设置变量的值并将其公开以供其他合同访问。该示例代码如图 8-5 所示。

```
pragma solidity > = 0.4.0 < 0.7.0;
contract SimpleStorage {
    uint storedData;
    function set ( uint x ) public {
        storedData = x ;
    }
    function get ( ) public view returns ( uint ) {
     return storedData;
    }
}
```

图 8-5　简单数据存储的智能合约代码示例

首先，第一行代码包含了版本实用程序以避免兼容性问题。该代码表明源代码是用 Solidity 版本 0.4.0 或更高版本编写的，但低于 0.7.0 版，其中，pragma 是编译器关于如何处理源代码的常用指令。

第二行使用 contract 关键字定义合约名 SimpleStorage。在 Solidity 中，合约由一组代码（合约的函数）和数据（合约的状态）组成，并用大括号括起来。

第三行中 uint storedData 声明了一个状态变量，变量名为 storedData，类型为 uint（256bits 无符号整数）。注意，Solidity 是一种静态类型语言，需要编译期间指定每个（静态和局部）变量的类型，不允许再加以改变。

最后，变量 storedData 可以认为它就像数据库里面的一个存储单元，与操作数据库记录一样，可以通过调用函数查询和修改它。在以太坊中，通常只有合约的拥有者才能这样做。在这个例子中，函数 set 和 get 分别用于修改和查询变量的值，这两个函数的定义与 Java 语言一致。注意，跟很多其他语言一样，访问状态变量时，不需要在前面增加 this 前缀。

从这个简单的例子可知 Solidity 语言保留了传统编程语言的语法和书写习惯，而且 Solidity 支持复杂成员变量的定义，使得合约可支持任意层次结构的映射和结构。在 Solidity 语言编写的智能合约可定义下面几种类型：

- field：表示合约内部的状态信息，与 java 中成员变量类似，可以持久化存储；
- function：和其他编程语言中的函数类似，是合约中基本执行单元；
- modifier：表示自定义修饰符，用于控制函数的访问；
- event：事件声明符，由于区块链的访问都是异步的，函数的调用无法接收返回结果，可以使用 event 将结果写入 log 中；
- struct：和 c 语言中 struct 类似，用于自定义类型；
- enum：用于定义取值范围有限的类型；

- constructor：在合约被创建时被调用，用于初始化合约。

此外，Solidity 也支持继承关系，包含多重继承。

受限于以太坊的基础设施，上述简单合约还无法做很多事情，仅仅是允许任何人储存一个数字。然而，通过这个合约代码，世界上任何一个人都可以来存取这个数字，但缺少一个（可靠的）方式来保护你发布的数字，任何人都可以调用 set 方法设置一个不同的数字覆盖你发布的数字。即便如此，根据区块链交易的性质，任何被设置的数字将会留存在区块链的历史上。此外，如果设置了访问限制，则可保证只有授权者更改该数字。

例 2：简单加密货币的智能合约

另一个智能合约示例将实现一种最简单形式的加密货币。该合同仅允许其创建者创建新货币（想用其他模式发行货币也与此相似，只是实现细节上的差异）。使用这一合约，任何人都可以发送货币给其他人，而无需注册用户名和密码，只要有一对以太坊的公私密钥对即可。该示例代码如图 8-6 所示。

```
contract Coin {

    address public minter;
    mapping ( address = > uint ) public balances;

    event Sent ( address from, address to, uint amount );

    function Coin ( ) {
        minter = msg·sender;
    }
    function mint ( address receiver, uint amount ) {
        if ( msg.sender ! = minter ) return;
        balances [ receiver ] + = amount;
    }
    function send ( address receiver, uint amount ) {
        if ( balances [ msg.sender ] < amount ) return;
        balances [ msg.sender ] - = amount;
        balances [ receiver ] + = amount;
        Sent ( msg.sender, receiver, amount );
    }
}
```

图 8-6 简单数字货币的智能合约代码示例

除去前例中已介绍的 Solidity 语言结构，address public minter 这行代码声明了一个可公开访问、类型为 address 的状态变量，该类型的值大小为 160 bits，不支持任何算术操作，适用于存储合约的地址或属于外部账户的公私密钥对。public 关键字会自动为其修饰的状态变量生成访问函数，没有 public 关键字的变量将无法被其他合约访问，而只有本合约内的代码才能写入。自动生成的函数如下：

```
function minter ( ) external view returns ( address ) { return minter; }
```

下一行代码 mapping ( address => uint ) public balances 创建了一个公共状态变量，它的类型更加复杂，且该类型将 address 映射到无符号整数。

mapping 可以被认为是哈希表，而且每一个可能的 key 对应的 value 被虚拟的初始化为全 0。这个类比不是很严谨，对于这个哈希表，既无法获取所有 key 的列表，也无法获取映射值的列表。所以用户需要自己记得哪些东西应放到 mapping 中。如果该映射表无法满足需要则可定义一个链表，或者使用其他更高级的数据类型。

在这个例子中由 public 关键字生成的访问函数更加复杂，通过这个函数可以查询账号余额，其代码如下：

```
function balances ( address _account ) returns ( uint balance ){
    return balances [ _account ] ;}
```

下一行代码 event Sent( address from, address to, uint value ) 声明了一个"事件"，该事件由 send 函数的最后一行代码触发。以太坊客户端（服务端应用也适用）可以很低的开销来监听这些由区块链触发的事件。事件触发时，监听者会同时接收到 from、to、value 三个参数值，从而方便地跟踪交易。为了监听这个事件，编译器会自动生成如下代码：

```
Coin.Sent ( ) .watch ({}, ", function ( error, result ){
    if( !error ){
        console.log ( "Coin transfer: "+result.args.amount +
            " coins were sent from "+result.args.from +
            " to "+result.args.to+"." ) ;
        console.log ( "Balances now:\n" +
            "Sender: "+Coin.balances.call ( result.args.from ) +
            "Receiver: "+Coin.balances.call ( result.args.to )) ;
    }
})
```

代码 function Coin ( ) 是一个构造函数，会在合约创建的时候运行，之后就无法被调用，它会永久存储合约创建者的地址。该函数所使用的 msg（连同 tx 和 block）是一个全局变量，它包含了一些可以被合约代码访问的属于区块链的属性，msg.sender 总是存放着当前函数外部调用者的地址。

最后，真正用来完成本合约功能且能被用户或者其他合约调用的函数是 mint 和 send。函数 mint 可将一定数量的新创建的货币发送到另一个地址，但合约创建者之外的其他人调用 mint，什么都不会发生；而 send 可以被任何人（拥有一定数量的以太币）调用并发送一些币给其他人。

从上面两个例子不难看出，Solidity 编程与传统编程语言很接近，同时编译器可自动添加辅助代码来减轻开发难度。

### 3. Solidity 智能合约编译

在完成 Solidity 语言编写的智能合约后，下一步要在实际环境或本地虚拟环境中测试该智能合约。如同其他计算机语言一样，编写后的智能合约文件被存储 .sol 后缀的文件中，然后由编译器编译成可执行代码。

编译过程可使用简单命令行方式加以实现，solcjs 是一种常见 Solidity 语言编译器，它的简单编辑命令如下：

solc –o outputDirectory ––bin ––abi sourceFile.sol

在这种情况下，solc 使用缺省选项 ––standard-json，则它将支持 JSON 格式的输入源代码文件 sourceFile.sol，并在指定输出目录上返回二进制（bin）和 ABI 格式的输出。通常，编译所生成的二进制文件被直接部署到区块链的交易中，ABI 格式文件则用来规范对部署后合约的接口调用。

智能合约的应用二进制接口（ABI）是以太坊平台与智能合约进行交互的规范，既可支持来自区块链外部的交易，也可以进行合约间的交互。图 8-7 给出了前述简

```
 1   "abis": {
 2     "0x54a8c0ab653c15bfb48b47fd011ba2b9617af01cb45cab344acd57c924d56798": [
 3       {
 4         "inputs": [
 5           {
 6             "internalType": "uint256",
 7             "name": "num",
 8             "type": "uint256"
 9           }
10         ],
11         "name": "set",
12         "outputs": [],
13         "stateMutability": "nonpayable",
14         "type": "function"
15       },
16       {
17         "inputs": [],
18         "name": "get",
19         "outputs": [
20           {
21             "internalType": "uint256",
22             "name": "",
23             "type": "uint256"
24           }
25         ],
26         "stateMutability": "view",
27         "type": "function"
28       }
29     ]
30   }
```

图 8-7 简单数据存储的智能合约编译生成 ABI 文件

单数据存储的智能合约编译生成的 ABI 文件,它包含 set 和 get 两个函数的接口说明。合同中的函数接口是强类型的,在编译时是已知且静态的。

另一种更加方便的智能合约程序编译方式是采用集成开发环境 IDE。Remix 是目前较常见的一种 Solidity 语言智能合约开发环境。Remix 是基于浏览器的 IDE,可支持智能合约的编写、编译、部署与分析等一系列过程,但其原理与命令行一致。

智能合约编译后生成的运行代码遵循以太坊 EVM 的指令集,被称为"以太坊虚拟机代码(EVM 代码)"。该指令集被刻意保持在最小规模,以尽可能避免可能导致共识错误的产生。所有的指令都是针对 256 比特这个基本的数据类型的操作,具备常用的算术、位、逻辑和比较操作,也可以做到条件和无条件跳转。以太坊指令可以访问三种数据存储空间,包括

- 栈:一种后进先出的数据存储,32 字节的数值可以入栈与出栈;
- 内存:可无限扩展的字节队列;
- 长期存储:用于秘钥 / 数值的存储,其中,秘钥和数值都是 32 字节大小,与计算结束即重置的堆栈和内存不同,其存储内容将长期保存。

此外,智能合约代码可允许访问当前区块的相关属性,比如:区块编号、时间戳。

### 4. 智能合约的部署和测试

智能合约的部署就是将编译后的智能合约运行代码捆绑到交易,再发送到区块链平台使之进入可运行的状态。这一过程与比特币系统中的脚本代码部署是一样的,都是以指令代码序列的形式将所有合约执行代码直接放入交易字段中,并按照合约中接口函数分别进行存储。例如,图 8-8 中的 bytecode 项用来存储编译后的全部执行代码。

在智能合约被部署后,任何符合要求的用户都可以通过提交交易的形式调用该合约中的接口函数。一次成功的函数调用将启动以太坊虚拟机 EVM;然后,虚拟机提取该合约代码并在该 EVM 内被执行;最后,执行后的结果也将以交易形式存储到区块链中。因此,这是一个比 Bitcoin 脚本系统更为复杂的过程,并且在以太坊平台上运行智能合约的编译、部署、测试命令将需要花费真实的以太币。

为了保证程序员所编写智能合约的正确与安全并减少运行开销,在实际部署和运行前通常需要将上述代码在一个本地以太坊节点进行测试。下面以以太坊 TestRPC 为例简单介绍合约代码的测试过程。TestRPC 是在本地使用内存模拟的一个以太坊环境,它伪装成一个以太网节点,可像真实节点一样在本地计算机上对各种区块链行为进行响应。更重要的是,TestRPC 具有将 Solidity 智能合约编译为 EVM 代码并运行该代码的能力,并且可获得即时的测试响应,而不必等待真实的以太坊网络来创建下一个区块。

为更好地理解以太坊智能合约的运行，下面将对几个重要的概念加以解释。

（1）以太坊账户：以太网平台是基于账户的，每个用户必须开设账户，账户中的余额就是该用户所拥有的以太币或其他数字货币（也被称为通证 Token）。一般而言，以太坊有两种类型的账户：外部所有的账户（由私钥控制的）和合约账户（由合约代码控制）。以太坊的账户包含四个部分：

- 随机数（nonce）：用于确定每笔交易只能被处理一次的计数器；
- 账户余额（balance）：表示账户目前的以太币余额；
- 合约代码（codeHash）：账户的合约代码（可选）；
- 账户存储（storageRoot）：存储内容的 Merkle 树根节点 Hash 值（默认为空）。

外部账户没有合约代码，可通过创建和签名一笔交易从一个外部账户发送消息。每当合约账户收到一条消息，合约内部的代码就会被激活，允许它对内部存储进行读取和写入，也支持发送其他消息或者创建合约。

（2）以太坊交易：和比特币一样，以太坊区块中存储的也是交易，包括的字段有接受者（账户）、发送者的签名、发送者发给接受者的以太币金额等。一笔交易可看作是一条消息，从一个账户发送到另一个账户。交易包含一个二进制数据项（bytecode）和以太币等信息。图 8-8 显示了前述简单数据存储的智能合约测试交易示例。

图 8-8 示例包含了两个交易，第一个交易被用来部署智能合约代码，类型

```
"accounts": {
  "account{0}": "0xCA35b7d915458EF540aDe6068dFe2F44E8fa733c"
},
"linkReferences": {},

"transactions": [
  {
    "timestamp": 1583737375748,
    "record": {
      "value": "0",
      "parameters": [],
      "abi": "0x54a8c0ab653c15bfb48b47fd011ba2b9617af01cb45cab344acd57c924d56798",
      "contractName": "SimpleStorage",
      "bytecode": "608060405234801561001057600080fd5b5060c78061001f6000396000f3fe6080604052
      "linkReferences": {},
      "name": "",
      "inputs": "()",
      "type": "constructor",
      "from": "account{0}"
    }
  },
  {
    "timestamp": 1583737418508,
    "record": {
      "value": "0",
      "parameters": [
        "123"
      ],
      "to": "created{1583737375748}",
      "abi": "0x54a8c0ab653c15bfb48b47fd011ba2b9617af01cb45cab344acd57c924d56798",
      "name": "set",
      "inputs": "(uint256)",
      "type": "function",
      "from": "account{0}"
    }
  }
]
```

图 8-8 简单数据存储的智能合约测试交易示例

constructor 表明它是一个构造器，所构造的合约名为"SimpleStorage"，byecode 中存储着合约 EVM 代码，abi 项保存着智能合约的应用二进制接口（ABI）哈希值，该值与图 8-7 中 abi 值一致。第二个交易是用户调用 set 函数而发出的，它的类型为 function 表明它是一种函数调用，函数输入为无符号整数，在 record 的 parameters 字段给出了该值为 123。从这个例子可知交易是智能合约运行的基础，具有极其重要的地位。

在上述交易结构中，如果目标账户包含合约代码，该代码会执行，bytecode 就是输入数据。如果目标账户是零账户（账户地址是 0），交易将创建一个新合约。创建合约交易的 bytecode 被当作 EVM 字节码执行，并且执行的输出作为合约代码被永久存储。

（3）以太坊运行花费 Gas：以太坊上的每笔交易都会被收取一定数量的费用（gas），gas 的目的是限制执行交易所需的工作量，同时为执行支付费用。当 EVM 执行交易代码时，gas 将按照特定规则被逐渐消耗。费用价格（gas price）是由交易创建者设置的，发送账户需要预付一定的交易费用，其中，交易费用 = 价格 × 数量（gas price × gas amount）。

如果执行结束还有 gas 剩余，这些 gas 将被返还给发送账户。无论合约代码执行到什么位置，一旦 gas 被耗尽（比如降为负值），将会触发一个 out-of-gas 异常。当前调用所做的所有状态修改都将被回滚。

总之，随着 Solidity 等编程语言的日趋完善，以太网已经发展成为一种较为成熟的智能合约平台，它为区块链技术的广泛应用和快速应用开发奠定了基础。

### 8.4.3 高级智能合约 SPESC

智能合约描述语言（Specification Language for Smart Contract，SPESC）是由北京科技大学研究团队开发的一种面向法律的高级智能合约语言（也被称为智能法律合约），也是全球首个具有高级智能合约特征的语言规范，包含以提高合约法律性、便于法律人士与计算机人员协作合约开发、易于理解和使用为目的的智能合约规范。SPESC 语言采用了与现实合同类似的结构来规范智能合约，并使用了类似自然语言的语法，明确定义了当事人的义务和权利以及加密货币的交易规则，对于促进智能合约法律化和协作开发智能合约具有很大的潜力。

**1. SPESC 语言整体结构**

SPESC 语言是介于现实法律合约与现有智能合约通用语言之间的一种过渡性语言，因此，在 SPESC 语言中智能合约被视为计算机技术、法律与金融的结合性文档。在语法结构上，SPESC 语言既有法律合约的结构和语法，同时又具有一定的计算机形式化语言的特征，从而避免自然语言所有的二义性和不确定性。

```
1  contract Purchase {
2
3    party Seller {
4      post ()
5      collect ()
6    }
7
8    party Buyer {
9      pay ()
10     cancel ()
11     receive ()
12   }
13
14   info : ProductInfo
15
16   term no1 : Buyer must pay, when within 3 day after start,
17     while deposit $info :: price .
18
19   term no2 : Buyer can cancel, when before Buyer did pay .
20
21   term no3 : Seller must post, when within 5 day after Buyer did pay .
22
23   term no4 : Buyer must receive, when within 15 day after Seller did post .
24     while teansfer $info :: price to Seller .
25
26   term no5 : Seller may collecr, when 15 day after Seller did post
27     while withdraw $info :: price .
28
29   type ProductInfo {
30     price : Mooey
31     model : String
32   }
33 }
```

合约框架
— 参与方定义
— 合约条款定义
— 附加信息

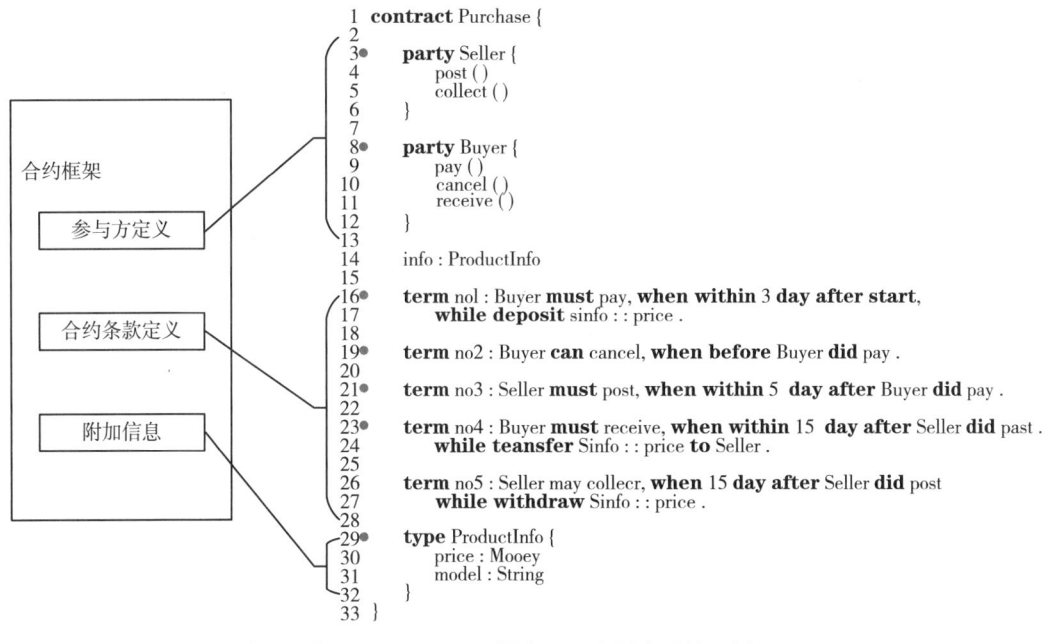

图 8-9　SPESC 语言用于商品购买的示例

SPESC 语言结构和实例如图 8-9 所示，合约分为合约框架、合约参与方、合约条款和附加信息四部分。SPESC 合约采用英文进行撰写，合约框架用于规范合约名称、合约签名、签约时间等信息；合约参与方则对所有合约参与方进行说明（以关键字 party 表示）；合约条款则按照现实合约形式表达各参与方的行为、权利和义务（以关键字 term 表示）；附加信息则对合约涉及的其他信息进行定义（以关键字 type 表示）和说明。

在图 8-9 中商品买卖合约例子中，所定义条款对下面行为进行了规范：①先由卖家创建合约，在买家下订单前通过调用 abort 动作停止出售；②买家通过调用 pay 动作将资金转到合约中作为货款；③当买家调用 receive 动作表示其已收到货物，卖家才可调用 collect 获取前述资金。

从图 8-9 不难看出，SPESC 语言具有结构简单、表述上易于理解、代码量低等特点。而且，与传统通用编程语言相比，该语言具有全新定义的时序逻辑以及情态动词，用于更准确地表述合约参与方的行为。此外，SPESC 语言还包含合约中需要记录的重要属性，如被出售货物的数量和价格等。

在 SPESC 语言执行上，由 SPESC 语言编写的智能合约并不限定具体的智能合约编程语言和实现环境，可支持将其转化为任何现有区块链智能合约语言程序代码并在对应平台上运行。需要说明的是，SPESC 语言编写的合约并不与最终的可执行合约程序完全等价，SPESC 语言是智能合约的高层且抽象表示，它不必对当事人的常见行为及其具体操作进行描述，并可由 SPESC 翻译器转化为可执行智能合约程序框和代码实现，进而可由计算机人员对具体实现方法进行后期编程实现。

因此，高级智能合约语言作为一种面向法律规范的智能合约高层语言，它的语言结构和计算机本身的硬件以及指令系统无关，它的可阅读性更强，能够方便表达合约功能和权利与义务的表述。同时，所编写的智能合约也更容易被理解，也更方便被初学者所掌握和学习。

**2. SPESC 合约参与方规范**

在 SPESC 语言中合约参与方被定义在合约框架的前部，这与现实合约相似。合约参与方将被逐一定义，每一名参与方由 party 结构进行定义，它由一个作为标识的名称、一些当事人属性和动作构成，其中，这些属性和行为必须由记录在区块链上的信息和一组动作组成。

SPESC 中的参与方有以下几个特点：①一个合约中可以有多个参与方；②一个用户个体可以属于多种参与方；③一个参与方可以包含多个用户个体（被称为群组）；④参与方代表的用户是可以变动的。

合约参与人中定义的每项动作都代表该合约当事人可以或必须履行的某项行为。每个动作通过后面的括号进行声明，例如图 8-9 中的 post（）表示销售方发货行为，pay（）表示购买方的付款行为等，这些行为在现实合约中可存在多种实现方法，在已能被合约参与方接受的情况下无需于合约中进一步说明。

表 8-5 参与人示例

| party Seller {<br>　　abort（）<br>　　collect（）<br>} | party Buyer {<br>　　pay（）<br>　　receive（）<br>} | party group Voters {<br>　　name : String<br>　　vote（）<br>} |
| --- | --- | --- |

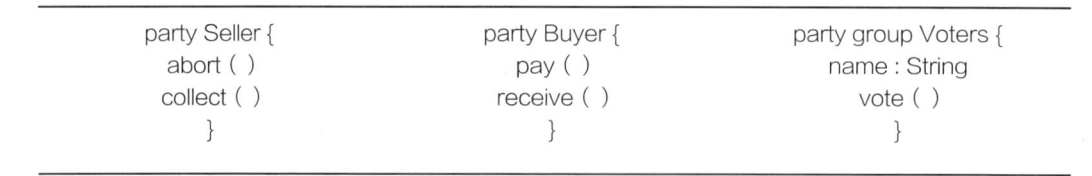

表 8-5 展示了三个比较简单合约参与人的例子：卖家（Seller）、买家（Buyer）和投票者（Voters）。卖家可以行使放弃 abort 和收集资金 collect 两个行为；买家具有付款 pay 和接收 receive 两个行为；在选举合约中，投票者的定义使用了关键词 group 表示该参与方对应不止一个个体（由多个个体构成的成员列表表示），且每个投票者包含一个字符串类型的名字属性，还有一个属于投票者的动作——投票。上

述定义的参与方及其属性和行为将可在后续合约条款中被使用。

### 3. SPESC 合约条款规范

作为一种法律文书，SPESC 语言的主体和内容是通过合约的各项条款（Contract Terms）体现的，在法律上合约条款是当事人合意的产物、合同内容的表现形式，是确定合同当事人权利义务的根据。合约条款也是合同条件的表现和固定化，是确定合同当事人权利和义务的根据。因此，合约条款定义在 SPESC 语言具有核心性地位。

在 SPESC 规范中，合约条款是由关键字 term、条款名称以及其后跟随的一组语句构成，用以表达某个或几个合约参与方在什么条件下需要或可能履行的行为。从 SPESC 语法上讲，在参与方声明一个动作之后，该动作何时（必须或可以）履行则需要通过使用合同条款来进行规范。

一条 SPESC 合约条款涉及一个参与方和该参与方的动作，并包含该动作执行的前置、后置条件和资产转移。具体而言，一条条款包含的元素如下：

- 角色：条款内容描述的参与方。
- 分类：这条条款是属于权利还是义务。
- 动作：条款中的动作。
- 前置条件：描述角色在什么条件下可以执行条款。
- 资产转移：动作的执行时伴随的资产转移情况。
- 后置条件：执行结果需要满足的要求。

尽管对计算机人员而言，合约条款的定义通常可以类比为计算机语言中过程或函数的定义，但是 SPESC 中条款定义更加抽象化和明确化，只用于规范资产的转移条件和过程；另外，对法律人员而言，SPESC 中条款的定义采用了计算机中形式化模型加以描述，更加规范化和标准化。

为了增加可读性，SPESC 采用类似自然语言的语法来定义合同条款。条款的具体语法在 EBNF 中定义如下：

**term** *name* : *party* (**must** | **may**) *action*
(**when** *preCondition*)?
(**while** *transations*+)?
(**where** *postCondition*)?

其中，在 SPESC 的初始模型中定义的概念以斜体显示，关键字以粗体显示。

按照动作的履行方式，SPESC 条款分为权利条款和义务条款两类：

- 义务条款：规定参与方在一定先决条件下必须执行该动作，通过条款中动作前的关键字 must 加以定义。
- 权利条款：定义参与方在一定先决条件下可以执行该动作，通过条款中动作前关键字 may 加以定义。

需要说明的是，当执行时条件不成立，两类条款中参与方都不能实施该行动。

```
term no1 : seller can abort
    when before buyer did confirmPurchase
    while withdraw $ xxxDescription : : price*2 .
term no2 : voters can delegate
    when voting is true and his : : voted is false
    where his : : voted is true.
term no3 : bidders can Bid ,
    when after chairPerson did StartBidding and before BiddingStopTime
    while
        deposit $ value > highestPrice
        transfer $ highestPrice to highestBidder
    where highestPrice = value and highestBidder = this bidders .
```

图 8-10  SPESC 合约条款示例

条款中行为所需要满足的条件可由前置、后置和伴随条件来表达，具体如下：
- PreCondition：表示可执行该条款的前置条件，
- TransferOperation：表示执行该条款的过程中伴随的资产转移，
- PostCondition：表示该条款执行结束后该满足的后置条件。

图 8-10 给出了三条 SPESC 条款的示例，具体内容如下：
- 第一个条款（no1）是买卖中的例子，意思是卖家可以在买家确认购买前终止合约，并取回自己购买商品两倍价格的保证金。
- 第二个条款（no2）是投票中的例子，意思是投票者在投票开始后，如果他还没进行过投票，那么他可以委托别人代他投票，并且将他记为投过票了。
- 第三个条款（no3）是个拍卖中的例子，意思是竞拍者在主持人开启竞拍且在竞拍结束前可以竞拍，同时要向合约账户转入比目前最高价高的价格，然后把当前最高价返还给当前最高者，然后记录这个竞拍者及新的最高价。

由此可见，SPESC 条款具有较强而简洁的当事人行为表达能力。

### 4. SPESC 中时间表达式规范

SPESC 中表达式是指由数字、算符、符号、变量等以有意义排列方法所得的组合，它是构成语句的基础。SPESC 语言表达式大致分为五类：逻辑表达式、关系表达式、运算表达式、常数表达式、时间表达式。前四类与其他程序语言大致相同，但具有特有的时间表达式来描述合约中行为/动作之间的相互时序关系，下面将重点对时间表达式规范加以介绍。

在现实合约中，条款中的权利与义务往往是通过时间限制的，比如，买家必须在签订合约后的三天内付款。所以时间表达对于合约条款条件的限定是非常重要的，因此，SPESC中建立了一系列时间表达式来更方便以及更准确地表达时序关系。更严格地说，在SPESC语言中时间表达式是为了支持前置条件、后置条件和资产转移的表达，并包含时间常量、动作完成时间、当时时间等形式。

首先，SPESC语言在定义时间点（timepoint）的表示基础上将时间表达式分为四种，分别为时间变量、时间常量、全局查询、动作完成时间查询等四类，具体如下：

- 时间变量：是指类型为时间（date/time）的变量。
- 时间常量：是指一些固定的时间的值，比如3小时20分钟。
- 全局查询：是指对系统和合约中某一时间相关信息的获取，比如，获取合约创建时间（start）、获取当前时间（now）（有时限于区块链而只能获取当前区块的时间）。
- 动作完成时间查询：表示某个角色完成某项动作的时间。

对动作完成时间查询而言，由于被查询方（被称为角色）可能代表一个或多个当事人，所以它的情况相对复杂，其表达式格式定义如下：

( **all| first| this** )? party **did** action

它的返回值为一个时间点。

具体而言，动作完成时间查询根据当事人的角色不同，可分为下面两种情况：

首先，如果角色属于单个个体，即只有一个当事人，那么假如这个当事人没有完成这项动作的话，表达式返回一个无限大的值；当这个当事人完成了这个动作的话，表达式返回这个角色完成这项动作的时间。

其次，如果角色是一组人的话，那么需要在动作时间查询表达式中使用全称或特称量词，这种量词分为all、some、和this等三种，具体定义如下：

- 量词all表示所有用户个体都完成该动作的时间，如all Voters did Vote。
- 量词first表示第一个用户个体完成该动作时间，如first bidders did Bid。
- 量词this表示当前用户完成时间，如this bidders did Bid。

除了时间表达式之外，SPESC中定义了两个基本的时间谓词：before和after来限制当事人行为完成的时间范围并定义事件触发的时间条件，其中，谓词返回值是布尔值——真或假。上述两个时间量词定义如下：( before | after ) timepoint。

其中，timepoint 表示前面定义的时间点，before 和 after 分别表示在这个时间点之前和时间点之后，例如，before BiddingStopTime、after all Voters did Vote。

时间谓词表达式可转化为关系表达式，before timepoint 等价于 now〈 timepoint，after timepoint 等价于 now〉timepoint，其中，now 为当前时间。

谓词表达式和其他表达式相结合可以组成时间范围，例如，在买家付款后的三天内可以表示为：( **after** buyer **did** pay ) **and** ( **before** buyer **did** pay + 3 day )。

其中，时间点可进行简单的代数运算。但这种表达比较冗杂，既不方便书写也不方便阅读，SPESC 拓展了时间范围谓词的表达方式，定义如下：

( **within** )？ boundary ( **before| after** ) base

其中，boundary 表示其边界范围，例如，within 3 day after buyer did pay。

此外，SPESC 语言所支持其他表达式形式简单定义如下：

- 逻辑表达式，包含 and（与）、or（或）、not（非）以及 implies（蕴含）。
- 关系表达式，包含＞、＞＝、＜、＜＝、＝、!= 和 belong to（属于）。
- 运算表达式，包含＋、－、*、/、**（乘方）。
- 常量表达式，包含整型常量、浮点常量、布尔常量等。

总之，通过上述 SPESC 语言的表达式规范，可以对合约中各方行为加以限定，达到予以表达和理解的意义。

### 5. SPESC 中的货币支付功能

为了支持智能合约中交易的支付款功能，SPESC 提供了一种简单的货币支付功能，能够与现有区块链系统中的数字货币相衔接，实现简单而高效的支付款功能。限于智能合约的区块链功能，在 SPESC 中所有转账交易都是通过交易进行的，不存在用户与用户之间直接的转账操作。

SPESC 智能合约语言中的交易分为三种操作：

- deposit：调用者向合约账户存入一定量资产。
- withdraw：按照合约中的规则，合约账户向调用者转一定资产。
- transfer：按照合约中的规则，合约账户向某账户转一定资产。

与后两者不同，deposit 是用户主动的行为，是在调用时发生的；而后两者是按照合约规定强制执行的行为，是在执行时发生的。因此，后两者只是按照合约描述执行，而 deposit 应该作为调用动作时的限制条件表达。

具体而言，三种资产转移行为的语法如下：

**deposit**(= | > | > = | < | < =)? $ *amount*

**withdraw** $ *amount*

**transfer** $ *amount* **to** *target*

为了理解上述语句的使用方法，图 8-11 给出了三种资产转移行为交易条款的两个示例，并在语句中使用了前述中时间表达式。

```
term No1: Buyer must receive
    when within 15 day after Seller did post
    while transfer $info::price to Seller
    withdraw $info::price.
term No2: Seller may collect when 15 day after Seller did post
    while transfer $info::price to Buyer
    withdraw balance.
```

图 8-11　三种资产转移行为交易条款示例

第一个条款表示，如果买家收到货了要调用接收（receive）操作解冻货款转给卖家，并取回保证金。

第二个条款表示，如果过了发货后 15 天后买家仍没有确认到货且没有申诉（其他条款表示），就按未收到货物处理，卖家就可将买家定金从合约中解冻返还给买家，并取走合约中的余额，即他自己的定金和货款。

从上面 SPESC 语言语法规范可以看出，以 SPESC 为代表的高级智能合约语言具有更加接近于现实合约的特征，也易于非计算机专业人士理解和使用，代表了未来智能合约发展的趋势，具有较大的应用空间和使用价值。

## 8.5　本章小结

本章从智能合约的概念入手，对智能合约的发展历史、基本构架、运行机理以及典型智能合约平台和语言进行了介绍，较为系统地阐述了智能合约的原理和使用方法。尽管智能合约已经成为区块链的主流技术，但在应用范围、开发工具、规范性和合法性等方面依然存在较大的发展空间，需要进一步的改进与完善。

**习题**

1. 简述智能合约的内涵与外延。
2. 试描述智能合约的通用架构。
3. 讨论智能合约未来发展方向。
4. 简述比特币中 pay-to-script-Hash（P2SH）的脚本执行过程。

5. 以太坊如何保证挖矿节点不会被恶意智能合约占用运行资源过大。

6. 请简述一下以太坊三种数据存储空间。

7. 试用SPESC语言实现如下条款：

　①主持人（Dealer）在所有投票人（Voters）都完成投票（Vote）后进行统计；

　②如果买家（Buyer）收到货了要调用接收（receive）操作解冻货款转给卖家（Seller），并取回保证金；

　③借贷人（Lender）必须在借款（Lend）后还款日期之前存储借款和利息（Interest）。

8. 试用SPESC编写简单竞买合约，实现限定时间内的最高价成交。

# 应用篇

# 第 9 章 区块链与社会治理

## 9.1 基本概念

社会治理就是特定的治理主体对于社会实施的管理。在我国，社会治理是指在共产党领导下，由政府组织主导，吸纳社会组织等多方面治理主体参与，对社会公共事务进行的治理活动。按照党的十八大报告，我国的社会治理是在"党委领导、政府负责、社会协同、公众参与、法治保障"的总体格局下运行的中国特色社会主义社会管理。党的十九届四中全会指出："必须加强和创新社会治理，完善党委领导、政府负责、民主协商、社会协同、公众参与、法治保障、科技支撑的社会治理体系，建设人人有责、人人尽责、人人享有的社会治理共同体，确保人民安居乐业、社会安定有序，建设更高水平的平安中国。"

社会治理涉及的通常是公民的社会生活和社会活动。一般来说，其涉及的内容主要是社会公共服务、社会安全和秩序、社会保障和福利、社会组织、社区管理等。社会治理是一系列的价值、政策和制度，通过这些，一个社会可以来管理它的经济、政治和社会进程。社会治理是一个国家开发经济和社会资源过程中实施管理的方式，同时也是制定和实施决策的过程。社会治理还被界定为限制和激励个人和组织的规则、制度和实践的框架。

一方面，在社会治理中，作为执政党领导、政府负责、社会协同、公众参与和法治保障的社会治理，除了党和政府作为治理主体之外，还包含社会组织和公民等多方面有序参与的治理主体。因此，社会治理是一元主导、多方参与、各司其职的合作共同治理。另一方面，我国的社会治理还包含社会自治，在社会自治的组织和体制结构中，党和政府是社会治理的领导和指导者，而基层社会的公民则是社会治理的具体运行主体。在社会自治意义上的社会治理机制，则是在国家治理和政府治理主导下的公民自我管理机制。

"社会治理"与"社会管理"的内涵有很大区别。一是"社会治理"相比于"社会管理",更突出强调"鼓励和支持各方面的参与",强调更好地发挥社会力量的作用,而不是政府的管控。二是"社会治理"更加强调制度建设,特别要用法治思维和法治方式化解社会矛盾。社会治理体系是国家治理体系的一个重要组成部分。

我国正快步进入数字社会时代。数字社会是数字技术深度应用下形成的政府、个体、企业等多利益相关协同作用的一种网络化、扁平化全新社会结构。数字经济是将数据作为重要的生产资料,并使其在整个经济链条中发挥基础性作用的新经济形态。数字经济催生新的生产关系带动数字社会形成,数字社会对政府的治理能力提出新的要求。

数字社会发展需要全新的社会治理模式。现有政府体系与法律政策体系是面向工业时代制定的,适用于数字时代的政府体系与政策体系还有待发展。数据资源开放程度较低,政府和企事业虽有大量数据,但数据共享边界不明,数据开放进程缓慢。多数企业在开展大数据应用时,存在外部数据短缺、获取成本高、数据孤岛等问题。政府数据开放机制还未完善,行业之间存在数据资源壁垒。

数字社会对政府在新时期的治理能力提出新的要求。党的十九大四中全会第一次强调了"科技支撑的社会治理体系",同时也强调"建设人人有责、人人尽责、人人享有的社会治理共同体"。因此,很有必要理解科技在社会治理体系建立和治理能力提升的使能作用。

## 9.2 社会的构成

在介绍科技如何推动社会治理能力提升之前,需要先了解一下社会的构成。社会科学一直致力于探讨主体与结构、社会与个人的关系。现代西方社会理论界长期以来形成了两大明显对立的理论派别:一是强调结构的结构主义和功能主义;二是强调个体的解释学思想流派。这两个理论派别可以被概述为从结构出发看待社会的客体主义和从人的行动出发看待社会的主体主义。

客体主义是指功能主义和结构主义。在这个立场中,社会事实具有独立于人的客观性、普遍性和对人的行为的某种强制性,相对构成它的人类行动者而言,社会整体具有至高无上的地位,因而研究的重点在于分析社会的实体性结构。主体主义主要包括解释学和各种形式的解释社会学。在解释学思想中,社会科学与自然科学有着巨大的差异,解释学重点突出人本主义,强调主体性是文化历史体验的结构核心,并且就此成为社会科学或人文科学的根基。在主体经验范围之外,是与之相异的物质世界，接受与人无关的因果关系的支配。

在解释社会学里，具有首要地位的是人的行动及其相关意义，而有关结构的概念则不那么重要，对社会结构制约人类行动的问题也谈得不多。相反，在结构主义看来，结构凌驾于行动之上，它的制约性特征更是受到特别强调。无论是客体主义还是主体主义视角都存在一定的缺陷：

- 在客体主义者那里，人类行动者基本上可以忽略不计；主体主义者则夸大了人的主体性，因而二者都没有正确揭示行动者的特性。
- 在客体主义者那里，结构是某种类似自然事物的实体性的存在；主体主义则否认结构的存在，因而二者都没有正确看待结构的特性。
- 在主体主义和客体主义认识里，个人与社会、行动与结构、微观与宏观是截然分离的两种既定现象，体现了根深蒂固的二元对立，没有对二者之间关系的合理说明。

安东尼·吉登斯的结构化理论（Structuration Theory）对于行动者和社会结构之间的关系做出了突出的研究贡献。结构化理论是指人/机构的行动和社会系统结构化特性之间不断互动影响的社会过程。结构化理论认为，一方面人类行为是受现有社会系统结构约束的，另一方面现有的社会结构也是人类之前活动所创造的。行动与结构是实践活动的两个侧面，并且在人类实践活动中实现动态统一。人类社会结构特性和制度本身是建立在实践活动之上的。吉登斯突出行动者主体的能动性，又肯定社会结构的制约性，从而力图克服主体主义和客体主义的二元对立。吉登斯把结构（structure）与行动（action）两个字眼拼凑在一起，构造了一个新词——结构化（structuration），就是强调结构里有行动、行动也产生结构的过程。

结构化理论认为人类社会包含了无数的具体实践活动，它本身也是建立在人类实践活动之上的。人类社会"并不是一个'预先给定的'客体世界，而是一个由主体积极的行为所构造或创造的世界"。人类行动者可以依照规则、使用资源来实施行动，实践是行动者在一定时空之中运用规则和资源持续不断地改造外部世界的行动过程，行动者在人类社会的生产和再生产中占据了主体地位和作用。行动者在日常接触中的活动构成了日常生活实践，这种活动在日常反复进行中形成了社会制度和规范。

社会结构特性可以理解为包含三个特性："意义"结构是一种语义规则；"支配和控制"结构是权威/命令式资源和分配性资源；"正当性"结构是一系列规范/标准的规则和资源。"意义"结构给日常活动中的行动者之间的沟通提供了一系列社会共识的解释语义和标准；"正当性"结构支持行动者对"意义"架构的理解，同时规范着行动者之间的互动；"支配/控制"结构通过资源的分配来帮助"意义"架构和"正当性"架构被社会参与者接受。这些结构特性影响着行动者日常的行为活动。

社会系统是跨越一定时空、立足于具体实践活动之上，并且由结构组织起来的关系网络。结构作为社会系统在纵向上的一种虚拟关系，促使无数具体的实践活动持续不断地进行，在横向上体现为社会关系的模式化，即社会系统的各项制度和规范。社会结构只是一种虚拟秩序，并且体现在个人的实践活动之中。

如图9-1所示，社会结构通过一些方式方法来制约和影响人们的行动；行动者也通过某些方式方法改变或加强现有社会结构。这些方式方法具体包括解释模式、设施/设备及规范/标准。管理者通常通过这些方式方法来规范人们的行动范围。人类在社会系统中的日常行动可以从概念上划分为交流及沟通、权力影响、批准或奖罚。行动者可以通过解释模式来遵守和影响现有结构；资源掌控者可以通过相关设施/设备及行为规范来体现和保障自己的资源支配能力，也可以通过相关法规约束人们的行为。

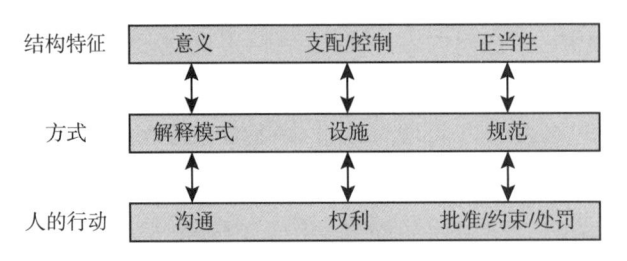

| 结构特征 | 意义 | 支配/控制 | 正当性 |
|---|---|---|---|
| 方式 | 解释模式 | 设施 | 规范 |
| 人的行动 | 沟通 | 权利 | 批准/约束/处罚 |

图9-1 结构化模型

吉登斯认为社会系统中的行动者都是在不断学习和思考中，他们基于自己已有的知识和前期积累的经验，并考虑现有社会系统的结构特性约束，最终采取相应的行动。社会结构包括社会行动所牵涉的资源（分配性资源和命令性资源）。资源是权力的基础；权力是行动者改变周围既成事实的能力，表现在社会环境中，则是其对资源的支配能力。

## 9.3 数字技术是推动社会系统结构变化的方式和工具

结构化理论认为，人们通过借助某些方式方法能够推动社会系统（如社会组织和企业等）的结构变化，例如对机构的战略、业务范围、资源分配机制及业务流程等的改变。如图9-2所示，这些方式方法可以分为几个主要类型解释模式、设施和规范及标准（Orlikowski，2000）。

可编程的数字技术已经作为机构变革的一种手段和工具。这些数字技术通过内

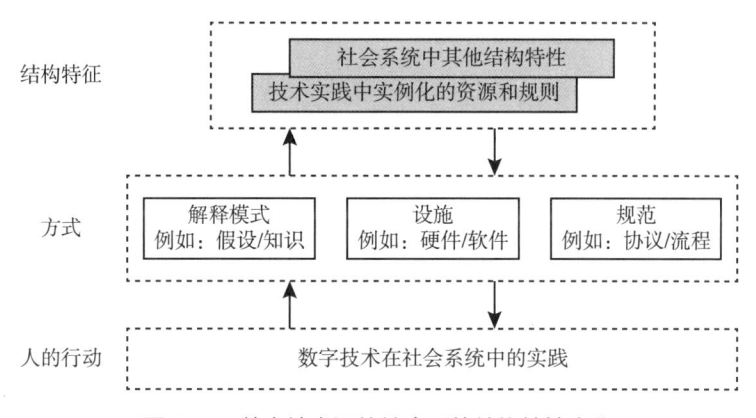

图 9-2　数字技术调停社会系统结构特性变化

部嵌套一些已有的假设和知识来影响相应机构的技术实践过程，通常通过培训等方式，使机构使用者了解数字技术的应用范围；通过硬件/软件等设施设备，把技术的实践嵌套到机构日常的流程和活动中；通过制定相关规范，使用户理解和掌握最终的业务流程。例如，企业资源计划系统的实施可以改进企业内部资源规划和相应的业务流程，供应链管理系统能进一步优化供应链管理的效率，电子政务系统可以优化政府内容流程，提供更为便民的服务。

数字技术的使用不是简单地应用一个技术，而是通过组织机构、用户和技术特性的博弈过程形成最终的技术实施和使用结果，这个过程通常伴随着企业或机构的变革。在技术实践过程中，用户的经验、知识和习惯、相关组织机构权利资源等关系和技术产品本身特性的相互磨合互动，形成了技术最终被使用的模式，形成了新的社会结构特征，也意味着通过技术实施形成的新的社会机构资源分配和规范制度。

数字技术通过充当社会系统结构变化的具体媒介来推动社会治理体系和方法的变革。例如，新的数字技术的应用促进了公共服务方式的创新；人工智能、大数据提高了社会治理的快捷化、精准化、智能化水平；物联网、大数据等技术手段促进打造贯通商品生产、流通、消费全过程监管链条，促进市场监管体系化；随着技术发展带来的带宽速率、储存能力的快速提升，加快了各类资源的数字化和共享，为更大范围更深层次跨部门协调应用、为社会搭建完善的数字化服务平台提供了基础。

## 9.4　区块链赋能社会治理能力提升

区块链技术作为数字社会的底层基础设施之一，为多方机构合作提供了新型可信的合作基础。区块链通过共识机制和智能合约等技术特点，能够构建实时互联、数据共享、联动协同的智能化机制，提升社会治理智能化水平；区块链在保护数据所有权的基础上，有效集成社会和经济等多方面的数据信息，助推社会治理精细化；此外，在司法等领域，区块链与实际工作具有深度融合的广阔空间，将有力推动社会治理法治化。

### 9.4.1 为数据可信提供技术保障

数据可信是数字社会的基础。因此，构建数字社会必须解决数据可信的问题。数据作为数字网络世界中的核心资产，具有与物理世界中的物品完全不同的性质。如何保证数据的安全性、真实性、有效性，成为数字世界中数据流转的基础性关键问题。

区块链通过一系列加密算法、时间戳和共识机制等技术，确保了数据的不可篡改和操作的可追溯。区块链技术能够实现对用户的身份隐藏、权限划分以及对数据的确权、追溯和容灾备份，确保民众和企业的相关数据（如证照、交易、供求、商品等信息）的安全上链，形成可信数据源。

### 9.4.2 构建分布式社会信任框架

打造诚信社会是我国的长久国策。区块链技术可通过技术背书而非中心化信用机构来进行信用创造，构建起新的征信体系。在这个体系中，每一条交易信息都被程序化记录、储存、传递、核实、公开。该体系借助链接密码，保证信息的安全及不可篡改，确保储存的信息可靠性强，使用成本低，亦可防范道德风险。区块链技术的应用使得建立动态的企业征信体系变为可能。通过分布式账本技术，以企业唯一的识别代码为主线，实时将企业的工商、税务、贸易、金融、支付、仓储、负面信息记载至区块链，使企业的信用报告变得不可篡改、动态可查，对于促进整个社会的诚信体系建设大有裨益。

### 9.4.3 为数据共享提供新手段

传统的中心化数据共享方式很难保护用户数据的隐私性。同时，如果要将用户的数据真实地上传至区块链网络，就会泄露用户的隐私。因此，有不少研究者开始探究区块链技术如何能够实现在隐私保护前提下的数据共享。

区块链可以较好地解决这一问题。首先，用户可以将数据进行哈希运算后上传至区块链网络，数据使用者可以通过比对相关数据的哈希值来确认数据的一致性；其次，可以使用零知识证明等技术证明收到的数据的明文就是自己想要的数据。

在区块链与数据共享的赋能作用下，不需中介机构的介入，就可让整条产业协同链的协同合作达到公开、透明、公正，可实时查询监督链上的节点动态，消除中介方的同时完成信息的不间断更新，从而实现提供整个链条上的即时动态合作效能。区块链在技术层面保证了可以在有效保护数据隐私的基础上实现有限度、可管控的信用数据共享和验证，能够促进机构间数据共享。

### 9.4.4 自动自组织多方协同

智能合约是区块链 2.0 时代的标志性技术模块之一，是实现可编程数字社会的核心技术之一。从本质上讲，智能合约的工作原理类似于计算机程序的 if-then 语句，当一个预先被编好的条件被触发时，智能合约便执行相应的事先约定好的动作。在未来社会，拥有了可信、可溯源的数据源，智能合约便可根据可信数据实现多方的自动化决策。智能合约通过可信代码，实现在公共服务、财政税收、公示公证等方面的可信化、智能化执行，使现有流程中的大量手工操作、人工验证和审批工作得以自动化处理，政府、企业和个人间的纸质合同也将被智能合约所取代，处理环节不再会因系统失误而导致损失的发生。区块链通过可信透明的执行规则，形成更低成本、更高效率和更大范围的协同模式。

### 9.4.5 推动跨机构数据互通和交易

区块链将成为价值互享的基础设施，行业的上下游可通过区块链共享供应链信息并进行智能生产；各类资产在以区块链为底层技术的交易所进行交易和互换；陌生的多方可以基于区块链上的可信记录进行合作；政府的公益和社会慈善通过区块链增加公信力和透明度。区块链可在隐私得到保护的前提下，推动多种数据的有效流通、交换及交易等。例如，区块链在解决医疗健康数据流转方面有潜在的巨大作用。

### 9.4.6 助力构建新型社会监管体系

传统监管通常要求相关机构上报一系列文件材料，并需要进行烦琐复杂的会计和审计、尽职调查、出具法律意见书等程序，耗费大量的人力、物力和时间成本。而以区块链为基础的科技监管则可实时存储企业数据和监管政策，企业可定期把公司报告、财务报表等文件信息上链，也可以在区块链上进行信息披露和发布行业公告。一旦信息上链，则不可修改，这样能够有效减少实践中出现的财务造假、获取内幕信息的问题。监管机构则可以及时得到真实数据，也可以随时进行查看和复核分析。

智能合约也可以应用到行政规制的监管领域，通过以假设条件、事实和结果三段论的逻辑结构来构建监管政策。智能合约具有良好的延展性，可以根据实际情况进行迭代。监管机构和科技监管企业可根据被监管机构的动态和风险情况，灵活调整监管阈值，以编程化、数字化的法规、部门规章以及软法代替制定成文的监管政策和文件，让科技和政策能够智能应变、协同调整。

## 9.5 社会治理能力提升应用场景

在第十八次政治局学习中，习近平指出，要抓住区块链技术融合、功能拓展、产业细分的契机，发挥区块链在促进数据共享、优化业务流程、降低运营成本、提升协同效率、建设可信体系等方面的作用；要利用区块链技术探索数字经济模式创新，为打造便捷高效、公平竞争、稳定透明的营商环境提供动力，为推进供给侧结构性改革、实现各行业供需有效对接提供服务，为加快新旧动能接续转换、推动经济高质量发展提供支撑；要利用区块链技术促进城市间在信息、资金、人才、征信等方面更大规模的互联互通，保障生产要素在区域内有序高效流动；要探索利用区块链数据共享模式，实现政务数据跨部门、跨区域共同维护和利用，促进业务协同办理，深化"最多跑一次"改革，为人民群众带来更好的政务服务体验。

使用区块链技术，可以将原来的单一权威机构管理变为"可视化"公开管理，全程穿透，公开透明，实时监管，一定程度上解决了原来因层层加码、层层沉淀所造成的信用可达性和管理有效性随着层级的增加而逐渐衰减的问题。从应用服务角度来看，基于区块链技术的可信服务和信任框架可以为数字社会的信息化提供多样化、个性化的应用服务。

### 9.5.1 政务

当前，数字政务仍然面临数据孤岛、网络安全、监管缺失、效率低下、成本高昂等痛点。2018年7月31日出台的《国务院关于加快推进全国一体化在线政务服务平台建设的指导意见》提出，要在2022年年底前全面建成全国一体化在线政务服务平台，实现"一网办"。区块链可为数字政务提供新的解决方案。

区块链有助于建立对数据流通的信任机制。分布式的区块链节点能够帮助各部门在不依赖第三方的情况下，在数据传输过程中对数据真实性、原始性进行验证，从而确保数据传输的可信关系。同时，区块链可以创建可信任的信息审计跟踪，实时记录数据的位置、用途、访问者等，极大地提高数据处理和流程的透明度，并防止信息的滥用或伪造，实现有效监管。

区块链可提升服务效率并降低信息系统运营成本。区块链通过智能合约预先约定数据自动化处理流程，在网络数据交互中有利于提升工作效率。其自动化的分布式结构在节省数据处理成本、减少运营负担的同时，可以提高系统的鲁棒性。

区块链同步实现信息共享和数据隐私保护。通过区块链来构建相关的部门联盟，利用区块链数据的可信性来实现数据共享，借助区块链的加密来实现隐私安全保障，从而实现数据的全面归集、做到权责分离。此外，区块链可以设置不同的许可方案，允许政府部门对访问方和访问数据进行自主授权，实现数据加密可控、实时共享。

### 9.5.2 司法

区块链具有开放、共享、协同、存证及安全保护等优势。从某种程度来讲，区块链是一套治理架构，这与司法行政工作的社会性、服务性、群众性等特性相契合。区块链可将数据实时同步到网络上，实现数据全程留痕，对工作流程形成有效监督，有利于推动行政立法、执法监督、刑事执行等领域工作规范化。比如，运用区块链电子存证，解决电子数据"取证难、示证难、认证难、存证难"等问题。将区块链技术与执法工作深度融合，把区块链智能合约嵌入裁判文书，后台即可自动生成未履行报告、执行申请书、提取当事人信息、自动执行立案、生成执行通知书等，完成执行立案程序并导入执行系统，有助于破解执行难。区块链为公证、司法鉴定、纠纷调解、行政审批等服务领域获取外部数据、加强业务联动提供了便利，让群众获取服务更智能、便捷和满意。

目前，最高院已经在《最高人民法院关于互联网法院审理案件若干问题的规定》中明确认可区块链作为证据收集手段的合理性。截至2020年3月，四家互联网法院及另外部分法院都建立了自己的司法区块链平台。

### 9.5.3 医疗

每个人的健康状况是其私密的信息，因此患者的医疗记录和信息在任何时候都是需要保密的。随着个人健康数据的越来越多，一些重要的数据已经到了绝不能泄露的地步。最典型的案例就是指纹或虹膜数据，如果这些资料被大规模泄露，会产生非常深远且灾难性的后果。但在过去，个人健康信息大规模泄露的事件层出不穷。在中心化的网络环境中，单个节点的故障就可能导致所有人的健康数据的泄露。区块链提供了一个可行的解决方案，在为这些敏感数据提供安全和隐私存储的同时，还能帮助降低医院和医疗服务者在管理患者和其他信息时的巨大成本。

对医疗行业来说，区块链有三个很重要的优点：首先是高冗余，保证了单节点失效的情况下不会影响数据的完整性；其次是数据的不可篡改性，医疗数据一旦被篡改，后果不堪设想；最后，区块链的最大优势就是能够实现多私钥的复杂权限管理，用户可以设置不同的规则来控制对数据的访问，以适用不同的使用场景。

### 9.5.4 监管体系

区块链技术推动互联网进化的因素，不仅在于其提供了一种创新的底层架构，更体现在互联网环境中信任的建立，使网络两端、全球不同地区的网络主体都能在没有接触过的条件下建立起信任，进而促成交易。对于传统金融监管中监管者和被监管者之间的信任缺失问题，监管机构往往"一放就乱，一管就死"，市场主体、金融科技初创企业存在钻监管漏洞、进行监管套利的行为。在当前金融体制下，中央监管部门和地方金融监管部门之间也缺乏良好的信任机制，中央政策能否有效传达到地方以及地方能否贯彻落实都影响着监管政策的效果。基于区块链实现科技监管，有利于促进监管方和被监管方在线上交流互动，及时沟通计划政策和发展动向，深入线上研讨，增强监管生态中各方主体的信任。

### 9.5.5 公共应急管理

公共应急管理事件一般具有突发性、复杂性、非确定性、紧迫性等多种特性。应急管理过程中涉及大量独立机构和公众，快速实现对突发性事件的防控对社会稳定和经济发展具有重要作用。区块链的防丢失、难篡改、可追溯、数据加密等特征能够加快在突发大型事件出现时的防控响应速度。区块链可在优化应急管理业务流程、实现隐私保护前提下的多方数据共享、提升多方可信协同合作效率方面起到重要作用；可在重大应急事件监控预警、公共数据开放共享、物资调度和溯源、多源数据交换和智能分析、重大应急事件舆情监测、相关人员行程监管等方面提供创新治理方法。

## 9.6 本章小结

区块链可以多维度助力提升社会治理能力。区块链可以提升社会治理数字化、智能化、精细化、法治化水平。区块链能构建实时互联、数据共享、联动协同的智能化机制，从而优化政务服务、城市管理、应急保障的流程，提升治理效能；可以建立跨地区、跨层级、跨部门的数据共享机制，有助于打通不同行业、地域机构间的信息壁垒。当审计部门、税务部门与金融机构、会计机构之间通过区块链技术实现审计数据、报税数据、资金数据、账务数据的共享，数据造假、逃避监管等问题将得到有效解决。区块链还将有效推动社会治理法治化。在司法、执法等领域，区块链技术与实际工作具有深度融合的广阔空间。

区块链产生的影响是广泛深远的，给数字经济时代社会治理的制度、规则带来了挑战与机遇，将对社会治理机制、管理规则、信息共享规则、社会法律制度等产生越来越多的影响。

## 习题

1. "社会治理"与"社会管理"的区别在哪里？
2. 在结构化理论中，社会结构特征和人的行动是通过哪些方式方法实现互相制约和影响的？
3. 参考章节内容，设计描述一个区块链能具体改善社会治理公平性和效率的场景。

# 第 10 章　区块链与法律

新技术的发展必然面临新的法律问题和挑战，区块链技术的合规发展是其技术发展的核心所在，区块链技术的持续健康、有序发展也离不开法律的保障与支撑。当前区块链的发展正在从一种互联网技术的创新逐渐演变成为一次产业革命，全球主要国家都在加快布局推动区块链技术发展，我国也不例外。当前，我国为区块链技术的创新、健康、有序发展与应用提供了基本的法律支撑与保障，但还未能满足应对区块链技术及应用面临的监管、信任及信息安全等各方面的挑战，以及对现行法律体系和制度带来的冲击。

有鉴于此，本章从我国与区块链有关的法律政策体系、区块链应用的法律保障入手，较全面地分析了当前我国规范、促进区块链发展的法律政策，进而探究了区块链及基于区块链技术的智能合约对当前法律监管提出的挑战及其发展背后的法律风险问题，并对规范发展区块链提出了相关思考，以期通过上述研究与分析，促进整个区块链行业的健康、安全、有序发展。

## 10.1　我国与区块链有关的法律政策体系

法律是调整一定社会关系的行为规范体系，法律的调整对象就是人的行为。区块链作为一类信息技术，是人类智力成果，它的广泛使用是人类行为的结果。因此，关于区块链的法律即调整人类创造、运用区块链技术相关行为的规则体系。

我国目前专门针对区块链的立法还很少，但这并不表明区块链无法可依。由于区块链的核心技术涉及数据库、密码学、网络安全等信息科技，此些基本属性决定了区块链相关的法律体系离不开既有的计算机及信息技术相关的法律规范。因此，我国适用于区块链的法律体系也是由法律、行政法规、部委规章、司法解释、地方性法规、标准规范等不同层级的法规规范体系构成（图10-1）。

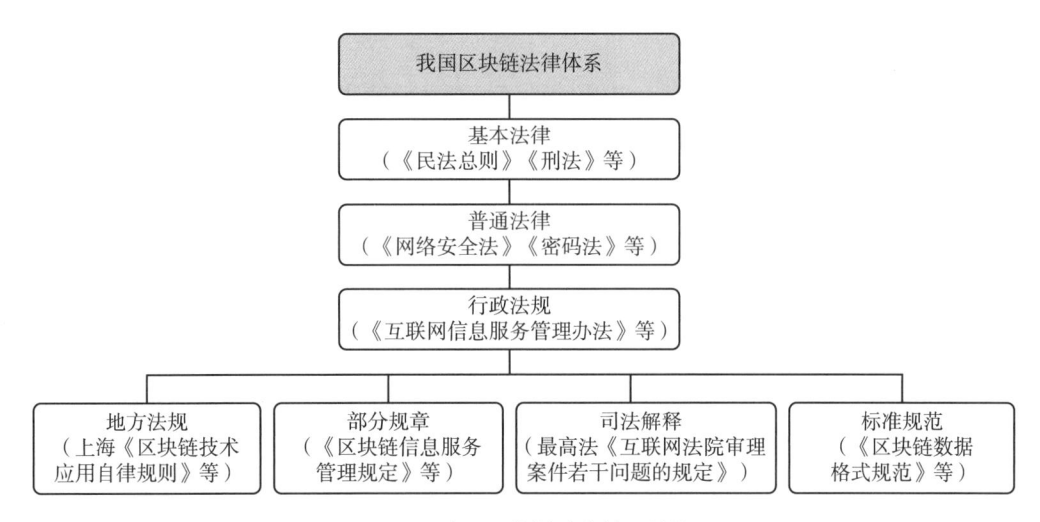

图 10-1 我国区块链法律体系结构图

## 10.1.1 基本法律

在"基本法律"层面，适用于区块链的一般民事法律规范主要包含在《民法总则》关于个人信息安全及网络财产、民事责任条款中以及《刑法》中关于公民个人信息、信息网络安全等相关部分。

## 10.1.2 普通法律

相关的法律主要包括作为上位法的计算机及信息技术领域立法，如《网络安全法》《电子商务法》《电子签名法》《密码法》等以及全国人大颁布的相关《决定》。

## 10.1.3 行政法规

行政法规层面的相关立法主要有《计算机信息系统安全保护条例》《互联网信息服务管理办法》等。前者主要内容是规范相关主管机关的职责权限，后者主要规范互联网经营行为。由于区块链技术也会广泛运用于经营活动，因此也受该办法调整。

## 10.1.4 部委规章

部委规章层面主要有央行发布的《金融消费者权益保护实施办法》、网信办发布的《区块链信息服务管理规定》。前者旨在维护个人金融信息安全及金融行业安全，后者则是目前最直接、最全面的规范区块链信息服务的管理规则。

### 10.1.5　司法解释

最高法院《关于互联网法院审理案件若干问题的规定》等。

### 10.1.6　标准规范

在区块链快速演进过程中，主管部门针对特定情形发布了一些非规范性的通知、公告，如《关于防范比特币风险的通知》《关于防范代币发行融资风险的公告》《关于防范以"虚拟货币""区块链"名义进行非法集资的风险提示》等。虽然不是规范性法律文件，但对区块链规范演进起到了积极的引导作用，也能从中反映出主管部门对区块链发展的基本合规引导及监管思路，对于研究相关企业合规工作亦具有重要参考作用。

区块链相关行业自律机构及头部企业、机构还通过起草相关技术标准、服务标准等方式，对区块链领域标准化及相关规范进行先行探索。例如，2016年和2018年版《中国区块链技术和应用发展白皮书》《区块链参考构架》《区块链数据格式规范》等文献资料，不仅是法律工作者研究相关立法与法律实践的重要学习和参考资料，其本身也提出了一些行为规范线索，对于做好企业合规具有一定参考作用。

总体而言，我国关于区块链的立法体系具备总体框架（如刑法、民法总则规范）和基本脉络（计算机及信息行业现有法律规范）的基础，并且尝试了行业性、专门性规范的立法探索。但由于区块链及其应用本身尚处于高速演进和发展过程中以及立法本身固有的滞后性，目前区块链法规体系仍然缺乏针对性、全面性，仍然需要紧跟行业发展情况及时补充、调整、完善，从而促进区块链行业健康发展。

综上，从法律、行政法规角度来看，其可适用于区块链的条款主要以原则性规定为主，内容也偏重于个人信息、网络安全方面。部委规章及规范性文件可操作性相对较强，内容也全面。

## 10.2　区块链应用的法律保障与风险

### 10.2.1　区块链应用的法律保障

**1. 鼓励支持区块链技术健康发展**

在立法领域，近几年国家陆续出台多项有关促进区块链技术健康发展的法律法规政策、标准等，旨在为进一步发展与规范区块链技术提供强有力的法律保障。2016年12月15日，国务院发布并实施《"十三五"国家信息化规划》，其中将区块链技术列为战略性前沿技术。2018年6月7日，工信部发布《工业互联网发展行动计划（2018—2020年）》，鼓励区块链等新兴前沿技术在工业互联网中的应用研究与探索。2019年1月10日，国家互联网信息办公室发布《区块链信息服务管理规定》，其中第一条内容强调"为了规范区块链信息服务活动，维护国家安全和社会公共利益，保护公民、法人和其他组织的合法权益，促进区块链技术及相关服务的健康发展，根据《中华人民共和国网络安全法》《互联网信息服务管理办法》和《国务院关于授权国家互联网信息办公室负责互联网信息内容管理工作的通知》，制定本规定。"2019年10月26日，十三届全国人大常委会第十四次会议表决正式通过《中华人民共和国密码法》(2020年1月1日施行)，其中第一条内容规定"为了规范密码应用和管理，促进密码事业发展，保障网络与信息安全，维护国家安全和社会公共利益，保护公民、法人和其他组织的合法权益，制定本法。"众所周知，区块链技术的基本原理是加密的分布式记账技术，因此，密码法的施行对于国家推动区块链技术创新发展与应用将会发挥重要的法律保障作用。

同时在司法领域，司法部强调要紧抓机遇，积极推进区块链技术与法治建设全面融合；根据司法部"一个统筹、四大职能"工作布局加强顶层设计，形成总体规划和标准体系；加强学习研究，努力提升区块链技术管理应用能力；把"区块链+法治"作为"数字法治、智慧司法"建设新内容，立足现有基础，结合各地实际，借鉴先进经验，统筹推进、重点突破，不断提升人民群众在法治建设领域的成就感、幸福感与安全感，为国家治理体系和治理能力现代化提供有力的法治保障。

由此可见，国家及政府高度重视区块链技术的发展与应用，从立法与司法领域为区块链技术创新发展提供了重要的法律支持与保障。

**2. 促进平台发展，保障网络安全**

区块链平台的规范发展及网络环境的安全是促进区块链技术应用的重要保障。具体而言，技术保护与法律规制两大武器为平台规范发展、网络安全保驾护航。前者通常采用加密、数字签名、时间戳等安全技术，以实现数据区块保密、节点认证、存储安全、传播验证、安全容错、身份鉴别、授权访问、安全审计以及隐私保护等功能，从而最大限度地保障网络安全。后者则通过法律手段促进区块链发展与应用的合法合规化。《网络安全法》《电子商务法》《互联网信息服务管理办法》、《区块链信息服务管理规定》等相关法律法规都对区块链平台的规范发展及网络安全起到法律保障作用，对正确规范区块链平台运营者的行为、维护区块链平台的安全有序发挥积极作用。其中，《网络安全法》对网络运营者安全保障义务作出规定，明确网络运营者开展经营和服务活动，必须遵守法律、行政法规，尊重社会公德，遵守商业道德，诚实信用，履行网络安全保护义务，接受政府和社会的监督，承担社会责任。《区块链信息服务管理规定》则从区块链信息服务备案、变更、终止、服务安全评估等多个方面对区块链信息服务提供者的安全管理责任作出了规定，规范区块链平台运营者与管理者的行为，明确区块链信息服务提供者应配备与其服务相适应的技术条件；制定和公开管理规则和平台公约；落实真实身份信息认证制度；不得利用区块链信息服务从事法律、行政法规禁止的活动或者制作、复制、发布、传播法律、行政法规禁止的信息内容，从而为区块链信息服务的提供、使用、管理等提供了有效的合规依据。

此外，国家坚持网络安全与信息化发展并重，遵循积极利用、科学发展、依法管理、确保安全的方针，推进网络基础设施建设和互联互通，鼓励网络技术创新和应用，支持培养网络安全人才，建立健全网络安全保障体系，提高网络安全保护能力。这些有力举措全方位、多角度地为促进区块链平台发展、保障网络安全发挥了重要作用。

**3. 保障数据信息安全**

大数据时代已经到来，有关数据信息安全的保护也显得尤为重要，否则极易陷入"环形监狱"。区块链本身具有的不可篡改等特性有效保证了数据的完整性、安全性和可追溯性。但任何技术都不是完美的，在区块链发展应用的过程中，数据安全问题依然需引起重视。

对此，国家相关立法也为区块链数据信息安全提供了一定的法律保障。例如，《民法总则》第一百一十一条规定，自然人的个人信息受法律保护。任何组织和个人需要获取他人个人信息的，应当依法取得并确保信息安全，不得非法收集、使用、加工、传输他人个人信息，不得非法买卖、提供或者公开他人个人信息。《区块链信息服务管理规定》第五条规定，区块链信息服务提供者应当落实信息内容安全管理责任，建立健全用户注册、信息审核、应急处置、安全防护等管理制度。《电子商务法》第二十三条规定，电子商务经营者收集、使用其用户的个人信息，应当遵守法律、行政法规有关个人信息保护的规定。《网络安全法》第十条规定，建设、运营网络或者通过网络提供服务，应当依照法律、行政法规的规定和国家标准的强制性要求，采取技术措施和其他必要措施，保障网络安全、稳定运行，有效应对网络安全事件，防范网络违法犯罪活动，维护网络数据的完整性、保密性和可用性，等等。以上法律规定都从个人数据信息保护出发，严格要求平台管理者与他人遵守规定，以实现区块链的数据信息安全。

### 10.2.2　区块链应用的法律风险

就目前现实情况来看，区块链技术仍在发展阶段，潜力巨大，但在面对各类新的复杂应用场景时仍然易出现安全风险。同时，由于区块链技术不可逆的特点，出现网络漏洞后果的风险比一般互联网应用的风险更严重，主要体现在数据信息泄露及由此产生的民事、行政、刑事法律责任等。可见，当前区块链技术的应用与发展仍面临诸多挑战。

**1. 数据信息泄露的法律风险**

正所谓"金无足赤，人无完人"。区块链技术虽然具备诸多其他技术所没有的优势，尤其是在一定程度上可很好地保障数据信息的安全，但在实践中仍存在数据信息被泄露的风险。例如，有学者提出："区块链的安全性高度依赖于共识机制，但当前的主流公有链平台（如比特币、以太坊等）的共识机制多是基于算力实现的，"具体而言，区块链具有透明化（去信任化、去中心化）的特点，即参与整个系统中的每个节点之间进行数据交换是无需互相信任的，整个系统的运作规则是公开透明的，全部的数据信息内容也是公开的，区块链系统内各节点并非完全匿名，而是通过类似电子邮件地址的地址标识来实现数据传输的。虽然地址标识并未直接与真实世界的人物身份相关联，但区块链数据是完全公开透明的。随着各类反匿名身份甄别技术的发展，实现部分重点目标的定位和识别仍是有可能的。这也就意味着在区块链系统中，亦有可能存在个人身份隐私等数据信息被泄露的风险。

而一旦行为人通过实施不法行为导致区块链数据信息被泄露，将会引发一系列法律风险。例如，通过非法侵入、获取、破坏计算机信息系统造成数据信息泄露，那么链上的合同信息被第三方看到，极有可能会影响合同之后的履行，甚至第三方会利用看到的有关商业秘密或个人隐私的数据信息进行威胁、恐吓，以此来实现对他人敲诈勒索的不法目的，或者利用自己非法获取的数据信息对其他人进行欺诈等。再如，企业将自己的有关投标文件等内部商业方案上链，一旦被泄露，这将会对企业与市场经济造成极为严重的商业风险。一方面，商业秘密信息的泄露势必对该企业以后的经营造成不利影响，引起一系列合同争议纠纷风险，严重者甚至会导致企业经营受困；另一方面，如果该企业经营事关国计民生，或者大部分企业将重要数据信息上链后出现被泄露的情况，那么产生的危害后果将不堪设想。

**2. 民事及行政法律风险**

（1）民事法律风险。当前，区块链技术已广泛应用于物流网领域、教育领域、金融领域以及医疗领域等，具有广阔的发展前景。但结合当前的应用情况来看，虽然其产生了良好的社会效果，但也引发了新的法律问题，如侵犯个人信息、欺诈、合同效力认定以及侵权违约等。

就欺诈而言，近期不少不法分子利用披着区块链外衣的"炒币"行为实施诈骗或利用智能合约玩文字欺诈游戏。根据《民法总则》第一百四十八条规定，一方以欺诈手段使对方在违背真实意思的情况下实施的民事法律行为，受欺诈方有权请求人民法院或者仲裁机构予以撤销。其中欺诈的构成要件主要有：

①一方需有欺诈的故意。所谓欺诈的故意，是指欺诈方明知自己的欺诈行为会使被欺诈人陷入错误的认识，希望或者放任此种结果的发生的主观态度。②欺诈方实施了欺诈行为。欺诈行为一般包括故意告知虚假情况和故意隐瞒真实情况两种。③被欺诈方因受欺诈而陷于错误的判断。也就是指欺诈的行为与陷入错误判断的结果之间有因果关系。④被欺诈人基于错误判断而为意思表示。由于计算机代码具有很强的专业性，而基于区块链技术的智能合约便是由复杂的代码语言构成，这导致了很多人难以理解代码语言背后的真正含义，尤其是在一些有关自身利益的重要条款上，如违约责任、双方权利义务以及争议解决等，便只能听信订立契约另一方的所谓解释，因此很容易跳进别人早已挖好的陷阱里。可见，这种借区块链名义玩文字游戏的做法显然构成欺诈（严重者构成诈骗），侵犯他人的合法权益。

此外，《中国银行保险监督管理委员会、中央网络安全和信息化领导小组办公室、公安部、中国人民银行、国家市场监督管理总局关于防范以"虚拟货币""区块链"名义进行非法集资的风险提示》明确，"近期，一些不法分子打着'金融创新''区块链'的旗号，通过发行所谓'虚拟货币''虚拟资产''数字资产'等方式吸收资金，侵害公众合法权益。此类活动并非真正基于区块链技术，而是炒作区块链概念行非法集资、传销、诈骗之实。"因此，因投资虚拟币而订立的委托合同、民间借贷等合同面临合同无效、风险自担的法律后果。

（2）行政法律风险。作为比特币的底层技术，区块链就像分布式数据库账本。随着"比特币"等基于区块链技术的虚拟货币价格大幅飙升，普通投资者对区块链、数字货币的投资兴趣也愈发旺盛。对此，很多不法分子开始利用区块链的名义从事不法行为，骗取投资者的钱财，其中被行政处罚最多的便是传销。

对于传销行为的认定，《禁止传销条例》第七条规定，下列行为属于传销行为：①组织者或者经营者通过发展人员，要求被发展人员发展其他人员加入，对发展的人员以其直接或者间接滚动发展的人员数量为依据计算和给付报酬（包括物质奖励和其他经济利益，下同），牟取非法利益的；②组织者或者经营者通过发展人员，要求被发展人员交纳费用或者以认购商品等方式变相交纳费用，取得加入或者发展其他人员加入的资格，牟取非法利益的；③组织者或者经营者通过发展人员，要求被发展人员发展其他人员加入，形成上下线关系，并以下线的销售业绩为依据计算和给付上线报酬，牟取非法利益的。综合来看，传销的本质可以概括为"骗取人头费""发展下线""团队计酬"三点。因此，在区块链项目开展过程中，区块链项目发起人应注意防范涉嫌传销的法律风险，避免向投资者征收类似"入门费"的任何费用，避免给投资者施加发展人员的义务或鼓励其发展其他投资者，避免投资者的收益来源于发展人员的数量或来源于其他投资者的收入，避免发展多层次上下线关系。

此外，根据相关法律法规的规定，区块链信息服务提供者未依规定履行报备、整改、落实安全管理责任等义务，制作、复制、发布、传播法律、行政法规禁止的信息内容的，都将依照有关行政法规的规定进行处理。

### 3. 刑事法律风险

区块链技术犹如一把双刃剑，一方面为人们的数据信息交互提供了便利与安全条件，但另一方面由于技术尚未成熟而引发了潜在的刑事法律风险。结合当前利用区块链实施违法犯罪的有关情况来看，区块链存在的刑事法律风险主要有组织、领导传销活动罪、诈骗罪、集资诈骗罪、非法吸收公众存款罪、非法经营罪、逃汇罪、洗钱罪、掩饰隐瞒犯罪所得罪、帮助恐怖活动罪等，还可能涉及侵犯公民个人信息及侵犯计算机信息系统等相关罪名。现在就最常见的几种违法犯罪进行分析。

（1）组织、领导传销活动罪。根据《刑法》第224条规定，可将其犯罪构成要件概括为三方面：①"收取入门费"——要求交纳或变相交纳入门费，即交钱加入后才可获得计提报酬和发展下线的"资格"；②"拉人头"——直接或间接发展下线，即拉人加入，并按照一定顺序组成层级；③上线从直接或间接发展的下线的销售业绩中计提报酬，或以直接或间接发展的人员数量为依据计提报酬或者返利。

实践中，行为人往往采用公司或企业等名义，利用虚拟货币长期从事引诱他人投资的违法行为，符合相关刑事法律规定，应当以组织、领导传销活动罪追究组织者和领导者的刑事责任。

（2）逃汇罪。我国《刑法》第一百九十条规定：公司、企业或者其他单位，违反国家规定，擅自将外汇存放境外，或者将境内的外汇非法转移到境外，数额较大的，以逃汇罪论处。本罪侵犯的客体为我国的外汇管理制度。从犯罪构成要件上看，要成立本罪，首先应当满足"外汇"这一概念。以比特币为例，2013年12月，中国人民银行等五部委联合发布了《关于防范比特币风险的通知》，其中指出比特币由于其不是由货币当局发行，不具有法偿性与强制性等货币属性，并不是真正意义的货币。从性质上看，应当是一种特定的虚拟商品，并不符合我国《中华人民共和国外汇管理条例》中对外汇作出的具体规定，单从这个角度来看并不能直接构成逃汇罪。但是，应当将目光汇聚在"或者将境内的外汇非法转移到境外"上。如果行为人在境内购买了比特币，通过互联网将该比特币转移至境外账户，在境外将这些比特币汇兑成人民币或外币，在这种行为模式下若仍然以"比特币不属于外汇"为由否定涉嫌逃汇罪的可能性，我们认为是一种错误观点。在这种行为模式中，被转移至境外的实质上是被用于购买比特币的那些外币，而不是比特币本身，比特币只是作为一种中介形式存在。在这种行为模式下，即"外币—数字货币—外币或人民币"的模式，如果满足我国规定的犯罪数额，则符合"将境内的外汇非法转移到境外"之要件，行为人成立逃汇罪。

（3）集资诈骗罪。根据《刑法》第192条规定，集资诈骗罪是指以非法占有为目的，违反有关金融法律、法规的规定，使用诈骗方法进行非法集资，扰乱国家正常金融秩序，侵犯公私财产所有权且数额较大的行为。近几年区块链很是火热，不少不法分子便开始利用其名义进行集资诈骗，侵犯了很多投资者的财产权益。

此外，区块链刑事法律风险还可能涉及以数字货币为支付手段的其他犯罪。例如，行贿受贿犯罪中采用虚拟货币作为贿赂标的物的以及雇凶故意伤害、杀人案件中采用虚拟货币支付佣金等情况。

通过以上分析可知，区块链在应用过程中存在诸多法律风险。作为区块链应用最为广泛的我国，应该及早做好风险研究，各类区块链机构及企业应做好合规安排，审慎拓展，防范可能出现的相关法律风险。只有不断地做好区块链合规工作，区块链才能更好发挥作用，才能持久健康发展。

## 10.3 区块链的法律监管与挑战

面对全球区块链行业的快速兴起，世界各国都陆续颁布政策，以规范当地区块链行业的发展。各国政府的监管态度虽不尽相同，但可以看到当前的政策重点多聚焦在对虚拟货币的交易、流通和发行方面。

在后比特币时代，大多数国家和地区对区块链技术的其他应用呈现开放态势。但区块链技术的不确定性和变革性对金融体系的冲击后果更难预测，尤其需要引导和规范。如何把握平衡是每个监管者面临的难题。面对区块链金融的发展趋势，各国政府也积极地调整监管策略，与时俱进地摸索出适应本国金融科技发展的监管方式。

### 10.3.1 欧洲

欧盟高度重视区块链技术发展和应用，在2018年2月宣布启动一项旨在促进欧洲区块链技术发展并帮助欧洲从中获益的新机制。2018年4月，欧盟委员会中的22个欧盟国家签署了一份建立欧洲区块链联盟的协议，该联盟将成为成员国在区块链技术和监管领域交流经验和传播专业知识的平台，并为启动欧盟范围内区块链技术应用做准备。

2018年12月，欧盟通过了《区块链：前瞻性贸易政策》决议，称区块链可以改善供应链中的透明度、简化贸易流程、降低成本、防止腐败、监控偷税行为，并能够提高数据安全性。欧盟议会认为需要制定全球互操作性标准来促进跨区块链贸易，从而实现更流畅的供应链流程，并呼吁欧盟委员会追踪全球的区块链试点项目，起草相关应用的规则草案，并应在欧盟委员会贸易总司内设立区块链咨询委员会。预计到 2020 年，欧盟用以资助区块链技术项目的金额将高达 3.4 亿欧元。

### 10.3.2 英国

英国一直欢迎区块链技术领域的创新，英国政府早在 2016 年 1 月就发布关于区块链的研究报告《区块链：分布式账本技术》，第一次从国家层面对区块链技术的未来发展应用进行了全面分析并给出了研究建议。白皮书建议将区块链列入英国国家战略，并推广至金融、能源等领域。

相比很多国家的政策波动，英国对区块链交易实施规范监管并批准国内创业公司积极拥抱新兴产业。由于英国并没有在立法标准、监管条例的研究上征集社会各方的建议，政府也未表现出较多投入，可以预期英国在未来一段时间内依然会保持稳定、相对稳健的政策。

### 10.3.3 美国

美国政府非常关注区块链技术的发展，无论是在联邦政府层面还是州政府层面，都有相关的研究进展。

2015 年 6 月，纽约金融服务部门发布了最终版本的数字货币公司监管框架 Bitlicense，美国司法部、美国证券交易所、美国商品期货交易委员会、美国国土安全部等多个监管机构从各自的监管领域表明了对区块链技术发展的支持态度。

2016 年 6 月，美国国土安全部对 6 家效力于政府区块链应用开发的公司发放补贴，以便让企业研究政府的数据分析、连接设备和区块链。美国防部正致力于研发一个分布式的分类账，以保证地面部队通信及后勤免受外国黑客侵扰。

多个州都对区块链进行了相关立法，包括认可区块链作为一种合法的电子记录的地位、允许私营部门使用区块链技术来管理股票发行等。华盛顿州参议院提出了编号为 SB5638 的《关于承认分布式分类账技术有效性》法案，旨在对《华盛顿州电子认证法案》进行修改和补充，对区块链和分布式账本技术进行定义，明确相关交易的法律有效性。纽约州为数字货币监管设置了新牌照——比特牌照（BitLicense），并已发出近 20 张，这点与所有的联邦机构和州不同，其他机构则是把数字货币生态纳入现有的监管体系。

2018 年 3 月，美国国会发布了《2018 联合经济报告》，指出区块链技术可以作为打击网络犯罪和保护国家经济及基础设施的潜在工具，在该领域的区块链应用应该成为立法者和监管者的首要任务。在各州政府层面，特拉华州在 2017 年决议中指出尽快推进区块链技术应用，州法官提倡利用区块链完成投票；伊利诺伊州放宽区块链监管限制，为该州区块链发展提供稳定有利的监管环境，并稳步推进区块链战略；北卡罗来纳州积极推进"最有利于区块链"的提案，扩大了国家货币转移法案的货币范围，承认比特币和其他基于区块链的数字货币。

2019年6月18日，Facebook宣布计划开发一种名为Libra的新型加密货币以及一种存储这种加密货币的数字钱包Calibra。为了帮助该项目顺利实施，Facebook邀请了包括万事达卡、Paypal和Visa等支付组织以及Uber、Lyft和Spotify等科技巨头共27家公司参与此项目。

2019年7月2日，美国众议院财政服务委员会突然致函扎克伯格等Facebook高管，要求其立即停止数字货币/钱包项目Libra/Calibra的所有工作。该委员会认为，Libra和Calibra可能会对以瑞士为中心的一个全新的全球金融体系产生帮助，但该体系将会挑战美国的货币政策和美元地位。另外，该委员会还担心Libra逃避监管及Facebook对消费者数据隐私保护存在巨大隐患。

### 10.3.4 中国

自国务院2016年12月发布的《"十三五"国家信息化规划》提及重点关注区块链后，工信部、财政部、商务部、教育部、国家知识产权局等部门相继出台了支持区块链技术发展的相关政策。与此同时，各地方政府也积极响应国家的科技战略，推出了支持区块链的优惠政策。

2019年10月24日下午，中共中央政治局就区块链技术发展现状和趋势进行第十八次集体学习。习近平总书记在主持学习时强调，要把区块链作为核心技术自主创新的重要突破口，明确主攻方向，加大投入力度，着力攻克一批关键核心技术，加快推动区块链技术和产业创新发展。习近平总书记的重要讲话深入浅出地阐明了区块链技术在新技术革新和产业变革中的重要作用，对区块链技术的应用和管理提出了具体要求。此次会议上总书记的重要讲话，对各部门、各地方全面和深刻认识区块链技术发展现状和趋势、提高运用和管理区块链技术的能力起到了巨大推动作用。

一方面，2019年各地出台的区块链相关政策数量较2018年翻了一倍，并且形式多样，涵盖了规划、扶持计划和监管等方面的政策。其中，规划类政策占比最高，各地编制发布的15项政策中的7个是关于当地技术应用和产业发展的规划。这和行业发展阶段有关，区块链的应用还处于产业发展前期，大规模应用落地尚未明朗，因此各地政府都通过规划保持对技术创新的跟进。

另一方面，针对产学研结合、产业孵化和扶持基金的相关政策，已从"收集意见"阶段进入"试行方案"阶段。比如，杭州和西安两地都提出了打造"区块链之都"的方向，并成立了产业联盟和行业研究院。可见，针对区块链产业的政策落地速度在不断加快。

2019年的政策内容从倡导技术创新更多地转向注重具体的产业配套激励。未来国内的地方政策将会延续"发布更密集、政策主题覆盖更广、实施内容更加落地"的趋势。除了已出台专项政策的10个省、自治区外，重庆、西安、广西也发布了规划编制的工作通知，正在制定区块链专项政策方案。随着各地区对区块链技术认知的加深，政策体系也会逐步完善。

目前，北京、浙江、广东发布区块链相关政策最多，其次是江苏、深圳、雄安新区、贵阳等省、市。从地区分布看，经济相对发达地区的政策文件数量较多，"北上深杭广"已经构成我国区块链发展的"五极"格局。

截至2020年2月26日，全国已召开地方两会的29个省（自治区、直辖市）中，已有22个在2020年政府工作报告中提及区块链，将区块链视作当地传统产业转型和数字经济新动能的重要助力。

从电子政务的应用场景来看，在数字身份、房屋产权、电子票据等与人民生活息息相关的政务领域，区块链技术能够解决诸多痛点。

## 10.4 基于区块链的智能合约的机遇与法律风险

基于区块链的智能合约在当今时代所扮演的"合同"角色越来越重要，而且其应用的领域也越来越广阔。换言之，智能合约正在面临前所未有的机遇，但与此同时，由于其与传统合同具有很大的不同，因此在法律的适用上存在着现实难题。

### 10.4.1 智能合约的发展机遇

#### 1. 合约难以篡改、自动执行，有利于实现契约社会

智能合约的概念最早由学者尼克·萨博（Nick Szabo）于1994年提出，他认为智能合约是一套以数字形式定义的承诺（Promises），并使用协议和用户接口来执行的合同条款。这类比于自动售货机销售商品，当在它运行正常且货源充足的情况下，只要满足机器预先设定的条件——投入符合要求的硬币，那么将会自动销售购买者选择的商品，而且这一售出行为是不可逆的。其中，不可逆性主要体现在两方面：其一，难以篡改，难以反悔；其二，自动执行，强制履行。智能合约便是基于此特性，不仅有利于确保各类合约交易的安全，极大降低了合同违约的概率，而且也有利于保障合同履约的高效、快捷，为实现契约社会提供了肥沃土壤。

契约社会是人们根据契约而非身份设定权利义务的范围，且是相互信任、相互尊重的社会，人们之间形成且具有有效的信任机制。一般意义上的合同因人性的弱点而使其约束力大打折扣，而智能合约作为一种难以篡改、自动执行、开放透明的去中心化网络协议，通过有效确保合约内容被可信地执行，必将为人们带来一个全新的契约时代，实现"人人生而平等""法律面前人人平等""相互信任"的真正的契约社会——无论是个人与企业之间的贸易金融、商业信用，还是个人与社会、机构与机构之间的新型信任，区块链必将会重塑现有生产力、生产资料与生产关系，形成终极协同的未来数字经济。除了百亿人口、千亿智能机器，还将有几十亿甚至上百亿或上千亿的智能契约自动化运行，包括人、企业、机器都将重构新的生产关系。让信任像信息一样自由流转，由智能契约组成对等网络进而形成全球协同体，让未来数字经济进入高效、透明、对等协作时代，社会自然会成为各尽其力、各得其所的新契约社会。

**2. 应用场景广泛，深入变革传统商业模式和社会生产关系**

习近平总书记在中央政治局第十八次集体学习时发表讲话并指出，区块链技术应用已延伸到数字金融、物联网、智能制造、供应链管理、数字资产交易等多个领域。目前，全球主要国家都在加快布局区块链技术发展。我国在区块链领域拥有良好基础，要加快推动区块链技术和产业创新发展，积极推进区块链和经济社会融合发展。随着区块链技术的发展，基于区块链技术的去中心化、不可篡改的智能合约在现实生活中的应用场景愈加广泛。

在金融领域，区块链提供的去信任交易环境和强大的算力保障可简化金融交易流程，确保金融交易安全，可追溯、不可篡改、公开透明的分布式账本便于金融机构对交易行为进行监管。在此基础上，智能合约不仅可以提高自动化交易水平，而且可以将区块链上的资产写入代码或进行标记以创建智能资产，实现可编程货币和可编程金融体系。在管理领域，智能合约通过将管理规则代码化，使得每个个体均参与到组织治理，从而充分激发个体的创造性。同时，智能合约公开透明的特征可有效防止各种不当行为的产生。此外，在存证和版权管理领域，基于智能合约，可以对各类形态的电子数据提供确权、追踪溯源、存证、维权等服务，同时还可对知识产权进行存在性证明以及著作权认证。在贸易金融方面，智能合约可以推动简化全球商品转移，带来更高资产流动性，实现信誉证明和贸易支付流程的自动化发起，可以在客户、供应商和金融机构之间创建一种更高效、风险更小的工作环节。除此之外，智能合约也被应用于临床试验、医学研究的数据共享、更新方面，用于避免社会保障领域养老保险、医疗保险的贪污腐败问题方面，用于房屋租赁、知识产权保护、博彩发行、市场预测等方面。因此，智能合约具有广阔的应用场景，囊括金融、管理、供应链、物联网、医学、保险等多个领域。

随着区块链技术的普及和应用不断深入，智能合约去中心化、去信任、不可篡改等特性允许合约各方在无需任何信任基础或第三方可信权威的情况下完成交易。同时，其可嵌入的数字形式有望促成各类可编程的智能资产、系统和社会，深入变革金融、管理、医疗、物联网等诸多传统领域，帮助实现安全高效的信息交换、价值转移和资产管理，最终有望深入变革传统商业模式和社会生产关系。

### 10.4.2 智能合约的法律风险

#### 1. 智能合约的解释、转化

智能合约的一个现实法律问题主要体现在自然语言、法言法语、专业术语与计算机代码之间的转化和解释。同时，在传统合同中所适用的法律规定与智能合约中所建立的技术规则之间存在较大差异。前者为了针对各种无法预见的情况，不但经常使用一些抽象的、概括的、灵活的语言以实现内容高度的通用性，还经常大量使用法言法语甚至专业领域的术语；而后者为了降低安全风险，会经常使用严谨、正式、"死板"的语言将合约内容中的条件、范围等进行限定。可见，在用语方面，传统合同与智能合约之间存在很大不同，因此，在转化过程中也必然会出现各类新型的法律问题及风险。

首先，法律语言（法言法语）在转化为代码时，具有理论和现实难度。一是既懂法律又懂代码（编程）的人才较少；二是不同的人对于同一合同条款存在不同理解、解读；三是目前还没有法律—代码的词典或者相关公认的标准化数据库；四是没有标准化的转化方式，这使得不同主体间的智能合约需要单独转化，每次转化时容易出现参差不齐的情况；五是在产生纠纷需要法院或者仲裁机构进行裁判、代码逆向转化（回）为合同条款时，仍然存在上述四种问题，转化容易出现歧义或者模糊的用语（代码）难以界定，这就使得法院或者仲裁机构难以作出准确裁判或给裁判造成障碍。

其次，法律语言的标准化并不意味着该语言能够直接简化（转化）为一种代码。尽管法律文本具有形式要件性质，但其仍然属于自然语言范畴，而自然语言本身就不精确，词语的意义总是取决于上下文之意。同时，法律语言有冗长的句子、从属句、不同的表达式和对抽象概念的引用等各种情况，可能比普通的自然语言更难翻译成代码。

再次，虽然计算机技术在自然语言处理领域已经取得了持续性的进步，但其翻译的精准程度往往难以达到法律对文件的要求。虽然将合同语言转换为可执行代码或者说将源代码编译成目标代码已经在技术上取得了一定进展，但仍无法充分保障输出（代码的）质量。法律条款对接近正确或者近乎正确是不能容忍的，合同条款的起草一般对语句表述的精确度要求较高，有时某一个同音不同字的使用都能产生截然相反的法律效力。如果在转化时没有注意这些细节或者法律常识，则容易引起意想不到的法律后果及或产生争端。

例如，有的合同条款约定"定金"，有的则约定为"订金""留置金""担保金""保证金""押金"等，而合同中一般对于此类用语并不进行解释。程序员在转化时如果统一按照"定金"进行翻译，则产生纠纷时容易出现较大争议，因为"定金"是指当事人双方为了保证债务的履行，约定由当事人方先行支付给对方一定数额的货币作为担保，定金的数额由当事人约定，但不得超过主合同标的额的一定比例。给付定金的当事人在履行债务后，定金应当抵作价款或者收回，不履行约定债务的，则其无权要求返还定金；收受定金的一方不履行约定的债务的，应当双倍返还定金；这也是"定金罚则"。"订金""留置金""担保金""保证金""押金"等其他看起来近似或者类似的用语却不适用"定金罚则"。因此，对于合同条款本身，一些当事人都容易弄混其中用语的含义，再要求程序员在转化时尽到"完全注意"义务，确有一定难度。因此，在合同向智能合约转化时，有时会出现因翻译误差而影响智能合约法律效力的情况。

当前的智能合约主要包括两部分，一部分是经过双方当事人协商后而拟定制作的，另一部分是为提升工作效率、避免重复工作而预先已制作好的大量格式条款。针对后者，首先需要对其进行合法性审查，即程序员还需要审查其内容是否违反《中华人民共和国合同法》第五十二条及第五十三条的规定。第五十二条规定了"有下列情形之一的，合同无效：（一）一方以欺诈、胁迫的手段订立合同，损害国家利益；（二）恶意串通，损害国家、集体或者第三人利益；（三）以合法形式掩盖非法目的；（四）损害社会公共利益；（五）违反法律、行政法规的强制性规定"，而第五十三条则规定"合同中的下列免责条款无效：（一）造成对方人身伤害的；（二）因故意或者重大过失造成对方财产损失的"，是否存在"免除己方责任，加重对方义务，排除对方主要权利"的情形。

由于自身专业所限，程序员可能会将本应无效的合同条款转化为代码，或者合约相对方对代码缺乏必要了解，即使格式条款有提示说明，也可能无法察觉出合约是否存在对己不利的情况。因此，若合约另一方利用己方优势实施欺诈，那么对方极有可能在不知情的情况下掉入早已设置好的"陷阱"。在此种情况下，智能合约自动履行后往往会产生争议。

此外，一旦因智能合约出现纠纷而起诉时，法官就需要"读懂"合约内容，即对这组计算机代码进行分析并得出合理解释，然后就代码的合法性、真实性、关联性进行审查并进行裁判。但是代码这种专业性要求较高的计算机语言也同时对法官提出了特别要求，因此往往需要借助有专门知识的人（专家辅助人）出庭进行专业解释，这就可能为诉讼带来更大的时间成本与经济成本。

由此可见，智能合约语言的转化、解释仍存在一定的现实客观难题，亟待学界、实务界共同推动解决。

**2. 智能合约的效力认定**

（1）缔约主体民事行为能力（资格）导致的效力问题。智能合约可以应用于电子商务、金融、保险、司法等诸多领域，随着信息社会的发展，在这些领域中当事人之间使用电子合同的情况越来越多。对行为主体的民事行为能力和权利能力（资格）的判断，则只有在事前审查时才能分辨其是完全行为能力人抑或是限制行为能力人；而在合同转化为代码时，无法再识别、分辨缔约主体的民事行为能力，则此时就埋下一个"雷"，即智能合约也存在无效、效力待定、有效几种情形，因为智能合约的效力是由基础合同的效力所决定的。

在智能合约中，智能合约很难对缔约当事人再次进行（民事行为能力）资格测试。虽然大部分智能合约的订立会基于网络平台进行，但网络平台对合同当事人主体资格的审核往往只是形式审查（程序性的和表面化审查），并不会进行实质审查和判断。

（2）智能合约难以判定意思表示是否真实。传统合同的成立一般需要满足以下三个要件：一是当事人具有相应的订立合同的能力，二是意思表示真实，三是不违反法律和社会公共利益。其中，意思表示真实指的是当事人表示于外部的意思与其内心真实意思一致。但智能合约直接默认为双方当事人意思表示真实，因此，就其当事人的意思表示到底是否为真实直接决定智能合约的效力，而对此的认定恰恰存在一定难度。

首先，在双方当事人订立合约时，由计算机代码构成的智能合约无法直接识别与反映出该合约内容是否为当事人的合意（意思表示一致），换言之，该合约是否可能存在欺诈、胁迫等违法行为不得而知。

其次，智能合约无法判定转化后的代码与当事人本意是否一致，或者与在先的基础合同意思是否一致，而这将可能决定智能合约中条款（代码）的效力。

当传统意义上的合同出现欺诈、重大误解等情况时，一方当事人可直接根据《中华人民共和国合同法》第五十四条规定，请求撤销合同。第五十四条规定了"下列合同，当事人一方有权请求人民法院或者仲裁机构变更或者撤销：（一）因重大误解订立的；（二）在订立合同时显失公平的。一方以欺诈、胁迫的手段或者乘人之危，使对方在违背真实意思的情况下订立的合同，受损害方有权请求人民法院或者仲裁机构变更或者撤销。当事人请求变更的，人民法院或者仲裁机构不得撤销"。但是智能合约的特点之一是其履行（执行）具有自动性，当双方约定的合约条件满足时便会自动执行、无法变更，也难以撤销。

### 3. 智能合约难以变更、解除或终止

在传统合同中，为了适应外部环境、条件等方面的重大变化，在合同履行的过程中有时会变更合同内容。而智能合约一旦被编译成计算机代码，就会固定不变且在其设定的期限内自动履行。在结合、利用区块链技术基础上，智能合约的难以篡改性大大增强，导致在合约的执行过程中无法应对重大误解、显失公平、情势变更甚至不可抗力等特殊情况。例如，因 2019 年年末暴发的新型冠状病毒疫情，国家通知延长假期、工厂企业延期开工，相关部门包括司法部门、知识产权管理部门亦纷纷发出通知，延期办理相关事务。各地分别出台不同的通知，对于开工时间作出不同的规定，而很多口罩生产企业不再市场销售，而由政府直接采购发至疫区。这些特殊情况将导致智能合约履行需要发生变化，而这将使智能合约存在的不可篡改性、自动履行（执行）性以及稳定性受到挑战，在智能合约无法实现变更、解除甚至提前终止的情况下，应当如何处理相关事宜，这是现实的法律问题。

## 10.5　区块链技术驱动下的司法创新

习近平总书记就实施网络强国战略提出了"六个加快"：加快推进网络信息技术自主创新，加快数字经济对经济发展的推动，加快提高网络管理水平，加快增强网络空间安全防御能力，加快用网络信息技术推进社会治理，加快提升我国对网络空间的国际话语权和规则制定权，朝着建设网络强国目标不懈努力。

为落实这一国家战略，最高人民法院要求各级司法机关充分利用信息技术，主动迎接互联网发展的挑战。截至 2018 年年底，全国 81.8% 的法院支持网上立案，民事案件网上立案率达到 17.4%，全国范围内实现跨域立案的法院已达 1154 家，占全国法院总数的 32%。

2017 年 8 月 18 日，杭州互联网法院成立。这是世界首家互联网法院，是国家司法机关探索互联网时代相适应的审判模式、推动诉讼环节全程网络化的里程碑式创新。以"全业务网上办理、全流程依法公开、全方位智能服务"为目标的互联网法院，实现案件全程在线审理、证据在线提取。

2018 年 9 月 7 日，最高人民法院印发《关于互联网法院审理案件若干问题的规定》，承认了区块链存证在互联网案件举证中的法律效力。此举意味着在法律护航、互联网法院渐增的形势下，区块链存证及其他拓展应用将在司法领域内广泛开展。

目前，以各类信息化技术支撑的互联网法院极大地提升了司法机关的工作效率以及诉讼当事人的满意度。

### 10.5.1 杭州互联网法院

杭州互联网法院作为世界首家互联网法院，集中审理涉网络案件，并首家应用区块链相关技术。它的司法区块链是杭州互联网法院作为节点加入阿里巴巴旗下蚂蚁区块链建立的联盟链中，完全由蚂蚁区块链提供技术支持，目前已记录存证超过3.25 亿条，已接入包括新华社、优酷、阿里巴巴等 19 家机关或企业。

2019 年 10 月 24 日，杭州互联网法院召开首个区块链智能合约司法应用新闻发布会。这个区块链智能合约具备"三智模式"，即智能立案、智能审判、智能执行。智能立案系统将对电子合同、代码内容、合约执行进度等进行核验，符合立案条件则进入司法程序。智能审判系统自动提取案件的风控点，辅助生成包含判决主文的裁判文书。智能执行系统协同相关机构在线对被执行人的银行、房屋、车辆、证券等财产进行查控，失信被执行人将被自动纳入司法链信用惩戒黑名单。

根据杭州互联网法院对外发布的《互联网金融审判大数据分析报告》显示，金融主体、监管单位与法院之间的数据孤岛依旧存在，三方主体间的数据共享与开放还有很长的路要走。杭州互联网法院虽然已经先后上线了电子证据存证平台和司法区块链平台，但因金融部门尚未开发相应的数据传输平台等载体，不具备数据传输条件，致使无法实现以电子方式提交金融数据。

截至 2019 年 8 月底，杭州互联网法院共受理互联网案件 12103 件、审结 10646 件，线上庭审平均用时 28 分钟，平均审理期限 41 天，比传统审理模式分别节约时间 3/5、1/2，一审服判息诉率达 98.59%。

### 10.5.2 北京互联网法院

2019 年，北京互联网法院主导与国内领先区块链产业企业共建了名为"天平链"的电子证据平台。这个司法区块链共建设了 18 个节点，完成 24 个互联网平台或第三方数据平台和存证平台之间的应用数据对接。

在司法实践中，天平链一方面可以对当事人上传到电子诉讼平台的诉讼文件和证据进行存证，防止篡改，保障诉讼安全；另一方面可以对进行过天平链存证的诉讼证据进行验证，解决当事人取证难、认证难的问题。

天平链集合了存证、取证、校验三大功能，使电子证据全流程线上传送，在司法场景应用下实现了"全流程记录、全链路可信、全节点见证"。

截至 2019 年 12 月底，天平链上跨链存证数据量超过 1360 万条。北京互联网法院共裁决 690 例涉天平链证据的案件，目前尚无一起案件对天平链取证的证据真实性提出质疑。

从实际应用情况看，天平链运行呈现以下特点：
- 验证程序上更高效。与传统的取证程序相比，天平链存证相对更加简洁，对于区块链平台存证的安全性、可信度的审查前置，对于证据是否一致性都可以通过后台的技术支持进行检验，法官可以省略掉对于取证程序是否可靠的检验。
- 专业化水平得到提升。证据一致性验证前置，电子诉讼平台会直接进行标记，实现技术与法律相分离，对于验证了技术标准的平台，呈现在法官面前的是一份已经经过校验的证据，当事人如果没有相反的证据，该证据的真实性基本没有问题，法官可以将注意力集中于证据所体现的事实方面。
- 使权利保护更易实现。采用区块链存证、取证的费用比传统的取证费用低，而且可以自行操作。
- 促进了司法信任体系构建。在涉及区块链取证的案件中，当事人对证据真实性的认可度更高，鉴定启动率大幅下降。当事人在整个诉讼过程中的表现更加诚信，易于开展调解工作、提高庭审效率，对提升审判质效有助推作用。

### 10.5.3 广州互联网法院

2019年4月3日，广州互联网法院发布"网通法链"智慧信用生态系统。该系统以区块链底层技术为基础，构建"一链两平台"的智慧信用生态体系，包括司法区块链、可信电子证据平台和司法信用共治平台。华为公司作为技术提供方，参与建设"网通法链"底层区块链基础平台。

为确保数据的存储开放中立、安全可信，广州互联网法院与广州市中级人民法院、广州市人民检察院、广州市司法局、广州知识产权法院、广州铁路运输中级人民法院、中国广州仲裁委员会、广东省广州市南方公证处、广州公证处8家单位作为节点，发起组建司法区块链。同时，与中国电信广州分公司、中国移动广州分公司、中国联通广州分公司、阿里巴巴、腾讯、华为、京东等29家单位签约共建可信电子证据平台，鼓励企业方开发自有区块链系统，并以跨链方式接入司法区块链。

统计数据显示，广州互联网法院"网通法链"系统试运行一周，存证数量已达26万余条，其中涉及互联网金融类证据材料12万余条；网络购物、网络服务类证据材料10万余条；网络著作权类证据材料2.8万余条。

## 10.6 发展区块链的法律思考

### 10.6.1 加大区块链法律研究，完善规范机制

当前，国家针对区块链技术的相关立法存在法律空白与盲点区域，因此，应当

积极开展有关区块链在各个应用场景中存在的具有共性的法律研究，探索符合我国区块链技术发展的相关法律制度，完善相关规范机制。

**1. 促进相关立法，进一步弥补法律空白**

一方面，对原有的法律法规进行修订与完善。具体而言，国家现行立法体系中的相关规定与区块链本身的特性仍存在一定的法律冲突与矛盾。如区块链的匿名化与法律要求网络实名制的矛盾冲突、智能合约的不可逆与传统合同的撤销权问题等，因此，建议结合区块链发展的特点、发展过程中出现的突出问题，对现有法律进行针对性的修缮与补充以及出台区块链领域专门立法。但需要注重区块链技术发展与法律规制的权衡，把控立法重点，强调基本立法原则，为区块链规范发展提供科学有效的法律支撑与保障。同时，结合市场调研和技术规范，依据大量的实践基础，合理地修缮现有法律条文，增加细节性条文，以消除上位性、原则性法律矛盾。

另一方面，加快推进与区块链相关的专门立法。在区块链专门立法过程中，解决好规范和发展两者之间的关系、明确规范与发展的法律主次界限是区块链立法应最先解决的重要问题。这一问题是指导区块链具体立法的重要原则。在具体立法过程中，立法者应立足于对现实情况的分析与对区块链技术发展的长远判定进行科学立法，从信息安全、法律监管、保障措施等方面系统出台法律法规，防范区块链技术所带来的潜在风险。例如，明确虚拟货币法律界定，严厉打击利用虚拟币进行融资炒作等违法犯罪行为；明确监管主体与监管范围，精准把握监管与创新的平衡点；加强链上数据信息保护，防范数据信息泄露与破坏。同时，立法者在立法过程中应当听取多方主体意见，健全法定程序，将公众参与、专家论证、风险评估、合法性审查及集体讨论决定作为立法的必经程序，以维护好相关主体的合法权益。此外，在制度具体设计方面，也应当结合区块链的新特点，采取新方法、新思路进行法律设置，以符合区块链这一创新技术的发展特色。

**2. 推动完善相关政策的制定**

规范区块链发展，国家除从法律层面加强治理外，还应当推动相关政策的制定。换言之，在现行法律无法有效适用的情况下，加强对区块链相关政策的制定有利于全方位规范区块链发展。具体而言，在制定政策时，应当围绕区块链规范与发展两个中心环节，把控区块链发展重点——区块链技术与智能合约，针对区块链发展现状与问题，以促进区块链政策的不断完善。

**3. 完善行业标准制定，加快促进区块链标准化发展**

在区块链相关法律相对缺乏、无法及时有效解决现存问题的情况下，建议先完善区块链相关行业标准的制定，以加快推动区块链标准化发展。建议在区块链相关标准的具体制定方面，着重围绕我国优势产业发展的重点环节，吸引领先企业积极参与，同时关注区块链当前存在的普遍问题与重点难题（如智能合约的存储与运行安全问题等），逐步建立和完善区块链技术应用和标准体系。此外，建议积极参与相关国际标准的制定工作，加强国家标准与国际标准之间的交流，不断提升我国区块链标准体系的国际话语权。

### 10.6.2 创新管理方式

区块链作为一项新兴的价值互联网技术，在鼓励、支持、引导其技术创新的同时，应创新区块链技术的管理方式，以适应区块链本身的发展特点。

**1. 创新监管手段，提高监管效能**

（1）运用技术手段，加强对区块链"乱象"治理。区块链技术的发展对监管提出了更高要求，传统的监管手段已无法适应当前区块链整个行业的发展态势。如今以区块链为名的新型骗局不断增多且大多具有隐蔽性，案件特点较为复杂。如大部分涉区块链案件往往通过社交媒体的方式进行宣传，手法隐蔽且狡猾，同时案件涉及的人员众多。因此，相关部门必须加强监管技术的创新，重视科技应用。充分发挥监管科技的作用，依托大数据、人工智能、区块链、云计算等前沿技术，加强对区块链平台的监测，不断提升风险精准预警能力，筑牢安全防线。

（2）建立监管沙盒机制，实现科学监管。任何一个新兴业态的出现都应避免"严防死守"的监管态度。对于区块链这一新兴行业而言，在规范其发展过程中应处理好"促进发展"与"规范发展"之间的关系，创新监管方式和手段。而监管沙盒机制通过为企业提供一定的安全空间，可更好地平衡两者之间的关系。

监管沙盒的概念最初由英国政府于2015年3月提出。按照英国金融行为监管局（FCA）的定义，"监管沙盒"是一个"安全空间"，在这个安全空间内，金融科技企业可以测试其创新的金融产品、服务、商业模式和营销方式，而不用在相关活动碰到问题时立即受到监管规则的约束。监管者在保障投资人利益、消费者合法权益的前提下，通过放宽现行监管规则与法律框架的束缚，减少科技创新的规则障碍，实现创新与有效监管的双赢。

建立中国版监管沙盒，在机制设计和技术层面应兼顾包容性和审慎性。首先，为更加充分地释放金融创新发展动能，初期可以要求非持牌机构与持牌机构合作，测试期间使用限制性牌照等监管工具，逐步允许非持牌机构申请进入沙盒；其次，应给予适当的监管豁免，提高对创新业务的风险容忍度；再次，由国家有权机关统一制定规则，协调监管，并建立比较具体、清晰且规范的操作流程；最后，应完善配套监管细则，建立合理的风险补偿和退出机制。同时，重视保护消费者合法权益，建立消费者补偿机制。

（3）"以链治链"，提升监管服务能力。"区块链 + 监管"是未来监管的新方向，通过区块链技术加强监管是区块链技术的应用场景之一。"以链治链"即借助区块链技术来对区块链行业进行监管，这是对区块链实施科技监管的重要组成部分，是未来区块链监管的重要方向。

借助区块链智能合约技术，监管者可将金融等方面的监管法律法规内嵌入区块链技术之中，从而使法律法规的执行通过代码实现。监管者通过与技术人员合作，将相关的金融方面的法律法规转化成基于代码的规则，由底层区块链网络实现自动执行规则，从而降低合规和执法成本，减少监督和持续执行的需要。此外，监管者可鼓励区块链项目的提供方将内部规范转化成代码，推动区块链行业内部管理的自治，以节约监管资源。

**2. 推动多元共治，完善协同监管机制，提升区块链监管效率与水平**

创新区块链监管模式应遵循多元共治、协同监管的理念。首先，应充分发挥社会其他主体的监管职能，共同推动区块链监管体系建设。监管并非只是监管机关的职责，只有相关市场主体共同参与，才能维护好区块链行业发展环境的安全有序。因此，建议整合、集聚社会闲散的监管资源，根据各监管主体的能力、特点发挥不同的监管效能，提升监管体系的维度和完善性。企业、行业组织、媒体及社会公众可通过自我监管、联合监管等方式，不断探索适用创新监管新模式，增强各主体之间的良性互动，构建以政府监管为主、其他主体监管为辅的多元共治生态。同时，针对区块链技术专业性强的特点，建议引入第三方技术企业对技术性问题进行监管，从而提升全面治理的能力。

其次，加强协同监管与国际合作。各监管机构之间应加强协同监管，以提高监管效率。同时，在区块链全球协作的背景下，单纯依靠某国单一监管难以实现区块链的规范发展。为此，建议监管机构加强国际协作，强化国际监管，进一步加强国际合作，与其他国家联合制定、发布区块链技术标准和治理标准，联合打击跨境以区块链名义进行的非法金融活动，以进一步在区块链跨境规制方面掌握主动权。

**3. 鼓励行业组织加强自律，推动区块链诚信体系建设**

区块链行业的稳健发展不仅需要政府的监督，而且还需要构建行业自律机制。全面构建区块链行业自律机制，一方面要引导行业组织严格遵守国家法律法规，认真落实相关管理制度要求，积极履行主体责任，完善内部管理体系，坚决抵制利用区块链进行集资诈骗、非法经营等各类违法犯罪活动；另一方面要积极推动行业组织制定有关区块链的行业公约、安全标准、信用评价标准等，建立基于区块链技术的信用体系，进一步提升行业自律管理水平和能力。

通过行业组织自律性的规范管理，不仅能够引导相关监管部门更加理性地看待新兴技术的发展，为区块链技术营造更加有利的发展空间与环境，还能进一步推动区块链产业健康有序发展，共同维护良好的市场秩序和行业环境。

### 10.6.3 增强监管力度

伴随着我国区块链技术的不断发展，相关监管部门已经意识到对区块链技术应用监管的重要性，特别是在2017年之后许多比特币事件的发生加速了我国监管部门对区块链技术监管的步伐。2017年9月4日，中国人民银行等七部委发布《关于防范代币发行融资风险的公告》，即"94《公告》"。《公告》明确表明代币发行融资的实质是未经批准的非法公开融资行为，并叫停了三种平台相关业务，包括融资平台、代币交易平台以及同时从事融资和代币交易的平台。同时，通过警告和警示的方式向社会通报比特币风险事件，以提升社会对比特币的警觉。之后，银监会和保监会等五部门联合发布了《关于防范以"虚拟货币""区块链"名义进行非法集资的风险提示》，对以虚拟币、区块链名义的非法集资活动进行风险警示。同时，为了提升我国区块链监管力度和体系建设，各地方政府也积极响应中央监管要求，通过发布风险提示文件以警示和规范区块链在金融领域的应用。例如，北京市朝阳区金融社会风险防控工作领导小组办公室在2018年8月印发了《关于禁止承办虚拟币推介活动的通知》。此外，国家互联网信息办公室在2019年3月发布了国内区块链信息服务备案清单（第一批），共涉及197个区块链信息服务名称和备案编号，表明监管部门已经从网络管理角度对区块链技术进行监管，并将区块链作为一种重要的技术和产品来对待。同时，备案清单也表明我国区块链产业发展已经进入标准化和规范化发展阶段，为以后区块链企业开展相关业务提供了保障。2020年1月1日《密码法》施行，其中有关核心密码、普通密码以及商用密码的法律规定更是从制度建设上保障了密码的安全，为区块链技术提供了良好的安全条件。由此可见，我国非常重视对区块链技术的监管与治理，从金融法律政策等角度提供了多方面的法律支撑。

但同时也要认清现实，当前区块链技术发展迅速，但与之相配套的相关制度却存在一定的滞后性，因此区块链技术的监管仍存在局限性。我国现行对区块链的监管措施是局部性、暂时性的，尚未形成整体性、系统化的监管局面。具体来说，首先是有关区块链技术监管的标准、专利太少，缺少底层、核心技术；其次是针对性的监管措施较少，尚未形成对区块链技术引发的系统性各类风险整体应对的措施；再次是现行的分业监管体制会对"监管沙盒"造成一定阻碍，易产生监管空白或监管套利；最后是针对区块链技术的法律研究相对滞后，存在着法律真空地带和盲点区域。由此可见，完善当前我国针对区块链技术的监管机制、增强监管力度十分必要。伴随着区块链技术的迅速发展，对区块链的监管也会处于一个持续动态地与问题相博弈的过程。

因此，当前国家相关部门机构应从问题切入，有针对性地开展监管。

## 10.7 本章小结

区块链作为一项变革性的技术，可以媲美电力和蒸汽机车对人类社会的影响。包括中国在内的世界各国政府都密切关注这项技术的研究和应用进展，并力图将其提升到数字经济发展的基础设施高度。

但立法总是滞后于现实的。法律法规的出台一定是根据技术发展应用过程中暴露出的问题，通过治理达到纠偏。根据中国政府对互联网一贯的治理原则，"技术中立""最小化干预""审慎监管"等治理理念将继续在区块链发展治理方面得到延伸和强化，而区块链产业也定会在政府科学治理的框架下得到健康、有序的发展。

## 习题

1. 我国与区块链有关的政策法律体系是如何构成的？
2. 区块链技术应用过程中常见的法律风险是什么？
3. 请阐述我国当前对区块链监管的政策。
4. 智能合约常见的法律风险有哪些？
5. 简述区块链技术驱动下的司法创新。
6. 请论述如何推动区块链技术规范发展。
7. 区块链智能合约的应用将给相关行业的发展带来哪些变化？

# 第 11 章 区块链与金融

　　区块链是信息互联网向价值互联网转变的重要基石。本章着重探讨区块链在金融领域中的应用与监管。首先，央行数字货币是区块链的重要应用领域，我们在第一节以三个典型场景为例，讨论区块链在央行数字货币（Central Bank Digital Currency，CBDC）中的可能应用和解决方案，论证了区块链技术的去中心化特点可以纳入到 CBDC 的分布式运营与央行的集中管理体系中。其次，我们在第二节研究区块链等可信技术可能引发的金融变革，提出数字资产与数字金融的全新概念，指出在区块链等可信技术的推动下，以数字资产为核心的金融创新或将是数字金融的重要发展方向，从而开启金融体系的全新局面。区块链技术被认为是新一代金融市场基础设施的技术雏形，因此我们在第三节提出基于区块链技术的新型金融市场基础设施的基本构想与关键考量。再次，我们在第四节着重关注区块链技术在国际支付领域中的应用，剖析国际支付体系的现有痛点及改进思路，并就如何应用区块链技术推进全球金融基础设施互联互通提出相关建议。最后，我们分两节讨论了监管问题，其中第五节对各国数字货币监管实践进行综述，第六节则针对区块链自金融模式对传统金融监管范式的颠覆提出全新的监管思路和方案。

## 11.1 央行数字货币

　　区块链是一种源于比特币但又超越了比特币的可信技术。区块链技术创新不仅催生了各类私人数字货币，同时也引起了各国中央银行广泛的兴趣和探索。可以这样说，目前大多数国家的央行数字货币实验都是基于区块链技术展开的。但时至今日，CBDC 是否采用区块链技术依然存有争议，一种典型的观点是区块链的去中心化与中央银行的集中管理存在冲突，因此不建议 CBDC 采用该技术。区块链技术正在以前所未有的速度发展,并与各项主流技术在深度融合,因此无论从技术角度还是业务角度,现实应用中的区块链都与"原教旨主义"的理解有所不同。如何运用区块链技术来更好地服务于中心化管理下的分布式运营,可能是 CBDC 当前需要重点探索的方向。本章以三个典型场景为例,讨论区块链在 CBDC 中的可能应用和解决方案,指出虽然区块链的技术特点是不依赖中心机构,但不代表其不能纳入到现有中心机构的体系内。只要通过合理的设计,中央银行恰恰可以利用区块链将分布式运营有效整合起来,更好地实现对 CBDC 的中心化管控,两者并不存在必然冲突。

### 11.1.1 场景一：CBDC 验钞

央行数字货币体系以"一币、两库、三中心"构建。"一币"即央行数字货币,是由央行担保并签名发行的代表具体金额的加密数字串。"两库"指数字货币发行库和数字货币商业银行库,前者是中央银行在 CBDC 私有云上存放 CBDC 发行基金的数据库,按照中央银行的现金运营管理体系进行管理;后者是商业银行存放 CBDC 的数据库,可以在商业银行的数据中心也可以在 CBDC 私有云上,遵循商业银行现金运营管理规范。"三中心"则包括认证中心、登记中心和大数据分析中心。

其中,登记中心记录 CBDC 及对应用户身份,完成权属登记并记录流水,完成 CBDC 产生、流通、清点核对及消亡全过程登记。其主要功能组件分为发行登记、确权发布、确权查询网站应用、分布式账本服务几个部分。发行登记进行 CBDC 的发行、流通、回笼过程及权属记录;确权发布将发行登记的权属信息进行脱敏后,异步发布到 CBDC 确权分布式账本中;确权查询网站依托分布式账本,面向公众提供在线权属查询服务;分布式账本服务保证中央银行与商业银行的 CBDC 权属信息的一致。

通俗来说,可以理解为我们在登记中心利用分布式账本不可篡改、不可伪造的特性构建了一个"网上验钞机",即 CBDC 确权账本,对外通过互联网提供查询服务。这种设计对当前分布式账本技术而言,在中央银行和商业银行既集中又分散的二元模式下提供了一种巧妙的应用思路,一方面将核心的发行登记账本对外界进行隔离和保护,同时利用分布式账本优势,提高确权查询数据和系统的安全性和可信度;另一方面,由于分布式账本仅用于对外提供查询访问,交易处理仍由发行登记系统来完成,以细化原子交易颗粒度的方式来进行交易的分布式计算处理,这样可以通过业务设计的方式有效规避现有分布式账本在交易处理上的技术性能瓶颈。显然,这样的设计充分发挥了区块链的技术优势,保障了 CBDC 验钞的可信且不影响中央银行对 CBDC 的全局管控。

尤其是这种双账本包容性设计既延续了传统技术的成熟稳定性，又为新的分布式账本技术留有空间，使得两种分布式技术相互兼容、并行不悖、优势互补，并在演进过程中竞争择优。

### 11.1.2　场景二：批发端支付结算

目前，各国正在开展的 CBDC 实验主要针对批发端场景，且大多基于区块链技术。比如，加拿大的 Jasper 项目，试验基于区块链技术的大额支付系统；新加坡的 Ubin 项目，评估在分布式账本上以数字新元的代币形式进行支付结算的效果；欧洲央行和日本央行的 Stella 项目，旨在研究分布式账本技术（DLT）在金融市场基础设施中的应用，评估现有支付体系的特定功能是否能够在 DLT 环境下安全高效地运转；还有中国香港的 LionRock 项目、泰国的 Inthanon 项目等均是试验基于区块链技术的 CBDC。这些区块链技术的应用都在中央银行的集中管理和严格控制下展开。

以新加坡的 Ubin 项目为例，其采用了与加拿大 Jasper 项目一样的数字存托凭证（digital deposit receipt，DDR）模式。为了支持分布式账本中 DDR 的发行，现有新加坡电子支付系统（MEPS+），也就是新加坡的 RTGS 系统，专门建立一个 DDR 资金抵押账户。每日开始时，参与银行请求中央银行将其 RTGS 账户中的资金转移到 DDR 资金抵押账户，以此作为抵押；分布式账本创建相应等值的 DDR，发送到各银行的 DDR 钱包，由此参与银行之间可开展基于分布式账本的转账和支付。日终，分布式账本系统将向 MEPS+ 发送一个网络结算文件，MEPS+ 依此调整 DDR 资金抵押账户余额，匹配参与者在 DLT 网络中的 DDR 余额。

可见，去中心化的分布式账本与现有成熟的中央主导的金融基础设施并不排斥，完全可以相互融合、相互补充。一方面，基于区块链的 DDR 支付系统为现有 RTGS 系统提供了一种不依赖传统账户的新型支付方式，有效补充了现有支付清算体系；另一方面，DDR 作为 RTGS 中电子化法定货币的数字化形态延伸，其最终可以转换回 RTGS 账户价值，并通过 RTGS 系统对外结算，也就是说，RTGS 系统解决了区块链 DDR 到传统账户资金的结算最终性问题，这也侧面说明了区块链的结算最终性可以有机融合到现有清结算体系中。此外，由于 DDR 是通过 100% 资金抵押生成，不影响货币供应量，因此分布式账本也不会影响中央银行对货币的总量管控。

显然，在技术逻辑上，中央银行主导的基于区块链的新型支付系统是完全可行的。在某种意义上，参照 Ubin 项目的数字存托凭证模式，可以无需借助类似网联支付平台这样的中间渠道，各家支付机构和商业银行可以通过在金融专网中构建对等网络的方式，以统一的区块链网络连接起来，开展支付清算。考虑到目前区块链技术的交易性能还在演进过程中，上述清算业务宜在批发层面展开。

应该说，区块链的去中心化是指去中介，但不去监管。在联盟链的环境下，中央银行等监管部门不但可以对区块链所承载的业务及其风险进行中心化管控，而且还可以实现穿透式非现场监管。

### 11.1.3 场景三：现金数字化

似乎现金的数字化与准备金的数字化（即前述的数字存托凭证）没有本质上的差别，只是前者面向社会公众，而后者仅局限于银行间流通。但面向社会公众就引发了一个难题，倘若允许公众在中央银行开户，则中央银行将面临极大的服务压力，并可能引发存款搬家，导致狭义银行。

一种解决思路是 100% 备付准备金模式。代理运营机构向中央银行存缴 100% 备付准备金，随后在其账本上发行相应数额的数字货币可视为央行数字货币，IMF 经济学家把它称为合成央行数字货币（sCBDC）。据此，我国第三方支付机构 100% 备付准备金存缴中央银行之后，它们虚拟账户中的资金就是央行数字货币了。真若如此，中国早就是全球首个实现法币数字化的泱泱大国。

但仔细琢磨，这一思路存在缺陷。一是在技术上，100% 准备金存缴意味着数字货币的发行、流通、回笼、销毁等全生命周期均要依附于传统账户体系。尤其是跨机构 CBDC 的流通，除了 CBDC 账本更新外，还要处理相应准备金账户间的清结算，只能牺牲系统灵活性、加以额度管控的方式去应对，而且还需要成立专门的清算机构提供互联互通服务。这不仅增大中央银行中心系统的压力和复杂性，也就是说，还是没有解决央行的服务压力，而且难以实现"账户松耦合"的要求。二是在管理上，这种方式下央行和运营机构在发行流通过程中是紧绑定的，央行依然承担中心化压力。如何保证代理运营机构 100% 备付准备金后没有超发货币，尤其是当代理运营机构运营的支付网络不受中心化管控时，中央银行更难以掌控运营代理层的货币发行量，这在一定程度上也构成了某些反对区块链技术应用于 CBDC 的理由。

视角决定思路，如果换一个角度看，会得到另一种完全不同的更优的解决方案。现在提到 CBDC，许多人是自顶向下，从中央银行发行到商业银行，再从商业银行发行到个人的视角来理解 CBDC 的技术逻辑，所以总有一个乱发票子的担忧。实物货币受制于印钞造币环节，非如此不可，但数字货币的"印钞造币"可以瞬间完成，无需这种制约，而这才是其优势所在。如果以自底向上的视角看，可以惊讶地发现数字货币最终用户并没有"发行"的概念，而是"兑换"的理念，是手里有多少现金、有多少存款去兑换 CBDC 所以从这角度看，乱发票子的问题并没有那么突出，代理运营机构兑换出的 CBDC 不是中央银行给与的货币发行额度，而是用户用实实在在的真金白银等额兑换的结果，中央银行只是站在全局的角度统计相关信息并予以监管。实际上，目前无论是私人的稳定代币，还是各国研发的 CBDC，都是按需兑换的思路，而不是扩表发行，这是一个非常关键的点。这一点对货币政策而言意义重大，表明其没有根本性的变化；对于技术路线而言意味着可以不拘泥于实物货币的发行流程，系统的设计可以更为简洁，局面因此大为改观。

基于自底向上的兑换视角，可以提出一个 CBDC 简化版实现方案。具体思路是：业务由底层客户发起，客户申请兑换 CBDC 并将其托管至代理运营机构；代理运营机构记录客户托管 CBDC 的明细账本，为每个托管客户单独建立明细账；代理运营机构收到客户兑换并托管 CBDC 请求后，在收取现金或扣减客户存款的同时，将等额 CBDC 记录在该客户明细账下，然后向中央银行缴回现金或扣减存款准备金，并以批量方式混同托管至中央银行。中央银行记录代理运营机构的总账本是一个总量的概念，与代理运营机构的明细账本构成上下两级双账本结构。当同一家代理运营机构的客户之间发生 CBDC 支付时，只需在该机构的明细账本上变更权属，无需变更中央银行总账本。当发生跨代理运营机构的 CBDC 支付时，首先由相关的代理运营机构交互处理，在各自明细账本上完成 CBDC 的权属变更，然后由中央银行在总账本上定期批量变更各机构总账。为提高效率、减少风险，可考虑引入持续净额头寸调整、流动性节约（LSM）等机制。

这一方案有以下优点：一是明确了持有者对 CBDC 具有完全掌控权。未经持有者的签名或同意，其他任何主体均不能动用 CBDC。这就使 CBDC 真正具备现金属性，与存款类货币本质不同。二是央行不对底层客户单独建档，也就是说，普通公众不在中央银行"开户"，降低了中央银行的服务压力，同时真正实现了"账户松耦合"的要求，因准备金账户批量调整，CBDC 系统相对独立于 RTGS 系统。三是各家代理运营机构可以根据自己的理解，在满足统一标准的基础上发挥各自特长，构建自身的数字货币代理运营系统，有助于竞争，便于客户选择。由于是按需兑换，而不是扩表发行，因此就没有了运营代理层超发货币的担忧。另外，虽然底层客户交易信息只存储在中间层，不存储在中央银行账本上，出于政策需要或监管需要，中央银行有权向下一层的代理运营机构提取信息明细，从而在分布式运营条件下实现中心化管控。

### 11.1.4 小结

区块链作为一种可能成为未来金融基础设施的新兴技术，对于中央银行和商业银行二元模式而言，有助于实现分布式运营，同时并不会影响集中管理。本文通过三个典型场景进一步论证了区块链技术的去中心化特点可以纳入 CBDC 的分布式运营与央行的集中管理体系中。可将区块链技术应用于 CBDC 的登记账本，对 CBDC 验钞，保障可信。在批发端场景，各国开展的实验也表明基于区块链技术的 CBDC 和支付系统具有可行性。而在现金数字化的零售场景，目前 CBDC 研发方案一直无法发挥出央行中心管控下的分布式运营应有的优势，问题在于自顶向下的"发行"视角。对此，本章基于自底向上的"兑换"视角，提出了全新的 CBDC 实现方案，这一方案同时实现了"管控中心化，运营分布式"的目标。

"物物而不物于物""形而上者之为道，形而下者之为器，以道御器"，这是我国古代哲人的思想。集中管理与分布式处理历来需要辩证统一地看待，不宜"先入为主"地将制度层面的中心化管控与技术层面的分布式处理简单对立起来。当前，各国基于区块链技术的央行数字货币实验进展迅速，内容已涉及隐私保护、数据安全、交易性能、身份认证、券款对付、款款对付等广泛议题。作为一项崭新的技术，区块链当然还有这样那样的缺点与不足，但这不是我们轻言放弃的理由。Facebook 的 Libra 项目已在研发基于安全、可扩展和可靠区块链的新一代金融基础设施，这是一个全新的赛道，机遇与挑战并存，"逆水行舟，不进则退"。

## 11.2 数字资产与数字金融

金融是现代经济的发动机与加速器，近年来在科技的加持下，各种新概念、新模式层出不穷。比如，银行核心业务系统从分散到集中再到分布式；污名化后的互联网金融改头换面，以金融科技的新形象继续讲着"互联网+""AI+""移动+"……的故事；直销银行、网络银行、智能投顾等概念方兴未艾。最近，数字金融与数字经济的概念又逐渐进入人们的视野，带来很多新的提法。

实质上，若站在更高的维度来审视这些创新金融业务，可以发现它们依然没有摆脱传统金融业务的窠臼。"互联网+"的设计思路和产品形态着眼于渠道的拓宽，以带来长尾客户，数据分析能力的增强可开展精准营销，或与特定的产业政策结合进行定向服务……但这些都是"术"的层面，远没有到"道"的高度。

到底什么是数字金融，或者说新金融到底新在哪里？答案是数字资产才是数字金融的核心命题。只有数字资产活了，数字金融才能满盘皆活，因此资产数字化是数字金融的基础。通过数字化，资产属性变得多样化了，可以是证券，也可以是货币；可以是现货，也可以是期货……这些名目，在传统金融业务中是资产可以流通的"护身符"，唯有在这些属性的界定下，资产才能流动起来；而在数字资产的新金融模式下，边界模糊了。因为资产数字化打通了金融市场的"任督二脉"，任何资产都有了可分割性和流动性，都标准化了，无须依赖传统的外在力量来激活和赋能（人们美其名曰"点石成金"）。在破除了对货币、证券、期货等标签的依赖之后，数字资产的流动将变得更加灵动和自主。近期，美国证监会（SEC）批准了BlockStack等多个项目，让大家看到了这一点——没有传统意义上的金融中介的参与，融资活动照样可以开展，而且资产的数字化使融资成本更低、范围更广，效率更高……这开启了金融体系的全新局面，以数字资产为核心的金融创新或将是数字金融的重要发展方向。

### 11.2.1 资产多属性，融合创新

经济学上有句名言：货币是罩在实物经济上的一层面纱。套用这句话，我们可以说，任何的金融工具（如货币、证券等）均是罩在底层资产上的一层面纱。以证券为例，它本身就是为了让底层资产流动起来而人为创造的符号表征。股票是股东权益的证券化，债券是债权的证券化，电子黄金是黄金的证券化，抵押贷款证券（MBS）是银行信贷的证券化……证券的意义在于为资产创造了流动性。但有了资产数字化，传统证券的含义可能就会有新的变化。因为资产数字化后，天然就有了流动性，就无须证券这一层薄纱，也就没有什么所谓的证券属性认定了，相应的监管体制也随之消解。ICO之所以争议很大，除了被利用成为诈骗工具之外，就在于数字股权的公开发行、流通和交易与传统的股票概念、模式有所不同，使传统的证券概念以及建立在此基础上的整个金融体系和监管规则出现了歧义，无所适从。

面对新型的非常规数字资产，现在各国监管部门的反映要么否定它的出现，要么像美国证券交易委员会（SEC）一样试图想把证券这一面纱重新再盖回新型数字资产上。SEC在2018年11月16日的公开声明中提了一个有趣的称呼，叫数字资产证券（Digital Asset Security）。在某种意义上，证券（Security）似乎是多余的，而SEC在数字资产（Digital Asset）后面加上证券的用意，更多的是为了表达它的政策立场。

数字资产与证券的差别可以用一个简单的例子来说明。现在通用的电子票据，很多人把它定义成数字资产，其实不然。从根本上来说，传统电子票据只是纸质票据的一种数字化表达形式，还不能称作数字资产，它应该称为证券。因为，其记录的只是作为流通工具的部分信息，并没有记录显示合同、物流、发票、税

务、保理等底层与真实贸易背景相关的信息。真正意义上的数字资产应该是原生的、包含全量信息的、以数字形式展现和流转的资产，数字化后的订货合同、物流单据、发票、保理合同等资产才是真正的数字资产。这些数字资产就像证券一样，可流通、可交易，但它们难以按传统意义上的证券划分标准，被归类为哪一种证券。就像数字货币的出现模糊了 M0、M1、M2 等货币层次一样，数字资产模糊了证券属性。或者说，它们的属性内涵更丰富了，既可以在银行间市场备案成为可交易产品，也可在证券市场登记成为可交易的证券产品，甚至可以在厘清法律关系的基础上作为支付工具使用，成为 x-money。这样的数字资产属性是模糊多样的，反过来说，这恰是它的特别之处：可以当证券，也可以当准货币……各种属性深度融合，益于创新。

### 11.2.2 资产数字化，科技驱动

资产数字化离不开金融科技的运用。图灵奖获得者、Pascal 之父 Nicklaus Wirth 曾提出一个著名公式："程序 = 算法 + 数据结构"，这个公式深刻地揭示了程序的本质特征。如果将其扩展至更为广泛的业务流程，该公式完全可以修正为"金融科技 = 算法 + 数据"。常说的监管科技、大数据征信、智能投顾、数字货币等，实质上均是算力突破奇点后"算法 + 数据"的体现，只是侧重点各有不同而已。因此，有人对算法推崇备至，认为构建算法模仿超越并最终取代人类，是 21 世纪最重要的能力，未来属于算法和其创造者。

资产数字化正是算法与数据综合应用的典范。通过技术手段保障原生数据的可信是资产数字化的根本要求，数字资产的流通环节也需要各种技术的支撑，以保证其安全、高效、协同、可控等。

传统金融业务都是围绕商业银行的账户开展。在数字金融时代，由公私钥体系取代了商业银行的账户体系，这在金融史上是一个非常重大的变化，它相当于在传统金融体系之外创造出了一个全新的领域，支撑它安全运行的是一整套复杂的可信技术和密码学方案。数字资产产生、流通、确权都依靠全新的价值交换技术，可采用基于真随机数的加密技术，也可采用基于区块链技术、DAG 技术或公证人机制的分布式账本技术，在未来甚至还可采用量子叠加态和量子计算实现的量子技术。资产的数字形态既可是一串二进制的加密信息，也可是以去中心化账本的形式来表达，还可以是以量子比特的形式存储的量子信息。在价值转移方面，既可采用 UTXO 模式，也可采用 Account 模式，各种模式可相互转化。

互联网发展至今，已初步完成其阶段性使命——连接人和信息。当下，即便是个人直播这样的高消耗、低效用场景也能获得充分支撑，足以说明互联网能量之巨

大。但因电子数据易删、易改、易复制等特性，现有网络安全技术难以保障互联网上高价值数据的高效安全、广泛有序流转，因此互联网上的价值交换依然依赖于金融专网完成最终的价值转移。此外，因为数据产权的原因，数据仍以国家或者机构为界，形成孤岛，数据之间难以形成协同效应。

作为信任机器，区块链技术创造了一种新的范式，连接金融服务所涉及的各参与方，能够打破数据孤岛，提高数据安全性，降低交易成本，增强风险控制能力，这也是区块链技术备受关注的原因所在。可以说，区块链承载了太多的理想，获得了资本和产业的热捧，种种溢美之词掩盖了该技术在比特币、以太坊之外少有重大应用的尴尬。在这样的氛围下，研究人员和技术人员更应该沉静下来，认真分析并探索改进区块链技术的不足之处，如何满足高并发量的场景需求、如何与其他非区块链系统交互、如何解决区块链上的数据隐私问题，如何将智能合约与现行法规相结合、如何设计适合区块链的治理机制等。

中国是互联网大国，当然也是数据大国，但这更多的是就数量而不是质量来说的。怎样在数量优势上提升品质，把数据资源转化为价值资产，从中产生信用并为实体经济服务，最终促进社会经济的发展，无疑是我国金融科技领域的难题和挑战。而这恰恰是资产数字化的关键所在。

赫尔南多·德·索托曾这样描绘资本的创造过程："正规的所有权制度提供了使我们可以把资产体现为活跃的资本所需的过程、形式和法律……把资产加工成资本所采用的方法是，仔细描述资产在经济和社会中最有利用价值的方面，使它们在记录系统中得到确认，然后极富成效地对其进行组织，并收录在所有权凭证中。"

区块链作为一项可信技术，由多方认可、多方背书，是新一代金融基础设施的技术雏形，可以为现有金融机构未能触及的底层实体"加持"信用，增进相互协作，降低交易成本。这对于信用和贷款资源一直不能很好渗透到的中小企业及边缘群体而言，有可能创造一个全新局面，而这对于国家的经济发展和金融监管意义非同一般。

### 11.2.3　资产自金融，普惠共享

数字资产的生产与流通和现有的金融体系存在极大区别。资产数字化的更深层次的含义是数据信息是原生的，可以被穿透和追溯，可以被自证与他证，从而引申出了自金融的概念。自金融的典型特征有三个，一是用户自主掌控数字身份；二是用户自主掌控数字资产，承担交易责任；三是用户之间点对点交易，可以独立于第三方中介机构。

数字金融既可自律，也可他律，是构建在底层信息充分披露基础上的高度个人

图 11-1　数字金融新模式

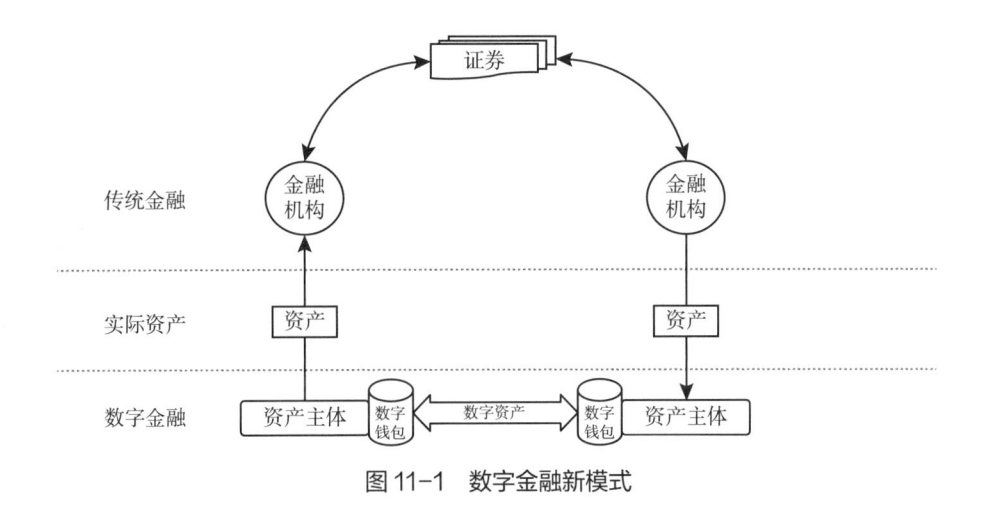

隐私保护的金融科技体系。用户在生产数据的同时，也在创造数字资产，为创新性的数字金融服务增添各种要素。

这里以中小企业资产证券化为例，揭示资产的数字化是如何给中小企业这样的弱势群体带来高度的金融自主性。我国中小企业融资难、融资贵问题由来已久，备受关注，在实际业务开展过程中，一直面临着参与主体众多、信息来源分散、底层资产信息庞杂、难以穿透等难题，导致中小企业无法真正利用资产证券化工具盘活资产、有效获得金融支持。如何才能让中小企业获得平等的信息话语权和自主融资的能力？一个行之有效的解决方案是利用 DLT 与分布式文件系统技术，将底层资产的全量原生信息同步上链，利用公私钥技术实现权利人持有并转移资产，通过核心企业的信息服务商接入，持续有效地披露底层真实贸易背景，从而形成数字资产。数字资产赋予传统资产高度的自主流动性，极大地提高了供应链金融业务的效率和真实性，为投资人建立了一个动态、完整、真实、可信的信息披露机制，从根本上解决了中小企业底层资产多层级流转的信息穿透问题，让中小企业获得对等话语权，无需再依赖核心企业信用，可独立开展融资活动；同时，金融机构可以不依赖核心企业，直接通过可信的 DLT 账本获取融资所需的中小企业底层资产信息。

这就是资产数字化以及自金融新模式的实践价值和意义，它让传统金融中的弱势群体不再弱势，不再融资难、融资贵，金融将变得更加贴近实体，更加普惠共享。同时，在现代科技的支持下，其安全性与监管的便利性同传统金融资产相比，亦不可同日而语，可以灵活地弥补现有金融服务的空白地带。

### 11.2.4　金融一体化，自由开放

数字金融的发展将模糊场内与场外的边界。从某种意义上讲，目前导致市场出

现场内、场外分层的主因之一是技术可信程度不到位。传统技术无法很好地解决金融交易的信任问题，因此许多交易需要在有组织的场内市场开展（当然也有规模经济的因素），国家认可的法律保障解决了可信问题。随着区块链等现代数字金融科技的发展，技术可信成为了法律增信的补充手段。通过可信技术的赋能，原来分处"两张皮"的数据与价值真正聚合成物理与逻辑一体的数字资产。数字是价值，价值是数字，数字的流转就是价值的流转。任何资产均可利用可信技术开展数字化，流转盘活起来，而不完全依赖法律增信，此时，什么是场内，什么是场外，也就不再"泾渭分明"。

数字金融或将重构金融运行方式、服务模式乃至整个生态系统。它简洁明快，超越时空和物理界限，打破国域疆界，自由而开放，尊重市场参与者的自主和自愿。在科技驱动下，它不用依赖传统的金融中介作用，即可让资产在保留原生全量信息的条件下流通起来。原先在场外大规模"沉寂"的非标准化资产，如仓单、知识产权、合同等各类资产，将焕发出全新的金融"生命力"，低成本、高效率流转起来，经济前景和意义不可估量。更具有革命性意义的是，数字资产化将催生金融的零售革命，就像互联网的出现催生了阿里等零售巨头一样，零售金融市场的觉醒将会带来更具深远影响的金融变革。

### 11.2.5 小结

经济是躯体，金融是血脉，资产是核心。以资产数字化为特征的数字金融创新必将激活各领域边缘资产，推动货币金融变革，全面提升数字经济的深度与广度，前景广阔。数字经济的发展离不开数字金融与数字技术的研究探索。

## 11.3 新型金融基础设施

习近平总书记在中央政治局第十八次集体学习时的重要讲话，深刻阐明了区块链技术在新的技术革新和产业变革中的重要作用，对推动区块链技术和产业发展提出明确要求，具有很强的战略指导性和现实针对性。当前，区块链技术应用已延伸到数字金融、物联网、智能制造、供应链管理、数字资产交易等多个领域，展现出广泛的应用前景。区块链技术亦称分布式账本技术（Distributed Ledge Technology，DLT），与传统技术相比，具有防止篡改、易于审计、透明度高、可靠性强、智能合约可自动执行等优势，被认为是新一代金融市场基础设施（Financial Market Infrastructures，FMI）的技术雏形。那么，它与传统的 FMI 有什么本质区别？基于区块链技术的新型金融市场基础设施（DLT-FMI）有哪些关键点需要我们着重考量？

### 11.3.1　DLT-FMI 的基本构想

**1. 高度集成的系统**

通俗来说，FMI 的功能是实现交易后券与款的最终交付。例如，中央证券存管（Central Securities Depository，CSD）是证券的登记确权系统，证券通过证券结算系统（Securities Settlement System，SSS）交收，资金通过支付系统（Payment System，PS）交收，中央对手方（Central Counterparty，CCP）提供净额轧差及担保交收服务。现有 FMI 分处不同机构和不同系统，相互独立，依靠报文传输进行信息交互。而在 DLT 模式下，CSD、PS、SSS、CCP 融为一体，原来由 CSD 运营的封闭的证券登记系统变成了依靠共识机制、加密算法等可信技术运行的开放的 DLT 账本，原来体现为账户余额的证券可变成未花费交易输出（UTXO）模式。基于区块链技术的 CSD（DLT-CSD）本身具有 SSS 证券结算功能，CCP 的担保交收功能和风险管理功能则可分别编码为智能合约，一经触动，便可自动执行。不仅如此，目前证券交易系统运行的订单匹配算法也可编码为自动执行的交易智能合约。PS 系统可与 CSD 系统独立，也可融为一体，完成链上的清结算。

**2. 统一无缝的业务**

分割是目前 FMI 的普遍特征。场内 CSD 相对统一，但场外的证券登记结算机构种类繁多。一些边缘资产则无法通过登记确权而盘活。由于司法管辖，跨境 CSD 之间也相互独立。分割的登记系统容易出现"双花"（同一笔数字资产被双重占用的情况，可称之为双花，Double Spending）。以存托凭证（Depository Receipt，DR）为例，由于跨境结算业务处理耗时长，再加上时差因素，按部就班的 DR 发行周期较长，容易错过最佳发行时点。为了提升发行效率，在实践中通常采用预发行制度，即在境外基础股票还未到位的情况下，存托人预先发行 DR。这就有可能产生"双花"的问题——虚增 DR，用于裸卖空和偷税，涉嫌欺诈发行。这是效率与安全的"两难"：要么通过预发行提高效率，但存在风险隐患；要么不允许预发行（比如我国），但效率低下。而采用 DLT 技术则可以解决这一矛盾，即通过哈希锁定等跨链技术，境内 DLT 账本上的 DR 与境外 DLT 账本的股票自动实时保持一致，效率高，又没有"双花"隐患。

基于区块链技术的 PS（DLT-PS）对于改进现代支付体系亦具有重要意义。传统 PS 层层叠加，体系复杂。即使用户面对面支付，背后的实际资金也需跨越"千山万水"，才能真正到账。尤其是在跨境支付领域，痛点更为明显，存在国际支付标准不一、互操作风险高、流程透明度低、监管重复、耗时长、费用高等缺点。而 DLT-PS 则可以很好地解决这些问题。目前，DLT-PS 的构建有两种模式。一是政府部门主导，如加拿大的 Jasper 项目、新加坡的 Ubin 项目、欧洲中央银行和日本中央银行的 Stella 项目。但这些项目还仅是试验、且只面向批发端。二是私人部门发起，包括比特币、以太坊、Ripple 等各种公链和联盟链以及 Libra 等全球稳定代币模式。Libra 吸收了公链的优点，同时又解决了代币价值不稳定的问题，由于社区覆盖范围广，其在跨境支付领域的潜力备受关注。Libra 的优点在于：复用了现有的互联网基础设施；只流通 Libra 币，不涉及跨币转换；与各国大额实时支付系统（Real Time Gross Settlement，RTGS）解耦，避免受制于 RTGS，可 7×24 小时运转；点对点转账，无需依靠各代理行，成本低，透明度高；支付网络扁平简单，省去了不同系统间的互操作，也避免了国际标准不统一的问题，转账更为流畅。总之，区块链使建立一个统一无缝的社会支付体系变成了可能。

从另外一个角度看，DLT-CSD 也需要 DLT-PS。从理论上来说，传统 PS 仍然可支持 DLT-CSD 的资金结算。但采用传统 PS 会给 DLT-CSD 带来短板效应，比如 RTGS 系统运行时间有限，导致 DLT-CSD 的券款对付（Delivery Versus Payment，DVP）和最终完成时间受制于 RTGS 是否开放，无法发挥 DLT 网络 7×24 小时全天候运行的优势。更为关键的是，DLT-PS 还可以增强 DLT-CSD 的技术优势。比如，DLT-PS 与 DLT-CSD 可合为一条链，开展链上 DVP，效率更高；DLT-PS 可承载保证金智能合约、备付金智能合约、风险基金智能合约等，自动开展 CCP 中央对手方清算、衍生品交易等。早在 2016 年，央行数字货币研究所就开展了数字货币原型系统试验，并与基于区块链技术的数字票据交易平台对接。当时，关于数字票据的资金结算设计了两套方案，一是链外清算，即采用 RTGS 清算；二是链上清算，通过央行数字货币进行结算。试验结果发现，央行数字货币的引入大幅简化了票据交易流程，可实现自动实时的 DVP、监控资金流向等功能。而如果采用链外清算，则基于区块链技术的数字票据优势将大幅缩水，与传统电子票据系统差异不大。

### 11.3.2 DLT-FMI 的关键考量

**1. 业务性能**

性能很重要，它会影响区块链系统的大规模应用。传统证券交易主要包括报单、撮合、清算、结算等步骤，其中报单、撮合在交易所，清算和结算在 CCP、SSS、PS，不同机构的系统只是处理证券交易的某一环节，所谓的动辄数十万 TPS 只是单个某一环节的系统处理速度。例如，证券交易所只处理买方和卖方挂单的撮合交易，撮合完成即视为交易完成，因此可以做到数十万 TPS。但实质上，交易还没有结束，最终资金和证券的清算和交收要延迟到 T+n 日才能完成。而区块链处理的交易则是完整流程，不是某个环节，交易即结算，交易完成就是结算的最终完成，不可撤销、也难以更改。

同时我们也要看到，通过共识机制改进、闪电网络、通道技术以及分层分片技术等措施，公链未来有望解决性能问题。比如，Zilliqa 的测试性能达到每秒处理 2400 个交易以上；Elrond 的模拟性能在 2 个分片下超过了 Visa 的平均水平（3500TPS），在 16 个分片下接近 Visa 最高水平（5.5 万 TPS）。相比之下，上海证券交易所交易系统的日均 TPS 为 1380，历史峰值 9 万，压力峰值 13 万；深圳证券交易所交易系统的日均 TPS 为 2181，历史峰值 19.2 万，压力峰值 23 万。理论上来说，通过各种优化技术，区块链系统的性能有望接近传统金融系统的常态性能。

当然，我们也要清醒地认识到区块链技术还有一些难点需要解决。比如，目前过万的 TPS 还仅仅是在实验环境里实现的。此外，状态分片和智能合约分片技术也需要继续突破，这对于 DLT-FMI 而言意义重大。一是 DLT-FMI 的客户端应是轻节点，不能有太高的存储负担和带宽压力。目前公链中的所有公共节点都要同步更新和存储交易以及各种状态，而随着交易数量的不断增长，数据量将会随之膨胀。尤其是高 TPS 系统必然带来大量交易数据，将导致数据同步时需要高速的带宽，存储需要海量的空间，这给验证节点带来了不小的挑战。二是如前言所述，DLT-FMI 将承载许多智能合约，如交易智能合约、CCP 智能合约等，各智能合约相互调用。目前以太坊 2.0 和 Elrond 提出了公正链、拉拽（Yank）方案等思路，但智能合约分片技术总体还处于研发的早期阶段，要达到商业可用还需更多的探索和研究。

**2. 券款对付与结算风险**

结算风险是 FMI 最为重视的焦点，许多制度安排也是针对结算风险设计的。目前的证券结算通常采用中心化机构的"限制交付"方法实现 DVP，而在去中心化环境下，则应用哈希锁定等可信技术进行 DVP。单链 DVP 的结算风险较小；基于哈希锁定（HTLC）的跨链 DVP，如果流程中的某些步骤未完成，则可能会存在结算风险。比如，卖方已向买方披露哈希密语，只是因网络延迟或未及时操作等原因，买方没有在 DLT-CSD 账本上提交哈希密语，所以没有得到证券。在这种情形下，就无法保证 DVP 及时完成。对此，可考虑引入公证人机制，由公证人判定证券的归属。为了避免频繁使用公证人机制，可对买方的一些失责行为进行处罚，以保证 DVP 的成功运行。

**3. 交收期**

目前的证券交易结算业务是一环扣一环的链条，交易、清算和结算分处不同环节，按时序分步开展，下一环节的所有业务必须等上一环节完成后、收到上一环节系统发来的数据才能启动。这样导致交易结算周期较长，且各环节必须集中处理，即使有些交易已经完成，但仍需待其他交易结束后汇总数据一并处理。境外成熟市场的证券交收期大多为 T+2。DLT 使证券 T+0 结算甚至实时结算变成了可能：一是交易者下单时的签名代表了其对交易的认可，不可抵赖，省去了交易后对盘；二是通过智能合约，证券交易、清算和结算业务可集成在同一 DLT-CSD 账本上，省去了因不同系统的数据交互而带来的时滞；三是不同交易者可在不同的智能合约上交易，也可在不同的 CCP 担保交收智能合约上清算，无需等其他投资者完成交易就可自主地进入结算环节；四是 DLT 系统可 7×24 小时运转，没有时间限制。

此外，在 DLT-CSD 结算模式下，交易者可灵活决定证券交收期。比如在 HTLC-DVP 中，经买卖双方商定将哈希锁定时间设定为任意期限，因人而异。目前，我国证券交收期与境外成熟市场不一致，已成为我国资本市场对外开放过程中的一个技术性问题。若在 DLT-CSD 模式下，买卖双方可两两商议，交收期不一致不再是一个难题。

**4. 流动性**

应该说，不同结算方式带来的流动性影响存在差异。比如，逐笔全额结算的结算周期较短，降低了参与者的流动性风险，但要求的流动性较高；而净额结算通过轧差，所要求的流动性明显降低，但延长了结算时间，只有到最后时点才能实现结算最终性；担保交收虽然减少了参与者的流动性风险，但需要参与者预先提交保证金和风险基金，占用了流动性资源。因此，很难评价基于区块链技术的新型 FMI 是否比现有 FMI 更具有流动性优势，因为这取决于具体的结算方式，是否净额轧差、是否采用流动性节约机制（Liquid Saving Mechanism，LSM）、是否担保交收等。但可以确定的是，基于 DLT 的新型 FMI 为投资者提供了更灵活的交收期安排，有利于投资者的流动性管理。

### 11.3.3 FMI 的新型角色

分布式账本的基本思想就是去中介。在 DLT-CSD 模式下，CSD、CCP 等 FMI 的角色似乎多余了，但实质上仍可发挥重要作用，只是在内容上发生了变化。

一是充当智能合约管理者。智能合约需经过证券登记结算机构及相关监管部门审计、检测和批准后，方可使用。

二是充当系统安全管理者。CSD 可作为整个 DLT 网络的管理者，确保系统操作的一致性和连续性。比如，负责软件补丁、参数和硬件配置，为所有参与者建立标准、规则和指引；及时检测系统中的安全漏洞，当出现问题时及时介入，防控各类风险。

三是系统性风险的最后处置者。当需要动用 CCP 股本和最后救助手段时，这个任务就不是 CCP 智能合约所能承担的。为此，CCP 仍可作为系统性违约风险的最后处置者，实时监测 CCP 智能合约运行状况，分析市场整体的证券结算违约风险。在非正常情况下，及时动用预备的财务资源，化解系统性违约风险。

四是公证人。发挥"公证功能"（Notary Function），避免证券"双重发行"；解决因 DLT 结算的概率性或因欺诈、黑客、结算失败而引起的结算争端；证书管理，解决投资私钥丢失时的不可逆问题。

五是新型数字钱包提供商。

### 11.3.4 小结

在数字化技术的手段下，基于 DLT 的 FMI 不仅可行而且可控，监管也可以做到更加精准。因此，它是规范的。DLT 账本不易伪造、难以篡改且可追溯、容易审计，所以它又是透明的。同时，它打开了传统分布式系统的围墙，使金融服务变得更加自由开放、更有活力，而且它还基于可信技术，容错性强，更有韧性。综上所述，基于 DLT 的新型 FMI 是符合"规范、透明、开放、有活力、有韧性"五大标准的金融市场基础设施，潜力无限，前景可期。

## 11.4 国际支付体系

近期，Facebook 推出了加密货币 Libra 白皮书，引起了广泛关注。原因有三：一是 Facebook 足够大，拥有全球近 1/3 人口的活跃用户，通过其生态，Libra 可以快速扩张至全球规模；二是 Libra 主动与现有银行体系挂钩，采用了类稳定代币的模式，盯住一揽子货币和低风险资产，有望解决虚拟货币价值不稳定的问题；三是 Libra 针对当前的跨境支付痛点，提出新型的国际支付方案，为国际支付体系改革提供了全新选项。本节聚焦于第三层面，剖析国际支付体系的现有痛点及改进思路，并就如何推进全球金融基础设施互联互通提出相关建议。

### 11.4.1 现状及改进思路

目前的跨境支付、汇款资金的清结算主要依靠 SWIFT 系统。从业务逻辑看，提供跨境服务的银行若要开展业务，首先要对接上 SWIFT 系统，如果没有对接资格，就得找另外一家可对接 SWIFT 系统的银行，作为其代理行开展业务。比如，某位中国家长想给在美国留学的孩子汇钱，他的开户行或其代理行必须与 SWIFT 系统对接，由此，资金才能通过SWIFT系统转账到美国的银行；而且孩子在美国的开户行也需对接SWIFT系统，否则，也得依靠美国的代理行，在SWIFT系统收到款项后再转给孩子在美国的开户行。

所以，SWIFT整个业务流程环节多，遭受诟病：一是效率低；二是收取"过路费"高；三是在这个过程中有可能发生问题，排查不容易，也存在风险；四是透明度低，跨境支付过程和完成时间有点像黑盒子。当然，SWIFT正在对它的整个支付结算体系进行改进。比如，在2017年年初推出了全球支付创新项目（Global Payment Innovation，GPI），意图通过与参与银行一起制定新的跨境支付标准，提高SWIFT跨境支付的速度、透明度和可预见性。即便如此，由于新技术的出现，许多人对国际支付体系提出了比较大的改进建议。

第一种思路是将原来以商业银行为中心的在层层账户之间转接的清结算方式迁移到区块链的体系架构之下，以尽可能减少中间环节甚至达到点对点支付的效果。目前大家热议的Libra即是这一思路。实质上，这一思路很早就有探索，如Ripple。Ripple提供了一种基于区块链的跨境支付解决方案，为客户提供跨币种支付体系之间的互操作性。客户可通过基于区块链的原生资产Ripple币进行跨境支付，把本国货币换成Ripple币，再在另一国转换成对方国家的货币。Ripple公司似乎更愿意将Ripple币称为"数字桥接资产"（Digital Bridge Asset，DBA），而不是代币。与Libra高调地宣称自己要"建立一套简单的、无国界的货币"并主动拥抱监管相比，Ripple的定位比较低调，其姿态耐人寻味。

第二种思路认为跨境支付的难点不一定是技术，从某种意义上来说各国中央银行联合行动起来，把各个国家的支付体系对接起来就可以解决问题。比如，把美国的Fedwire、Chips，英国的Chaps，欧盟的Target等和中国的大额支付系统（High Value Payment System，HVPS）对接起来，形成全球范围的金融基础设施互联互通。这个思路延续了现有的账户体系，意图通过上层的对接来实现下层的互联互通。但这一方式会涉及跨境资金流动等更复杂的司法管辖和监管问题，同时它比现有的SWIFT模式是否更有效率也需进一步论证和思考。

目前正在兴起的还有第三种思路，就是各国商业银行之间可以建立新型跨境支付联盟体系。例如，欧盟正在推动一个"泛欧支付系统倡议（the Pan European Payment System Initiative，Pepsi）"，目前得到包括法国巴黎银行（BNP Paribas）和德意志银行（Deutsche Bank）在内大约20家欧洲大型银行的支持，旨在建立一种新型跨境数字支付系统，基于共同参与建设的支付基础设施，提供类似美国ApplePay和中国支付宝（Alipay）等跨境和跨银行支付能力，实现即时无现金支付。相比各国央行和大额支付系统联合而言，这种方式协调难度或许更低，推进的速度也更快。很显然，这种跨境联盟体系天然就适合区块链技术的应用。

### 11.4.2 加密货币的冲击和央行数字货币

实质上，近年来对传统账户体系冲击和影响最大的是加密货币的出现以及它背后的区块链技术的发展，使许多人对传统上基于账户体系的从一个机构账户到另一个机构账户不断层层转接的支付方式提出了重大质疑：是否可以完全超越现有支付体系，实行点对点的交易？资金直接从一端发送到另外一端，不必要通过层层转接，不必要通过那么多的中介。

这就是数字现金的思想。实际上，这一思想起源很早。一直以来，密码学家有个想法，既然邮件能够加密、签名发送出去，那么手里的现金能不能像邮件一样，加个数字信封，进行加密和签名后从一端发送到另一端。现代密码学和计算机通信技术的发展让这一想法逐步变成了现实。扎克伯格在美国国会听证会上反复阐述的"任何人都可以像发短信一样简单地进行 Libra 转账"就是这样一个目标，摩根大通即将推出的加密货币 JPMCoin 也是这样一个思路。应该说，在加密货币的冲击下，整个全球货币支付体系的这一改进思路是很清晰的。

目前各国开展的央行数字货币试验，如加拿大央行 Jasper 项目、新加坡金管局 Ubin 项目、欧洲中央银行和日本中央银行 Stella 项目等，大都是基于区块链技术的加密数字货币试验，但还停留在批发（机构端）应用场景。这是因为中央银行一向被认为不擅长零售端业务；有种担忧是当数字货币向社会公众发行流通时，中央银行可能会面临极大的服务压力和成本，商业银行的信贷业务也会受到冲击导致"狭义银行"。所以对央行数字货币，有不少国家的中央银行持观望态度或更倾向于稳定代币的模式。从某种意义上讲，批发性质的央行数字货币完全可以替代现有的大额支付系统。

当然也有一些争议，现在的加密货币是否一定要基于区块链？很多人认为它必须基于区块链，但从 40 年来加密货币的发展历程来看，有基于区块链的加密货币，也有不基于区块链的加密货币。比如大卫·乔姆的 E-Cash，学术上看就是很成功的一个实验，尽管它不是基于区块链的加密货币。所以就这个角度来说，不论是采用中心化模式、还是去中心化模式，是基于区块链、还是不基于区块链，是基于账户、还是基于价值或基于 token，只要能够降低跨境支付的成本、提高效率，都值得我们去研究和关注。

需要强调的是加密货币和区块链这个方向是目前最重要的前沿热点，务必要做深入研究。上文提到的各国大额支付系统的互联互通，也可以考虑在区块链的架构之下进行。

### 11.4.3 策略建议：公私合营与竞争选优

对 SWIFT 体系的批评声音并不仅限于技术方面。虽然 SWIFT 体系对全球跨境支付、清算、结算起了重要的积极作用，但也有人认为 SWIFT 是国际货币支付体系中的一个垄断性机构，而且经常成为制裁和长臂管辖的工具，尤其是美元账户，因此不少人希望改进甚至去 SWIFT 化。如果完全去 SWIFT 化过于极端且不易实现，而改进现有国际支付体系则完全有可能。目前，许多人对现有国际支付体系的批评与不满意实质上反映了这种思潮：不希望公共基础设施或具有公共属性的领域被某一方所垄断或操控，其所隐含的风险、成本以及对社会福利的损害已引起了人们的警惕。

但这件事情的解决恐怕又不仅只是技术上的问题。事情总得有人主导做，关键是谁来做？不是说某一方自己摇旗呐喊就能把这件事情承担起来。典型的例子就是 Facebook 的 Libra 项目，它提出了一个非常美好的愿景，要构建一个没有国界、价值稳定的世界货币，打造一个普惠大众的基于区块链的金融基础设施，这也是很多国家和公众期待的事情。但现实是各种批评声浪一重高过一重：担心企业利益和国家利益不一定吻合，担心私营部门没有公共精神，担心 Facebook 在背后操控，担心 Libra 不能真正满足各国严格的金融监管要求等。

所以事情比我们想象的要复杂，公共部门有公共精神，却缺乏创新能力；私营部门有创新能力，却又被质疑缺乏公共精神。或许最好的模式是公共部门、私营部门团结起来，大家一起做。具体来说，就是官督商办，应该在公共部门的指导下，允许部分有条件、有能力的商业机构去探索构建这样一个既普惠大众又不被某一方所掌控的体系。这听起来像是一个梦想，实现梦想并不容易，但应该鼓励。

在国际支付领域，我们有两个层次的期待：一个是希望出现一个具有公信力的、不被某一方所掌控的全球性的普惠大众的支付平台；另一个是希望出现一个全球性的数字货币。相比较，第二个目标比第一个更难实现。由于比特币、以太坊等大规模的虚拟货币实验席卷全球，很多机构也吵吵嚷嚷说要发币，这当然是不严肃的，对货币，我们还是要有一点敬畏之心。

上述两个期待尽管难易程度并不相同，但如果第一个目标实现了，第二个目标也就有了想象空间。如果我们能把各国金融基础设施连接起来，形成全球性的金融基础设施，那么下一步就可考虑在全球金融基础设施的基础上发行 E-SDR，即基于账户的电子 SDR；或者 D-SDR，也就是基于价值（代币）的数字 SDR。挑战在于，将 SDR 转为全球货币涉及复杂的国际政治协调与博弈，而且届时 SDR 篮子货币的构成也会随着博弈发生变化，未必与现在的一样。

而若要实现第一个目标——构建全球统一的不被某一方所掌控的支付平台，还需要依靠良性竞争。基础设施的互联互通可以统一谋划，但是统一支付平台的接入运营决不能只有一家，垄断终归不好。要让用户有选择，竞争择优才对大家好。也只有这样，各个国家各个机构才可以在不同的赛道上有效竞争，各美其美，美美与共。

### 11.4.4 小结

现行国际货币体系是由布雷顿森林体系－牙买加协议构成的美元本位体系。然而从国际政治学角度看，国际秩序的本质是无政府性的，国际社会是自助性体系，没有注定的"权威"。习近平总书记在2014年和平共处五项原则发表60周年纪念大会的讲话中指出，"我们应该共同推动国际关系民主化。世界的命运必须由各国人民共同掌握，世界上的事情应该由各国政府和人民共同商量来办。垄断国际事务的想法是落后于时代的，垄断国际事务的行动也肯定是不能成功的"。在本质上，区块链技术的分布式记账、共同验证等去中心化设计及平权理念与国际货币体系的自发特征有着天然的吻合，因此，国际货币领域是应用区块链技术的绝好应用场景，可以是存量上的改进优化，亦可是增量上的全新探索，关键在于如何协调各方、凝聚共识。

## 11.5 虚拟货币监管

当前，各国监管当局将私人数字货币界定为特殊的商品、支付工具、证券或数字资产，分别从资产交易、支付、税收、ICO、反洗钱、反恐怖融资、金融稳定、消费者保护等各个方面对其交易、使用和流通进行规范与监管。

### 11.5.1 交易监管

以比特币为代表的私人数字货币具有交易匿名性、不可追溯、去中心化等特点，容易为洗钱、贩毒、走私、恐怖集资等违法犯罪活动提供渠道，存在非法交易风险，而且市场价格的高波动性带来的泡沫存在投资风险。为应对私人数字货币交易带来的乱象以及消费者权益受损风险，一些国家制定了相关监管规则。

（1）要求从事私人数字货币业务需要获取许可证。比如，日本要求交易所在金融服务局FSA进行注册；德国要求从事私人数字货币业务需要许可；意大利亦提出注册要求；美国商品期货交易委员会（CFTC）、证券交易监督委员会（SEC）和美国国税局（IRS）对私人数字货币进行了不同的定义，分别将其界定为大宗商品、证券和财产，要求遵循相应的法规，或进行注册、登记、申请牌照，并已经开展执法行动。2017年7月19日，美国全国统一州法律委员大会（ULC）126届年会通过《虚拟货币商业统一监管法》，虽然该法案尚需经过美国律师协会审议认可方能向各州推行，但它完整地给出了虚拟货币的监管框架。法案设立了三层次的牌照体系：对于小规模业务（业务年度总额低于5000美元）的主体可豁免申请牌照；对于业务年度总额不超过35000美元的主体，法案则设计了类似于监管沙箱的临时牌照制度，以在宽松的监管环境下促进虚拟货币业务创新；而对于业务量超过35000美元的主体，则需申请正式牌照，严加监管。此外，法规规定了各州间的牌照互认协议，有助于降低主体的商业成本，营造良好的技术创新环境。

（2）约束交易平台以及参与主体的行为。2018年3月7日，美国证券交易委员会（SEC）发布《关于潜在违法数字资产在线交易平台的声明》，着重提示投资者参与数字资产在线交易所应考虑的风险要点，帮助投资者最大限度地规避风险；同时，警示数字资产交易平台运营者应注意平台的合法性和合规性，提出了具体的监管要求，以保障数字资产交易和运营的合法合规。在私人数字货币衍生品交易方面，CFTC在2017年7月向纽约的比特币期权交易所LedgerX发放许可，允许其交易和结算比特币的衍生品合约，这是CFTC首次向私人数字货币衍生品交易平台发放许可。2017年12月，CFTC批准芝加哥商业交易所（CME）和芝加哥期权交易所（CBOE）上市比特币期货，并强调将会密切关注比特币期货，确保其不被操纵。2018年11月1日，中国香港证监会公布虚拟资产新规，主要针对投资虚拟货币或资产的基金和销售平台，内容包括要求超过10%资产规模（AUM）属虚拟资产的基金只可向专业投资者销售，任何投资虚拟资产的基金和经纪都须向证监注册等。

（3）施加反洗钱（AML）和充分了解客户（KYC）要求。法国、澳大利亚、加拿大等国家要求进行身份验证，限制匿名性，上报交易细节，遵循反洗钱、KYC规则，实施洗钱、恐怖融资风险控制。FinCEN表示经营货币服务业务的企业在开业前必须要通过美国财政部的FinCEN认定，配合反洗钱审查。美国《虚拟货币商业统一监管法》亦对虚拟货币监管主体提出了具体的AML和KYC监管要求。

其他国家的相关监管动作还有：2017年10月27日，英国国会对修正欧盟反洗钱法案展开了讨论，将包含加密货币在内的交易所和钱包提供商纳入现有法律范围内；2017年9月，中国人民银行等七部委联合发布《关于防范代币发行融资风险的公告》，规定任何所谓的代币融资交易平台不得从事法定货币与代币、"虚拟货币"相互之间的兑换业务，不得买卖或作为中央对手方买卖代币或"虚拟货币"，不得为代币或"虚拟货币"提供定价、信息中介等服务。

此外，美国军方、德国政府对私人数字货币在违法行为中的应用开展研究。美国军方尝试寻找各种方法来跟踪比特币，为了在面对使用私人数字货币进行恐怖主义融资等违法行为时能够具备足够的技术能力。

### 11.5.2 税收监管

以比特币为代表的私人数字货币容易成为一种逃税手段，而且在税收上面临着应以财产形式还是以货币形式或支付工具处理的问题。现阶段，有些国家对私人数字货币的税收监管还处于空白，有些国家则倾向于将私人数字货币按照财产对待。但如何对通过开采新创建的私人数字货币进行税收处理仍是个难题。

为了防止私人数字货币成为逃税手段，许多国家如美国要求计算和报告每次使用或处置比特币的收益和损失，纳税人有义务准确报告。对于私人数字货币的税收处理形式应是财产还是货币，美国、加拿大、英国、澳大利亚和德国等大部分国家出于所得税的目的，确定私人数字货币为财产形式。部分国家根据不同的使用方式，采取不同的税款征收方式，比如在美国、加拿大、新加坡等国家使用比特币进行支付时，需要缴纳商品和服务税；但当作为投资时，需要缴纳财产税。2019年10月，美国国家税务局（Internal Revenue Service，IRS）进一步明确了虚拟货币的财产属性，并就如何纳税的问题作出更具体的解释。

有些国家对私人数字货币的销售、购买、生产等各个环节分别制定相应的税收政策。对于开采新创建的私人数字货币，澳大利亚规定矿工只有在出售或转让以前"挖矿"获得的比特币才缴税，在此之前作为企业的库存处理；英国规定使用私人数字货币购买任何商品或服务，以增值税正常方式处理，"挖矿"获得的收入不纳入增值税范围，虚拟货币兑换为英镑或外国货币，按货币本身的价值缴纳增值税。目前，瑞士、欧盟仍是免征增值税。

### 11.5.3 支付监管

虽然目前大部分国家没有认可比特币等私人数字货币是法定货币，但一些国家支持私人数字货币的支付功能，认为私人数字货币可用来直接交换商品和服务，并通过立法或税收政策来规范私人数字货币的支付功能。

2017年4月1日，日本承认私人数字货币是合法支付工具，与其他货币具有相同的法律地位，比特币交易要遵循 AML 和 KYC 规则。2017年10月26日，韩国央行行长 Lee Ju-yeol 否决了比特币的货币属性，将其归类为一种商品。2017年11月21日，新加坡央行提议对支付服务进行立法，监管范围涵盖了虚拟货币，对基于虚拟货币的支付行为实施许可证政策，并对支付服务提供商差别化监管。2018年2月

17日，瑞士金融市场监督管理局将私人数字代币分为三类，实行不同类型的监管约束，这三种类型包括支付型数字代币、实用型数字代币以及资产型数字代币，最后一类将会被归入证券产品类别。美国、加拿大、新加坡、英国、德国也都支持使用私人数字货币进行支付，并制定了相应的税收政策。

### 11.5.4　ICO监管

对ICO性质的界定，各国目前正倾向于按实质重于形式的监管原则，更多判定ICO是一种证券行为，向投资者警示欺诈与洗钱风险。2017年7月25日，SEC发布调查报告表示，将ICO代币定性为证券，强调所有符合联邦证券法关于"证券"定义的ICO项目以及相关交易平台所提供的数字资产都将纳入SEC的监管范畴。2018年3月13日，FinCEN认定ICO代币是可交换的虚拟货币，在现有的FinCEN监管和解释下，代币的管理和交易所属于货币转移业务，要遵守银行保密法（BSA）。2017年8月1日，新加坡金融管理局（MAS）发布澄清公告，在新加坡发行数字代币（Digital Tokens），如果属于该国证券法的证券定义，则必须向MAS提交招股说明书并注册，发行人或投资顾问也需符合相关法律及反洗钱和反恐相关规定。2017年8月25日，加拿大证券管理局（CSA）表示加密货币发行涉及证券销售行为，应遵守证券发行规则。

2017年9月4日，中国人民银行等七部委联合发布《关于防范代币发行融资风险的公告》，明确代币发行融资中使用的代币或虚拟货币"不由货币当局发行，不具有法偿性与强制性等货币属性，不具有与货币等同的法律地位，不能也不应作为货币在市场上流通使用"，并规定任何组织和个人不得非法从事代币发行融资活动，各类代币发行融资活动应当立即停止。2017年9月29日，韩国金融服务委员会（FSC），禁止所有形式的代币融资。

### 11.5.5　金融稳定

目前，私人数字货币交易规模小，与金融系统连接有限，尚未能对金融稳定构成威胁。因此，各国对私人数字货币可能引起金融稳定风险的监管措施还处于早期阶段，现阶段采取的普遍做法是限制金融机构参与私人数字货币交易，禁止他们从事私人数字货币业务。比如，中国禁止金融机构使用或交易比特币；欧洲中央银行建议欧盟国家禁止信贷机构、支付机构购买、持有或出售私人数字货币。

2019年6月18日，Facebook发布Libra白皮书。2019年7月17日，美国众议院金融服务委员会举行有关Facebook虚拟货币的听证会。Libra最大的货币金融风险在于其挤兑隐患，需要中央银行及相关监管部门给予规制和背书。除了挤兑风险外，Libra 的去中心化金融（DeFi）应用可能还会在监管上挑战现有的以牌照管理为关键、以金融机构为抓手、以开立在金融机构的账户为核心的监管范式。

## 11.6 自金融模式监管

区块链网络上开展的金融业务与传统金融模式完全不同，我们称为"自金融"。一是用户的公私钥体系取代商业银行的账户体系。用户具有完全的自主性，私钥本地生成，非常隐秘，从中导出公钥，再变换出账户地址，自己给自己开账户，不需要中介；二是作为一种自治去中心化价值网络，Libra"抹除"了企业的组织形态，建立在激励相容设计的算法机制以及自治治理机制，替代了传统金融机构的组织功能；三是运行在智能合约的去中心化金融应用，集各种金融业务为一体，打破直接金融与间接金融的边界，具有自主开展、透明可信、自动执行、强制履约的特点。这些变化既是对传统金融业务模式的变革，同时也颠覆了传统上以牌照管理为关键、以金融机构为抓手、以开立在金融机构的账户为核心的监管范式。针对自金融模式，提出以下可能的监管思路和方案。

### 11.6.1 以客户为抓手，根据数字身份归集本国居民，划定数字司法辖区

在传统的金融业务模式中，金融机构是监管抓手，而在去中心化的环境下，这一载体不再存在，监管着力点应转移至客户。Libra 用户入场须经过监管机构的批准和身份认证，业务过程可以采用密码学与方案来实现交易身份及内容隐私保护，后台可穿透监管，前台可匿名交易。在此基础上，各国监管部门根据客户的数字身份归集本国居民，划定数字司法辖区。本国居民与非本国居民的金融业务和资金往来，由各国监管部门按照各自的资本账户开放和跨国金融监管政策进行规制。本国居民之间的金融业务服从各国的 KYC、AML/ATF 及各类金融监管规则。由此，政府就不用担心跨境宏观审慎管理和金融监管的失效。

表 11-1　自金融监管与传统金融监管的区别

|  | 传统金融模式监管 | 自金融模式监管 |
| --- | --- | --- |
| 监管抓手 | 金融机构 | 客户 |
| 监管关键 | 机构准入的牌照管理 | 用户准入的权限管理 |
| 监管核心 | 开立在金融机构的账户 | 身份认证 |
| 监管重点 | 金融业务审批 | 智能合约验证、审核 |

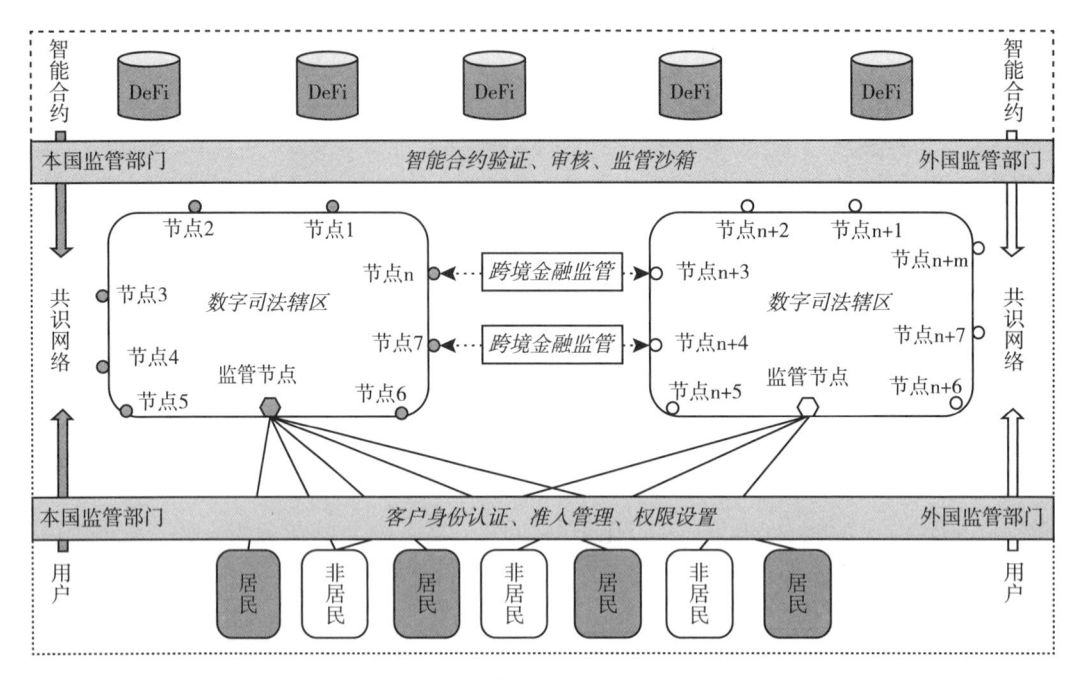

图 11-2 Libra 自金融监管方案

## 11.6.2 从机构准入的牌照管理转变为客户准入的权限管理

在 Libra 联盟链中设置监管部门节点,构建安全高效的身份认证与权限管理机制。针对在 Libra 网络上开展的支付、存款、贷款、金融资产交易、STO 发行等各项业务,各国监管部门根据本国政策对各数字司法辖区的本国居民节点设置各类业务参与权限。比如,某国只允许本国居民参与 Libra 的支付业务,那么就仅开通支付业务,关闭其他业务的参与权限。

## 11.6.3 以智能合约为重点,开展去中心化金融业务监管

作为公共金融基础设施,Libra 既能承载存、贷、汇业务,同时又自带交易场所。当前,基于智能合约的去中心化金融(DeFi)创新进展迅速,出现了存贷(比如 MakerDAO、Compound)、资产交易所(比如 0x、Loopring、Etherdelta)、保证金交易(比如 dYdX)、金融衍生品(比如 Augur)、保险(比如 Etherisc)等各种 DeFi 产品。理论上,这些新型金融业态均可移植到 Libra 网络。安全性是智能合约的重要考虑。在智能合约上链之前需要进行检测、定位并排除漏洞。在此基础上,为了监管需要,可进一步要求承担重要业务的智能合约在上链之前必须经过监管部门的审核,判断程序是否能按照监管部门的预期运行;必要时,监管部门可阻止不合规的智能合约上链或者关闭本国居民执行该智能合约的权限。此外,还可考虑建立允许代码暂停或终止执行的监管干预机制。当然,这对现有的金融监管部门提出了全

新的挑战，以监管科技应对金融科技才是合乎趋势的应对之道。

### 11.6.4 监管沙盒机制

监管沙盒机制可以实现鼓励创新、风险防控、投资者保护、监管能力建设等多元目标，是寻找最优监管均衡点的有效方法。当监管部门暂不能确定某些 DeFi 智能合约的创新价值和风险时，可采用监管沙盒机制，在有限的范围进行试点，学习和深入了解 DeFi 业务的技术细节、创新行为和产品特点，剖析和研判可能存在的风险点和潜在问题，最终制定相应合适的监管政策。

## 习题

1. 货币的本质是什么？比特币能否成为真正的货币？
2. 有人说比特币是"数字黄金"，你同意吗？如何评估比特币的价值？
3. 初始代币发行（ICO）与股票公开发行（IPO）有何区别？
4. 你觉得央行数字货币与支付宝、微信支付的区别在哪里？有何经济意义？
5. 为何说区块链是金融新型基础设施？
6. 自金融有哪些特点，以及如何监管？

# 第 12 章　区块链应用案例

近几年来，区块链技术的研究与应用呈现出爆发式的增长趋势，其应用领域已经覆盖了金融服务、供应链管理、医疗健康、版权、社会公益、电子政务、工业互联网、存证溯源等多个领域，并取得了不同程度的进展，推动了区块链的不断发展和完善。

## 12.1　区块链应用发展

目前，区块链应用场景主要包括金融服务、供应链管理、医疗健康、政务、民生及工业互联网等。

### 12.1.1　金融服务

区块链与金融行业具有天然的契合性，其最先运用于金融领域，涉及数字货币（本书第 11 章涉及）、跨境支付、保险、供应链金融、征信、清算等多个细分领域。

传统金融行业存在着诸多难以解决的问题，如数据安全隐患、"数据孤岛"、程序烦琐、效率低下、信息不对称等问题。区块链通过其可追溯、不可篡改、智能合约自动执行等特点，解决了确权和价值传递问题，并且通过多方协作解决了"数据孤岛"问题。同时还加强了金融风控和信用体系建设，提升行业效率，降低成本。

### 12.1.2　供应链管理

传统的供应链管理存在企业交互成本过高、数据真实性和可靠性难以保证、商品真实性存疑等问题。基于区块链的供应链协同应用将供应链上各参与方、各环节的数据信息实时上链，实现数据共享与可视性、去中间环节与数据安全、自动验证执行与高效协同。2018 年，IBM 和国际物流巨头马士基推出全球区块链平台 TradeLens，通过区块链技术将供应链流程数字化，帮助企业管理和跟踪全球数千万个船运集装箱的书面记录，提高贸易伙伴之间的信息透明度，并实现高度安全的信息共享和效率提升。

### 12.1.3 医疗健康

受人口增长、生活水平提高、人口老龄化等因素影响，国内医疗健康需求日益增长，市场前景广阔。

目前，医疗行业主要存在以下痛点：一是患者数据外泄，如美国医疗公司 Anthem 曾经泄露 8000 万患者和雇员的记录；二是行业壁垒高，医院间"信息孤岛"现象严重；三是药品、器械来源和医疗废弃物品处理情况存在漏洞。区块链技术其去中心化、分布式记账、不可篡改、可追溯等显著特性与医疗行业有广泛的结合点，在个人数据隐私保护、打通医疗机构间"信息孤岛"、电子处方/药品/医疗器械/废弃医疗药品溯源以及合规监管方面均能起到重要作用。

### 12.1.4 政务

目前，区块链技术在政务领域主要应用于政府数据共享、司法存证和电子票据等。区块链技术通过推动政府数据开放度、透明度，促进跨部门的数据交换和共享，解决了目前数字政务面临的"数据孤岛"、网络安全、监管缺失、效率低下、成本高昂的痛点。推进区块链、大数据等技术在政府治理、公共服务、社会治理、宏观调控、市场监管和城市管理等领域的应用，实现公共服务多元化、政府治理透明化、城市管理精细化。

### 12.1.5 民生

区块链技术在民生方面主要应用于精准扶贫、个人数据服务、食品安全、智慧出行、社会公益服务等，可为人民群众提供更加智能、更加便捷、更加优质的公共服务。

2017 年，贵阳市利用区块链技术的时间戳、不可篡改、可追溯等特性，将扶贫场景中的贫困人口识别、资金、管理、监督、政策等各个环节纳入区块链管理系统，通过传统的人员管理方式与区块链技术应用有机结合，确保扶贫资金沿着规定的用途、使用条件、时间限制等使用规范安全、透明、精准地投放使用。

### 12.1.6 工业互联网

工业互联网是新一代信息技术与制造业深度融合的产物。数据安全问题是工业互联网平台的重中之重。区块链具有分布式、可信协作、隐私保护等技术优势，可与工业互联网实现深度融合，尤其是在工业互联网数据的确权、确责和交易等领域有着广阔的应用前景。同时，区块链技术还可为工业"网络化生产"推进中遇到的生产协同、工业安全、信息共享、资源融合、柔性监管等提供解决方案。

## 12.2 区块链应用案例

本节选取部分具有代表性的区块链落地应用案例，通过案例背景、现存痛点和解决方案，进一步理解区块链技术对推进行业发展起到的重要作用。

### 12.2.1 国家外汇管理局跨境金融区块链服务平台

**1. 案例背景及存在痛点**

据调研显示，中小企业融资难背后存在信息不对称、数据缺乏共享等问题，以致银行缺少核查质押物真实性的有效、便捷渠道，难以采信企业自行提供的质押物凭证等信用资料。同时，监管部门也需花费更多精力去监测和甄别虚假欺骗性融资交易。

**2. 解决方案**

国家外汇管理局围绕破解中小企业跨境融资难题，创新利用中国人民银行下属的中钞区块链技术研究院自主研发的区块链底层技术，牵头搭建跨境金融区块链服务平台（以下简称区块链平台），以白名单管理协作方式，建立银企间端对端的可信信息交换和有效核验、银行间贸易融资信息实时互动等机制，实现资金收付、质押物凭证、融资申请、放款等在内的多种信息共享，进行融资业务流程优化再造，便利银行快速准确办理企业融资项目审核和信贷授信查证，助力解决中小企业融资难、银行风控难问题。区块链平台主要实现以下三方面功能：

（1）构建外汇局、银行、企业多方参与的区块链基础服务设施。外汇局作为发起者，牵头建立了一套联盟链管理机制，新增的节点需要通过联盟的准入，保证了区块链平台的安全性、可靠性、可用性。各参与主体的自身业务系统通过区块链智能合约实现系统间的交互。

（2）寓监管于服务，逐步培养外汇业务区块链生态。利用区块链平台"多方参与、数据共享"的优势，共建共享、协同推进，实现业务数据及监管数据共享使用，辅助各方对市场主体进行全景式分析，实现有效监测和风险预判。外汇局、上链银行和企业等共同建立维护区块链平台上的分布式账本。

（3）解决跨境企业融资业务痛点，服务实体经济。将区块链技术应用于贸易项下背景真实性审核领域，一是有助于缓解中小企业跨境融资难问题，二是银行融资业务办理效率和风险防控能力显著提升，由于银行融资风险和成本下降，提高了银行办理融资业务意愿。

目前，区块链平台已构建完成贸易融资项下多个应用场景。

（1）应用场景一：出口应收账款质押融资（发货后）。如图12-1所示，基于区块链平台构建出口应收账款贸易融资（发货后）应用场景，覆盖贸易融资申请、受理、审核、放款、还款全流程，为银行办理企业出口融资申请提供报关单真实性验证服务，同时提供报关单是否重复使用、是否超额融资等校验功能。本场景中，区块链内保存了所有参与方的业务流程记录，但不保存业务敏感信息，实现了区块链对中心化系统的增强，既保持融资数据不扩散，也实现了银行间业务互通。

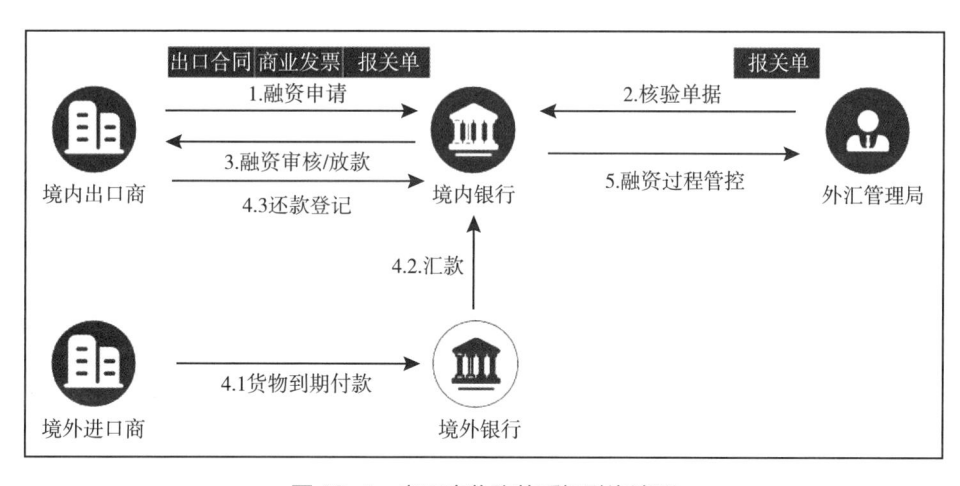

图12-1　出口应收账款质押融资流程

（2）应用场景二：企业跨境信用信息授权查证。在企业授权的前提下，银行可查询该企业的基本信息、交易信用信息等内容，作为银行为企业授信或审核融资项目的参考信息。外汇局可以通过监管端对企业授权情况、银行查询情况进行统计分析，为业务监管提供事前、事中、事后或实时的数据支撑。该系统采用基于数字证照的思想作为合约设计基础，实现企业对自有数据的授权查证，成为区块链数据在访问方面的技术创新点。

（3）应用场景三：服务贸易支付便利化。如图12-2所示，按照外汇管理相关规定，单笔等值5万美元（不含）以上的服务贸易对外付汇，境内机构和个人需向所在地税务部门进行税务备案，向银行提交服务贸易项目相关资料，银行进行真实性审核后办理服务贸易支付业务。在区块链平台上，引入税务部门税务备案表数据，银行在区块链平台上自动核验税务备案表信息，办理付汇业务。该平台通过可靠的数据授权设计，实现了与税务部门的数据同步。

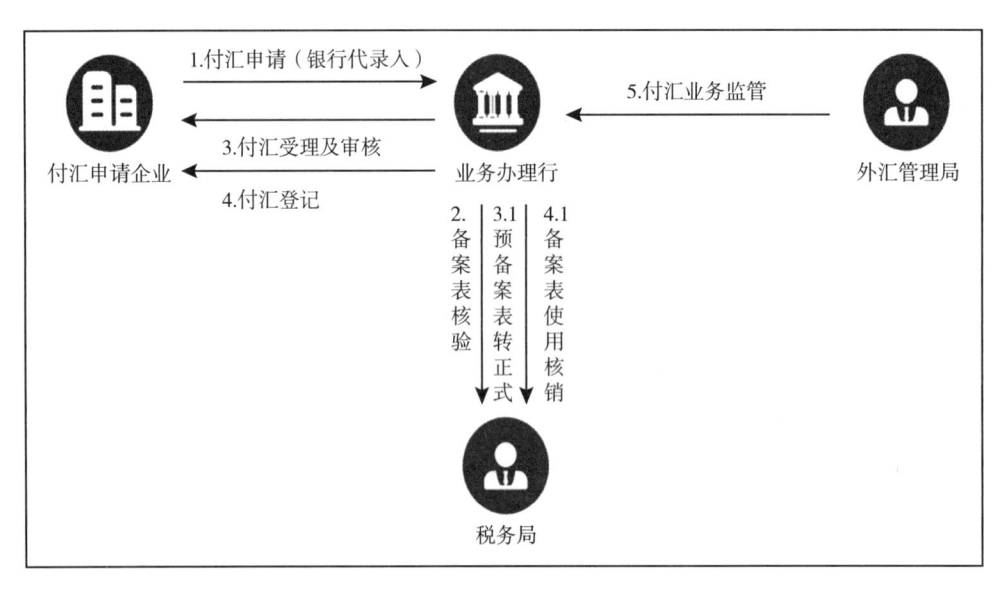

图 12-2　服务贸易支付便利化流程

**3. 现有成效**

该平台运行一年来，试点范围扩大至 22 个省、市、区，已经接入全国各类银行近 200 家，服务申请融资企业近 3000 家，其中 75% 的企业是中小企业，融资金额将近 200 亿美元。从监管、银行、企业等各角度都体现了一定的效果：一是有效解决中小企业融资难问题，使金融更好地服务实体经济；二是提升了业务办理效率，降低了参与各方运营成本；三是降低了银行融资业务风险，提升风控能力；四是丰富了外汇局的监管手段，体现外汇局"寓监管于服务"的理念；五是促进市场信任机制形成，推动外汇市场健康有序发展。

未来，区块链平台将继续创新外汇科技与实体经济融合模式，持续拓宽该平台参与主体，扩展跨境贸易金融涉及的数据资源，推进支付融资便利化应用场景，逐步形成跨境领域信用服务体系，使区块链技术在助力更高水平对外开放、服务实体经济发展方面发挥更大作用。

### 12.2.2　基于区块链技术全球跨境汇款追踪平台

**1. 案例背景及存在痛点**

"全球速汇"（Money Express）是中国银联开发的中小额跨境汇款产品，目前已在美国、日本、新加坡、澳大利亚等39个国家和地区开通,境外汇款人可以方便地向中国工商银行、中国银行、中国建设银行等13家境内银行的银联卡进行跨境汇款交易,具有资金实时入账的优点。

随着该业务量的不断上升,原有基于中心化系统架构实现的应用已逐渐无法满足用户日益增长的体验需求。在整个业务流程中,由于汇款机构、转接机构、汇入机构、清算机构的数据信息相互独立,汇款发起、转接、入账、清算的信息被分割,导致机构间无法直观地看到汇款的整个"流转过程"。一旦汇款人/收款人想要查询汇款的实时状态,境内外机构间因电子化程度低导致烦琐的人工查询过程往往需要10~20天才有回复,一方面给客户体验造成了不好的影响,另一方面给汇款机构、转接机构和汇入机构的客服和运营增加了压力。

**2. 解决方案**

针对以上问题,中国银联基于区块链技术开发了跨境汇款追踪平台。在保持原有业务运行不变的基础上,该平台实现将汇款在各环节中的流转信息进行共享和存储。针对每一笔汇款,由汇款机构负责录入包括汇款ID、汇款人信息、汇款机构、联系方式、汇出时间、附言等信息;由汇入机构负责录入包括收款人信息、入账时间、交易流水号、币种、金额等信息;由转接、清算机构负责录入汇款转接和清算时间,保证信息的不可篡改,使得任何一个机构都可以通过汇款ID查询汇款的实时流转信息。

应用模块分为面向机构的跨境汇款数据上链和查询子模块,通过调用智能合约模块中的程序,可向区块链模块上传跨境汇款数据和查询请求。

(1)跨境汇款数据上链。在跨境汇款业务流程中,汇款机构、转接清算机构和汇入机构需要上传的信息是不同的,分别通过调用智能合约中的startRemitMoney()、changeover()、recorded()和clear()四个接口完成数据上链。

(2)跨境汇款数据查询。跨境汇款追踪平台的各参与主体可通过调用智能合约中getOrder()接口查询区块链系统中的跨境汇款数据,如汇款信息、转接信息、入账信息和清算信息等。

如图12-3所示,跨境汇款追踪平台包括区块链平台、智能合约模块、交易隐私模块、机构证书中心和应用模块。①底层区块链平台作为整个系统的核心组成,实现4个方面的功能,一是通过P2P组网结构将业务参与主体相连,并可动态增删节点;二是根据跨境业务场景,选择符合国际标准的加密算法对链上数据进行加密,保证数据传输和访问的安全;三是采用Kafka集群(分布式队列)方式实现交易共识,保证各个节点的数据一致性;四是使用关系型/非关系型数据库等保证区块链系统运行过程中的数据保存在各个节点的本地存储空间中。②智能合约模块负责向应用模块提供 API，包括合约的部署、调用、执行及注销。针对跨境业务，境内外各参与主体需共同部署相同的智能合约，其代码将存储于底层区块链模块中，当外部发来合约调用请求时，由各参与主体分布式执行智能合约代码。③交易隐私模块对于每一笔交易，汇款机构、转接机构、汇入机构和清算机构分别对上传数据进行加密，并将加密密钥在交易强相关方间共享，保证汇款交易的详细信息不会被非相关方获取。④机构证书中心。负责为各参与主体的 Orderer / Peer / Kafka 集群、应用服务器等生成公私钥。⑤应用模块分为面向机构的跨境汇款数据上链和查询子模块，通过调用智能合约模块中的程序，可向区块链模块上传数据和查询数据。

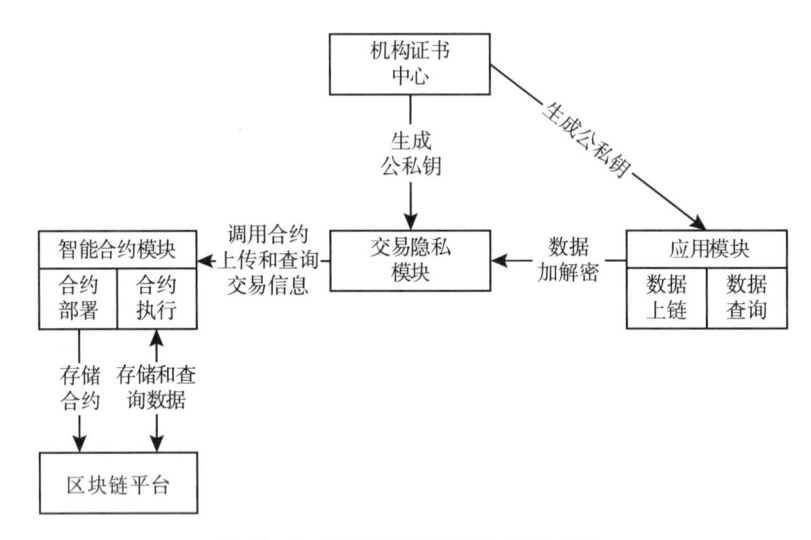

图 12-3 跨境汇款追踪平台整体架构

**3. 现有成效**

2018 年年初，中国银联已与中国银行基于开源区块链技术上线全球跨境汇款追踪平台，通过中行手机银行"出境和外币服务—跨境收款—银联全球速汇"路径即可进行汇款信息查询。截至 2019 年 10 月底，银联全球速汇产品整体交易中，中国银行的交易量约 20 万笔，交易金额超 15 亿元人民币，全球跨境汇款追踪平台的上线大大提升了用户查询以上交易的便捷性，优化了用户的汇款体验。

### 12.2.3 基于分布式账本的 KYC 信息共享基础服务平台

**1. 案例背景及存在痛点**

随着境内银行间市场对外开放力度不断加大以及人民币国际化与"一带一路"的推进，人民币在国际金融市场上扮演的角色越来越重要，境内机构对标准化 KYC（了解客户）的需求随之增加。目前，境内外机构均存在不同程度的业务痛点：一

·258·

是机构信息收集时间长、过程烦琐，耗费过多时间和人力成本；二是需人工多方核对KYC信息，工作效率低，增加机构合规成本；三是境内外机构间KYC标准、境外各市场的机构间KYC标准存在差异。

2. 解决方案

为解决上述难题，中国外汇交易中心、中汇信息（上海）有限公司利用区块链技术构建银行间市场的KYC信息共享服务平台（以下简称"共享平台"），为会员机构以及信息服务商提供统一的获取和分发KYC信息服务。共享平台充分考虑数据价值与客户隐私，提供可信数据安全共享功能，主要包括保护私有信息的数据可信交易、联合数据分析、授权管理等。

- 可信数据交易：通过共享平台查阅，可获取某机构的KYC信息字段，然后定向某一家申请查阅详情的权限，当授权通过后，可获知详情。
- 联合数据分析：通过共享平台向多家机构核实KYC信息字段，平台在保护隐私信息的情况下，自动核对多方提供的信息要素，生成数据分析报告。报告中显示哪些字段信息是多方一致，哪些字段需要人工校验。
- 授权管理功能：查看已被信息服务商拥有KYC信息的会员机构列表，向会员机构发送信息更新请求，查看其他机构的查询请求，对其他机构的查询请求进行授权。

图12-4是KYC信息共享服务平台的原型架构，由外汇交易中心等信息服务商、

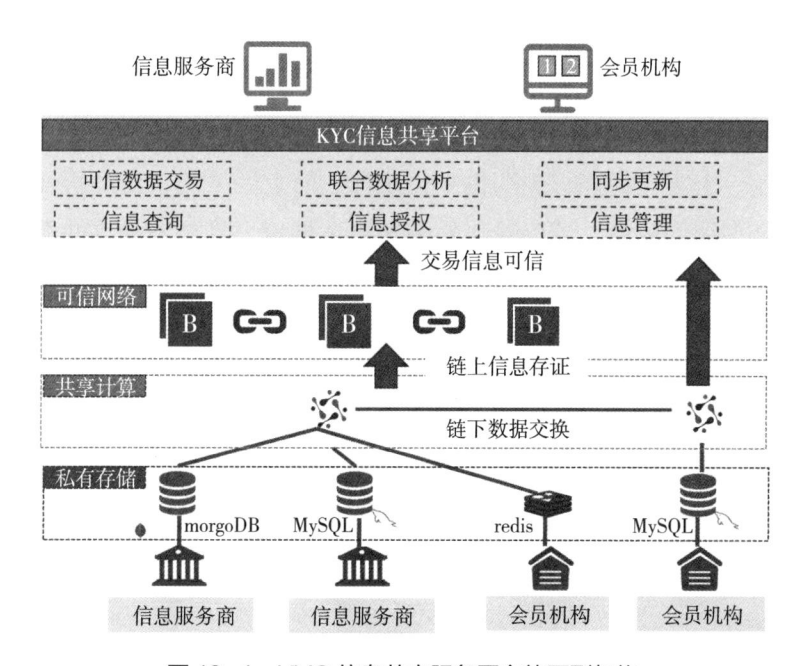

图12-4　KYC信息共享服务平台的原型架构

会员机构组成具有层次结构的联盟链，主要为金融机构提供可信数据交易、联合数据分析、信息同步更新等服务。其中，交易中心等信息服务商是提供其他机构 KYC 信息的机构，这些机构会定期更新和管理 KYC 信息，部署对等数量的区块链节点。会员机构既可以使用共享平台获取 KYC 信息，也可以通过此平台提供 KYC 信息。

### 3. 现有成效

利用区块链技术提升金融机构 KYC 信息服务的一致性与可信性，优化信息交易流程，为境内外机构开展金融资产交易提供便利，有助于提升人民币在国际金融市场的地位，为长期构建以数据驱动效益、合作驱动创新的新型分布式商业模式奠定基础。

- 对于会员机构，既可以提供对隐私信息进行一定程度的保护、提高信息的可信性，又可以为会员机构提供及时最新的信息推送、自动化的合约模型执行、智能化的 KYC 报告分析，提高了会员机构 KYC 工作效率，减少 KYC 信息供需双方的工作周期和人力成本。
- 对于信息服务商，既提高了搜集和更新信息的效率，又丰富了其提供服务的形式，扩展了业务范围。
- 对于银行间市场，可以通过信息的即时共享，提升市场的风险防范能力，又可以通过此产品制定并应用 KYC 行业标准，提升中国在国际金融市场的话语权。

## 12.2.4 基于区块链的供应链金融应收账款融资

### 1. 案例背景及存在痛点

在供应链中，核心企业十分强势，面对供应商，往往采用赊账方式，即给上游的中小企业一个支付凭证，到期再支付账款。而它的一级供应商再面对上游的二级、三级乃至多级供应商，可以赊账的期限越来越短，甚至不允许赊账行为，这对核心企业来说是满满的好处，但对于供应链上的中小企业来说却大大增加了资金压力，中小企业对融资有迫切需求。

中小企业融资难、融资贵在中国社会一直是个老大难的问题。首先，很多中小企业存在信贷问题，信用不过关，也没有可用于担保的资产。其次，传统商票最大的缺陷是不能拆分，由于企业手上持有票据的金额及期限与其下级供应商应付的金额与账期不能匹配，企业只能将资产在银行质押，重新开立新票付给供应商，手续非常烦琐，导致效率低下、资源利用率低、成本大幅提高。

### 2. 解决方案

本案例主要针对供应链金融中的应收账款融资模式，解决中小企业融资难问题。

核心企业与有贸易往来的一级供应商产生贸易合同，形成应付账款；核心企业在平台上完成应付账款的登记及确权，形成数字信用凭证，支付给一级供应商；一级供应商可将持有的信用凭证继续支付给与它有贸易往来的二级供应商……以此类推，通过供应商再引入更多的上游企业，利用信用凭证进行支付结算。有融资需求的中小企业可以将持有的信用凭证，依托核心企业的信用到金融机构进行融资。

中国宝武旗下欧冶金服推出以应收账款债权为载体的数字资产凭证——通宝，基于同济大学自主研发的区块链底层技术"梧桐链"，以核心企业优质信用资源为基础，搭建业务真实、信息透明、风险可控的联盟区块链平台。如图12-5所示，核心企业可以基于自身应付账款，在金融机构保贴范围内开立数字信用凭证，并且多级流转至上游供应商。平台构建的联盟，业务场景中各参与方（包括商业银行、财务公司、保理公司等金融机构）可以申请加入联盟链节点，按照联盟约定业务协议和规则进行运作，共同维护业务过程的真实有效。

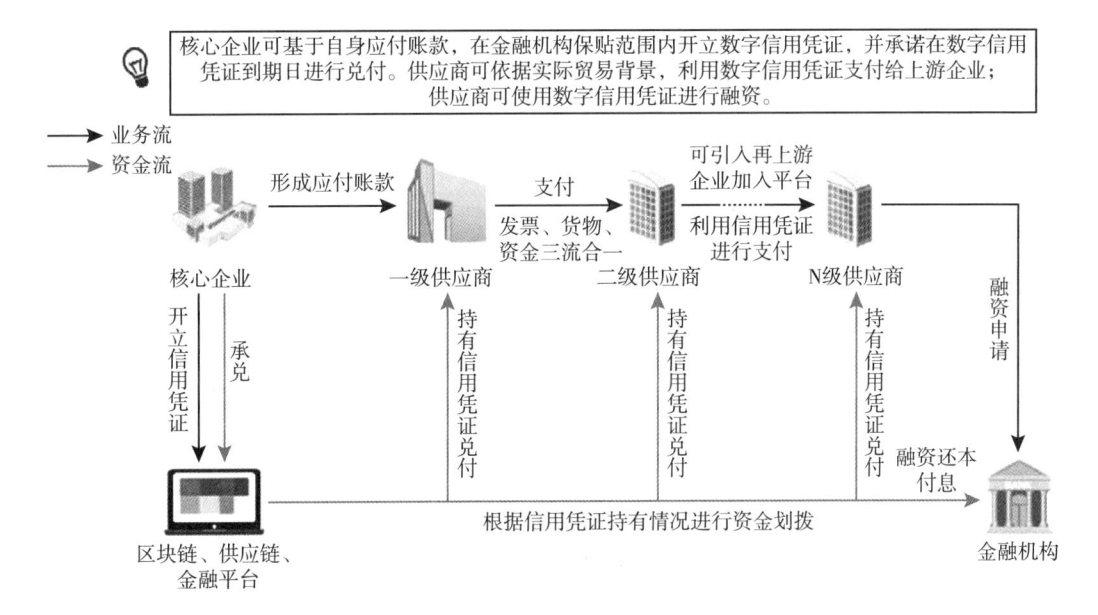

图12-5 供应链金融应收账款融资流程

**3. 现有成效**

至2019年10月，经过1年多的业务运营，平台已陆续为1000家中小微企业提供融资服务。目前，拆分最细的一笔应收账款穿透了7层供应商，单张流转了113次，最小金额被拆到1300元。累计交易规模逾200亿元，融资成本最低可至4.35%（2019年上半年全银行业新发放普惠性小微企业贷款利率是6.82%）。平台真正服务于实体经济，进一步解决了中小微企业融资难问题，有助于提升金融机构服务中小企业的风控难题和效率瓶颈，提升政府部门和金融监管机构的监管效率。

### 12.2.5 基于航运物流产业的区块链技术研究及应用

#### 1. 案例背景及存在痛点

航运物流产业目前主要存在以下问题：航运保险上下游没有实现数据信息的有效联动，互相之间的沟通主要通过电话和电子邮件等完成；航运保险各个环节交互数据质量低下；在特战险、停航退费等业务上，双方对业务数据缺乏核对、查验等手段，业务流程严重滞后，无法满足保监会核查要求；在诸如PSC（港口国际监督）检查等环节上存在瞒报、漏报等问题，存在安全风险和道德风险；保险理赔效率低下，理赔环节聘请公估人、通代的成本成为主要成本；再保险业务目前通过手工、邮件方式与再保人传递数据并对账，经常出现不一致的情况；再保人不能及时获知保单和赔案的信息。

#### 2. 解决方案

中远海运依托同济大学自主研发的区块链底层技术"梧桐链"，建立公共性的存证平台，在进出口理货检验报告和航运保险领域均开展运用。

（1）中远海运开展进出口理货检验报告区块链应用。检验报告中的数量鉴定数据和品质检测数据是贸易双方交接结算的重要依据。理货检验公司作为存证平台的主要用户，可以将出具的检验报告进行存证处理，供客户、外部实验室、仲裁机构、律所、法院等被授权第三方查询和验真。

检验公司为区块链平台的主要使用者，可以写入和查看检验报告数据。自有实验室及外部实验室可以通过授权的方式，写入、查看检测报告数据。客户方通过授权可以查看相关检验报告、检测报告数据。其他使用方通过授权可以查阅区块链中的相关检验、检测报告数据。图 12-6 展示了传统出运过程理货业务流程（左），在采用区块链技术方案（右）后，可以通过授权供不同参与方查阅数据。

（2）在航运保险（特战险）领域开展综合服务应用。在原有业务中，船东按季度向自保公司报送被保船舶进入特战区的次数和时间，自保公司对相关数据进行核对、确认，最终船东和自保公司双方签订合同。这种方式下容易产生以下问题，一是数据的统计和报送费时费力、误报错报漏报；二是倒签保单的合规风险。

如图 12-7 所示，通过区块链分布式记账的特点，船东和自保公司之间实时交换船舶进入特战区域事件和预保单文档，且根据双方认可的 AIS（船舶自动识别系统）数据内容，如果船舶进入特战区 10 海里以上且持续时间超过 5 小时，即生成预保单供船东确认。

针对航运物流特点，区块链技术主要解决如下问题：①船东与自保公司信息不

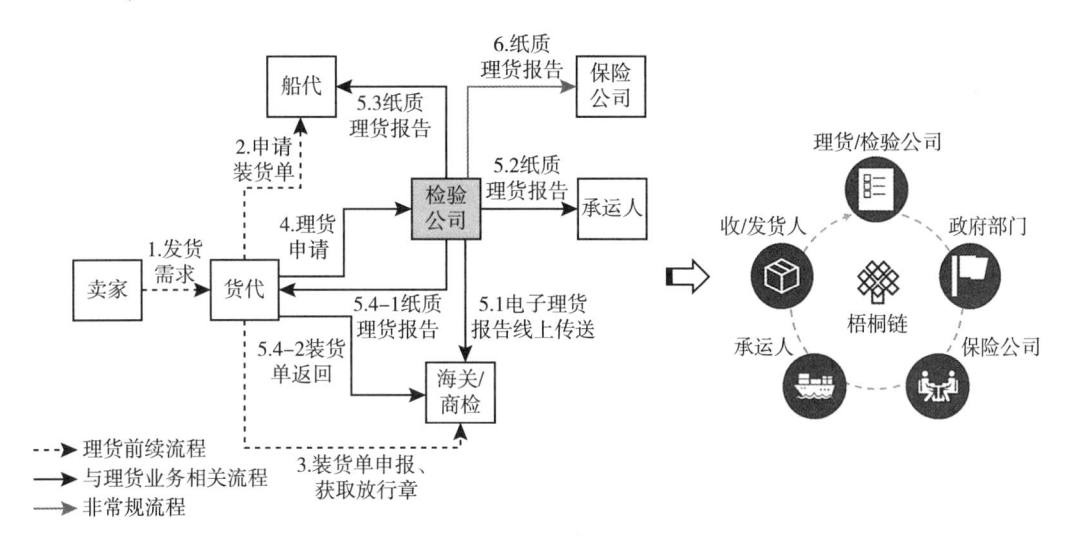

图12-6 原出运过程理货业务流程（左）及区块链技术解决方案（右）

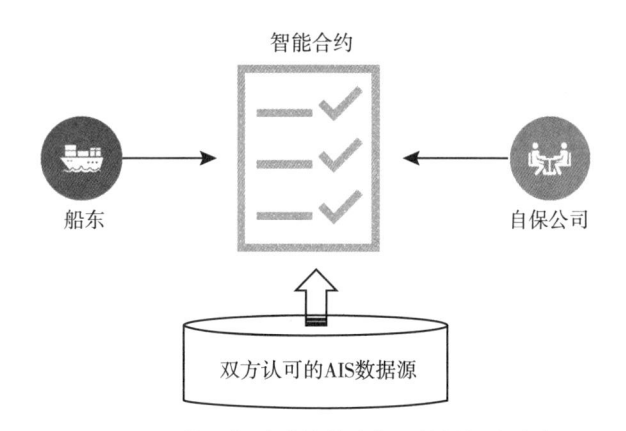

图12-7 航运保险（特战险）区块链解决方案

对称，理赔情况仅靠邮件或航海日志等单方证据；②自保公司与再保公司信息不对称，再保公司无法获取原始保单数据，仅靠最大诚信原则；③自保公司部分险种为事后统计，高度依赖人工反复沟通、协调、核对和统计；④再保业务存在大量再保人，理赔份额计算复杂，项目交叉，财务对账冗长，效率低下，错误频出，运营成本高。

**3. 现有成效**

中远海运建立的公共性存证平台与业务成松耦合关系，满足平台存证需求，集团内各公司通过简单的API配置实现区块链存证，形成了新的商业模式创新；同时，简便快捷的电子化凭证真伪验证服务降低了纸质证书检查人力、运输、时间等相关成本；推进无纸化办公，节约扭转时间，降低物理存储空间；产生争议性问题时，降低了供应链上各企业因凭证被篡改时的维权成本。

### 12.2.6 区块链电子处方

**1. 案例背景及存在痛点**

在医疗改革的大背景下，医、药分家是未来趋势。国务院和卫生主管部门明确提出，医疗机构应该按照药品通用名开具并主动向患者提供处方，患者可凭处方到零售药店购药；同时探索医院门诊多渠道购药模式，推广"网订店取""网订店送"等新型配送方式。在此政策指导下，医院、药房、配送、支付、监管等多个参与方围绕患者信息、处方信息、药品流通信息等形成了协作联盟。在此过程中的信息的隐私保护、防篡改、状态及时同步、全程可追溯、信息可审计等要求，成为亟待解决的关键要素。

**2. 解决方案**

如图 12-8 所示，阿里巴巴集团利用区块链技术构建处方流转联盟链，医疗机构、药房、配送机构、支付机构、监管机构作为参与方上链。患者在医院就诊（或者通过"空中医院"复诊）后，医生开出具有药品通用名的处方并将处方上链。处方通过预设规则，可拆单到不同的第三方药房。药房实时确认药品库存并更新处方状态，根据患者的选择，挑选对应的配送方式和支付方式，完成患者购药环节。相关参与方的状态更新实时上链，保证全程可追溯。在此过程中，区块链技术保证了处方开具方、药品售卖方、配送方身份合规，处方流转过程中内容无篡改，患者的隐私信息得到保护，并且一旦发生纠纷，监管部门随时可查询溯源。

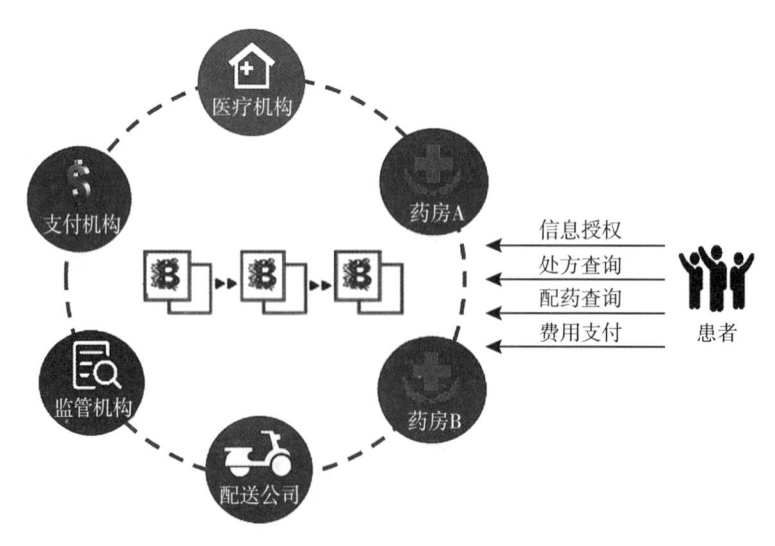

图 12-8 区块链电子处方示意

更进一步地，由于医院与药房在处方流转的关系上是多对多关系（一家医院的处方可流转到多家药房，同时一家药房可承接多家医院的处方），区块链处方流转平台可接入多家医院和多家药房，任何一家医院接入平台即可完成对接已上链的所有药房，反之亦然。这将极大地降低医、药对接的成本，提高协同效率。

例如，流程举例：患者在三甲医院就诊，医生根据病症开出处方，医生经过区块链平台的身份认证，以自己的私钥签名并将处方上链。对于复诊患者，还可以通过互联网进行远程复诊，医生查看之前的诊疗和用药情况，并通过互联网方式进行沟通和诊疗。诊疗结束后，医生开出新的处方并以自己的私钥签名上链。电子处方通过预设的规则分配到对应药房。此时，处方可能要进行拆单处理，即处方上的药品不能由一家药房全部提供，而是需要多家药房才能覆盖所有药品。药房实时确认药品库存并更新处方状态。患者选择取药方式（药房配送、就近自取）和支付方式。药房根据患者的选择，挑选对应的配送方式和支付方式，完成患者购药环节。所有相关参与方都经过身份认证，并用明确的身份将处方状态更新实时上链，保证全程责任主体清晰、处方流转过程中内容无篡改、患者的隐私信息得到保护，并且一旦发生纠纷，监管部门随时可查询追溯。

区块链技术针对电子处方起到以下作用：第一，区块链电子处方解决方案能够打通医院开具处方、药师审方、药品配送、药品支付、流程监管等多个环节，患者信息、处方信息、药品流通信息等通过区块链技术加密脱敏，能够确保医疗处方能从医院安全流转到药店，使得患者足不出户获得医疗健康服务；第二，区块链技术支持电子处方与患者病情的精准匹配，杜绝处方修改或滥用等问题；第三，区块链电子处方具有分布式存储、处方账本不会丢失的优势；第四，账本写入记录易追溯，便于监管，确保处方的一次性配药效力等。

**3. 现有成效**

顺应医疗改革的方向和互联网+医疗的趋势，区块链处方流转平台构建了由医疗机构、药房、配送机构、支付机构和监管机构作为参与方的协作联盟，并良好地解决了处方在多机构流转过程中的信息的隐私保护，防篡改、状态及时同步、全程可追溯，信息可审计等要求；同时为患者提升就医体验，为医院缓解人满为患的现象，为药房提高经营效益；并且由于全流程可追溯、信息透明、每个环节的责任主体清晰，降低了医疗监管机构监管成本。此外，当区块链处方流转平台接入多家医院和药企后，从社会整体而言，极大地降低了系统对接的成本和药品流通的成本。

目前，区块链电子处方流转平台已在上海华山医院、武汉中心医院推广。

### 12.2.7 北京互联网法院天平链

**1. 案例背景及存在痛点**

数字内容蓬勃发展的同时，也带来了知识产权纠纷等一系列问题。然而在强调"网上案件网上审理"的互联网审判模式中，电子证据由于易变性、易改无痕等特点，会导致涉网案件存证难、取证难。

**2. 解决方案**

电子证据平台天平链实现了电子数据的全流程记录、全链路可信、全节点见证。天平链的基本应用模式是面向各类互联网应用提供电子数据存证服务。用户在互联网应用平台生成电子数据，第一时间将电子数据的哈希值（数据指纹）写入天平链，获得该数据在天平链的存证编号。未来，当用户在互联网法院在线诉讼平台提起诉讼时，可以提交该存证编号和原始电子数据，互联网法院后台可实现自动验证该电子数据的完整性和存证时间，从而提升电子数据的证据效力和诉讼效率。在司法实践中，天平链一方面可以对当事人上传到电子诉讼平台的诉讼文件和证据进行存证，防止篡改，保障诉讼安全；另一方面可以对进行过天平链存证的诉讼证据进行验证，解决当事人取证难、认证难的问题。

北京互联网法院联合北京市高院、司法鉴定中心、公证处等司法机构以及行业组织、大型央企、大型金融机构、大型互联网平台等 20 家单位作为节点，共同组建了天平链。节点分为授权管理节点、一级节点和二级节点。天平链授权管理节点为北京互联网法院，具备授权管理功能；一级节点属高权威节点，由法院、司法鉴定中心、公证处、行业组织承担，参与天平链共识、数据校验与记录；二级节点属于一般权威节点，由大型企业、大型金融机构、大型互联网平台等承担，不参与天平链共识，仅做数据校验与记录。

案例详述：

原告公司曾发表一幅名为"快乐的年轻人玩手机和电脑"的图片并进行著作权登记，但某微信公众号在发表文章时侵权使用了该图片，故原告公司起诉侵权公司，并于 2019 年 3 月 11 日通过北京互联网法院电子诉讼平台提交该证据。

如图 12-9 展示著作权上链的流程，原告公司曾向"版权家"（第三方存证平台）申请被侵权证据电子数据存证，并获得"版权家"电子数据存证证书，经"版权家"可信存证系统进行保管。"版权家"通过跨链操作，将版权链区块的摘要数据在天平链上存证，天平链返回给版权链一个天平链存证编号，版权链再返回给用户一个包含在天平链上的存证编号以及在版权链上的存证编号文件。

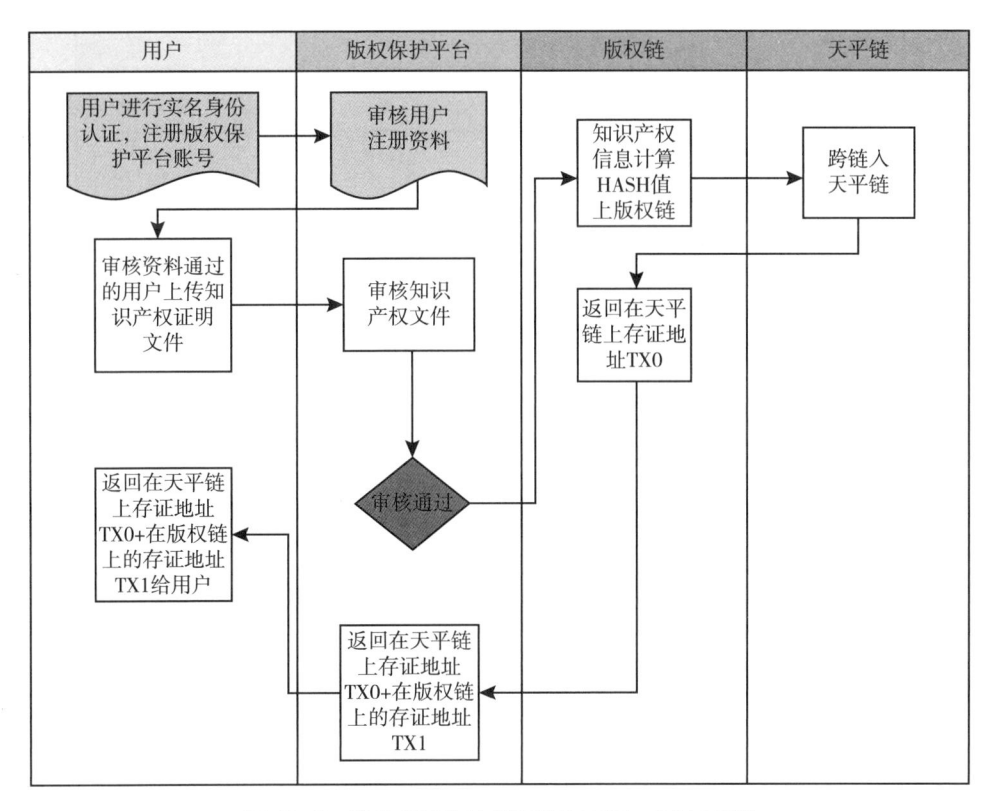

图 12-9 著作权确权上链流程（来源：京法网事）

通过版权大数据监测，发现本案中涉及的原告在其平台上存证的电子数据被侵权，即收集相关的侵权图片线索，将侵权线索存证上版权链，版权链通过跨链操作将版权链区块的摘要数据在天平链上存证，天平链返回给版权链一个天平链存证编号，版权链再返回给用户一个包含在天平链上的存证编号以及在版权链上的存证编号文件。图 12-10 展示发生侵权时，侵权线索上链的过程。

如图 12-11 所示，当诉讼发生时，原告公司通过北京互联网法院电子诉讼平台进行网上立案，同时提交起诉状、用户身份验证信息、确权存证原文件、侵权线索原文件及包含区块链存证编号的文件。北京互联网法院电子诉讼平台调取天平链进行自动验证，验证结果显示涉案证据自存证到天平链上后未被篡改过，得出区块链存证"验证成功"的结果。最终判决被告侵权公司赔偿原告公司经济损失及合理开支。

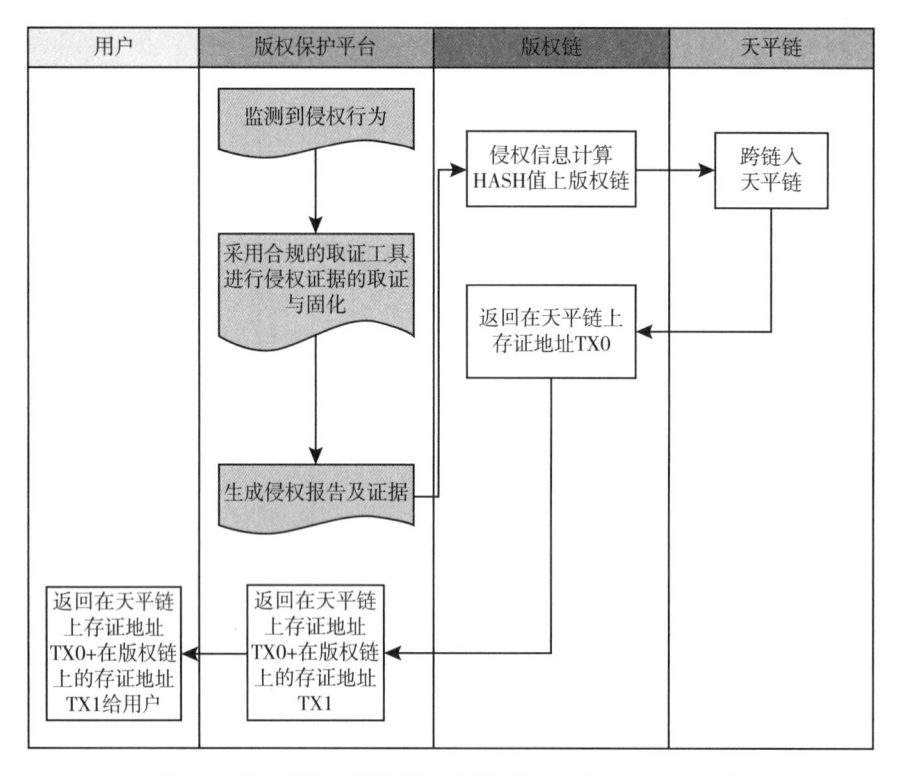

图 12-10　著作权侵权线索上链流程（来源：京法网事）

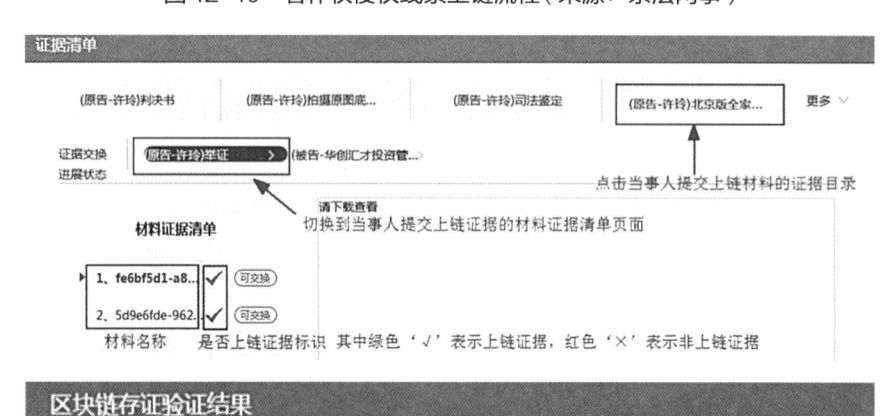

图 12-11　区块链存证验证（来源：京法网事）

### 3. 现有成效

跟传统公证相比，区块链把取证时间从几个月减少为瞬间，把取证的物力成本从一大摞卷宗降低为一个 32 字节的哈希值，财力成本从上千元降低到了几块钱甚至免费。截至 2019 年，北京互联网法院上链电子数据超过 1360 万条，跨链验证数据 4313 条，有 690 件案件中当事人使用了链上的证据。

### 12.2.8 区块链电子发票

#### 1. 案例背景及存在痛点

"假票真开，真票假开"一直是传统发票领域的痛点。与此同时，商家为用户开具发票，涉及人力、费用、时间等多项成本；对于发票收取企业而言，其员工报销、人工校验审核又会耗费不少人力成本。

#### 2. 解决方案

腾讯区块链作为区块链电子发票的底层技术提供方，为用户提供开具区块链电子发票的通用入口——结账后即可通过手机微信自助申请开票，一键报销，发票状态信息同步至企业和税务局，进而达到"交易即开票，开票即报销"。在多方参与的区块链中将支付信息融入发票流程，一切可追踪、可追溯，并且通过把发票流转的全流程信息加密上链，提高了电子发票系统的安全性，降低了监管机构和企业的成本，也简化了消费者开票报销流程。

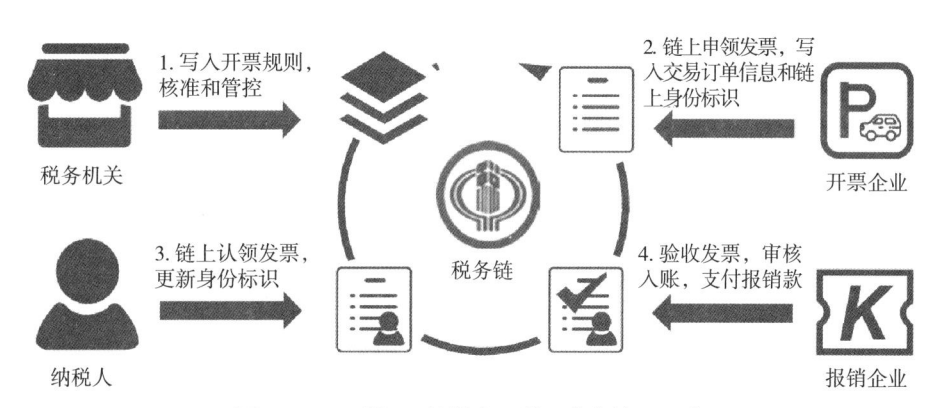

图 12-12 腾讯区块链电子发票业务流程示意

如图 12-12 所示，区块链电子发票充分利用区块链的数据分布式记账、信息可追溯和不可篡改等技术特点，业务流程包括领票、开票、流转、验收和入账等内容，可归纳为以下四个步骤：①税务机关在税务链上写入开票规则，将开票限制性条件上链、实时核准和管控开票；②开票企业在链上申领发票，并写入交易订单信息和链上身份标识；③纳税人在链上认领发票，并更新链上纳税人身份标识；④报销企业验收发票，锁定链上发票状态，审核入账，更新链上发票状态，最后支付报销款。

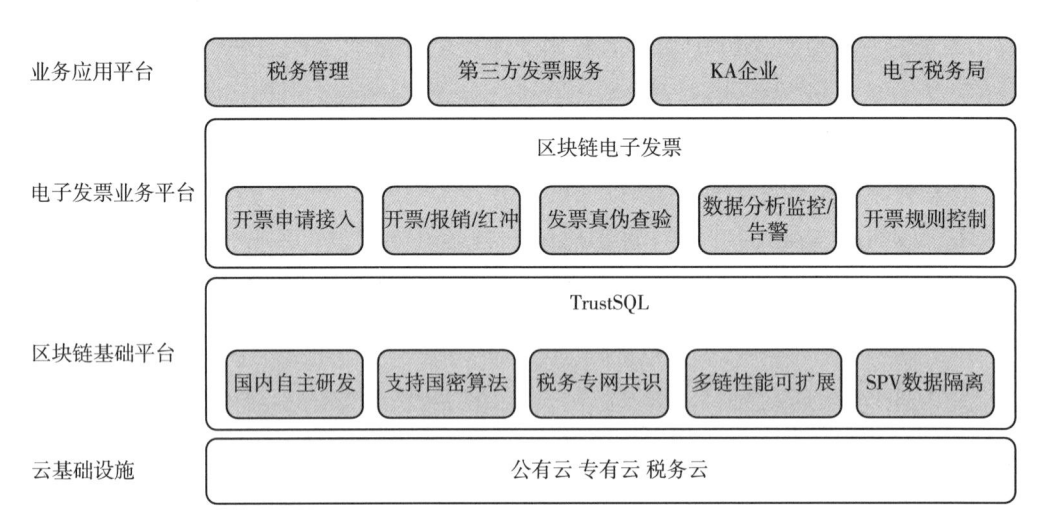

| 业务应用平台 | 税务管理 | 第三方发票服务 | KA企业 | 电子税务局 |
|---|---|---|---|---|
| 电子发票业务平台 | 区块链电子发票：开票申请接入、开票/报销/红冲、发票真伪查验、数据分析监控/告警、开票规则控制 ||||
| 区块链基础平台 | TrustSQL：国内自主研发、支持国密算法、税务专网共识、多链性能可扩展、SPV数据隔离 ||||
| 云基础设施 | 公有云 专有云 税务云 ||||

图 12-13 腾讯区块链电子发票整体架构

**3. 现有成效**

截至 2019 年 8 月，区块链电子发票已覆盖 100 多个行业，接入企业超过 5300 家，开具区块链电子发票累计超过 600 万张，总开票金额达 40 亿元。腾讯区块链电子发票解决了以下问题：一是解决了信息孤岛问题，实现发票状态全流程可查、可追溯；二是实现了无纸化报销、全流程上链；三是解决了一票多报、虚抵虚报的问题，确保发票的唯一性和不可篡改性；四是帮助税务等监管方实现实时性全流程监管。

### 12.2.9 区块链住房摇号系统

**1. 案例背景及存在痛点**

2019 年年初，苏州某房地产公司推出的"江湾雅园"楼盘销售爆，在部分房源出售的过程中，大量购房者出现，对一次出售的 200 多套房源，申购者达 800 多人（经筛选后具有购房资格者）。为求公平、公正，该公司向相城公证处提出申请办理摇号过程的保全证据公证。摇号是在供需不平衡时通过随机抽取的手段达到平衡的一种方式，最重要的莫过于随机，以求公平、公正。目前，摇号在日常的买房、入学、选车牌时常有应用，但时常被人质疑人为干预、内定、造假，即使是在公证处介入的情况下也不足以打消摇号参与者的疑虑。

## 2. 解决方案

在该次公证中，苏州相城公证处首次应用了梧桐链摇号系统。梧桐链摇号系统运用了区块链技术，并将整个过程及结果实时同步至"梧桐链司法存证平台"，为摇号系统加入了强信任背书。为保护用户隐私，本案例采用的摇号流程图均为模拟图。

（1）摇号的每个步骤设计都是为了最大程度地达到全程公平、公正、公开的目的。首先配置摇号项目信息，通过验证登录，配置摇号单位信息及公证人员信息，见图12-14。

图12-14 配置摇号项目信息

（2）其次录入摇号所有参与者名单，将名单哈希、名单列表、摇号规则等各个环节信息相关数据保存至区块链，保证数据真实、不可篡改、全程可追溯。

图12-15 创建摇号项目

（3）开始摇号时，让操作人通过随意手绘涂鸦、系统默认生成、人工引入外部可信随机数方式生成初始随机数。用户涂鸦行为无法人为预测，采用此方式生成的图片各不相同，保证了种子随机数的真随机性、安全性。系统默认生成、人工引入的方式操作简单，方便关联外部受信数据。

种子随机数生成后，点击开始摇号，系统在抽取每组的每一个号码时采用系统当前的硬件信息、进程信息、线程信息、系统启动时间和当前精确时间作为填充因子，产生该组号码所需的随机数，再将每个随机数结合种子随机数及系统当前区块链最新的区块信息，通过一系列复杂数学运算生成最终随机数，从而抽取出每组号码结果。

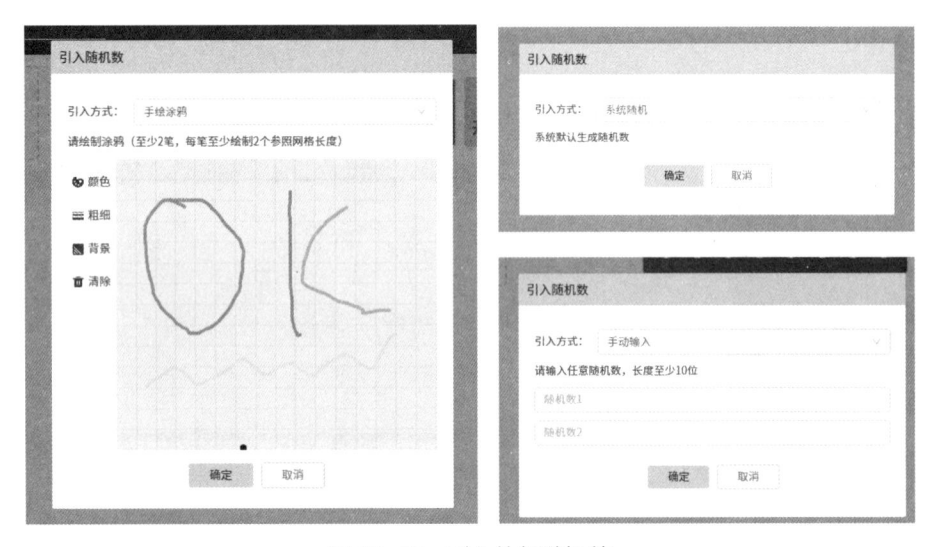

图 12-16  引入外部随机数

（4）点击开始摇号，计算机随机数按照配置规则摇出每组号码，见图 12-17。

图 12-17  开始摇号

（5）平台开放摇号结果查验功能界面，将摇号结果、链上访问二维码提供给摇号的所有参与者，让公众可以通过二维码访问已经上传至梧桐链存证平台的交易数据，在线对摇号全过程各个环节产生的数据进行追溯、查验见图 12-18。

图 12-18　验证摇号结果

**3. 现有成效**

摇号应用领域非常多元，2020 年年初因新型冠状病毒感染的肺炎疫情暴发，口罩成为疫情防控时期的紧缺防护物资。2 月 13—17 日，苏州市公证处在大苏州市范围内推出依托梧桐链公证摇号系统线上购买口罩预约登记的摇号公证。以 2 月 9 日统计为例，预约登记成功的市民有效人数为 533384 人，根据摇号软件摇出可于线下购买口罩的人数是 10 万人。区块链技术保证了在特殊时期摇号结果的公平、公正。

### 12.2.10　区块链实现地铁票跨城通行

**1. 案例背景及存在痛点**

京津冀、长三角和珠三角是我国经济发展的三大增长极，也是区域一体化发展的示范区，其中居民跨城出行甚至通勤规模也随着示范区的打造不断增长。以长三角为例，随着长三角一体化发展，各地居民跨区域的短途旅游、跨城通勤、商务出行等需求呈现爆发式增长，因此区域交通一体化是实现长三角经济一体化的重要方面。目前，长三角 26 座主要城市均已实现地铁扫码乘车。以上海为例，每天超过 30% 的地铁乘客选择移动支付来出行。然而从单点城市到区域城市间的轨道交通互联互通面临技术开发周期长、旧有设备汰换成本高、协调复杂度高、可扩展性差等问题。

## 2. 解决方案

尽管各地乘客对跨城轨道交通"通票"的需求与日俱增，各方对此却束手无策，迟迟无法推动。主要原因是地铁互联互通的背后需要一种新的技术产品联通各个信息孤岛，达成跨城市轨道交通数据高效、安全和可信的共享与协作。

蚂蚁区块链通过区块链服务平台（BaaS）有效解决了由长三角各领域的一体化发展所带来的账户互认、数据共享、技术相容等问题，为解决长三角互联互通各企业的交易安全和实时信息流传输问题，研发了基于金融级联盟区块链技术的跨城市高信任度交易结算模式（如图 12-19 所示），其主要创新点在于：①各城轨企业不需要统一建设中心系统（即去中心化），依托区块链分布式账本，每一个节点记录的都是完整账目，节省了原先需要每个城轨企业互相通知的接口开发成本；②各城市接入互联互通区块链平台之后，利用参与方共识机制，实时传输异地乘车用户开通数据、乘车交易数据等，实现互联互通城市数据秒级共享；③基于互联互通区块链数据的联合单边处理和风控机制，实现风险用户可识别、可追溯，降低各地城市票款风险，防止票款损失。

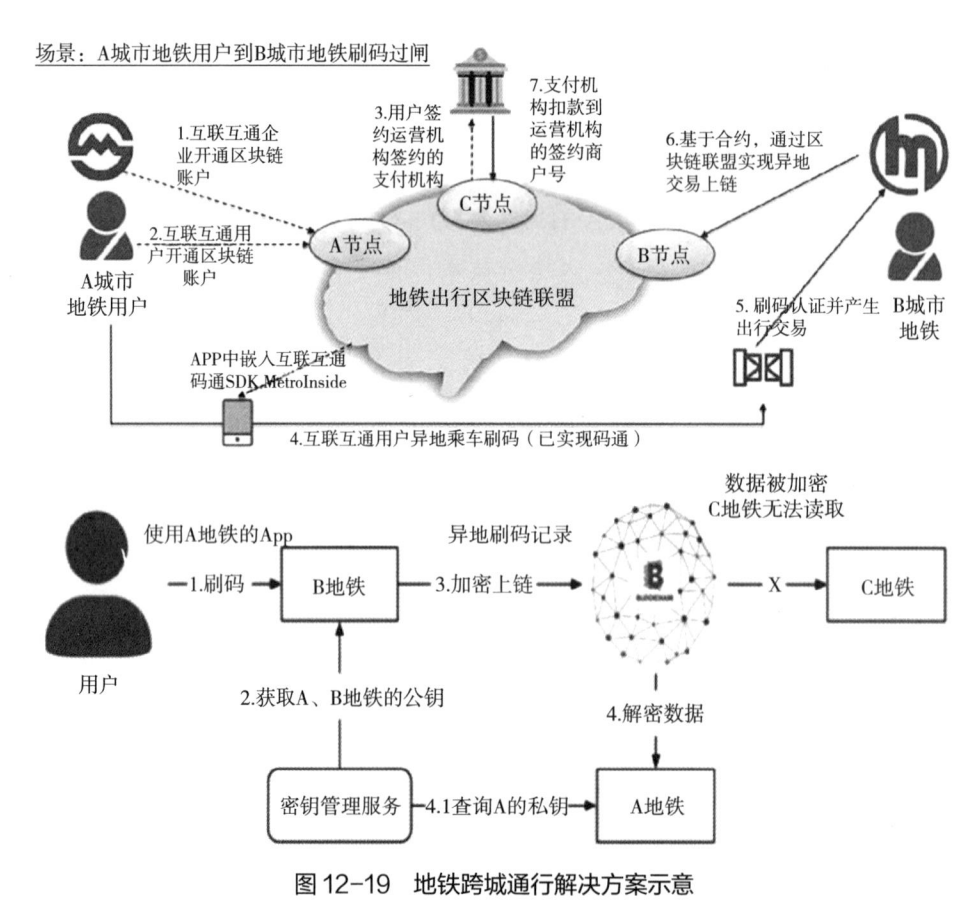

图 12-19 地铁跨城通行解决方案示意

方案优势：①开发周期短，建设成本低。每个城轨企业无需做系统上的大调整，只需要按照标准的互通数据规范上链就可以实现彼此联通。同时，现有各车站硬件设备无需汰换升级，节省了硬件改造成本。②协调复杂度大大降低。各城轨企业作为联盟链中的一员，在运作过程中处于平等地位，不存在"谁为主、谁出钱、谁控制"的问题；新企业在加入联盟时，也不用与原有企业逐个协调，大幅缩短协调周期。③独立性和扩展性大大提高。各城轨企业上链后，可确保现有业务互相独立、互不影响。同时，未来新城市可直接上链而无需跟原有城市逐个打通，原有城市也无需为此做系统调整，让整个区块链具有强扩展性。

**3. 现有成效**

随着越来越多城市加入长三角轨道交通互联的区块链平台，其价值也进一步显现：①提高各城市居民乘车体验。目前，上海、南京、杭州、合肥、宁波、温州、苏州的居民在 7 城间穿梭，只需打开自己所在城市的地铁 App，在另外 6 城也能扫码坐车。②为区域政府决策提供依据。各城市轨道交通数据上链可以对区域人流迁移进行实时监测，为各省（市）政府提供应急指挥提供参考，也为各省（市）铁路、地铁、公交等跨城公共交通联动指导提供服务。③带动区域商旅消费服务升级。基于轨道交通的互联互通，各城市旅游部门可以为异地乘客提供以交通出行为纽带、基于大数据的"食玩购"商旅消费服务，进一步盘活长三角商旅生态资源。

## 12.2.11 疫情防控下区块链公益慈善

**1. 案例背景及存在痛点**

2020 年春，新型冠状肺炎疫情来势汹汹，全国大到组织、小到个人都在纷纷捐赠各种抗疫物资和善款。公益捐赠的核心是公开和透明化运作。从捐赠到用款的全过程，流程长、涉及面广、参与方多，传统的公益组织模式不仅要高效完成捐赠活动，而且要承担繁重的信息公开工作。在疫情期间，突发性的工作量暴涨，使公益组织人力和和各方面资源难以有效满足社会需求，易导致流言产生、信任消解。

**2. 解决方案及现有成效**

（1）项目一：人民数字捐赠溯源平台。

针对捐献物资调度及分配问题，人民数字联合同济区块链研究院开发建设了人民数字捐赠溯源平台。该平台运用自主安全可控的梧桐链区块链底层技术，提供了在线实时跟踪服务，集成公开性、去中介、可溯源、不可篡改等优势，为防疫防控取得最后胜利添砖加瓦。

平台除了需求物资、捐赠记录、存证账号、存证主体、交易哈希值，还有上链时间和捐赠可视地图等功能和信息。区块链最基本的技术特点是数据经多方共识可由参与各方添加，由参与各方互证、互认以实现不可篡改、不可撤销。公共事务治理当中的信息公开、存证和溯源是当前最好的区块链应用之一。利用区块链技术助力善款的追踪、食品和药品的溯源、项目进展的透明化管理等是较为成熟的解决方案，可以从细节提升突发公共事务治理能力。

截至 2020 年 3 月，公益平台已累计捐赠医用口罩、防护服、护目镜等各类紧缺医疗物资 31 万余件（套）。

（2）项目二：基于区块链技术的慈善捐赠平台。

2020 年 2 月，由中国雄安集团数字城市公司等联合建设的"善踪"慈善捐赠平台正式上线，该平台利用联盟区块链网络，可以实现捐赠流程全部上链公开，防篡改、可追溯，接受公众的监督。

慈善捐赠管理溯源平台主要针对慈善捐赠以及抗击疫情中"需求难发声、捐赠难到位、群众难相信"三大难题，致力于打通慈善捐赠的全流程，包括"寻求捐赠——捐赠对接——发出捐赠——物流跟踪——捐赠确认"的全部环节，确保捐赠在阳光下运行。每项已完成捐赠和待捐赠的项目中，平台均为其配发了相应的区块信息、区块高度、存证唯一标识及上链时间，并明确标识该项目"已在区块链存证"。区块链技术所具有的分布式、难篡改、可溯源等特点能够有效解决传统慈善公益项目中的流程复杂和暗箱操作等问题，每一笔捐助的流通数据都被存储并固化，方便监管机构进行追溯和监管。

据慈善捐赠管理溯源平台统计，该平台已有爱心捐赠总额超过 7.4 亿元、爱心捐赠数超过 500 个。

（3）项目三：防疫物资信息服务平台。

支付宝于疫情期间也上线防疫物资信息服务平台，利用蚂蚁区块链技术，对物资的需求、供给、运输等环节信息进行审核并上链存证，物资所到之处的每一个环节、经手人的每一处确认都在链上显示。区块链全程记录存证、各方确认不可改、可高效追溯，能解决多点协同的复杂问题，为防疫物资信息服务公开透明化提供了保障。

（4）项目四：基于区块链技术的慈善捐赠平台。

在上海浦东一心公益和上海华侨事业发展基金发起的"心星点灯防疫"计划中，募集到 3000 套符合国标 GB19082-2009 一次性防护服，精准投放到武汉抗疫医护人员手中。

同济大学区块链研究团队为爱心募捐活动提供区块链技术支持，使得募捐过程更加公开、透明和防伪，为上海全市超过1700多名学生参与到此次爱心募捐活动中的人员颁发了可防伪的基于区块链技术的慈善捐赠证书。

以上四个项目案例均展示了疫情期间，区块链技术通过分布式、防篡改、可追溯的特性为防疫物资信息服务公开透明化提供了保障。图12-20展示了区块链由公益组织发起，具有公信力的社会各方共同参与，组建联盟链，共同维护公开透明的共享捐赠账本，并为公益捐赠活动参与方提供链上信息存证和披露服务这一过程。捐赠活动的全过程记录在链上的公共账本，并可进行多方信息交叉验证，不仅捐赠人可公开了解捐赠款项和物品的流向，社会公众也可监督捐赠活动。

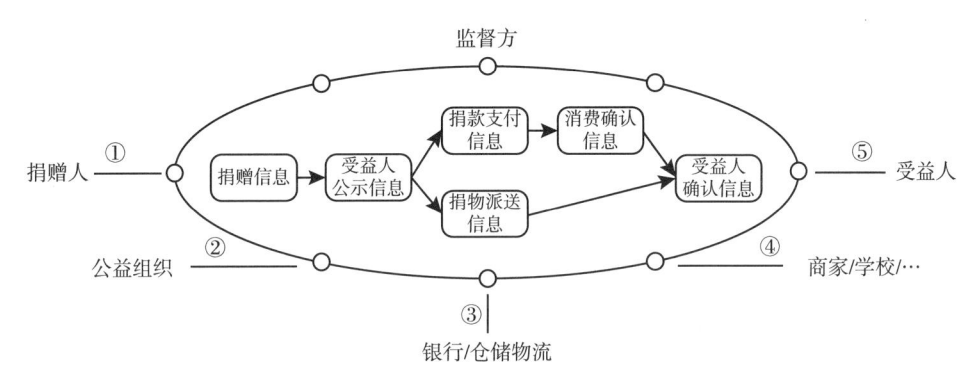

图12-20 捐赠全流程信息上链存证演示

**3. 案例总结**

习近平总书记指出，要用信息化手段更好地感知社会态势、畅通沟通渠道、辅助决策实施。构建"智治"模式，就要实现信息数据的共享，将物联网、云技术、区块链等技术融入社会治理之中，服务于新时代社会治理。在本次疫情中，区块链技术充分运用自身独有特性，为抗疫中的公益慈善事业提供了有力的支撑。

### 12.2.12 基于区块链技术的电动汽车充电链

**1. 案例背景及存在痛点**

新能源共享汽车是满足社会公众个性化出行、商务活动、公务活动和旅游休闲等需求的交通服务方式。近年来，我国新能源共享汽车行业呈现快速发展态势，特别是随着移动互联网技术的广泛应用和新能源的推广，新能源共享汽车产量迅速增加，中国新能源汽车产销量已连续三年居世界首位。但充电桩的数量增长缓慢，车桩比过低，一方面单一车企的充电桩建设速度不能满足旗下车主充电需求，另一方面不同车企之间又存在重复建设充电桩的问题。因此，如何实现充电桩的高效共享是解决这一矛盾的有效办法之一。

**2. 解决方案**

区块链技术非常符合共享经济的原则。采用区块链技术，让社会上的充电桩运营企业和充电链运营平台构成一个联盟，对充电情况进行无差别的公平公正的共同记账，有效促进企业之间的合作。联盟链内的成员可以利用区块链不可篡改以及多方记账的特性，对充电情况进行公开透明的实时记账，从而解决多方之间可能产生的信任摩擦，形成电动汽车分时租赁运营商、充电桩运营商、平台用户等多方参与共建的共享充电联盟，提升新能源汽车充电资源利用率。

考虑到隐私保护问题，只对充电桩运营商开放部分用户数据。在发生交易时，开放部分数据用于结算对账，用户私人信息则显示为经过密码学加密后的哈希值。

（1）系统架构（图12-21）：①EVSmart智能合约是一段写在区块链上的代码，一旦某个事件触发合约中的条款，代码即自动执行；②EVSmart是基于区块链技术对外提供的智能充电应用服务，是一种Dapp应用，通过部署在区块链上的智能合约实现；③EVSmartApp是EVSmart系统中的手机客户端，具有扫描特定充电桩二维码进行充电操作的功能，同时具有区块链钱包功能；④EVSmartServer是EVSmart系统中的运营商维护的服务系统，也可以委托给EVSmart平台提供商进行维护，是EVSmart用户和充电桩的转换器，同时具有区块链钱包的功能；⑤EVCARD。电动

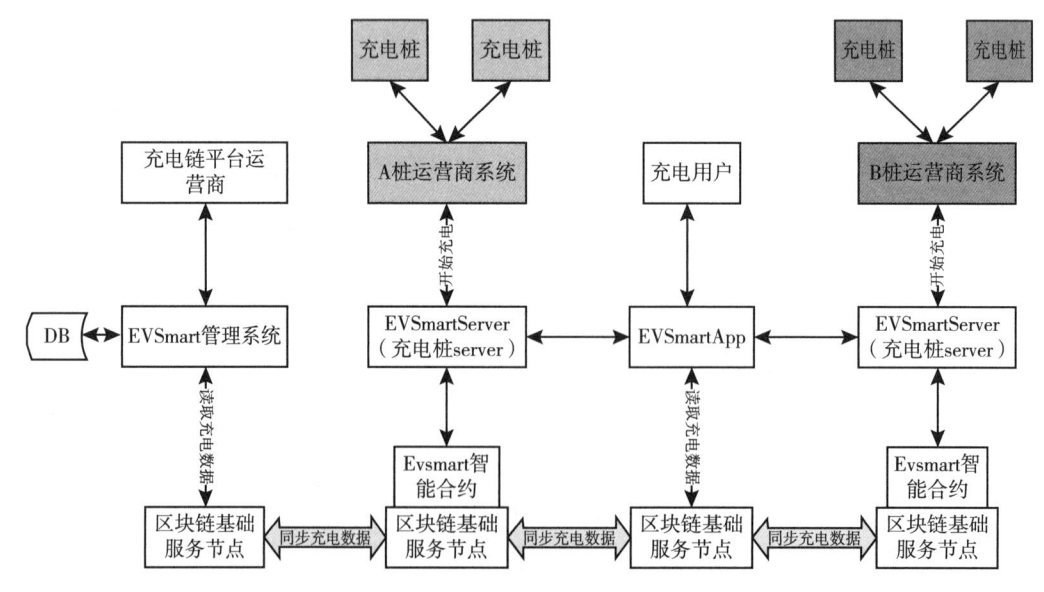

图12-21 区块链电动汽车充电系统架构

汽车分时租赁是按分钟与小时计算收费的电动汽车租赁模式，依托于分时网点及互联网移动终端，实现无人值守、自助服务、任一网点借还、网上付费的新型汽车租赁模式。它是在公共交通和出租车之间可供选择的另一种全新的、轻捷高效的出行方式。本文中提到的 EVCARD 泛指和充电桩进行控制、交互的系统，其提供统一接口，供 EVSmart 调用。

（2）充电流程（图 12-22）：①充电枪放电，调用智能合约接口启动充电计费；②充电枪结束放电，调用智能合约接口停止充电计费；③智能合约自动扣费并将记录同步给 App。充电结算的逻辑由运行在区块链上的智能合约规定，整个充电的结算过程完全由智能合约自动完成，并将充电账单的详细数据记录在区块链账本中，实时同步给平台运营商和充电桩运营商，通过区块链技术保证充电数据的不可篡改和实时同步。

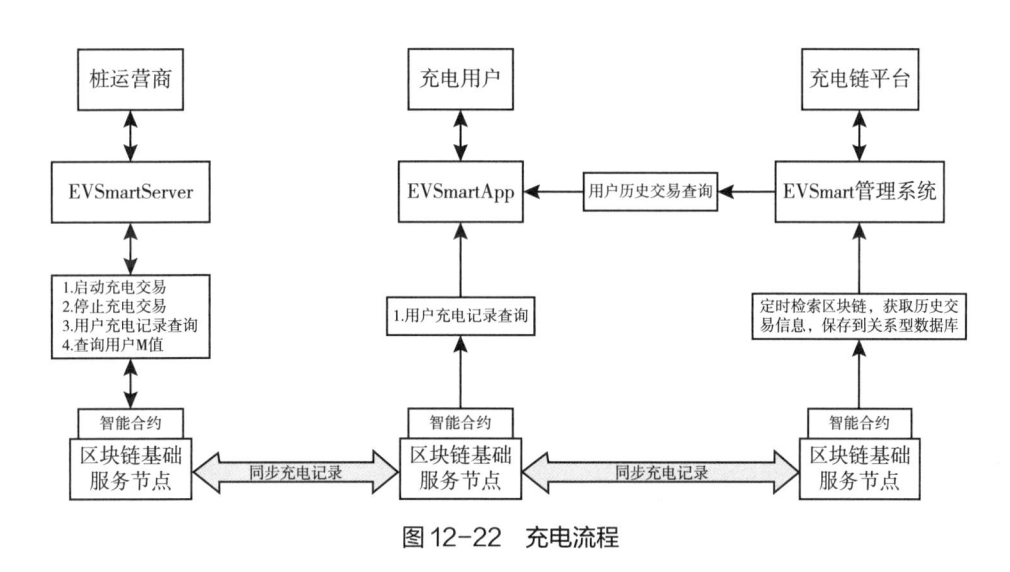

图 12-22 充电流程

在共享充电桩基础上，可以进一步开发其他交通设施的共享服务，进而实现更加完善的共享交通设施服务。而利用区块链上产生的数据，还能够进一步促进智慧城市、智慧交通的发展。

（3）个人用户系统演示：①用户注册、登录 EVSmart App 界面；②在 App 地图信息显示界面查找充电桩网点并前往；③用户在地图界面点击右上角的扫码图标，扫描充电桩上的二维码后，充电桩给桩放电，如图 12-23 所示；④充电完成后，显示支付按钮，点击支付，按照操作提示进行支付宝或者微信支付，如图 12-24 所示；⑤订单显示用户所有订单信息，并可以对未支付的订单进行支付，个人账户功能展示个人账号的剩余金额和个人的详细资料。

图 12-23　用户端扫码充电示意

图 12-24　用户端支付示意

### 3. 现有成效

通过该区块链共享充电平台，分属不同运营商的充电桩能够实现低成本接入，用户可以跨运营平台充电，打破原有行业壁垒，实现不同充电桩运营商和电动汽车分时租赁运营商之间的可信结算，大大提升桩、车企业间的合作效率。同时，消费者受益于车企间的跨平台合作，及时掌握周围所有充电桩的状态，大大提高其充电便利度，同时还能获取跨平台的全部消费信息。

## 12.3 本章小结

随着区块链行业发展进入新的阶段、区块链底层基础设施和相关法律政策的逐步完善，区块链技术也将加快在产业领域应用的步伐。未来区块链和人工智能、大数据、物联网等前沿信息技术的深度融合，也将推动集成创新和融合应用。一方面，正如区块链能保证上链后数据的不可篡改，上链数据的真实性仍需融合物联网等技术和相关管理方法一起来解决。另一方面，区块链作为一个新技术，其规模化落地仍需要一个过程，在技术完善、监管机制、通用标准和数据兼容等方面都有进一步的提升空间。

**习题：**

1. 参考本章案例形式，结合你所在专业，思考区块链技术是否可以应用到你所在的专业领域，可以帮助解决哪些问题？

# 第 13 章 挑战和展望

目前，区块链技术还处于发展早期阶段，尚存在诸多问题和挑战，如基础设施不够完善、应用环境不确定等。本章将围绕区块链的效率、智能合约、隐私与监管和安全等问题等进行探讨，并对区块链在未来的应用进行展望。

## 13.1 效率问题

### 13.1.1 去中心化与效率

区块链的去中心化特性使得网络中的每个节点具有完全平等的地位，它们共同参与记账并监督每笔交易的合法性和有效性，保证了公平性，构成区块链安全可靠的基础。

然而，公平与效率难以兼顾。区块链系统的处理效率与系统内参与共识的节点数目有关，节点越少，达成共识的时间越短，效率越高；节点越多，达成共识的时间越长，效率越低。因此，根据应用场景确定适合的共识节点数目非常重要。打个比方，班级选班长有三种方式：由班主任一人决定则效率最高（中心化数据库），但不能充分体现大家的意见，公平性欠缺；由全班同学集体决策公平性最好，但效率最低；而由班委会来代表决策则兼顾了公平性和效率。在这里，公有区块链属于第二种方式，由集体决策；联盟区块链属于第三种方式，由代表决策。

目前，作为公有区块链代表的比特币每秒只能处理大约 7 笔交易，以太坊每秒能处理约 17 笔交易；作为联盟链代表的超级账本每秒能处理超过 1000 笔交易。相比较而言，中心化数据库的处理能力要高得多，如银联系统每秒可处理 6 万笔以上的交易，上海证券交易所、微信钱包和支付宝高峰时可处理 10 万笔以上的交易。因此，对比于高性能的中心化数据库，区块链从效率上还难以匹敌。

### 13.1.2 安全与效率问题

这里以工作量证明算法（PoW）为例进行分析。作为迄今为止最安全可靠的公有链共识算法，PoW 允许任何人在共同维护的历史记录中添加新的交易记录，具有最好的去中心化和抗攻击特性。

区块链节点在添加新区块时，需要付出工作量来求解给定的哈希难题（Hash Puzzle），以赢得记账权并获取奖励；任何试图对历史数据的篡改都必须重新计算该区块以及其后所有区块的哈希难题，而且伪造链的长度要超过诚实节点共同维护的主链，这种攻击需要网络至少 51% 以上的算力，所花费的成本将远超其收益，因此没有人愿意尝试。尽管求解哈希难题是保证区块链安全有效的方式，但在全球范围内同步区块和计算难题需要花费较长时间，导致公有链网络效率不高。

此外，为保证交易提交到区块链中的记录不可逆转，比特币网络通常需要花费约 1 小时进行连续 6 个区块的确认。原因在于在最长链竞争中，6 个区块被确认为最长链的概率约为 99%，这意味着 PoW 为基础的公有区块链系统缺乏即时交易确认（Instant Confirmation）机制，无法应用到延迟敏感的交易场景。

### 13.1.3 节点数量与广播通信效率问题

区块链网络的点对点传输机制需耗费大量网络带宽，所有交易记录都要同步到全网节点，发生在节点中的交易、签名和出块等相关数据都会通过广播通信进行消息交互验证，验证有效后才可打包成新的区块添加到链的末端。

随着参与节点数量的增加，加上网络节点的良莠不齐，数据同步、验证的开销时间将不断增多。如果出块的间隔太短、间隔内的交易数量又非常巨大，易形成广播风暴，造成网络拥堵，导致系统效率下降甚至瘫痪。事实上，随着建块技术的改进，目前区块链效率的瓶颈已经转向由交易数量增多而引发的网络吞吐量问题。因此，随着系统节点数量增加，虽然网络安全防御能力会得到增强，但不断增加的数据广播也会占用更多的系统资源，从而降低系统效率。

### 13.1.4 交易吞吐量效率平衡问题

如果忽略区块头和梅克尔树哈希值等所占的少量字节，当出块间隔固定时，区块链交易吞吐量（每秒交易量 TPS）与区块大小成正比，即区块越大，每个块能够容纳的交易笔数越多，吞吐量越大，反之亦然；而区块大小固定时，吞吐量显然与出块间隔成反比，出块间隔越短，出块速度越快，单位时间内处理的交易就越多。此外，平均每笔交易所占用字节的多少也会对吞吐量产生一定影响。

**1. 区块大小的权衡**

增加区块大小可以提高吞吐量，选择与网络带宽、软硬件相匹配的区块大小有助于效率的提高。在区块链网络中，同步区块占用了数据传播的大部分流量。随着区块增大，可能导致区块在网络中传输的延迟和出错概率增加，进而无法及时同步账本，影响区块链的安全。

比如比特币区块大小为1M，数据传输和验证的时间很短，所以全网能同步账本的时间也很短，且因出块竞争难度大，比特币大约每十分钟出一个块，充足的出块间隔可有效减少网络中的分叉，增加系统安全性。反之，大的区块需要更多的传输和验证时间，会导致出块间隔的增加。

**2. 出块间隔的权衡**

区块链中所有节点既要有创建有效区块的动机，又要监督其他节点防止犯错误，还要确保与其他节点工作节奏的一致性。

当节点收到新区块时，首先进行验证工作，验证通过后，再在此基础上创建新区块。比如，如果只有A节点创建出新区块，其他节点同样收到A创建的新区块，并在此基础上继续创建新区块。但当多个节点几乎同时产生新块时，因网络延时的不确定性，某些节点可能收到来自不同节点的新区块，这些节点会在不同基础上继续创建新区块，从而形成分叉。因此，缩短出块间隔（降低出块难度）会让多个节点同时出块的概率增大，增大分叉概率。反之，增大出块间隔会影响交易确认的等待时间。

**3. 交易字节大小**

降低交易字节大小，可以使每个区块容纳更多交易，从而提高吞吐率。比如比特币交易包含了交易内容和签名信息，隔离见证（SegWit）机制剥离了签名信息，区块中只保留交易内容和指向签名的指针，从而减小了存储在链上交易的大小，可以实现70%的吞吐率提升。

## 13.1.5 算力浪费问题

公有区块链（PoW）的安全依赖节点贡献的算力，所有节点都需要独立计算并进行投票，以保证最终处理结果的准确性。但每次只能有一个矿工（节点）获得最终记账权，其他矿工的算力都被浪费掉，造成严重的资源浪费。

目前，比特币网络算力峰值可达到每秒数百亿亿次，相当于全世界500台最快的超级计算机算力之和。随着比特币价值的增长和专业挖矿设备的出现，挖矿竞争越来越激烈，矿机和矿池能力的比拼进入白热化，资源消耗问题进一步凸显。

### 13.1.6 存储效率问题

区块链系统的完备性依赖于交易数据的完备性。从完备性角度看，区块链是以"牺牲"存储来换取信任。

传统数据库通常只存储数据最新状态信息，而区块链不仅存储了最新状态信息，还存储了交易历史。随着时间的推移，这些交易数据只增不减，造成节点账本存储数据越来越多，节点的存储和计算负担越来越重，网络开销也会不断增长。这将提高全节点的运行门槛，导致全节点数量减少，造成网络的中心化。

### 13.1.7 数据管理问题

传统的分布式计算服务可以提供集中式管理和分布式协同，添加节点可以提升总体计算能力，复杂任务可分解为子任务分配到各个子系统中完成。而区块链目前没有调度管理，算力主要用于分布式节点之间达成共识，节点之间单独作战、彼此竞争，添加节点可能会延长网络达成共识的时间。另外，为保证数据的完整性和安全性，区块链每个节点保存同样的副本，造成数据冗余。

### 13.1.8 解决思路

**1. 针对区块链性能、可扩展等方面的技术创新**

（1）并行处理策略。一是采用状态通道的扩容方式，将部分交易放到链下处理，如闪电网络、雷电网络等技术；二是采用其他链协助处理交易，如侧链和子链技术；三是采用链上分片技术，将网络中节点分成不同的片，各分片可以并行处理不同交易，以提高网络吞吐量；四是采用新的数据结构提升系统性能，如采用有向无环图（Directed Acyclic Graph，DAG）将区块链的链式存储结构变为图状结构。

（2）调整共识机制。以太坊基金会正在考虑使用 PoS( Proof of Stake ) 共识机制，根据持有货币的数量和时间，通过"利息"的方式增加货币，实现对节点的奖励。PoS 解决了资源浪费、效率低下等问题，并能够缩短达成共识的时间。有益（效）工作证明 PoUW（Proof of Useful Work）共识算法试图避免计算资源的浪费，利用抽签机制提升区块链效率，还增加了训练机器学习模型等功能。超级账本采用 Raft、PBFT 等确定型共识算法，可以实现高性能和可扩展性。

（3）牺牲区块链部分特性。系统不再允许每个节点都参与验证交易、添加新区块，而是向预先选定的一组可信、数量有限的节点授权参与共识，以降低系统的公平性，其本质是通过降低"去中心化"来提高效率，由分布式去中心化的共识变成弱中心化的共识。

（4）通过多链融合和跨链互操作实现区块链系统的可扩展性以及价值互换，如超级账本项目、Polkadot（波卡）和 Cosmos 项目。多链协同是未来主要发展方向之一。

### 2. 与已有系统对接

借鉴传统的面向服务的架构思想，在区块链上构建服务总线，将业务应用的特定逻辑和事务处理保留在链外原生系统中，仅使用区块链对这些服务产生的结果达成共识，建立跨领域间的互信，如 IRISnet 项目。

### 3. 链下数据存储

通过弱化链上数据可追溯性来降低区块链的存储膨胀带来的问题，采用数据归档技术应对账本数据日益增加带来的挑战。另外，可以将音视频文件、需要大量统计的报表文件移到链下存储和处理。

此外，主流硬件供应商也在推出以可信执行环境（TEE）为代表的硬件安全防护解决方案，平衡安全性与性能之间的矛盾。通过各种优化技术，区块链系统的性能有望接近中心化系统性能。

本小结讨论了区块链在去中心化、安全和效率方面所面临的挑战和平衡问题，分析了节点数量对通信广播和共识效率的影响，论述了区块大小、出块间隔和交易字节大小对系统吞吐量的影响，指出了算力浪费、存储膨胀和数据管理能力不足等问题。最后，从区块链性能和可扩展性提升、与传统系统对接、链下数据存储归档等方面给出了目前正在研究和探索的解决思路。

## 13.2 智能合约问题

### 13.2.1 智能合约的合法性问题

目前，对基于区块链的智能合约还无明确法律定义。虽然智能合约在技术上是可用的，以太坊智能合约也运行了多年，但对合约的"合法性"仍没有明确规范，有关各方权利、义务和责任的确定方式以及行为的追踪等都还需深入研究。特别是在现有法律系统中融合一种新的管理方式，用去中心化的技术改变中心化的制度，既要得到监管机构和法律认可，也要得到民众的普遍接受。

现实社会中，一旦发生合同违约，合约争议会交付于司法机构。而智能合约因其中立、自动执行的特性，不同主体在互不信任和无中介的条件下产生协作，对中介的信任转移到对机器的信任，减少了合约的监督、摩擦成本。然而，遇到有争议的合约如何解决争端，出现问题或条件发生变化时如何达成协议，合约失效或程序出现错误时各方责任如何判断，这些问题仍有待相关法律法规的完善。

目前，智能合约在大规模商业应用活动中仍面临较大法律障碍，其法律有效性需要探索解决。没有法律作保障,"代码即律法"便难以落地。

### 13.2.2 智能合约的适用性问题

首先,智能合约是由编程语言编写的计算机代码,适合创建有规律、按规则、可预测、逻辑清晰、业务场景不复杂的事务,不适合处理模糊、交互式、开放性、边界不确定的条款。实际上,并非所有的商业合同都会在签订时准确界定权利义务和商业关系,传统合同可能会涉及主观判断、例外情形和复杂情况权衡处理等情况,无法提前预测;一些开放性协议条款在执行时也需通过友好协商、修订、补充等形式进行修正,以适应意外事件和关系变化。而计算机代码严格按规则执行,不考虑规则以外的因素,难以灵活处理这些具有不确定性的契约关系。

其次,传统合同通常都有保密条款,对交易内容、价格、关键供应商、工艺流程、设计图纸等敏感内容加以保护。如果没有有效的隐私保护机制,智能合约的使用将会大大受限,涉密合同会更加难以实现。

### 13.2.3 智能合约的灵活性问题

对传统合同而言,当订立时的条件或业务发生变化以及遇到异常情况时,当事人通常会根据实际情况对相关合约条款进行协商解决或暂停执行。但智能合约严格受制于代码的编写规则,一旦合约履行的触发条件或状态被激活,合约会通过预先设置的程序代码自动机械地执行。

另外,目前大规模合约测试技术尚不成熟,使其在灵活性方面无法与其他信息系统相比。基于安全考虑,智能合约还有诸如限定合约大小、限定函数的复杂度、严格的内存访问限制、合约模板过于简单以及执行性能不高等问题。例如,以太坊虚拟机中运行的代码无法访问安全隔离环境外的网络和文件系统,也缺少多线程、并发处理等高效处理性能,限制了大型和复杂合约的应用。

### 13.2.4 "预言机"机制问题

智能合约面向各行各业的应用,必然与链外现实世界的数据进行交互。区块链无法主动获取现实世界的数据,需要引入一种交互机制,比如"预言机"(Oracle),其作用就是将外界信息(如生成随机数的种子来源、现实的天气情况、金融市场信息等内容)引入区块链内,是触发智能合约的条件。例如,在货物运输过程中,利用物联网传感器进行温度、位置、包装完好性等内容监控,相应数据通过"预言机"发送给智能合约,如果货物到达目的地并且预设的触发条件得到满足,便可对货物进行自动付款。

外部数据经过"预言机"进入智能合约程序，而提供外部数据的通常是第三方中心化组织，需要确保其提供信息的真实性。例如，对提供信息的节点进行信誉评价、对提供信息的可信度进行投票表决以及多传感器信息采集等方法。但上链数据的可信度与可靠性还存在诸多挑战，如房产证明如何通过国家机关背书、物联网数据如何避免人为操作、提供数据的软件或平台的安全性以及提供数据中介机构的可信度如何保证等问题，目前仍缺少普遍适用的解决方案。因此，如何保证上链数据的客观准确性是智能合约面临的重大挑战。

### 13.2.5 智能合约的安全性问题

智能合约使用的编程语言与通用计算机编程语言尚没有显著差别。合约代码是公开的，更容易遭受攻击，攻击主要集中在合约代码漏洞、业务逻辑漏洞、运行环境等方面。

目前，开发智能合约的框架、工具还不多，程序员的学习、应用难度大，所以更容易出现代码漏洞。智能合约要求将现实的自然语言转化为计算机可识别的机器语言。但机器代码语言有时无法完全准确地表达合同约定的原始内容，在转化为机器代码语言时可能会偏离合约的真实用意，造成业务逻辑漏洞。通常情况下，合约越复杂，越容易出现漏洞。

### 13.2.6 The DAO 事件的启示

DAO 是 Decentralized Autonomous Organization（去中心化自治组织）的缩写简称。The DAO 是基于以太坊区块链平台的风险投资智能合约项目，参与者通过智能合约投票方式共同决定需要投资的项目。2016 年 6 月 17 日，黑客利用 The DAO 智能合约中递归调用存在的漏洞，对其进行攻击，导致当时价值达 6000 万美元的 360 多万个以太币被盗。为挽回被盗资产的流失，以太坊基金会经过投票决定进行硬分叉，通过回滚交易把区块链中的数据恢复到被盗前的状态。The Dao 事件导致了以太坊社区的分裂：坚持去中心化和数据不能篡改的一方不承认回滚，继续在原始链上挖矿（ETC）；主张挽回损失的一方承认回滚，在分叉后的新链上挖矿（ETH）。

The Dao 智能合约代码漏洞给"代码即律法"留下了伤痛，动摇了区块链难以篡改的"信念"，也使不少开发人员开始建议避免图灵完备以保证智能合约的安全。The DAO 事件也让人们感受到了技术的不成熟性、分布式自治组织的局限以及法律的缺失性。

### 13.2.7 解决思路

1. 动态监督合约执行过程。采用容器、监管沙箱和微服务等策略对合约调用、合约存储和合约逻辑等模块进行灵活管理，实时监督合约执行状态，判断输出结果的合理性。

2. 对异常结果做出响应。当业务发生变动、存在漏洞被攻击或异常情况发生时，及时发现出现的偏差，并通过增加内置基于规则的仲裁和判决机制予以纠正。同时，在可更改机制方面创建可行的技术方案，以便在需要时能够终止、修改或重新部署合约，并增加必要的人工审核机制。

3. 降低漏洞风险。一是借助自然语言理解等人工智能技术对智能合约语言进行转化、解释、编写、测试；二是采用形式化验证的手段，在智能合约上线之前对其进行全面深入的代码安全审计，减少甚至消除漏洞；三是采用隐私保护技术，防止隐私信息泄露；四是通过开源社区对智能合约充分测试、打磨和完善。

4. 建立区块链技术专家和法律专家共同参与合约编写的机制，既可适合现行的法律规范，又可为智能合约的"合法性"扩展空间。

5. 引入"智能化"合约编写方法。"智能化"合约编写方法不仅能增强合约表现能力，更能有效避免人工编写合约可能出现的软件漏洞等安全性问题和执行效率低下等性能问题。

本小结对智能合约存在的挑战考核问题进行了讨论。首先，阐释了其法律"合法性"还存在障碍；其次，智能合约不适合处理模糊、交互式、开放性、边界不确定的条款，执行过程中难以通过外部决策程序予以干预，缺乏为人类解决问题预留的空间；再次，在面向各种应用场景与链外数据交互时，如何保证上链数据的客观准确也面临重大挑战。此外，智能合约还处于早期发展阶段，其安全性、易用性和成熟度都存在诸多不足，The DAO 事件给了我们深刻启示。最后，从监督合约执行过程、异常结果即时反应、降低漏洞风险以及技术专家和法律专家共同参与等方面提出了解决思路。

## 13.3 隐私与监管

### 13.3.1 区块链隐私保护问题

#### 1. 账户匿名性的隐私问题

公有区块链的匿名性是指用户在本地生成私钥，私钥生成公钥后，可由公钥自动产生的账户地址作为身份象征，即每个账户由账户地址来标定，每个人都可以创建任意多的账户地址，地址之间没有相关性，不需要进行实名认证，从而将交易人的真实身份进行隐藏，达到隐私保护的目的。

区块链中的身份虽然是匿名的，但其隐私强度较弱。账户中的资产由持有私钥的人拥有。在真实交易过程中，交易者的 IP 地址、多次使用的账户地址、相对稳定的关联交易以及个人的交易行为都将留下痕迹。通过收集、观察、识别、定位和追踪这些交易信息，可以分析出交易者的真实身份信息，从而使匿名隐私保护失去作用。

#### 2. 公开透明性的隐私问题

在公有区块链中，每一个参与者都能够获得完整的数据备份，账本内容公开透明、人人可见。

然而，很多情况下用户不希望公开交易信息，特别是对隐私要求较高、包含商业机密信息的用户更是如此。例如，股票交易平台不希望参与者看到其他用户的交易，核心制造企业不希望暴露供应商供货信息。交易信息的公开透明会限制区块链在这些商业场景的应用。

#### 3. 应用数据的隐私问题

隐私问题不仅包括区块链上记录的交易信息的隐私，还包括区块链上记录和传递的其他数据的隐私。

首先，区块链虽然可以对数据进行确权和授权管理，但数据如果仅仅存储起来不流动、不和更多数据融合/碰撞/挖掘，则其能够产生的价值非常有限。其次，因数据复制成本很低、容易扩散，即使是授权使用，也难以掌控，导致交易出去的数据难以得到保护。最后，权属模糊和敏感数据不适宜进行交易。

### 13.3.2 区块链监管问题

#### 1. 责任主体分散监管问题

传统互联网以提供应用的中心化服务机构作为监管对象；而公有区块链使用纯分布式结构，没有中心化的组织者，不存在特定机构对其负责，数据和相关应用部署在非固定的存储和服务器上，发布主体和发布地点难以确认，责任认定困难，网络节点难以管控，给区块链应用的监管带来巨大挑战。

另外，区块链网络存在跨国家、跨地区运行，涉及现行法律及监管政策在不同国家和地区存在差异性的问题；跨境数据和运营中产生的数据存在权属和数据保护责任主体不明等问题，都对区块链的监管提出了挑战。

#### 2. 加密数字货币监管问题

以比特币、以太坊为代表的加密数字货币具有交易匿名性和点对点交易的特点。其匿名性虽然具有薄弱的一面，但一次性、非规律性使用则具备很强的隐蔽性；点对点交易使得两个不受时空限制的账户地址间无需中介直接交易。这些特点容易成为洗钱、贩毒、走私或恐怖融资等违法活动隐蔽的支付通道，使其难以追踪、逃避监管。加密数字货币因含有"货币"字样且具有匿名跨境流动的特性，存在欺诈和外汇管制漏洞难以防范等风险。

此外，加密数字货币或通证（Token）在不同的国家有不同的法律定义和监管模式，缺乏明确的市场交易规则，给监管带来很大挑战。例如，新加坡把通证分为"证券性通证"（Security Token）和"使用性通证"（Utility Token）。澳大利亚金融市场管理局把通证分为证券型、投资型、支付型、货币型及实用型。美国则依据"豪威测试"（Howey Test）原则来确定某一具体通证的属性。我国把比特币定义为特定的虚拟商品，不能作为货币在市场上流通使用，把首次发行代币（Initial Coin Offering，ICO）定义为一种非法公开融资的行为。

**3. 数据难以篡改或审查监管问题**

任何人都可以将交易信息和附加信息永久记录在公有区块链中，而且一旦记录便难以删除或修改。因此，公有区块链可能成为传播危害公共安全、网络谣言和不良信息的载体。

**4. 创新带来的监管问题**

监管与创新是一对矛盾体。每一次重大技术创新都是对既得利益和现有商业模式的冲击，新技术通常会突破现有监管的边界。为了防范金融风险，监管部门的一刀切政策往往会阻碍创新。为适应并积极探索新技术，部分国家（如英国和新加坡等）已经建立了沙盒制度。

### 13.3.3 隐私保护与监管的平衡

区块链上数据的隐私保护和监管是矛盾的双方，如何既能满足监管要求、又不侵害隐私，一直是行业在努力研究的问题。隐私保护是为了保护个人信息和财产不被他人非法使用，目前已经出现了围绕基于区块链的可验证计算、区块链数据隐私保护等方面的技术手段。如果完全公开透明，则用户隐私受到危害；如果实现完全的匿名和隐私保护，则会造成难以监管的局面，所以需要找到监管和隐私保护的平衡点。

### 13.3.4 解决思路

**1. 隐私保护相关技术**

隐私保护不仅包括区块链交易所包含的账户地址、签名、验证和金额信息，还包括区块链上传递的数据。目前主要隐私保护方式有：

（1）地址保护：包括隐地址和混币等技术。隐地址也称为一次性地址，交易时随机生成一个用完即丢弃的接收地址。混币隐私保护是把交易的输入与输出进行混合，打乱输入与输出之间的关联性。

（2）签名保护：包括群签名和环签名等技术。群签名由群管理者创建群的公私密钥对，群中任意成员可以以匿名的方式代表整个群体对消息进行签名。验证者用群公钥验证即可。环签名没有管理者，选定一个包括自己在内的临时签名集合，利用自己的私钥和集合中其他人的公钥签名，验证者只需验证是否为环中成员所签即可，集合中的其他成员无需知道自己被加入临时签名群中。

（3）验证保护：包括同态加密技术和零知识证明等技术。同态加密是一种无须对加密数据进行解密就可以执行计算的方法，在同态映射下，先运算后加密和先加密后运算所得到的结果相同。零知识证明是指在不泄露隐私信息（交易金额、发送方和接收方的地址）的情况下，验证权益的合法拥有者。

隐私保护技术还处于不断探索和创新中，其自身的效率也在提高过程中。同时，上述安全技术（多为基于中心化的系统设计）如何与现有区块链系统无缝有效结合，也是需要重点解决的问题。此外，推动国产密码算法的发展和应用是我国区块链实现安全可控的必经之路。

**2. 可控匿名监管**

将监管融入区块链技术之中，用技术手段化解去中心化应用与中心化监管的冲突。大规模商业应用可采用可控匿名方式监管，比如建立提前报备的数字身份，进行集中监管；在应用层面，充分利用隐私保护技术保护公民隐私。为增强监管者和被监管者之间的信任，监管应辅以监管链记录监管行为，防止侵犯个人隐私。

**3. 适度包容性监管**

我国在区块链技术应用方面一直处于领先地位，但在基础研发方面相比欧美发达国家还有较大差距。监管层面应制定科学的包容性监管体系，比如引入沙盒监管机制，推动区块链技术创新，在协调多方利益、平衡各种关系中促进区块链健康、和谐发展。

**4. 探索全球治理模式**

区块链技术和应用具有典型的跨国界特点，应开展区块链国际共性问题研究，加强区块链产业在法律法规、数字货币监管、反洗钱和国际规则等方面的国际合作，共同应对区块链在法律、金融、社会治理等领域的全球性挑战。

本小节分析了区块链在账户匿名性、交易数据透明性和应用数据等方面存在的隐私保护问题，以及因主体分散、数字货币匿名交易、不同国家监管差异、数据难以篡改和创新对原有制度冲击等因素带来的监管难题，探讨了监管与隐私保护和创新之间的平衡，提出了隐私保护、可控匿名、包容性监管以及探索全球治理模式的思路。

## 13.4 安全问题

安全问题对于计算机系统的正常运行至关重要，对区块链而言更是如此。当区块链出现安全问题后，可能造成严重后果：一方面会影响到该网络中的所有用户乃至与其相链接的其他网络，另一方面由于智能合约自动执行的特性，使得损失可能会迅速发生和扩大。因此，在区块链系统开发和运行过程中需要特别注意安全问题。

### 13.4.1 系统安全问题

区块链系统的安全性依赖于底层的软件程序开发的安全性。这方面较为突出的安全问题包括代码逻辑漏洞、供应链攻击等。

#### 1. 代码逻辑安全

区块链程序本质上仍是计算机程序，在开发过程中仍需注意许多程序开发中的常见安全问题，如鉴权、业务逻辑等。

这类问题通过良好的编码规范、代码提交合并前的审查、充分的测试以及第三方代码审计等通用的安全惯例加以避免。

#### 2. 供应链攻击

除了要对自己编写的代码注意安全问题之外，还需要防范供应链（第三方库）攻击问题。因为现代软件项目不可避免的需要依赖于各类第三方库，开发者很难有精力去辨别所依赖的这些代码是否安全可靠（存在缺陷或后门等）。只要有一个软件包出现问题，所有包含该软件包链条上的程序均会受到影响。因此，在开发过程中需要特别注意对所选用第三方版本的甄别，只选用经过严格代码评测的软件包。

### 13.4.2 网络安全问题

区块链网络是由许多节点共同运行和维护的，因此，网络的安全在很大程度上取决于节点自身的安全状况。尽管区块链通过分布式架构实现了极大程度上的高可用，但攻击者仍可采用DDoS、侵入等方式攻击单个节点，进而对网络造成一定程度影响。

以女巫攻击（Sybil Attack）为例。女巫攻击是指恶意攻击者伪装出多个节点，对网络发起交易、请求等，以此来蒙蔽正常的用户或对整个网络的共识过程实施DDoS攻击等。女巫攻击主要存在于公有区块链网络中，因公链并不需要像联盟链一样具有准入身份的许可。防范女巫攻击可通过许多技术手段来避免，如PoW耗费算力等。

在实践中也可采用哨兵节点等方式进行保护：将重要节点隐藏在内部网络，对外只暴露哨兵节点；由哨兵节点负责全节点与外部网络的通信，以此化解网络攻击的负载和风险。

另外，采用传统的网络安全防护手段也可以起到防护作用，如关闭一些高风险的端口、使用防火墙及网闸等专业安全防护设备。

### 13.4.3 共识安全问题

#### 1. 区块重组与双花

网络共识需要一定的诚实节点作保障。例如，分布式系统领域经典的拜占庭容错共识要求诚实节点数量至少是节点总数的 2/3 以上；比特币网络要求诚实节点的算力占到全网算力的 51% 以上。在 PoW 共识下，因为矿池集中或租借算力等原因，曾有针对 ETC（以太经典）、BTG（比特黄金）等网络成功实施 51% 算力攻击的案例，攻击者将区块重组（re-org），从而实现了双花攻击（Double Spend Attack），即一笔钱实现了双重支付。

避免 PoW 共识下的安全问题需要整个网络中"矿工"的支持，避免算力集中；而用户为了降低风险，需等待一定数量的区块后再确认交易，如比特币网络中一笔交易需要等待 6 个以上区块的确认才会生效。

#### 2. 无权益攻击

无权益攻击（Nothing At Stake）是指在 PoS 共识下，矿工可以在两个方向上同时下注（相较于 PoW，矿工同一时间只可能将算力用来在一个分叉上出块）。因此，无论 PoS 后面哪个分叉被确定为主链，矿工都会获得奖励，这样不仅对诚实的矿工不利，还会在事实上干扰正常的共识过程。

解决此问题的办法通常是引入惩罚机制，对网络中同时给两个提案签名的矿工进行惩罚。

#### 3. 长程攻击

长程攻击（Long Range Attack）是指 PoS 共识的区块链上线早期可能存在小部分矿工持有大部分通证，在前期新生成一个分叉，从而推翻原有主链，实现双花等恶意行为。

解决办法可采用某些可信节点定期公布哈希的方式来锚定主链，或者改用确定性共识算法如 Tendermint 等。

### 13.4.4 合约安全问题

除了区块链底层软件开发外，基于区块链的智能合约是开发者可以进行二次开发的重要场景。智能合约的支撑技术为开发者提供了灵活的开发手段，然而这种开发的便捷性也带来了许多安全隐患。攻击者经常可以利用合约漏洞给链上应用带来致命伤害。典型的智能合约安全攻击手段包括重入攻击、整形溢出攻击、随机数攻击、条件竞争攻击、越权访问攻击、交易顺序依赖攻击和假错误通知攻击等。

目前，解决办法主要有智能合约代码的形式化验证、编码错误扫描、智能合约模板封装以及安全开发组件等。

另外，安全、易用的执行沙盒也是提供智能合约安全开发的必要基础。目前有许多针对沙盒进行改进的方案，如改进 EVM 的字长、指令等；或采用 WASM 等架构支持更安全、高效且通用的编程环境；或采用应用专有链架构，在经过多方审计和投票治理后，将以往智能合约提供的"可编程"功能固化为链上指令。

### 13.4.5 应用安全问题

除区块链系统底层的安全性之外，用户的链上应用环节往往成为安全体系中最容易被忽视也最容易被攻击的风险点。常见的安全问题包括：

**1. 密钥保管安全**

用户在区块链网络中通过公私钥等技术手段鉴别身份，一旦私钥丢失，将无法找回链上资产。

解决方法是用户对私钥进行妥善保管，例如，对于重要的资产使用离线存储或二次加密。

**2. 窃取**

除了用户自己保管不妥导致私钥遗失之外，攻击者也会使用木马、钓鱼等攻击方法非法获取用户私钥，从而窃取数字资产。

解决方法是用户做好自身的安全防护，包括使用杀毒软件、访问可信任网站以及使用安全应用软件等。

## 13.5 应用展望

随着全球区块链技术和应用的快速兴起，世界主要国家都在大力推进区块链产业发展。在可见的未来，区块链技术将与其他信息技术相互融合，在数字化转型过程中发挥重要作用：一是通过区块链等新技术应用，实现从当前的"信息传递"网络向"价值交换"网络转变，在"碳基"和"硅基"日益融合的世界里实现所有资产安全可信交易；二是智能合约的应用将促进信息流和价值流深度融合，进一步为人机物之间的高效安全、自动协作打下基础。

因此，区块链将改变人类的交易方式、协作方式、管理方式，并产生新产业、新模式和新业态，推动经济社会发展。

### 13.5.1 开启新模式，培育新业态

#### 1. 创新支付模式

数字货币也称加密数字货币，国际货币基金组织将其定义为价值的数字化表示，不是任何国家和地区的法定货币。数字货币与基于电子账户的网银、银行卡、支付宝、微信零钱等电子货币相比，其主要特征如下。

（1）去中心化。数字货币发行和运行不依赖于中央银行、政府等组织支持或担保。

（2）匿名性。以公钥哈希产生的账户地址作为账户。哈希函数的单向性保证了数字货币无需实名认证且数量不限。

（3）可追溯。获悉货币的每笔交易是从哪里来到哪里去。

（4）点对点交易。两个账户（地址）可直接交易，理论上不需要商业银行和 SWIFT 等中间组织参与，交易可以瞬间到账。

（5）智能化。数字货币是一种智能化的可编程货币，与智能合约结合，实现价值自动转移和可编程商业等扩展。

国际货币基金组织把央行数字货币（Central Bank Digital Currency，CBDC）定义为"一种新型的货币形式，由中央银行以数字方式发行的、有法定支付能力的货币"。央行数字货币的重要特征是"点对点+电子支付+可控匿名+央行信用"。

法定数字货币的发行是货币体系的重大突破，将重塑支付体系并衍生出新型数字信贷和数字资产，极大提高社会运转效率，为数字经济注入新的活力，并加快全球跨境贸易，促进人民币国际化进程，有助于建设全新的金融基础设施。

相比纸币的印制、运输、回收、防伪和管理成本，法定数字货币能有效降低货币的铸币和流通成本。相比中心化媒介为基础的电子货币，法定数字货币则可省去中间方的对账、清算、结算等流程和成本，大幅降低原来由多中介参与的跨境交易成本和时间。

法定数字货币为日益增多的数字资产交易提供了可靠的点对点支付方式，可大大提升数字资产流通效率，增加交易活动的便利性和透明度，同时也保护个体交易与财产的安全和隐私。

在经济调控过程中，法定数字货币能全面准确、高效智能地统计国民经济运行现状，防范金融、市场等风险，提高货币政策传导的有效性，为科学决策、精准管

理提供依据。

但作为一种新兴技术，同样需要警惕其潜在的风险。比如，对既有利益结构的破坏，对已有金融基础设施、金融体系甚至社会稳定的影响。央行推行的法定数字货币（DCEP 数字货币电子支付）拟采用"双层架构"的发行和运营模式，即中央银行先将数字货币发行给商业银行和有关运营机构，商业银行和运营机构再将这些数字货币发放给公众，以此保证数字货币的安全和社会稳定。

### 2. 创新监管模式

区块链应用已渗透到政务、金融、民生等领域，基于其可追溯、不可抵赖的特点，为科学监管开辟了新的路径，将对传统的监管方式进行重塑，特别是法定数字货币发行后，可极大提升全社会经济运行动态监控的效率。

（1）智能监管。监管机构利用智能合约，将监管政策变为机器自动执行的监管合约。这些合约可以提前部署在金融、执法、摇号、扶贫、票据和福利发放等场景中，一旦出现内幕交易、操纵市场、腐败等违法违规情况，合约自动预警并拦截处置，从而实现从许可监管到行为监管、从事后监管到预防监管、从静态监管到动态监管、从局部监管到全过程监管的升级。同时，将大幅降低监管成本。

（2）透明监管。监管机构可持续追踪每一个法定数字货币的信息，实时查询、了解企业和个人相关金融信息，准确把握资金流向。通过绑定用户身份和对应的钱包，有助于检测各类违法犯罪和违法腐败行为，有效防范非法交易、弄虚作假、暗箱操作等问题。同时，利用区块链不可伪造、难以删除的特点，可解决监管自身不透明的问题，实现对监管者自身的监管，防止人情监管、关系监管。

（3）政策监控。基于区块链技术的法定数字货币可自动记录货币制造、流通、记账和销毁等信息，特别是可全程追踪和监控数字货币投放后的流转。通过人工智能、大数据分析手段，了解经济运行状况，探知货币政策的运行效果，洞察经济调控政策实施效果，为货币的投放、使用、监管、调控等提供政策支持。

### 3. 创新资产模式

随着数字社会的到来以及区块链技术的应用，一切资产都可以数字化，变为可交易的数字资产。资产数字化是将现实世界存在的各种具有价值的实物或非实物资产进行数字化标识、登记和确权，使其在网络空间也具备权属、交易、转移和安全等属性，为实现数字商业打好基础。

（1）资产数字化。数字资产需要对资产进行数字化，并保证数字资产的真实性、有效性和安全性。目前已经数字化的资产包括银行账户的资金、股票、股权、期权、软件、虚拟货币、知识产品、创意、健康数据等内容，而土地、房产、汽车、机器、厂房、艺术品、各种证件照等是正在或将要被数字化的资产。

（2）资产上链。将验证后的数字资产保存到区块链上，实现数字资产可信的唯一性登记和确权，为后续数字资产的评估、授权、使用、交易、抵押、转移、契约订立和追溯等资产流通环节做好准备。

（3）资产流通。当各类资产成为区块链上的数字资产，基于区块链的数字化转移将成为资产流通的主要方式。资产的交易、出租和有偿使用等服务不再依赖传统的金融中介机构，资产所有者可直接进行交易、共享、交割等操作，资产流通不受时空限制。近乎零成本的交易将颠覆现在各种资产交易系统，让资产的流动变得无处不在。智能合约的使用将使房屋买卖、汽车租赁、遗嘱执行等资产流通变得自动、便捷、省心省力。

### 4. 去中心化自治组织

去中心化自治组织伴随着区块链技术特别是智能合约的发展而诞生。2013年，丹尼尔·拉里默（Daniel Larimer）首次提出类似DAO的概念——去中心化自组织企业DAC（Decentralized Autonomous Corporation）；2015年，DAO概念在以太坊上被正式提出，名为"DAO的智能合约"；2016年，首个DAO-The DAO被开发出来。

（1）基本概念。DAO可以看作是以公开透明的计算机代码来体现的组织，组织的管理和运作规则以智能合约的形式编码在区块链上，以通证做激励，在无需第三方干预的情况下，按照预先设定的规则实现自运行、自协作、自治理、自演进，从而实现组织的目标和价值最大化。

（2）主要特征。①分布式去中心化。DAO中的节点间遵循平等、自愿、互利原则，消除了传统的层级管理方式，打破了现有组织的边界。②规则透明。DAO的运行规则完全透明，参与者按照规则自主协作完成目标。即使出现争端，也可通过透明的法庭协议，组建陪审团提供争端仲裁服务。③自动运行。DAO的提案、投票、交易等行为均在链上自动进行。例如，DAO要使用一笔资金，则需要由一位成员在预算范围内提议，绝大多数成员投票批准后便自动执行。④自治性。组织运行不再需要实体公司，而是由高度自治的开源社区替代。⑤自激励。通证作为DAO治理过程中的重要激励手段，将人、组织、知识、数据等元素数字化、通证化、资产化，从而使各要素之间充分融合，更好地激发组织的效能，各方按照约定完成工作，依据贡献度进行利益分配。⑥目标一致。参与者都持有DAO的通证，DAO运行得好，通证就升值。受利益共赢驱动，参与者都意愿为社区壮大做贡献。⑦多技术融合。DAO以区块链技术为统领，融合了人工智能、大数据、物联网等技术，实现组织的智能化管理。

（3）治理模式。目前，DAO主要采用"基础团队+社区自治"的链上、链下协同治理模式。链上治理是将组织的运行规则通过共识机制以智能合约的方式运行，并在治理过程中不断优化、迭代，其本质是在互不信任的环境中创造可信的智能机器系统。系统在得到授权后，部分或全部替代人类开展业务活动，在竞争博弈中协调合作，保证利益相关者的权益。链下治理是 DAO 为了设立组织目标、制定共识规则以及 DAO 运行过程中需要优化、更新规则所采取的一系列协同治理方式。

DAO 仍需依靠现有的法律框架展开业务活动，大多数采用"非盈利性基金会 + 受委托公司 + 呈现形式"的方式运作，通常由基金会发行通证进行资金的募集、分配以及管理监督；委托相关公司进行技术开发、市场推广、基金投资和法律服务；以开源社区的模式在现实社会中呈现。开源社区是构建区块链生态系统的重要内容，利用通证激励社区贡献者，以汇聚全球智慧，实现群智创新。

DAO 尚处于起步和探索阶段，现实中面临诸多挑战，离大规模应用还有很长的路程。

**5. 计算法律**

计算法律学通过区块链、大数据、人工智能等技术对法律问题进行计算和建模，在数字空间实现法律逻辑。法律合约自动化、可视化、智能化地执行是构建互联网法治的基础。计算法律学的关键内容包括区块链电子证物、数字公证、数字资产和智能合约等，有望改变司法领域在未来信息社会中的运作方式。

拥有了可信、可溯源的数据源，智能合约便可通过不同的计算模型，根据可信数据源触发多方自动化决策，实现在公共服务、社会治理、民生、财政税收、政策传导、法律自助和政府监管等方面的可信化、智能化执行。政府、企业和个人间的纸质合同也将逐步被智能合约所取代。最终社会进入高效可靠的可编程法律时代。

### 13.5.2 壮大新产业，激发新动能

技术是产业变革的重要驱动因素。技术创新带来模式创新，进而演化出产业变革。区块链的显著优势在于去中介、有信用、可存证、能确权、自运行等方面，可降低运营成本、减少摩擦并提升协同效率。并非所有场景都需要区块链，选择区块链技术应考虑业务场景是否适合区块链的特征和条件、能否为项目创造价值、所花费成本可否承受等因素，不应盲目跟风。

区块链技术适合于价值信任成本高、信息可验证性要求高、数据一致性强的应用领域。在充分考虑技术适用性的前提下，面对各行业新旧动能接续转换和高质量发展的内在要求，区块链赋能的应用场景将日益丰富完善（如图 13-1 所示）。

```
                教育
                就业
                养老
                精准脱贫                        司法存证
                商品防伪                        教育存证
                食品安全 ┐                      商用存证
                公益慈善 ├─ 民生领域 ┐          知识产权保护
                社会救助 │            │  ┌─ 数字存证 ─┤ 所有权证明
                文体娱乐 ┘            │  │           个人记录
                ……                   │  │           ……
                                     │  │
                新能源消纳            │  │           物流管理
                能源交易              │  │           信息流/物流/资金流协同
                安全生产 ┬─ 能源领域 ┤  ├─ 供应链管理 ┤ 供应链防伪溯源
                微电网系统│           │  │           供应链金融
                ……      │           │  │
                                     │  │           农用物资、农产品溯源
                选举投票              区块链赋能    工业产品溯源
                土地产权              行业应用      消费品溯源
                股权管理 ┬─ 电子政务 ┤  ├─ 防伪溯源 ┤ 食品药品溯源
                税收监管│             │  │           其他溯源
                政务信息│             │  │
                ……     │             │  │           数字货币
                                     │  │           跨行/跨境支付
                医疗数据              │  │           交易清算和结算
                基因数据              │  │           证券交易
                个人健康数据┬─医疗健康┤  │           保险业务
                医疗保险    │         │  ├─ 金融服务 ┤ 大宗商品交易
                医药用品防伪溯源      │  │           征信和风险管理
                                     │  │           担保和借贷
                居民个人数字身份┐     │  │           资产抵押
                设备终端数字身份├─ 数字身份┘         数字票据
                                                     可编程金融
                                                     ……
```

图 13-1

### 13.5.3 创新社会治理

区块链技术有助于改变经济社会治理方式，提升社会治理水平。包括政府、市场、企业、社会团体和民众等参与的多元化治理是社会发展的趋势，通过提升社会化治理、法治保障、公共服务、诚信社会等能力建设，促进社会公平、健康、和谐发展。

**1. 助力社会化治理**

社会治理需要民众的切身参与，吸纳社会智慧和力量，让民众有参与感和成就感，同时可对政府权力形成必要的制衡。社会组织和民众具有典型的分布式特征。将网络问政、民众建议、政府反馈、社区管理和基层选举投票等信息上链，可提高

基层治理决策的公开透明度,增加政府与民众间的信任和交流;通过智能合约实现公务积分,可为社区公平推举提供依据。

**2. 迎接数字法院**

法律是社会秩序平稳运行的基本保障,数字社会同样需要有对应的司法保障。人民法院司法区块链统一平台和北京互联网法院建设的"天平链"等案例已在诉讼规则、案件审理和网络治理等方面积累了许多经验。利用区块链技术进行司法监管,可避免"孙小果"案件的发生。基于区块链的"数字法院"可以为难以获得传统法律服务的人们提供便捷服务。阿拉贡网络(Aragon Network)中启动的分布式法院计划可以让世界上的任何人都成为陪审员。数字法院或将迎来良好的发展机遇期。

**3. 维护社会公正性**

社会治理是公共权力的延伸。公共服务与社会治理密切关联,政府部门依然发挥着最重要的作用,实现公共资源和公共服务的公正配置、健全监督管理体系是社会和人民普遍关注的问题。将扶贫资金、摇号、投票、低保、保障性住房、学生派位、春运购票、社会福利和公益慈善等活动上链,可防止政府权力的滥用和腐败的滋生,提升民众的满意度。

**4. 降低社会协作运行成本**

区块链技术可实现去中心化的信任和价值传递。通过机器信任取代人为背书,基于开放透明的商业规则,允许任何商业机构创造可信、可自动执行的规则体系。这将打破中间人利益最大化的现状,降低社会合作成本,提高社会合作效率。

**5. 构建诚信环境**

无形的"链"会让各种违法行为难以遁形,增加违法成本,增强人们自律行为,消除假冒伪劣、弄虚作假、抄袭作弊、欺骗欺诈等各种不诚信现象,增进社会不同成员之间的平等互信,积累全社会的信用,从而构建整体社会诚信体系。

(1)个人层面。在保护隐私的前提下,将个人的出生、死亡、结婚、离婚、学历、专利、学术成果、履历、表彰、违规、犯罪、社保、医保、低保、保险、房产等信息上链,让每个人的人生有清晰的数字画像,有利于个人信用的积累,杜绝各种造假行为。

(2)企业层面。落实企业社会责任是社会治理的中坚力量。企业社会责任是指企业为股东履行经济责任外,在社会层面履行维持秩序、良性发展、福利保障的社会责任。将企业的设立、撤销、税收、公益、法律诉讼、生态保护等信息上链,使链上企业具有更强的公信力。把诚信竞争作为市场竞争的一部分,不断提升其社会诚信度和美誉度。

（3）政府层面。通过区块链技术打造可信的政府数据共享开放平台，促使政务信息公开透明、职能体系高效科学运转，减少因信息不透明而产生的各种不公平现象发生。主管部门将区块链及与之相配套的制度安排相结合，使得任何组织和个人都无法实现"上有政策、下有对策"，使各类扶贫造假、公益资金节流、食品药品造假、统计造假等非诚信事件无处藏身，促进社会的公平正义和廉政建设，为民众提供更加优质的公共服务，增强人民的信任感。

（4）国家层面。区块链使得数据统计、税收、财政支出、财务审计更加真实可信，有助于推进科学决策、智能化管理进程，营造公平、公正、健康、高效的市场竞争环境，提高国家治理能力。链上科学监管更加公平、全面精准、科学有效，公众和社会监督更加完善。各种分布式智能合约让公众可自我管理和自我服务，在便捷高效服务、积累社会诚信的同时，提高民众素质、减少国家治理成本。

### 13.5.4 技术融合发展展望

**1. 促进物联网健康发展**

区块链技术可对数字身份进行安全、可靠的管理，在保证客户隐私的前提下提升效率、降低成本。当信息空间的"人"及其"所有物"拥有可靠数字身份标识时，可实现人与物、物与物的自动交易支付，且提供可预测性和可审计性。

中心化的云计算难以满足存储、计算和传输带宽的未来，随着物联网和边缘计算的发展，海量设备之间需要直接通讯、协同运行。区块链作为物联网服务的中枢，可为设备提供信任机制，解决设备身份认证、安全接入、数据防篡改、数据确权、自动交易甚至隐私保护等问题，为物联网的发展提供保障。将区块链作为物联网设备的共享账本，拓展物联网的应用。

**2. 与工业互联网融合发展**

区块链和工业互联网将在标识解析、安全可信、协同制造、数据确权、个性化定制、供应链金融、服务化延伸等多个领域实现融合发展。

（1）数字化生命周期管理。工业互联网标识通过赋予物品唯一的可信"身份证"，实现跨地域、跨行业、跨企业的信息共享。通过数字身份标识生产设备、产品，可实现数据流动自动化；通过智能合约管理生产过程，可实现规划、生产自动化，进而实现产品全生命周期管理，包括状态跟踪、产品追溯、故障诊断、预测性维护以及产品的投诉、建议和完善等服务。

（2）个性化制造与网络化协同。用户可提供自己的想法和意见，参与产品设计；设计人员的知识产权得到保护，及时获得激励；生产过程透明可追溯，杜绝伪劣产品；用户体验与反馈及时传递到决策部门，产品服务得到快速完善；通过区块链的确权和存证特性，还可加强产业链上下游的协同研发和生产。

（3）解决中小企业资金难题。区块链可以帮助中小企业积累信用，得到更优惠的贷款利率，降低融资成本。银行等金融机构则可以通过合同、物流、仓单等链上记录评估企业真实经营状况，做出更准确的放贷决策。同时，通过穿透式管理，可有效降低库存，提高资金周转率。

（4）社会化协同。通过区块链建立互信机制，实现所有权与使用权分离，促进闲置资源的共用。机器、设备可分配有地址账户，有价共享产能，实现协同制造和共享制造，虚拟工厂成为可能。企业在降低成本的同时，利用外脑提升创新能力与研发实力。生产的扁平化、合作的可信性有助于重塑全球工业和市场体系。

（5）让"计算"回归价值。目前，已有研究将机器学习所需的计算引入公有链共识机制中，让"挖矿"不再是纯粹的哈希碰撞。这一类共识算法根据生产线、原材料等生产过程中产生的大量数据，与产品的优劣、无故障生产时间等指标做关联分析，从中挖出指导生产的宝贵经验，提高生产效率。

**3. 充分释放数据价值**

数据已成为数字经济最重要的生产要素。然而，当下跨行业的数据难以流通和融合，数据交易安全难以保障。如何打破数据藩篱，真正释放出大数据的价值，一直是数字经济面临的重大挑战。

区块链的难以篡改和可追溯性等特点使数据得以确权，可以进行高效价值交换；安全多方计算（Secure Muti-party Computation，SMPC）可以有效保护交易过程中的数据隐私，在不泄露原始数据的情况下获取数据的使用价值。二者结合起来，有望实现新一代数据服务平台。

新的计算平台在不"共享"原始数据的前提下"共享"数据的使用价值，将数据的所有权和收益权归还给数据属主。经过区块链确权的数据资产，利用安全多方计算机制，使得数据不走路、应用跟着数据走。数据在不泄露自身的情况下，能够提供给不同应用或函数计算使用，智能合约自动实现数据分享并收取数据使用费用。这将打破不同主体间的数据屏障，促进数据在政府、企业、个人等多方之间的共享，从而实现数据价值深入且广泛的挖掘和释放。

**4. 健康与数字孪生**

虚拟人是通过数字技术模拟真实的人体而合成的虚实互动的三维模型，也称为数字孪生。孪生模型不仅具有人体外形以及五脏六腑的外貌，而且具备各器官的新陈代谢机能，能较为真实地呈现人体的正常生理状态和各种变化。

区块链可有效保护并授权使用人体各种生理和健康指标，避免隐私数据外泄。未来，每个人都可以有一个数字身份、对应人体各个器官功能水平的监测指标（如血细胞计数、肝肾功能、电解质、血糖血脂、血压血氧、激素水平、肿瘤标志物）都会被保护并关联到数字身份下；各种可穿戴设备、植入式芯片时刻采集监测着这些数字身份的数据，通过区块链管理起来，并授权给自己的人工智能（AI）私人助理；AI助理与区块链管理的大数据协作，分析每个监测指标的正常或异常情况，提出包括吃药、运动、去医院甚至更换自己的预测性建议。需要时，在保护隐私的前提下，通过智能合约将不同的数据有偿授权给研究、制药、机器学习和公共卫生等机构使用。

同样，未来社会的方方面面都可以映射到数字空间，形成各式各样基于区块链保护的数字孪生体，甚至出现数字孪生社会和孪生地球。

本小节从数字货币及其特点入手，介绍了具有编程能力的法定数字货币及其在支付、监管、数字资产等方面带来的巨大创新。智能合约有助于新的自治组织和计算法律的形成。同时，无处不在的价值传递有望使区块链成为新的网络基础设施。区块链将在多行业增加经济新动能，并在社会治理中发挥重要作用。未来，区块链必定与物联网、工业互联网、大健康、人工智能和安全多方计算等新的技术融合发展，推动数字社会健康发展。

## 习题

1. 区块链的公平、效率、安全之间有怎样的关系？
2. 从哪些方面可以提高区块链的效率？
3. 区块链为什么会出现膨胀问题？有何解决方案？
4. 智能合约存在哪些问题？与现有法律的关系如何？
5. 区块链是如何进行隐私保护的？有哪些不足？
6. 如何兼顾监管与隐私和创新的平衡？
7. 数字货币有哪些特点？
8. 区块链面临哪些安全挑战？
9. 资产数字化有何意义？
10. 区块链对商业模式有哪些创新？
11. 区块链在社会治理方面有哪些作用？
12. 区块链与哪些新技术可以融合发展？

# 参考文献

[1] Nakamoto S. Bitcoin: A Peer-to-Peer Electronic Cash System [EB/OL]. http://bitcoin.org/bitcoin.pdf, 2020-06-25.

[2] Diffie W, Hellman M E. Multiuser cryptographic techniques [C] //Proceedings of the June 7-10, 1976, national computer conference and exposition. 1976: 109-112.

[3] Rivest R L, Shamir A, Adleman L. A method for obtaining digital signatures and public-key cryptosystems [J]. Communications of the ACM, 1978, 21 (2): 120-126.

[4] Hellman M E, Diffie B W, Merkle R C. Cryptographic apparatus and method: U.S. Patent 4, 200, 770 [P]. 1980-4-29.

[5] Chaum D. Blind signatures for untraceable payments [C] //Advances in cryptology. Springer, Boston, MA, 1983: 199-203.

[6] Lamport L, Shostak R, Pease M. The Byzantine generals problem [M] //Concurrency: the Works of Leslie Lamport. 2019: 203-226.

[7] Koblitz N. Elliptic curve cryptosystems [J]. Mathematics of computation, 1987, 48 (177): 203-209.

[8] Back, Adam & Turner, Stephen. A Parallelizing Compiler and Run Time System based on Optimistic Execution [EB/OL]. [2020-06-25]. https://www.researchgate.net/profile/Adam_Back/publication/2302055_A_Parallelizing_Compiler_and_Run_Time_System_based_on_Optimistic_Execution/links/00b7d523761e067a61000000/A-Parallelizing-Compiler-and-Run-Time-System-based-on-Optimistic-Execution.pdf.

[9] Dai W. B-Money-an anonymous, distributed electronic cash system [J]. 1998.

[10] Szabo N. Bit gold, unenumerated. blogspot. com (Mar. 29, 2006) Internet Archive [J].

[11] Kolvart M, Poola M, Rull A. Smart contracts [M] //The Future of Law and etechnologies. Springer, Cham, 2016: 133-147.

[12] Saleh F. Blockchain without waste: Proof-of-stake [J]. Available at SSRN 3183935, 2020.

[13] Larimer D. Delegated proof-of-stake white paper [J]. (2014) [2020-01-05]. http://www.bts.hk/

dpos-baipishu. html, 2014.

［14］Castro M, Liskov B. Practical Byzantine fault tolerance［C］//OSDI. 1999, 99（1999）: 173-186.

［15］希尔维奥·米卡利, 卿苏德. 理论计算、密码学和区块链［J］. 互联网天地, 2019（09）: 2-11.

［16］［加］唐塔普斯科特（Don Tapscott）/［加］亚力克斯·塔普斯科特（Alex Tapscott）. 区块链革命［M］. 北京: 中信出版集团股份有限公司, 2016.

［17］Antonopoulos A M. Mastering Bitcoin: unlocking digital cryptocurrencies［M］. "O'Reilly Media, Inc.", 2014.

［18］徐恪, 徐明伟, 陈文龙, 等. 高级计算机网络［M］. 北京: 清华大学出版社, 2012.

［19］Merkle R C. Protocols for public key cryptosystems［C］//1980 IEEE Symposium on Security and Privacy. IEEE, 1980: 122-122.

［20］袁勇, 王飞跃. 区块链技术发展现状与展望［J］. 自动化学报, 2016, 42（04）: 481-494.

［21］华为区块链技术开发团队. 区块链及应用［M］. 北京: 清华大学出版社, 2019.

［22］任仲文. 区块链——领导干部读本［M］. 北京: 人民日报出版社, 2018.

［23］叶蓁蓁. 区块链应用蓝皮书: 中国区块链应用发展研究报告（2019）［M］. 北京: 社会科学文献出版社, 2019.

［24］Maymounkov P, Mazieres D. Kademlia: A peer-to-peer information system based on the xor metric［C］// International Workshop on Peer-to-Peer Systems. Springer, Berlin, Heidelberg, 2002: 53-65.

［25］Androulaki E, Barger A, Bortnikov V, et al. Hyperledger fabric: a distributed operating system for permissioned blockchains［M］// Proceedings of the Thirteenth EuroSys Conference, 2018.

［26］Li C, Li P, Zhou D, et al. Scaling nakamoto consensus to thousands of transactions per second［J］. arXiv preprint arXiv: 1805.03870, 2018: 1-17.

［27］Yang Z, Yang K, Lei L, et al. Blockchain-based decentralized trust management in vehicular networks［J］. IEEE Internet of Things Journal, 2018, 6（2）: 1495-1505.

［28］Kang J, Yu R, Huang X, et al. Blockchain for secure and efficient data sharing in vehicular edge computing and networks［J］. IEEE Internet of Things Journal, 2018, 6（3）: 4660-4670.

［29］Wu B, Xu K, Li Q, et al. Toward Blockchain-Powered Trusted Collaborative Services for Edge-Centric Networks［J］. IEEE Network, 2020, 34（2）: 30-36.

［30］Gilbert S, Lynch N. Brewer's conjecture and the feasibility of consistent, available, partition-tolerant web services［J］. Acm Sigact News, 2002, 33（2）: 51-59.

［31］King S, Nadal S. Ppcoin: Peer-to-peer crypto-currency with proof-of-stake［J］. self-published paper, August, 2012, 19: 1-6.

［32］Wu B, Xu K, Li Q, et al. SmartCrowd: Decentralized and automated incentives for distributed IoT system detection［C］//2019 IEEE 39th International Conference on Distributed Computing Systems（ICDCS）. IEEE, 2019: 1106-1116.

[33] Wu B, Li Q, Xu K, et al. Smartretro: Blockchain-based incentives for distributed iot retrospective detection [C] //2018 IEEE 15th International Conference on Mobile Ad Hoc and Sensor Systems (MASS). IEEE, 2018: 308-316.

[34] Breidenbach L, Daian P, Tramèr F, et al. Enter the hydra: Towards principled bug bounties and exploit-resistant smart contracts [C] //27th {USENIX} Security Symposium ({USENIX} Security 18). 2018: 1335-1352.

[35] 徐恪、李沁. 算法统治世界——智能经济的隐形秩序 [M]. 清华大学出版社, 2017.

[36] Miller V S. Use of elliptic curves in cryptography [C] //Conference on the theory and application of cryptographic techniques. Springer, Berlin, Heidelberg, 1985: 417-426.

[37] Wang X, Feng D, Lai X, et al. Collisions for Hash Functions MD4, MD5, HAVAL-128 and RIPEMD [J]. IACR Cryptology ePrint Archive, 2004, 2004: 199.

[38] Wang X, Yin Y L, Yu H. Finding collisions in the full SHA-1 [C] //Annual international cryptology conference. Springer, Berlin, Heidelberg, 2005: 17-36.

[39] Stevens M, Bursztein E, Karpman P, et al. The first collision for full SHA-1 [C] //Annual International Cryptology Conference. Springer, Cham, 2017: 570-596.

[40] 蒋鸥翔, 张磊磊, 刘德政. 比特币、Libra、央行数字货币综述 [J]. 金融科技时代, 2020 (02): 57-68.

[41] Yermack D. Bitcoin, innovation, financial instruments, and big data [J]. Handbook of Digital Currency, 2015: 31-43.

[42] 庄雷, 赵成国. 区块链技术创新下数字货币的演化研究: 理论与框架 [J]. 经济学家, 2017 (05): 76-83.

[43] Szabo N. Smart contracts [J]. Unpublished manuscript, 1994.

[44] Boneh D, Lynn B, Shacham H. Short signatures from the Weil pairing [J]. Journal of cryptology, 2004, 17 (4): 297-319.

[45] Micali S, Rabin M, Vadhan S. Verifiable random functions [C] //40th annual symposium on foundations of computer science (cat. No. 99CB37039). IEEE, 1999: 120-130.

[46] 比特币平台: https://bitcoin.org/.

[47] blockchain.info: 比特币信息统计网站.

[48] bitcoin.it: 比特币 wiki, 相关知识介绍.

[49] 以太坊平台: https://www.ethereum.org.

[50] 超级账本平台: https://hyperledger.org.

[51] Bitcoin and Cryptocurrency Technologies: https://www.coursera.org/course/bitcointech, Princeton University.

[52] Blockchain: Understanding Its Uses and Implications: https://www.edx.org/course/understanding-blockchain-and-its-implications, Linux Foundation.

[53] 杨保华, 陈昌等.《区块链原理、设计与应用》第二版 [M]. 北京, 机械工业出版社, 2020 年5月.

[54] Andrew S.Tanenbaum, Maarten van Steen 著, 辛春生译. 分布式系统原理与范型 [M]. 清华大学出版社, 2008.06.

[55] Lamport L. Time, clocks, and the ordering of events in a distributed system [M] //Concurrency: the Works of Leslie Lamport, 2019: 179-196.

[56] Fischer M J, Lynch N A, Paterson M S. Impossibility of distributed consensus with one faulty process [J]. Journal of the ACM (JACM), 1985, 32 (2): 374-382.

[57] Pritchett D. Base: An acid alternative [J]. Queue, 2008, 6 (3): 48-55.

[58] Abadi D. Consistency tradeoffs in modern distributed database system design: CAP is only part of the story [J]. Computer, 2012, 45 (2): 37-42.

[59] George Coulouris, Jean Dollimore, Tim Kindberg, Gordon Blair 著, 金蓓弘, 马应龙译. 分布式系统——概念与设计 [M]. 机械工业出版社, 2013.03.

[60] Dean J, Ghemawat S. MapReduce: simplified data processing on large clusters [J]. Communications of the ACM, 2008, 51 (1): 107-113.

[61] 温静, 高翠芬, 高霞. 计算机操作系统原理 [M]. 武汉大学出版社, 2014.07.

[62] Herlihy M. Blockchains from a distributed computing perspective [J]. Communications of The ACM, 2019, 62 (2): 78-85.

[63] Lange D B. Mobile objects and mobile agents: The future of distributed computing? [C] //European conference on object-oriented programming. Springer, Berlin, Heidelberg, 1998: 1-12.

[64] Foster I, Kesselman C, Tuecke S, et al. The Anatomy of the Grid: Enabling Scalable Virtual Organizations [C]. ieee international conference on high performance computing data and analytics, 2001, 15 (3): 200-222.

[65] 欧阳丽炜, 王帅, 袁勇, 等. 区块链智能合约的发展现状: 架构、应用与发展趋势 [J/OL]. 自动化学报: 1-13 [2019].

[66] Ghemawat S, Gobioff H, Leung S T. The Google file system [C] //Proceedings of the nineteenth ACM symposium on Operating systems principles. 2003: 29-43.

[67] 杨传辉. 大规模分布式存储系统: 原理解析与架构实战 [M]. 机械工业出版社, 2013.09.

[68] Martin Kleppmann. Designing data-intensive applications: 数据密集型应用系统设计 [M]. 中国电力出版社, 2018.09.

[69] Davoudian A, Chen L, Liu M. A survey on NoSQL stores [J]. ACM Computing Surveys (CSUR), 2018, 51 (2): 1-43.

[70] Li Y, Chan H H, Lee P P, et al. Enabling Efficient Updates in KV Storage via Hashing: Design and Performance Evaluation [J]. ACM Transactions on Storage, 2019, 15 (3): 1-29.

[71] Brewer, E. 2017. Spanner, TrueTime & The CAP Theorem [D]. White Papers. 2015, 4/4/2015

（2017），1-7.

［72］Wu C, Faleiro J, Lin Y, et al. Anna: A kvs for any scale［J］. IEEE Transactions on Knowledge and Data Engineering, 2019, 1.

［73］Benet J, Greco N. Filecoin: A decentralized storage network［J］. Protoc. Labs, 2018: 1-36.

［74］Douglas R. Stinson 著，冯登国等译. 密码学原理与实践（第三版）［M］，电子工业出版社，2009.

［75］Christof Paar, Jan Pelzl 著，马小婷译. 深入浅出密码学［M］，清华大学出版社，2012.

［76］Craig P. Bauer 著，徐秋亮，蒋瀚译. 密码历史与传奇——真想比故事更精彩［M］. 人民邮电出版社，2019.

［77］Philip N. Klein 著，徐秋亮等译. 密码学基础教程［M］. 机械工业出版社，2016.

［78］刘懿中，刘建伟，张宗洋，等. 区块链共识机制研究综述［J］. 密码学报，2019，6（4）：395-432. DOI：10.13868/j.cnki.jcr.000311.

［79］袁勇，倪晓春，曾帅，等. 区块链共识算法的发展现状与展望［J］. 自动化学报，2018，44（11）：2011-2022.

［80］Bamakan S M H, Motavali A, Bondarti A B. A survey of blockchain consensus algorithms performance evaluation criteria［J］. Expert Systems with Applications, 2020: 113385.

［81］Nguyen G, Kim K. A Survey about Consensus Algorithms Used in Blockchain［J］. Journal of Information Processing Systems, 2018, 14（1）: 101-128.

［82］Ferdous M S, Chowdhury M J M, Hoque M A, et al. Blockchain Consensuses Algorithms: A Survey［J］. arXiv preprint arXiv: 2001.07091, 2020.

［83］曾诗钦，霍如，黄韬，等. 区块链技术研究综述：原理、进展与应用［J］. 通信学报，2020，41（1）：134-151.

［84］邵奇峰，金澈清，张召，等. 区块链技术：架构及进展［J］. 计算机学报，2018，41（5）：969-988.

［85］郑敏，王虹，刘洪，等. 区块链共识算法研究综述［J］. 信息网络安全，2019，（7）：8-24.

［86］杨宇光，张树新. 区块链共识机制综述［J］. 信息安全研究，2018，4（4）：369-379.

［87］Delegated Proof of Stake（DPOS）［EB/OL］. https://how.bitshares.works/en/master/technology/dpos.html，2017-04-20.

［88］D. Ongaro, J. K. Ousterhout. In search of an understandable consensus algorithm［C］//In Proc. USENIX Annual Technical Conference, 2014: 305-319.

［89］Lamport, L. The part-time parliament［J］. ACM Transactions on Computer Systems, 1998, 16(2): 133-169.

［90］Lamport, L. Paxos made simple［J］. SIGACT News, 2001, 32（4）: 51-58.

［91］Sayeed S, Marcogisbert H. Assessing blockchain consensus and security mechanisms against the 51% attack［J］. Applied Sciences, 2019, 9（9）: 1788-1794.

［92］Karame G, Androulaki E, Capkun S. Double-spending fast payments in bitcoin［C］//ACM Conference on Computer and Communications Security, 2012: 906-917.

［93］Tso R, Lin C Y. An off-line mobile payment protocol providing double-spending detection［C］// International Conference on Advanced Information Networking and Applications Workshops, 2017: 570-574.

［94］Liu Z, Zhao H, Chen W, etc. Double-spending detection for fast bitcoin payment based on artificial immune［J］. Theoretical Computer Science, 2017: 133-143.

［95］Das S, Kolluri A, Saxena P, etc.（Invited Paper）on the Security of Blockchain Consensus Protocols［C］//Information Systems Security, 2018: 465-480.

［96］Buterin V, Griffith V. Casper the friendly finality gadget［J］. arXiv preprint arXiv: 1710.09437, 2017.

［97］Kwon, Jae. Tendermint: Consensus without Mining［EB/OL］. https://tendermint.com/static/docs/tendermint.pdf, 2014.

［98］Cosmos whitepaper［EB/OL］. https://github.com/cosmos/cosmos/blob/master/WHITEPAPER.md.

［99］Eyal I, Gencer A E, Sirer E G, etc. Bitcoin-NG: a scalable blockchain protocol［C］//the 13th USENIX Symposium on Networked Systems Design and Implementation, 2016: 45-59.

［100］Sompolnsky Y, Lewenberg Y, Zohar A. SPECTRE: A fast and scalable cryptocurrency protocol［EB/OL］. https://eprint.iacr.org/2016/1159, 2016-10-18.

［101］POPOV S, Saa O, Finardi P. Equilibria in the Tangle［J］. Computers & Industrial Engineering, 2019（136）: 160-172.

［102］Ball M, RDsen A, Sabin M, etc. Proofs of useful work［J］IACR Cryptology ePrint Arechive, 2017: 203.

［103］Kiayias A, Russell A, David B, etc. Ouroboros: A Provably Secure Proof-of-Stake Blockchain Protocol［C］//international cryptology conference, 2017: 357-388.

［104］The dBFT Algorithm.［EB/OL］https://docs.neo.org/developerguide/en/articles/consensus/consensus_algorithm.html.

［105］Yossi Gilad, Rotem Hemo, Silvio Micali, etc. Algorand: Scaling Byzantine Agreements for Cryptocurrencies［C］//Proceedings of the 26th Symposium on Operating Systems Principles. New York, 2017: 51-68.

［106］21 Schwartz D, Ybungs N, Britto A.The Ripple protocol consensus algorithm［EB/OL］https://ripple.com/files/ripple_consensus_whitepaper.pdf. 2018-04-10.

［107］Kokoriskogias E, Jovanovic P, Gasser L, etc. OmniLedger: A Secure, Scale-Out, Decentralized Ledger via Sharding［C］//ieee symposium on security and privacy, 2018: 583-598.

［108］Howard H. ARC: analysis of Raft consensus［R］. University of Cambridge, Computer Laboratory, 2014.

［109］IRISNET. IRISnet 详解 IBC 最新进展，展望区块链互联网应用远景［EB/OL］. https://www.

qukuaiwang.com.cn/news/142758.html，2019-07-12.

[110] 袁煜明，李慧，钟维.【火币区块链产业专题报告】跨链篇（上）[EB/OL]. https://www.jianshu.com/p/f2d2e83473fc，2018-10-15.

[111] Thomas S, Schwartz E. A protocol for interledger payments [EB/OL]. https://interledger.org/interledger.pdf, 2015.

[112] 张文，赵子铭等.P2P 网络技术原理与 C++ 开发案例 [M] 北京：人民邮电出版社，2008.

[113] 马维君.P2P 网络资源定位算法的研究与改进 [D]. 北京交通大学，学位论文，2008.

[114] https://github.com/ethereum/devp2p.

[115] Szabo, Nick. Formalizing and securing relationships on public networks [J]. First Monday, 1997, 2（9）.

[116] Crosby M, Pattanayak P, Verma S, et al. Blockchain technology: Beyond bitcoin [J]. Applied Innovation, 2016, 2（6-10）：71.

[117] 贺海武，延安，陈泽华.基于区块链的智能合约技术与应用综述 [J]. 计算机研究与发展，2018，55（11）：2452-2466.

[118] 胡凯，白晓敏，高灵超，等.智能合约的形式化验证方法 [J]. 信息安全研究，2016，2（12）：1080-1089.

[119] 欧阳丽炜，王帅，袁勇，等.智能合约：架构及进展 [J]. 自动化学报，2019，45（3）：445-457.

[120] Bragagnolo, Santiago, Henrique Rocha, SmartInspect: solidity smart contract inspector [J] // 2018 International Workshop on Blockchain Oriented Software Engineering, 2018：9-18.

[121] He Xiao, Qin Bohan, Zhu Yan, etc. SPESC: A Specification Language for Smart Contracts [A]. IEEE 42nd Annual Computer Software and Applications Conference (COMPSAC) [C]. Tokyo, 2018：132-137.

[122] 十九届四中全会 [EB/OL]. http://cpc.people.com.cn/GB/67481/430519/index.html, 2019-10.

[123] 王浦劬.国家治理、政府治理和社会治理的含义及其相互关系 [J]. 国家行政学院学报，2014，3.

[124] 姜晓萍.国家治理现代化进程中的社会治理体制创新 [J]. 中国行政管理，2014（2）.

[125] 安东尼·吉登斯.社会的构成 [M]. 北京：生活·读书·新知三联书店，1998.

[126] 李红专.当代西方社会理论的实践论转向——吉登斯结构化理论的深度审视 [J]. 哲学动态，2004，11.

[127] Orlikowski, W. J. Using Technology and Constituting Structures: A Practice Lens for Studying Technology in Organizations [J]. Organization Science, 2000（11）：404-428.

[128] 巩富文.以区块链赋能社会治理 [N]. 人民日报，2019-11-21（05）.

[129] 邓益洲.区块链现行法律及合规概览 [EB/OL]. 2019-10-31.

[130] 陈吉栋.智能合约的法律构造 [J]. 东方法学，2019（3）：18-29.

[131] 郭少飞.区块链智能合约的合同法分析 [J]. 东方法学，2019（3）：4-17.

［132］包丁裕睿，迟骋，李世刚. 区块链争议解决与治理范式选择［J］. 科技与法律，2019（3）：74-83.

［133］凯伦·杨，林少伟. 区块链监管："法律"与"自律"之争［J］. 东方法学，2019（03）：121-136.

［134］郑戈. 区块链与未来法治［J］. 东方法学，2018（03）：75-86.

［135］叶蓁蓁，罗华. 中国区块链应用发展研究报告［M］. 北京：社会科学文献出版社，2019.

［136］上海市科学技术委员会. 2019上海区块链技术与应用白皮书［R/OL］. 2019-09.

［137］中国物流与采购联合会. 中国物流与区块链融合创新应用蓝皮书［R/OL］. 2019-01.

［138］腾讯研究院. 2019腾讯区块链白皮书［R/OL］. 2019-10.

［139］北大光华-度小满金融科技联合实验室. 度小满金融区块链研究与应用白皮书［R/OL］. 2018-12.

［140］Shadders. The roadmap to Genesis：part 1-BitcoinSV［EB/OL］. 2019.

［141］ZAND M. Overview of Advance Ethereum concepts of Oracle，off-the-chain data，PoS and TPS［EB/OL］. 2018.

［142］IRISNET. Service | IRISnet Documents［EB/OL］. 2019.

［143］ROBINSON D. HTLCs Considered Harmful［R/OL］. 2019.

［144］BACK A，CORALLO M，DASHJR L. Enabling blockchain innovations with pegged sidechains［R/L］. 2014.

［145］袁煜明，刘洋. 火币区块链产业专题报告：区块链技术可扩展方案分层模型［R/OL］. 2018.

［146］慢雾安全团队. 区块链安全入门笔记（一）| 慢雾科普［EB/OL］. 2019.

［147］RISNET. 哨兵节点 | IRISnet文档［EB/OL］. 2018.

［148］RATHOD N，MOTWANI D. Security threats on Blockchain and its countermeasures［J］. International Research Journal of Engineering and Technology，2018，05（11）：1636.

［149］KWON J. TenderMint：Consensus without Mining［R/OL］. 2014.

［150］中国信息通信研究院. 区块链安全白皮书：技术应用篇［R/OL］. 2018.

［151］中国信息通信研究院. 区块链白皮书［R/OL］. 2019.

［152］毕伟，雷敏，贾晓芸. 区块链导论［M］. 北京：北京邮电大学出版社，2019.

［153］（英）丹尼尔·德雷舍. 区块链基础知识25讲［M］. 马丹，网扶桑，张初阳，译. 北京：人民邮电出版社，2019.

［154］区块链朋克. 比特币详解3.0—区块链的救赎［EB/OL］. https://www.jianshu.com/p/217d94f2690a，2018.

［155］尹浩. 区块链技术的发展机遇与治理思路［J］. 人民论坛·学术前沿，2018（12）：6-1.

［156］蔡一博. 智能合约与私法体系契合问题研究［J］. 东方法学，2019（2）：68-81.

［157］丁文文，王帅，李娟娟，等. 去中心化自治组织：发展现状、分析框架与未来趋势［J］. 智能科学与技术学报，2019，1（2）：202-213.

［158］麦伟杰. 社会治理的基本内涵和实践启示［J］. 理论与现代化，2019（2）：58-66.

# 术语汇总

Cosmos：最早致力于解决跨链互操作问题的区块链项目，旨在成为连接各类分布式账本的区块链互联网络。Cosmos 网络由各个独立平行的、运行经典 BFT 类共识的区块链组成，并通过跨链 IBC 协议通信。

DEC-10，DEC-20：数字设备公司（Digital Equipment Corporation）出产的计算机的型号。

FLP 不可能原理：FLP 是三位计算机科学家（Fischer，Lynch，Patterson）的名字首字母的缩写。FLP 不可能原理是他们 1985 年发表的、关于分布式系统共识的重要结论，主要内容是在最小化异步模型系统中不存在一个可以解决一致性问题的确定性共识算法。

Gossip：一种消息传播协议，其原理类似于谣言或流行病毒在人群中的迅速传播，主要用于在网络的所有节点之间快速地传播消息，Gossip 是 Flooding 的变种，区别是 Gossip 只是随机选择部分邻居节点进行广播，从而大大降低了网络的通信量。

Hadoop 分布式文件系统（Hadoop Distributed File System, HDFS）:Hadoop 分布式框架中的组成部分之一，是一个开源的分布式文件系统。

IRISnet：支持分布式金融等各种复杂分布式应用的跨链服务枢纽。其主网 IRIS Hub 采用 Cosmos SDK 开发，是第一个可自进化的 BPoS 网络，支持公有链、联盟链以及传统商业系统之间的无缝集成。

Kademlia：一种基于 DHT 的 P2P 网络路由算法，它使用异或距离算法来计算节点之间、资源 Key 与节点的距离，从而可以在网络中快速定位要查找的节点和资源。

Polkadot：通过一种可伸缩的异构多链架构，以支持向后兼容如以太坊等现有网络。

Prime95：一个运行于微软 Windows 中的开源软件，专门用于测试系统稳定，由 GIMPS 项目成员乔治·沃特曼编写。

SCM 供应链管理：一种集成的管理思想和方法，它执行供应链中从供应商到最终用户的物流的计划和控制等职能。从单一的企业角度来看，是指企业通过改善上、下游供应链关系，整合和优化供应链中的信息流、物流、资金流，以获得企业的竞争优势。

SDD-1：世界上第一个分布式数据库系统（System of Distributed Database）的名字。

Tendermint：第一个可以应用于公有链环境中的 BFT 类共识算法，由 Jae Kwon 在 2014 年提出。

安全散列算法 256（Secure Hash Algorithm 256）：SHA256 是来自于安全散列算法 2 下的一种，由美国国家安全局研发，属于 SHA 算法之一，是 SHA-1 的后继者。

拜占庭将军问题（Byzantine Generals Problem）：主要讨论的是分布式系统中如何通过节点间进行多轮通信最后达成一致性的问题。

拜占庭容错（Byzantine Fault Tolerance）：在拜占庭将军问题下，能够容忍的出错的节点的数量。这里的出错不仅仅包括节点宕机、未响应等状态，若作恶节点的个数在容错范围内最终分布式系统也能达成共识。

崩溃容错（Crash Fault Tolerance）：在不考虑节点作恶的情况下，实现分布式系统达成一致状态能够容忍的出错节点的数量。

比特币（Bitcoin）：最早由中本聪提出和实现的基于区块链思想的数字货币技术。

比特币核心（Bitcoin Core）节点：包含钱包、矿工、完整区块链数据库、网络路由四个功能的节点。

比特黄金（BitcoinGold, BTG）：从比特币区块链上硬分叉产生。

比特流（Bit Torrent, BT）：一种内容分发协议，采用高效的分布式软件分发系统和点对点技术共享大体积文件，由 Bram Cohen 在 2003 年开发初版。

表达式：指由数字、算符、符号、变量等以有意义排列方法所得的组合形式，是构成语句的基础。

侧链 / 中继：在侧链机制中存在着两条链，一条为主链（也称为父链），另一条为侧链。这两条链中的部分节点需要运行两套系统，即需要在运行主链系统的同时，运行侧链的系统。这么做是为了让主链与侧链之间能够相互读取信息。

超文本传输协议（Hyper Text Transport Protocol, HTTP），是互联网应用层传输数据的重要协议。

大规模并行处理（Massive Parallel Processing, MPP）：分布式计算发展早期的一种分布式计算模型。

带权限的账本（Permissioned Ledger）：网络中所有节点必须是经过许可的，非许可节点无法加入网络。

点对点网络（Peer-to-peer, P2P）：又称对等式网络，是计算机网络组织的一种模式，参与此网络的计算机节点地位对等，既能作为客户端向其他节点发起请求，也能作为服务端响应其他节点的请求。

电子现金（Electronic Cash, E-cash）：用电子或数字模拟现实货币的一种方式。

对称密码：主要用于对消息进行加密保护，加密和解密所用密钥相同或本质上相同。

非对称公钥加密（RSA）：也称非对称密码。常用于加密、认证等多个领域，是构建密码服务的支撑性技术。非对称密码一般涉及一对密钥，其中一个公开、另一个保密，它们之间不能互推。

分布式哈希表（Distributed Hash Table, DHT），一种基于哈希表原理实现分布式存储和资源搜索的技术，资源通常存储在其 Key 与节点 ID 距离相等或者相近的节点上，进行资源查找时，采用资源 Key 就可以快速定位到存储该资源的节点。

分布式拒绝服务攻击（Distributed Denial of Service, DDoS）：使用两个或以上终端发送大量合法或伪造的请求占用网络或设备的资源，使其资源耗尽、无法为正常用户提供服务的网络攻击方法。

分布式账本技术（Distributed Ledger Technology，DLT）：在网络的参与者中共享并且实现分布式系统同步功能的数据库，主要用于记录资产及数据的交换。

分片共识（Sharding Consensus）：基本思想是将区块链网络逻辑分片，类似于通信故障造成的网络分区，但是分片共识不是因故障而被迫分区，而是为了提高系统的性能而主动将整个系统分为若干个独立的分片子系统，每个分片都像一个区块链网络一样运转，有自己的委员会、通信、计算和存储，每个分片都逻辑自治。

覆盖网络（Overlay Network）：在基础网络之上用软件的方法构造出的一个逻辑网络，以满足用户特定的业务需求，网络节点之间通过逻辑链路相互通信，而不需要考虑物理位置的关系，从而使应用变得简单而高效。

工作量证明（Proof of Work，PoW）：在一定难题前提下求解一个 SHA256 的 Hash 问题；

公证人机制：在进行跨链交易时，由于进行交易的双方无法通过面对面的沟通和交流建立起相互信任的关系，想促成这笔交易，需要一个双方都相信的中间人，中间人进行担保，交易便可进行下去。

共识算法（Consensus Algorithm）：在分布式系统中，共识指即使在部分节点故障、网络延时、网络分区甚至有恶意节点故意破坏的情况下，所有正常节点对客户的请求达成一致的处理，最终实现系统状态一致性的过程。而共识算法就是为了解决一致性问题的方法。

谷歌文件系统（Google File System，GFS）：由谷歌设计并实现的一个分布式文件系统。

关系数据库管理系统（Relational Database Management System，RDBMS），指管理关系型数据库系统的系统软件。

国际货币基金组织（International Monetary Fund，IMF）

哈希函数：哈希函数将任意长的消息映射到固定长度的极短的消息。密码学中的哈希函数有一些安全特性的要求，常用来验证消息的完整性，保证消息不可篡改。

哈希函数：一种可以将任意大小的数据作为输入，输出固定长度的密码学算法。

哈希锁定：在跨链交易中需要保证两笔交易的原子性，不能出现一笔发生了而另一笔没发生的情况。哈希锁定利用哈希锁和时间锁，使得交易双方都必须在实现内完成各自的交易，否则相应的资产会归还给付款者。

合成央行数字货币（Synthesize Central Bank Digital Currency，sCBDC）：国家的中央银行与科技公司合作，进而发行法定的数字货币。

洪泛（Flooding）：一种网络消息传播协议，节点首先向邻居节点广播消息，邻居节点收到广播消息后，再继续向自己的邻居节点广播，以此类推，从而将消息广播到整个网络。

后端即服务（Backend as a Service，BaaS）：为移动应用开发者提供整合云后端的边界服务。

基本可用、软状态和最终一致性（Basically Available，Soft State，Eventual Consistency，BASE）：BASE 是分布式系统一致性的总结，基本可用、软状态和最终一致性的英文单词（Basically Available，Soft State，Eventual Consistency）首字母缩写。BASE 理论是由 eBay 架构师 Dan Pritchet 在 2008 年发表的论文提出的，是对 CAP 原理的延伸，是分布式系统设计应用的实践总结。

假错误通知攻击：攻击者对未进行通知信息校验的智能合约发送伪造通知以欺骗合约。

监管沙盒：一种"安全空间"，在这个空间内，金融科技企业可以测试其创新的金融产品、服务、商业模式和营销方式，而不用在相关活动碰到问题时立即受到监管规则的约束。

交易花费：智能合约执行中所收取的一定数量的费用（被称为 gas），目的是限制执行交易所需的工作量，同时为执行支付费用。

交易顺序依赖攻击：攻击者通过提高矿工费等方法，使得部分交易提前执行，从而影响一些对交易顺序敏感的智能合约执行。

结构化查询语言（Structed Query Language, SQL），是具有数据操纵和数据定义等多种功能的数据库语言。

结构化理论（Structuration theory）：人/机构的行动和社会系统结构化特性之间不断互动影响的社会过程。

可信执行环境（Trusted Execution Environmen，TEE）。

可验证随机函数：可以看作是一个随机预言机，可以通过任意的一个输入，获得一个随机数输出，其中对于不同的 Input，Output 的值是随机的，并且均匀分布在值域范围内。而对于相同的 Input，它得到的 Output 一定是相同的。可验证随机函数包含一个非交互的零知识证明，可以用来该随机数输出的正确性，表明这个随机数的确是某个人生成的。

客户机 – 服务器模式:（Client/Server, C/S），是计算机进程之间最主要的通信方式，它描述了进程之间服务和被服务的关系，客户机是服务请求方，服务器是服务提供方。

理货：船方或货主根据运输合同在装运港和卸货港收受和交付货物时，委托港口的理货机构代理完成的在港口对货物进行计数、检查货物残损、指导装舱积载，制作有关单证等工作。

链码（Chaincode）：区块链上的应用代码，扩展自"智能合约"概念，支持 Golang、Node.js 等语言，多为图灵完备；

梅克尔树（Merkle Tree）：利用哈希函数对文件进行组织以便高效处理的数据结构，可用于区块链中对数据的快速验证。

密码：密码是对消息进行加密、认证等的技术。《密码法》中对"密码"的定义是："本法所称密码，是指采用特定变换的方法对信息等进行加密保护、安全认证的技术、产品和服务。"

逆波兰式：将表达式的运算符写在操作数之后的一种表达式的表现形式。

拍字节（Peta Byte, PB）：计算机存储容量单位。1PB 等于 1024TB，1TB 等于 1024GB，一部蓝光电影的体积大约在 GB 级别。

企业资源计划（Enterprise Resource Planning, ERP）：建立在信息技术基础上，集信息技术与先进管理思想于一身，以系统化的管理思想，为企业员工及决策层提供决策手段的管理平台。

钱包（Wallet）：实现 PC 或手机客户端功能的节点，用户通过钱包查看自己的账户金额，管理钱包地址和私钥，发起交易。

轻节点（Lightweight Node）：只存储区块链数据库一部分数据的节点，一般只存储区块头而不存储交易数据。

去中心化应用（Decentralized Application，DAPP）：在底层区块链平台衍生的各种分布式应用，是区块链世界中的服务提供形式。

全节点（Full Node）：包含完整的区块链数据库和网络路由功能的节点，可以自己验证任何交易。

沙盒：计算机专业术语，在计算机安全领域中是一种安全机制，为运行中的程序提供的隔离环境。通常是作为一些来源不可信、具破坏力或无法判定程序意图的程序提供实验之用。

实时全额支付系统（Real Time Gross Settlement，RTGS）：按照国际标准建立起来的跨银行的电子转账系统。

实用拜占庭容错（Practical Byzantine Fault Tolerance）：基于一种状态机副本复制的思想，通过多轮消息传递来实现系统中诚实节点达成一致的共识，并且将解决该问题的算法的时间复杂度降到了多项式级，使得该算法能在分布式系统中运行。

首次发行货币（Initial Coin Offering，ICO）：区块链项目中首次发行代币时，募集比特币、以太坊等通用数字货币的行为。

数字孪生（Digital Twin）：利用物理模型、传感技术，附以其运行机理及现实和历史数据，在虚拟空间中完成物理对象映射，反映相对应物理对象的全生命周期过程。数字孪生体不仅是对物理对象的虚拟再现，更可以模拟物理对象在现实环境中的各种行为。

数字签名：数字签名是手写签名的数字模仿物，数字签名体制包含一个签名人私有的签名密钥和一个公开的验证密钥，签名人利用签名密钥对消息进行签名得到签名消息，该签名消息通过验证密钥验证其真实合法性。

双重花费（Double Spending）：是指在比特币等数字货币区块链系统中，一笔数字资产被恶意攻击者用于两次或以上的不同交易，被重复花费，从而造成交易对方资产损失的问题。

搜寻外星智能项目（Search for Extra-terrestrial Intelligence, Seti@Home）:1999年由加州大学伯克利分校创立，通过自愿运行一个程序来下载并分析从射电望远镜的数据来加入。

随机数攻击：攻击者对智能合约运行过程中所依赖随机数生成算法进行攻击，从而预测或操控智能合约中的随机数执行结果等。

条件竞争攻击：攻击者针对智能合约中的判断条件，抢先于正常用户执行交易，阻止合约执行条件达成从而干扰正常执行。

椭圆曲线加密算法（Elliptic Curve Cryptography，ECC）：一种基于椭圆曲线数学的建立公开密钥加密的算法。椭圆曲线在密码学中的使用是在1985年由 Neal Koblitz 和 Victor Miller 分别独立提出的。

挖矿（Mining）：通过暴力尝试来找到一个字符串，使得它加上一组交易信息后的 Hash 值符合特定规则（例如前缀包括若干个0），找到的人可以宣称新区块被发现，并获得系统奖励的数字货币。

挖矿节点（Mining Node）：通过挖矿解决工作量证明（PoW）问题的节点，与其他挖矿节点相互竞争创建新区块。

陷阱门：又称陷门函数，即该函数正向计算是很容易的，但是执行反向计算则需要知道一些关于密钥的知识。

消息传输接口（Message passing interface, MPI）：是信息传递应用程序接口，包括协议和语义说明。代表一个跨语言的通信协议，用于分布式并行计算。

新加坡电子支付系统（MAS Electronic Payment System, MEPS+）：是新加坡的实时结算系统，用于处理紧急并且涉及大量金额的银行间的转账。

星际文件系统（Inter Planetary File System ,IPFS），是一个面向全球的、点对点的分布式版本文件系统，核心是一种内容可寻址的对等超媒体分发协议，由 Protocol Labs 主导。

形式化验证：根据某个或某些形式规范或属性，使用数学的方法证明程序不存在某个缺陷或符合某个或某些属性。

一致性、可用性和分区容错性（Consistency, Availability, Partition tolerance ,CAP）：CAP 是分布式系统的三个重要属性，一致性、可用性和分区容错性的英文单词（Consistency, Availability, Partition tolerance）首字母缩写。CAP 原理是由计算机科学家 Eric Brewer 在 2000 年提出的关于分布式系统的重要理论成果，它指出分布式系统不能完全同时满足这三个特性，设计分布式系统时必须考虑对应的场景做出取舍。

意义结构（Structure of signification）：一种语义规则，给日常活动中的行动者之间的沟通提供了一系列社会共识的解释语义和标准。

有向无环图（Directed Acyclic Graph, DAG）：没有回路的有向图。若从图中任意点出发，沿着任意有向边前进，最后都不能回到该点，则该图称为一个有向无环图。

域名系统（Domain Name System, DNS）：互联网上作为域名和 IP 地址互相映射的一个分布式数据库，通过它可以更方便记忆网站地址。

越权访问攻击：由于设计漏洞等原因，攻击者可访问或执行超出其正常权限范围的操作从而攻击系统。

增查改删（Create、Read、Update、Detele, CRUD）：的英文单词缩写，表示数据库对数据的基本操作。

账本（Ledger）：包括区块链结构（带有所有的交易信息）和当前的世界状态（world state）。

整形溢出攻击：攻击者在智能合约代码中对整形变量算术运算后，得到一个超出了整数类型的最大表示范围的结果，例如修改为极大或极小的账户余额。

正当性结构（Structure of Legitimating）：一系列规范/标准的规则和资源，正当性结构支持行动者对"意义"架构的理解，同时规范着行动者之间的互动。

支配/控制结构（Structure of domination）：权威/命令式资源和分配性资源，支配/控制结构通过资源的分配来帮助意义架构和正当性架构被社会参与者接受。

指令系统：指机器所具有的全部指令的集合，是软件和硬件的主要界面，反映了计算机所拥有的基本功能。

智能合约描述语言（Specification Language For Smart Contract, SPESC）：一种面向法律的高级智能合约语言（也被称为智能法律合约），用以提高合约法律性、便于法律人士与计算机人员协作合约开发、易于理解和使用。

重入攻击：攻击者编写代码，通过如以太坊智能合约中的 fallback 函数反复调用受害者智能合约中一段代码实现攻击，例如反复提取账户中的余额等。